"神话学文库"编委会

主　编

叶舒宪

编　委

（以姓氏笔画为序）

马昌仪	王孝廉	王明珂	王宪昭
户晓辉	邓　微	田兆元	冯晓立
吕　微	刘东风	齐　红	纪　盛
苏永前	李永平	李继凯	杨庆存
杨利慧	陈岗龙	陈建宪	顾　锋
徐新建	高有鹏	高莉芬	唐启翠
萧　兵	彭兆荣	朝戈金	谭　佳

"神话学文库"学术支持

上海交通大学文学人类学研究中心

上海交通大学神话学研究院

中国社会科学院比较文学研究中心

陕西师范大学人文社会科学高等研究院

上海市社会科学创新研究基地——中华创世神话研究

国家出版基金项目
"十四五"国家重点出版物出版规划项目

神话学文库
叶舒宪 主编

古希腊人的阿佛洛狄忒
基于诗歌、犒祀以及器物的研究

APHRODITE OF ANCIENT GREEKS
POETRIES, CULTS AND ARTIFACTS

纪 盛 著

陕西师范大学出版总社　西安

图书代号　SK24N2039

图书在版编目（CIP）数据

古希腊人的阿佛洛狄忒 ：基于诗歌、犒祀以及器物的研究 / 纪盛著．—西安：陕西师范大学出版总社有限公司，2024.10
（神话学文库 / 叶舒宪主编．第三辑）
"十四五"国家重点图书出版规划项目　国家出版基金项目
ISBN 978-7-5695-4426-8

Ⅰ.①古…　Ⅱ.①纪…　Ⅲ.①神话—研究—古希腊　Ⅳ.①B932.545

中国国家版本馆CIP数据核字（2024）第111046号

古希腊人的阿佛洛狄忒——基于诗歌、犒祀以及器物的研究
GUXILA REN DE APHRODITE——JIYU SHIGE、KAOSI YIJI QIWU DE YANJIU
纪　盛　著

出 版 人	刘东风
责任编辑	王文翠
责任校对	雷亚妮
出版发行	陕西师范大学出版总社
	（西安市长安南路199号　邮编710062）
网　　址	http : // www.snupg.com
印　　刷	中煤地西安地图制印有限公司
开　　本	720 mm×1020 mm　1/16
印　　张	18.75
插　　页	2
字　　数	368 千
版　　次	2024 年 10 月第 1 版
印　　次	2024 年 10 月第 1 次印刷
书　　号	ISBN 978-7-5695-4426-8
定　　价	86.00 元

读者购书、书店添货或发现印刷装订问题，请与本公司营销部联系、调换。
电话：（029）85307864　85303629　传真：（029）85303879

"神话学文库"总序

叶舒宪

神话是文学和文化的源头,也是人类群体的梦。

神话学是研究神话的新兴边缘学科,近一个世纪以来,获得了长足发展,并与哲学、文学、美学、民俗学、文化人类学、宗教学、心理学、精神分析、文化创意产业等领域形成了密切的互动关系。当代思想家中精研神话学知识的学者,如詹姆斯·乔治·弗雷泽、爱德华·泰勒、西格蒙德·弗洛伊德、卡尔·古斯塔夫·荣格、恩斯特·卡西尔、克劳德·列维-斯特劳斯、罗兰·巴特、约瑟夫·坎贝尔等,都对20世纪以来的世界人文学术产生了巨大影响,其研究著述给现代读者带来了深刻的启迪。

进入21世纪,自然资源逐渐枯竭,环境危机日益加剧,人类生活和思想正面临前所未有的大转型。在全球知识精英寻求转变发展方式的探索中,对文化资本的认识和开发正在形成一种国际新潮流。作为文化资本的神话思维和神话题材,成为当今的学术研究和文化产业共同关注的热点。经过《指环王》《哈利·波特》《达·芬奇密码》《纳尼亚传奇》《阿凡达》等一系列新神话作品的"洗礼",越来越多的当代作家、编剧和导演意识到神话原型的巨大文化号召力和影响力。我们从学术上给这一方兴未艾的创作潮流起名叫"新神话主义",将其思想背景概括为全球"文化寻根运动"。目前,"新神话主义"和"文化寻根运动"已经成为当代生活中不可缺少的内容,影响到文学艺术、影视、动漫、网络游戏、主题公园、品牌策划、物语营销等各个方面。现代人终于重新发现:在前现代乃至原始时代所产生的神话,原来就是人类生存不可或缺的文化之根和精神本源,是人之所以为人的独特遗产。

可以预期的是，神话在未来社会中还将发挥日益明显的积极作用。大体上讲，在学术价值之外，神话有两大方面的社会作用：

一是让精神紧张、心灵困顿的现代人重新体验灵性的召唤和幻想飞扬的奇妙乐趣；二是为符号经济时代的到来提供深层的文化资本矿藏。

前一方面的作用，可由约瑟夫·坎贝尔一部书的名字精辟概括——"我们赖以生存的神话"（Myths to live by）；后一方面的作用，可以套用布迪厄的一个书名，称为"文化炼金术"。

在21世纪迎接神话复兴大潮，首先需要了解世界范围神话学的发展及优秀成果，参悟神话资源在新的知识经济浪潮中所起到的重要符号催化剂作用。在这方面，现行的教育体制和教学内容并没有提供及时的系统知识。本着建设和发展中国神话学的初衷，以及引进神话学著述，拓展中国神话研究视野和领域，传承学术精品，积累丰富的文化成果之目标，上海交通大学文学人类学研究中心、中国社会科学院比较文学研究中心、中国民间文艺家协会神话学专业委员会（简称"中国神话学会"）、中国比较文学学会，与陕西师范大学出版总社达成合作意向，共同编辑出版"神话学文库"。

本文库内容包括：译介国际著名神话学研究成果（包括修订再版者）；推出中国神话学研究的新成果。尤其注重具有跨学科视角的前沿性神话学探索，希望给过去一个世纪中大体局限在民间文学范畴的中国神话研究带来变革和拓展，鼓励将神话作为思想资源和文化的原型编码，促进研究格局的转变，即从寻找和界定"中国神话"，到重新认识和解读"神话中国"的学术范式转变。同时让文献记载之外的材料，如考古文物的图像叙事和民间活态神话传承等，发挥重要作用。

本文库的编辑出版得到编委会同人的鼎力协助，也得到上述机构的大力支持，谨在此鸣谢。

是为序。

Stat rosa pristina nomine, nomina nuda tenemus.

玫瑰昔日名存于世，世人今朝不究其实。

目 录

引 论 / 001

    引言 / 001

    第一节　人与神 / 002

    第二节　趋势与方法 / 012

    第三节　结构与材料 / 026

上编　诗歌

第一章　赫西俄德与荷马对阿佛洛狄忒形象的艺术处理 / 030

    引言：赫西俄德与荷马的竞赛 / 030

    第一节　《神谱》与《工作与时日》中的阿佛洛狄忒 / 031

    第二节　《伊利亚特》与《奥德赛》中的阿佛洛狄忒 / 044

    小结：成为女神 / 053

第二章　第一首《致阿佛洛狄忒的荷马颂诗》的主题及其创作意图 / 054

    引言：坠入爱河的爱神 / 054

    第一节　HH5 的剧情与文本 / 056

    第二节　第一首《致阿佛洛狄忒的荷马颂诗》中译 / 066

    第三节　掌控阿佛洛狄忒（操持之事）/ 078

    第四节　在赫西俄德与荷马之间 / 095

    小结：重塑爱神 / 097

上编合论：驯服最后的提坦 / 099

中编　犒祀

第三章　城邦犒祀中的阿佛洛狄忒 / 102

引言：熟悉又陌生的神 / 102

第一节　斯巴达戎装的阿佛洛狄忒神像 / 106

第二节　阿提卡海边的阿佛洛狄忒神庙 / 120

小结：雇兵与引航之神 / 136

第四章　雅典阿多尼斯节中的阿佛洛狄忒 / 140

引言：女神与节庆 / 140

第一节　雅典的阿多尼斯节 / 141

第二节　爱神的伴侣 / 149

第三节　哀悼的意义 / 155

第四节　阿多尼斯节的妇女 / 159

小结：活着的女神 / 166

中编合论：女神侧身像 / 168

下编　器物

第五章　阿佛洛狄忒与古希腊的勾引术 / 172

引言：爱神与巫技 / 172

第一节　小鸟与轮子：一架激发情欲的装置 / 175

第二节　欲火与折磨：勾引巫术的仪式和咒语 / 182

第三节　勾引巫术的倒转使用与阿佛洛狄忒形象的淡出 / 190

小结：性爱女神 / 198

第六章　阿佛洛狄忒与希腊化时期的理想城邦实践 / 200

　　引言：乌托邦的守护神 / 200

　　第一节　月之背面：端坐的阿佛洛狄忒与一座理想城 / 201

　　第二节　太阳王：创建天空城的动因 / 206

　　第三节　星星之火：亚历克萨尔科斯可能的继业者 / 214

　　小结：博爱女神 / 222

下编合论：私情与博爱 / 224

总结：古希腊人的阿佛洛狄忒 / 226

缩略语 / 229

参考文献 / 232

附录一　澄清柏拉图《会饮》中的两位阿佛洛狄忒之说 / 247

附录二　希腊人的阿佛洛狄忒非罗马人的维纳斯 / 249

附录三　"犒祀"中译小议并略说"引纳"与"酹奠" / 251

附录四　庞昂的《祭阿多尼斯文》中译 / 254

文献索引 / 258

专名索引 / 269

图表目录

图 1	塞浦路斯梭伦城的阿佛洛狄忒	006
图 2	塞浦路斯帕福斯无人形的阿佛洛狄忒像	007
图 3	驾驭战车的阿佛洛狄忒	008
图 4	HH5 的抄本谱系	063
表 1	HH5 叙事的对称结构	080
表 2	HH5 中角色的对应关系	086
图 5	HH5 叙事逻辑的 X 型语义方阵	088
图 6	HH5 叙事逻辑的 O 型语义方阵	090
表 3	斯巴达二元对应的阿佛洛狄忒神像	119
表 4	雅典人的阿佛洛狄忒传统	135
图 7	塞浦路斯萨拉米斯的"战神兼海神"阿佛洛狄忒	137
图 8	雅典阿多尼斯节上的妇女	143
图 9	雅典阿多尼斯节梯子上的妇女	143
图 10	持镜的阿佛洛狄忒	152
图 11	蚁鹩受到惊吓时的反应	178
图 12	巫术咒语写成的几何图（*PGM. XIXa*）	184
图 13	囧媒仪式轮	188
图 14	手持巫术道具的厄洛斯	188
图 15	阿佛洛狄忒、阿多尼斯、（分持仪式道具的）厄洛斯和佩托	189
表 5	巫术的咒语和过程还原	190
图 16	天空城的银币（太阳／女神）	202
图 17	天空城的铜币（日月／女神）	202
图 18	巴克特里亚国王柏拉图的银币	220

引　论

> 余所撰非史，唯立传耳。
> ——普鲁塔克[①]

引　言

古希腊文明给后世留下了众多财富，对于他们的神话、哲学、艺术，世人可以说再熟悉不过，当然还有家喻户晓的奥林匹克运动会。为何要提奥运会呢？因为这一古老的国际赛会原本只是古希腊人的一种宗教活动，有趣的是，竞技比赛活动延续至今，古希腊人的宗教如今却成了一种"化石"。不过，他们宗教中的诸神，却时不时地出现在今人的视野中。阿佛洛狄忒（Aphrodite），也是这些古老神祇中较为有名的女神之一。她，就是本书所要关注的一位古希腊人的女神。

和其他希腊诸神一样，阿佛洛狄忒鲜活的容貌在历史的长河中逐渐褪色，立体的形象在时间的车轮下变得支离破碎，最终成为一个留在人类文明长卷中的单一的、僵化的符号。也许，变成标签，是某类自然之物的历史必然。这也是神话、哲学、艺术等人为活动造就的结果。在神话里她是风流的爱神，在哲学中她代表欲望，在艺术中她又成了美的象征。然而，在古希腊人的宗教中，阿佛洛狄忒的称号（epithet）更多地与天空、海洋，甚至战争等元素有关。因此，本书的任务之一便是要还原阿佛洛狄忒立体的面貌，探索她曾经鲜活多变的形象，换言之，去厘清阿佛洛狄忒在固定的象征背后的历史的形象。

笔者为何选择古希腊人的阿佛洛狄忒作为研究对象呢？原因大致有三：首先是研究的可行性。西方古典学经历了长期的学科建设、发展和反思，是一个相对完备的研究领域。对于研究古希腊社会文化史而言，丰富的史料成果、成熟的方法理论以及完善的研究平台为本书的研究提供了合适的基础。其次是研

---

① Plut., *Alex.* 1. 2.

究的意义。围绕阿佛洛狄忒的研究虽称不上硕果累累，但也有一定的学术积累，出现了不少优秀的成果。其中一个问题也许就在于，阿佛洛狄忒的研究并未形成"阿佛洛狄忒学"，学者们也多从各自擅长的学科领域出发进行研究。阿佛洛狄忒的研究所涵盖的各学科领域仍有深入拓展的空间，具体学科之间也存在相互借鉴的可能。若想进一步全面地探索，适时地打通学科间的联系是必然之举，本书的研究过程中将做出此番尝试。再次是研究的目的。有鉴于学界对阿佛洛狄忒的研究状况，笔者在学习和借鉴各位前辈之经验成果的前提下，综合自己浅薄的思考[①]，对该研究有所补充、推进，甚至与前有成果进行对话。笔者希望能从此番尝试中总结出一种思路、方法甚至是理论，在已有的研究基础之上，思考应该如何通过学术理性的科学方式（而非通过宗教式的体悟）去认识神。如果可以的话，也期望能以此类推，去研究世界各地其他文明中的诸神。

第一节 人与神

一、时间、地点与人物

本书主标题中的"古希腊人"一词，可分两部分理解。首先，"古希腊"是一个组合词——古代-希腊，包含了时间（历史）与文明（地理）的所指。古希腊主要指古风、古典以及希腊化三个时期的希腊文明，间或上溯青铜晚期（迈锡尼文明），下探罗马帝国早期〔奥古斯都治世（Augustan Age, 27BCE-14CE）〕。而一个"古"字，很恰当地涵盖了这一长时段。须知，这几个表示时间的名词，只是欧陆学者建构的历史阶段，切不可割裂地看待。盖因其内在的种种联系，如本书所关注的古希腊文明，虽有变化、发展与融合，但文明的活动与文化的发展从未间断，而是贯穿这几个时间阶段。其次，"古希腊人"中的"人"一字不可省略。古希腊文明的延续离不开人的活动，文明的兴衰也是人为的现象。古人所谓之"诸神"，若离开了人事，亦将无法介入和影响这个世界。在人与神的互动关系中，其实人更为主动，在这层意义上，神从属于人。于是，便引出了主标题中的那个带有属格的神名——某某的阿佛洛狄忒。顺带一提，这位女神的中文译名有几个不同的变体，本书统一使用"阿佛洛狄忒"。

[①] 学术研究作为一种思维的活动，离不开更为精确的语言表达。因此，在化用西学之体时，笔者对如何用汉语更准确地表述一些西学术语有所反思，对一些术语尝试使用了斟酌再三的新译名，笔者会对所用新译名进行必要的说明（散见于脚注和附录），但其中定有不妥或有待商榷之处。

组合地看"古希腊人的阿佛洛狄忒",其实界定了一个研究的范畴。具言之,本书不涉及罗马人的维纳斯(Venus)。① 罗马人出于各种目的将维纳斯与阿佛洛狄忒"等而视之"或所谓"希释"(interpretatio graeca),现在看来,这个融合(syncretism)政策相当成功。本书自然也不会谈论希腊化时期(Hellenistic Period,323–31BCE)的埃及–希腊神,这一时期有过阿佛洛狄忒与埃及女神——伊西斯(Isis)和哈索尔(Hathor)——的官方同化运动。这是托勒密王朝(Ptolemaic Dynasty)统治埃及的众多政策之一,后因罗马人的介入而中断。小亚地区也被排除在外,此地也是学者们通常认为的阿佛洛狄忒的"故乡"之一。阿佛洛狄忒(的形象)在这里的发展和来回变身显得更为复杂,这是该地区多民族之间文化互动的一种表现。在排除了"外界"的同时,还需对"内部"进行细分,因为希腊世界内部的差异其实更为复杂多变,比如各个城邦之间五花八门的历法,各地不同的诸神体系(神话传说)。这是古希腊文明的特性之一,即地方性文化与泛希腊文明的"外同内别"。从一概而论的"古希腊宗教研究"到"古希腊某地区某城的宗教形态",更多地关注区域性的研究是近几十年西方学界对古希腊宗教文化研究的共识和趋势。不可否认,古希腊世界本就是多样性大于统一性。因此,本书还将回避谈论两个属于古希腊文明的地区。

一个是被誉为"阿佛洛狄忒之岛"的塞浦路斯岛(Cyprus),相关的研究成果也相对较多。但是,塞浦路斯在多大程度上能够代表古希腊文明,或者说代表古希腊文化的主流,还很成问题。② 从地理位置来看,由于远离古希腊文明的核心地区而更接近古代近东文明圈,该地区的文化形态不仅直接或间接地受尼罗河与两河流域文明的影响,岛上还始终有不少活跃的腓尼基城邦,因此塞浦路斯的希腊城邦也长期存在双语系统。可以说,这个岛既是希腊的又是东方的。当时当地(当今亦然)的文明系统相对复杂。不可否认,塞浦路斯是研究阿佛洛狄忒的一个重要地区,尤其是在论及女神的东方起源时。这也正说明了当地的阿佛洛狄忒甚至是整个文化都反映出一种混血的特征。笔者以为,对古代塞浦路斯地区历史文化的研究具有相对的独立性,继而,对塞浦路斯的阿佛洛狄

---

① 参见附录二。
② 论塞浦路斯岛在古典概念上的"归属"问题,参见 Catherine Kearns, "Cyprus in the Surging Sea: Spatial Imaginations of the Eastern Mediterranean",*TAPhA* 148(2018), pp. 45–74。

忒的研究，在整个阿佛洛狄忒研究中或可自成一支。① 所以，与其说不关注，不如说本书刻意回避了这位女神的起源问题。探讨无论东西方古代宗教中诸神的起源问题，是一系列涉及多文化、多语言、跨地区以及能否充分掌握和如何精确释读考古材料的重重挑战。此非笔者力所能及之研究，自不敢以筵叩钟。而且，就阿佛洛狄忒的起源问题，学界已有十分系统而全面的力作面世，本书不必再多费笔墨译介。

另一个是"西部希腊大陆"，有别于以西西里和南意大利为主的"西部希腊"或"大希腊"地区。注意"大陆"二字，这里指的是德尔斐以西至西北的大片内陆地区（今亚德里亚海东岸）。想象一下，从德尔斐往西走，望见奥德修斯的家乡后沿着海岸线北上，直到伊利里亚地区，这趟旅程即使对古希腊人来说都会有一种离乡感，那里可以说既是希腊世界的内陆也是希腊世界的外部。与塞浦路斯的情况相反，这片居住着古代希腊人的土地，由于相关古代文献的缺失，加之当地考古工作的开展相对缓慢，学者们对这一地区那个时期的情况知之甚少。从发掘的几处为数不多的遗址情况来看，研究者们对这一地区阿佛洛狄忒的各种形象有一种望洋兴叹之感。致力于该地区研究的学者，在那里要面对的是"无数"的阿佛洛狄忒和无穷的探索与发现。② 鉴于此，笔者也将先放弃对该地区的关注。

简言之，在涉及具体地理区域的时候，限于能力与材料等诸多问题，本书不得不依然关注那些耳熟能详的古希腊地区，如阿提卡和伯罗奔尼撒。但是，即使在这样一些热门地区，古希腊人的阿佛洛狄忒仍然呈现出一种复杂的多样性，如前所述，这源于区域与泛希腊文化的混合。研究者们对这些地区的阿佛洛狄忒形象有过相关的讨论，但侧重点各不相同。因此，笔者打算以自己的视角再去"游览"一番。

副标题中的"诗歌"，严格来讲是长短格六音步（dactylic hexameter）诗，或称"英雄体""史诗体"诗歌，赫西俄德与荷马的作品即是此中代表，均是涉及阿佛洛狄忒形象的较早的诗歌。所以，其中不包括悲喜剧等其他体裁的"诗

---

① 关于古塞浦路斯的材料，如卡拉乔吉斯夫妇（Vassos Karageorghis & Jacqueline Karageorghis）出版和发表的众多作品，这里不一一列举。其中聚焦阿佛洛狄忒的材料，参见 Jacqueline Karageorghis, *Kypris: The Aphrodite of Cyprus: Ancient Sources and Archaeological Evidence*, Nicosia: A. G. Leventis Foundation, 2005。
② 由于这一地区后来与罗马人的接触，这里的阿佛洛狄忒（们）也是最快向罗马人"倒戈"的维纳斯。对这一地区阿佛洛狄忒研究现状的讨论，参见 Alexander Nagel, "Encountering the World of Aphrodite on the Western Greek Mainland", *BCA*, pp. 235-250。

作"。"牺祀"①,是一个古代宗教中的概念,可一分为二地理解:一个是静止的概念,即阿佛洛狄忒的神像和神庙;一个是活动的概念,即与阿佛洛狄忒有关的仪式和节庆。但需要注意的是,宗教现象不是神话故事,反之亦然。"器物",顾名思义,是流传下来的与阿佛洛狄忒有关的古物,本书将重点研究两件器物。可以说,本书属于一种形而下的研究,有别于一种形而上,或仅仅基于(甚至是囿于某个单独)文本(如神话传说或哲学寓言等)的解读。诚然,本书的研究绝不可能脱离文本,甚至可以说更依赖或贴近文本,但更注重一种整体的把握,因此在注重文本的同时严肃地看待实证方面的材料,综合分析文本和实证材料。这种尝试可称之为"文本与实证的互动"。那么话说回来,本书所要探讨的阿佛洛狄忒到底是何方神圣呢?

二、阿佛洛狄忒是谁?

关于"阿佛洛狄忒是谁?"这个问题,很难三言两语讲清楚,本书的目的之一便是去认识和面对这位女神。但在正式见面之前,有必要简单地重新了解一下对方。

如今,巴黎卢浮宫内著名的"断臂维纳斯",即米洛斯的阿佛洛狄忒(Aphrodite of Melos),几乎世人皆知。而昔日,普拉西忒勒斯(Praxiteles)为古希腊城邦科尼多斯(Knidos)创作的那尊阿佛洛狄忒雕像(约公元前350年),因其创新地表现了女神的裸体形象,也令古人叹为观止。② 更有文人骚客借女神之口惊呼:"普拉西忒勒斯是在何处窥见了我的裸体?"③ 此后,这类裸体的女神像可谓比比皆是(图1)。

熟悉古希腊神话的人都知道阿佛洛狄忒与阿瑞斯(Ares)偷情的故事,这则故事出自《奥德赛》卷八,故事的最后女神去了她的诞生地塞浦路斯岛。④ 但人们可能不知道,与方才提到的两尊裸体的女神雕像截然不同的是,阿佛洛狄忒在她的香火圣地塞浦路斯岛的帕福斯(Paphos)的神像是一块没有人形的石头

---

① 本书所用"牺祀"指英语中的术语 cult,具体参见附录三。
② 比如老普利尼,参见 Plin., *HN.* 34.4.20–21。但也有现代学者并不认同这种创新,参见 Nigel Spivey, *Understanding Greek Sculpture, Ancient Meanings, Modern Readings*, London: Thames and Hudson, 1997, p. 181。论女神的这尊雕像及其影响,参见 Christine M. Havelock, *The Aphrodite of Knidos and Her Successors: A Historical Review of the Female Nude in Greek Art*, Ann Arbor: The University of Michigan Press, 1995。
③ *Anth. Gr.* 6.160.
④ Hom., *Od.* 8.362–363:"爱笑的阿佛洛狄忒前往塞浦路斯的帕福斯,那里有她馨香的祭坛和领地。"

（图 2）。生活在罗马帝国时期的塔西佗（Publius Cornelius Tacitus）曾这样描述："神像没有人形。"① 这块石头现如今依然在那座岛上，并且还时不时地激发着人们的好奇之心，甚至受到天文学者的关注。② 我们要怎么看待这种巨大差异呢？

抛开关于神圣身体的形而上的解释③，就形而下而言，有人可能会说，那是女神的起源，石头是她的古老形象。④ 但石头似乎无法与通常认为的女神所象征的性、美或诱惑联系起来。而那些被学者们认为是阿佛洛狄忒东方原型的女神——伊南娜（Inanna）、伊什塔尔（Ishtar）、阿施塔尔忒（Astarte）——本就有裸体形象。⑤ 更有趣的是，希罗多德对阿佛洛狄忒的这些东方名字另有一番说辞，他说："亚述人称阿佛洛狄忒为穆丽萨（Μύλιττα），阿拉伯人叫她阿莉剌忒（Ἀλιλάτ），

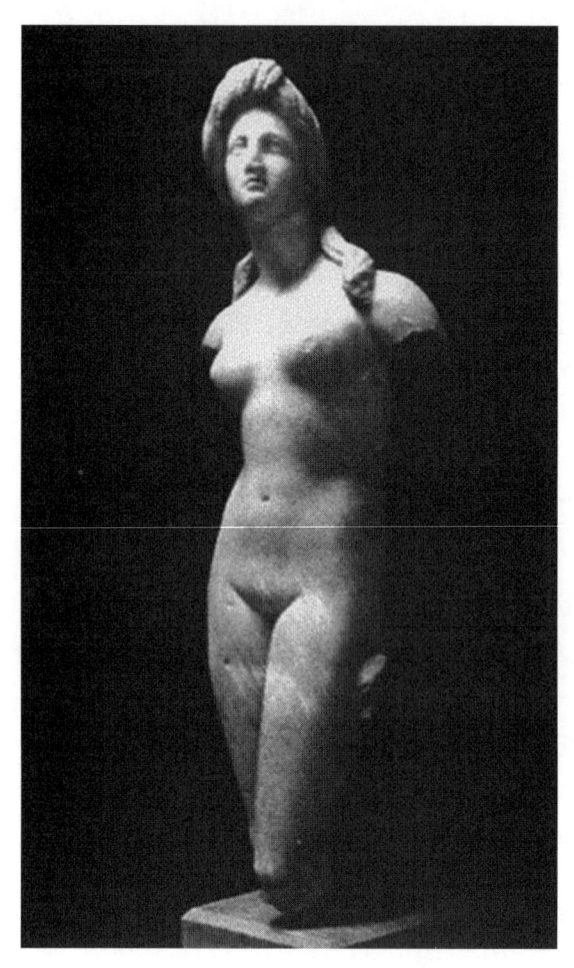

图 1　塞浦路斯梭伦城的阿佛洛狄忒
［塞浦路斯博物馆（Nicosia, Cyprus Museum）藏，编号 E.510］

---

① Tacitus, *Hist.* 2.3: *simulacrum deae non effigie humana.*
② 比如这篇发表在天文学期刊上的论文：Philip Mozel & Meg Morden, "The Cult Statue of Aphrodite at Palaepaphos: A Meteorite?", *JRASC* 8（2006）, pp. 149–155。
③ 在古代，主要是新柏拉图主义的观点。这一观点认为衣服是身体，而裸体是无形力量的象征，是被遮盖的奥秘，参见 Pierre Hadot, *The Veil of Isis: An Essay on the History of the Idea of Nature*, Michael Chase（tr.）, Cambridge, MA: Belknap Press of Harvard University Press, 2006, pp.63–64.
④ 在希腊化时期，近东民族石头形状的神也被等同于希腊人的神。就这一点而言，与早期希腊本土吸收东方文化的东方化时期几乎如出一辙。
⑤ Miroslav Marcovich, "From Ishtar to Aphrodite", *JAE* 30（1996）, pp. 43–59.

波斯人则唤作密忒拉（Mίτρα）。"① 到底哪个才是她的原名呢？让我们再回到希腊本土，稍稍看一眼古希腊人的阿佛洛狄忒的"一个"形象。

大英博物馆馆藏的一件双耳细颈瓶（amphora）上有一副黑影瓶绘（图3）。瓶绘上的铭文表明阿佛洛狄忒不仅与波塞冬同乘一架驷马战车，还手握缰绳，驾驭马车。注意她右肩上的蛇形装备，那是俗称"宙斯盾"（Aegis，一种装饰披肩）的一种表现形式（或符号）。我们如何解释这些与通常所知的女神形象不符的奇怪的现象呢？虽然不能排除笔误的可能性②，但一句画匠的失误并不能够打发这么多与常理不符的细节，即阿佛洛狄忒不是与其通常的伴侣匠神或战神在一起，也没有坐在常见的坐骑天鹅或山羊上，而是佩戴了一贯作为雅典娜（Athena）标志的宙斯盾。

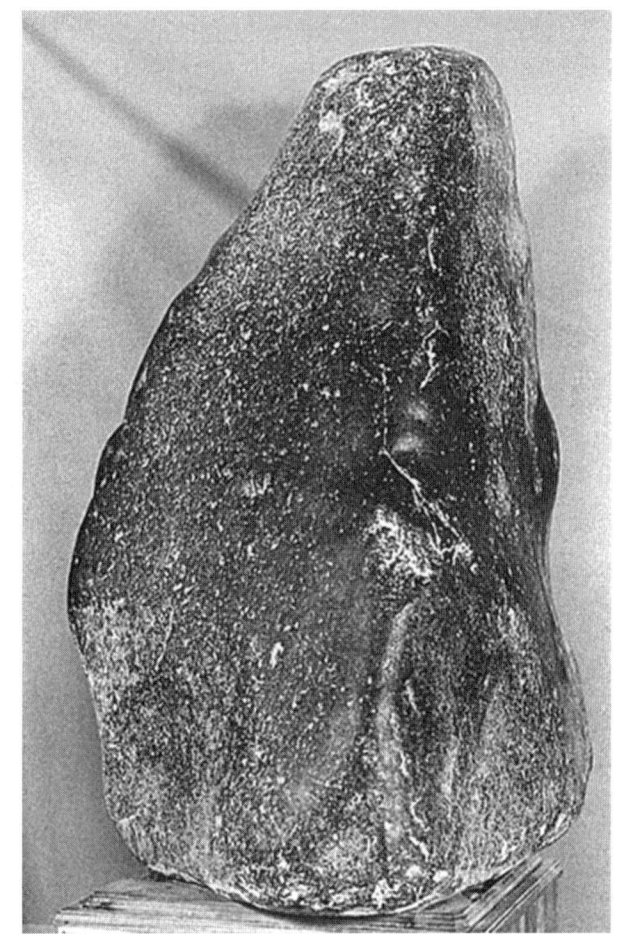

图 2 塞浦路斯帕福斯无人形的阿佛洛狄忒像
［整体高 1.22 米，现藏于塞浦路斯老帕福斯（Palaepaphos）附近的库克利亚（Kouklia）博物馆］

---

① Hdt., 1.131. 其中只有穆丽萨女神与性爱有关，希罗多德在讲述巴比伦人奇怪的婚前性习俗时提到了这位神（Hdt., 1.199）。

② 依据常理，在波塞冬身边的应该是其配偶大洋女神安菲特丽忒（Amphitrite）。在拼写上，AMΦITPITH 确实与 AΦPOΔITH 有几分相似，难道画匠在画大洋女神的时候，脑子里突然想到了美丽的阿佛洛狄忒？

图3 驾驭战车的阿佛洛狄忒
[黑影瓶绘，约公元前520年，大英博物馆（London, British Museum）藏，编号 B.254]①

以上有关阿佛洛狄忒不同形象之间的张力，反映出的便是这位我们习以为常的女神内在的复杂性，她的这种不寻常和复杂性显然颠覆了我们对阿佛洛狄忒，包括其他希腊诸神的先入之见。所以，要想认清真实的古希腊人的阿佛洛狄忒，还请先把那位爱神阿佛洛狄忒放在一边②，并且有必要撕掉某些人给女神贴上的野蛮、堕落、败坏德性的胚根信仰（pagan）的偶像封印。③

那么，阿佛洛狄忒到底是怎样的一位神？古代有一篇以她的敬称冠名的史诗——源于众所周知的原因，一场旷世大战的爆发与她有关——位列讲述特洛伊战争诗系（Epic Cycles）之首的《库普丽斯之歌》（*Kypria*）。④ 如今虽仅残

---

① 具体信息参见 John D. Beazley, *Attic Black-Figure Vase-Painters*, Oxford: Clarendon Press, 1956, p. 673。
② 这里无意去讨论古希腊人的"爱"的概念与其后人直至我们现代人的"爱"的概念的差异与演变。我们只需明白，在古代宗教中，"生命、繁殖、性和爱"的概念，经常被混在一起。对阿佛洛狄忒身上出现这一问题的反思，参见 Stephanie L. Budin, "Creating a Goddess of Sex", *EnA*, pp. 315–324。
③ 这类观点基本上来自基督教，从早期的使徒到后来的殖民冒险者，当然遭到诟病的不止女神一位，几乎整个胚根信仰都是如此，其缘由不言而喻。与之有关的研究，参见 Philip H. Young, "The Cypriot Aphrodite Cult: Paphos, Rantidi, and Saint Barnabas", *JNES* 64（2005）, pp. 23–44; Michael Given, "Corrupting Aphrodite: Colonialist Interpretations of the Cyprian Goddess", *EnA*, pp. 418–428。
④ 对此文本的新近研究，参见 Malcolm Davies, *The Cypria*, Washington, DC: Center for Hellenic Studies，2019。

篇传世，但依然能感受到女神在其中的重要地位。不过，在流传的三个古希腊人主要的诸神谱系中，她的地位和形象又各不相同。在荷马史诗中，她是绝世美女海伦（Helen）的庇护神，偏爱特洛伊人，时刻关照着那些亚洲的王子们——帕里斯（Paris）、赫克托尔（Hector）、安奇塞斯（Anchises），还有埃涅阿斯（Aineias）；身为神王宙斯和狄娥涅（Dione）的女儿，（不情愿地）被宙斯许配给了匠神赫淮斯托斯（Hephaestas），因此也就有了那段她与战神阿瑞斯偷情的经典诗段。在赫西俄德的诗歌中，阿佛洛狄忒的出世与一场血腥的神界政变有关。她从首届神王乌拉诺斯被其子克洛诺斯抛入大海的阳具所激起的浪花中诞生，她与战神育有二子，还是众多诸神与凡人结合的"幕后推手"。在俄尔甫斯（Orpheus）的诗歌中，阿佛洛狄忒的身份更为显赫，她掌管整个宇宙，统驭世间万物。

阿佛洛狄忒在希腊的早期经典中的这种差异，显然是希腊文明内部差异的一种表现，俄尔甫斯、赫西俄德、荷马，三者的作品反映的是同一民族中不同的宗教体系，他们讲述的神谱略有不同。我们怎么理解三者的关系呢？笔者以为，或可与两河流域的神话或古埃及人的三大神学体系①对照。古埃及从部落到地区再到统一的国家，使得人们不得不将原本各自地方性的部落神（图腾）有机地结合起来，这就促成了编纂诸神谱系的运动，形成了诸神之间兄弟、配偶、父子及敌对的关系。这种诸神之间的关系，由于部落间和地方上霸权的更迭，肯定会不断变动，直到有了相对稳定的政治统治状态才会形成相对稳定的神谱关系网，进而最终形成埃及的三大神谱。最后，在一个统一的埃及文明的政权里，统治者（祭司阶级）想办法调和这三大神谱之间的差异，这是古埃及祭司们的任务。古希腊的情况或也可做此解释，地区宗教的差异导致了各种矛盾的神话版本产生。由于希腊缺少如埃及王国那样大一统的统治阶层，调和地区之间差异的任务也许就落在传唱诸神事迹的古风诗人们的身上。古希腊的（诗）人们，如何调和阿佛洛狄忒身份上的这种差异？进而又是如何促成了统一的古希腊文化？这是本书准备解答的问题之一。

对古希腊人而言，阿佛洛狄忒代表了什么？说她是爱与美的女神，没错，这已经是她的一个固定标签，但她的身份远不止于此。其实，古希腊人的阿佛洛狄忒除了名字外还有许多称号，如善渡（Euploia）、塞浦路斯（Kypris）、库忒瑞娅（Kythereia）、属天（Ourania）、帕福斯（Paphia）、深海（Pontia）、

---

① 即被称为孟菲斯、赫尔墨斯波利斯、赫利俄斯波利斯三城的神学体系。

好客（Xenia）等等。如何理解阿佛洛狄忒（包括其他神）的这些称号呢？① 从功能的角度讲，可以分为两类：一种是女神的美名，多为文学诗歌中对女神的敬称，不具有其他含义，如塞浦路斯；另一种类似女神的职称，代表了她在古希腊人的牺祀中司掌的职能，有具体的宗教意义，如善渡。阿佛洛狄忒的本名与她的各种称号之间形成了一种"一与多"的关系（古希腊其他主要的神亦然），在某种程度上，这也是方才提到的女神形象内在复杂性的表现。②

统言之，在古希腊人的世界里，阿佛洛狄忒是一位具有强大神力和多种职能的女神。古希腊人对她的牺祀活动具有泛希腊特征，就地理范围而言，在古代世界中影响深远，从东部的塞浦路斯岛到西部的西西里岛，从温暖的亚德里亚海到寒冷的黑海，从尼罗河三角洲到多瑙河入海口，从大城市的港口到小城邦的山顶，都有供奉阿佛洛狄忒的圣所。在古希腊人的日常生活中，她并不只是掌管性爱与两性关系的爱神，或是与饰品、珠宝和香油这些事物相关的美神。从阿佛洛狄忒圣所的遗迹来看，她的职称更多地表现为一位尽职的海神，她是保障人们航海活动（贸易和殖民）的守护神，她的这把"保护伞"可能在青铜时代末期就已遍布地中海。此外，她还是一位与战争和城邦政治有关的神。如何理解阿佛洛狄忒的这种有别于其神话形象的多元宗教职能？这些宗教形象又是如何在古希腊社会中起到推动社会和文化发展的作用？这是本书尝试分析的问题之一。

在此，还是有必要简短地介绍一下阿佛洛狄忒的起源。这个古老的问题始终存在争议，古希腊人自己承认阿佛洛狄忒一开始并不是希腊人的神③，对迈锡尼线性文字B的研究似乎也证实了这一点④。虽然我们掌握的材料其实并不多，

---

① 弄清和区分每个神的各种称号是研究希腊-罗马宗教十分关键的一步。对称号问题的分析与反思，参见 Robert Parker, "The Problem of the Greek Cult Epithet", *OA* 28（2003）, pp. 173-183; id., *On Greek Religion*, Ithaca, NY: Cornell University Press, 2011, pp. 65-73.

② 对古希腊诸神各种名称之间"一与多"关系的新近讨论，参见 Hendrik S. Versnel, *Coping with the Gods: Wayward Readings in Greek Theology*, Leiden: Brill Academic Publishers, 2011, pp. 40-87.

③ 如希罗多德（Hdt., 1.105, 1.131），虽然他作品中的不少纪实被证明并不属实；以及照搬希罗多德说法的保萨尼阿斯（Paus., 1.14.7）。

④ 线形文字B中没有发现阿佛洛狄忒的名字。其实这一点也存在少许争议，因为有学者认为可能当时不叫这个名字，但这牵扯到了另一个问题：同一个神，名字怎么会变化？

但是，对于古老源头的实情，古希腊人也许比我们知道得更少。[1] 从宗教史的研究角度看，阿佛洛狄忒长期存在印欧与近东起源之争。前者将她追溯至雅利安的天空女神，而后者则推至两河流域的战争女神。那么，这就是源头了吗？学者们并不满足于此，两者再往上推，似乎只能是语焉不详的母神。所谓母神，不过是另一个笼统的女神类型。关于阿佛洛狄忒的起源问题依然无解。最近，有一位女学者再次向阿佛洛狄忒的起源问题发起了挑战，收集和扒梳了足够丰富的证据，试图彻底解决女神的起源问题。[2] 随后她又对自己的这项研究进行了总结和反思，反对一种"一对一"（起源、传播、接受）的同化现象。[3] 即便如此，依然有学者对此研究持保留态度。[4] 阿佛洛狄忒的起源是一块难啃的老骨头，有关她起源的矛盾，早在希腊文学传统中就已现端倪（如上文所提之三种神谱），即女神的身世之谜。这些矛盾所反映和涉及的，是大到文明小到地区文化之间的相互影响、融合与转化的问题。相比神秘莫测的起源造化，她作为希腊女神的形象相对更易把握，她实际的多元社会职能也更值得关注。而且，更让人着迷的是，在希腊化时期，当整个希腊世界在政治层面逐渐走向权力集中和统一时，女神的形象及其象征意义又产生了何种变化呢？这是本书想要探讨的问题之一。

总之，在古希腊人的眼里，阿佛洛狄忒非凡的神力遍布天空、陆地和海洋，她在神格上和那些奥林波斯神一样，是一位"多能的""忙碌的"女神。因此，有必要撕开后人（现代人、启蒙运动人、文艺复兴人、中世纪人、罗马人，甚至是希腊人）给她贴上的那张单一固化的形象标签（比如文学艺术形象中的爱神），抛开先入之见，通过学术的途径，运用科学的方法来重新认识这位古希腊人的女神。

---

[1] 比如狄奥尼索斯，欧里庇德斯在其作品《酒神的伴侣》中描写了酒神从遥远的东方来到忒拜（Eur., *Ba.* 64："我离开亚洲的土地"；Eur., *Ba.* 85–86："把狄奥尼索斯从弗律吉亚的山上送到希腊宽阔的街道上"；Eur., *Ba.* 234："从吕底亚来到此地"）。古希腊人自己错误地认为酒神原本并非他们的神。学者们在读懂线形文字B之前，也对狄奥尼索斯的东方源头深信不疑。当然，也有少数敏锐的学者在线形文字B被破解之前，就坚称狄奥尼索斯是本土神，参见 Walter F. Otto, *Dionysus*; *Myth and Cult*, Bloomington: Indiana University Press, 1965（= 1933 德语版），线形文字B则直到1952年才被破解。那么，请想一想尚未破译的线形文字A吧。

[2] Stephanie L. Budin, *The Origins of Aphrodite*, Ph. D. diss., University of Pennsylvania in Partial, 2000.（= ead., *The Origin of Aphrodite*, Bethesda: Capital Decisions Ltd. Press, 2003.）

[3] Ead., "A Reconsideration of the Aphrodite-Ashtart Syncretism", *Numen* 51 (2004), pp. 95–145.

[4] Vinciane Pirenne-Delforge, "Flourishing Aphrodite: An Overview", *BCA*, pp. 9–10.

第二节　趋势与方法

一、重新认识一位神：有关阿佛洛狄忒研究的近况

有关阿佛洛狄忒研究的学术著作，从 20 世纪 70 年代至今有 10 部出头①，数量尚算可观，当然，研究性的论文则相对丰富。如前所述，并不存在一个"阿佛洛狄忒学"，对阿佛洛狄忒的研究分散在几个细分又相互关联的学科领域中，比如塞浦路斯美国考古研究所（Cyprus American Archaeological Research Institute）发行的一部单行本论文集（*EnA*）②，总计 28 篇文章中有 4 篇涉及阿佛洛狄忒研究。笔者在这里先不去梳理那些分散的学科史，比如古希腊历史、文学、神话和宗教的研究，这些都是研究阿佛洛狄忒的基础（包括所涉及的具体问题研究），而会在后文的相关章节内进行必要的梳理。

在这为数不多的几本书中，有本很有价值的会议文集（*BCA*）③，总共收入 19 篇文章。值得一提的是，其中没有一篇是关于女神起源的文章；与神话（文学）有关的仅 2 篇（皆为荷马史诗），且旨在理解女神与其他诸神的复杂关系；有 5 篇讨论了非希腊民族对阿佛洛狄忒的接受史，时间跨度从罗马时代至今（笔者觉得有 1 篇文章论希腊人如何看待罗马人把自己视为阿佛洛狄忒的后裔，也可算入，那就是 6 篇）；其余（除去 2 篇导论性质的文章）全是关注女神的牺祀和形象问题。这也许反映了如今阿佛洛狄忒乃至整个希腊宗教研究的大趋势。

1. 研究的趋势与转变

首先，有必要介绍一部重要的著作，对阿佛洛狄忒研究综述的介绍，也将以此为基点展开。1994 年，比利时学者皮雷娜－德芙热（Vinciane Pirenne-Delforge，1963—　）④出版了她在列日大学的博士论文，题为《古希腊的阿佛

---

① 截至 2020 年 3 月底的统计。其中多为欧陆和美洲学者的作品，以英文为主，2 部以法文写就，也有西班牙文和德文。此外还有日本西洋古典学者的作品。

② Diane Bolger & Nancy Serwint (eds.), *Engendering Aphrodite: Women and Society in Ancient Cyprus*, (CAARI Monographs 3), Boston: American Schools of Oriental Research, 2002.

③ Amy C. Smith & Sadie Pickup (eds.), *Brill's Companion to Aphrodite*, Leiden: Brill Academic Publishers, 2010. 该书是 2008 年 5 月 8 日至 10 日于雷丁大学（University of Reading）举行的会议论文集。此外，该书封面所使用的就是本书"引论"所用的那幅图（见图 3），从中可窥见该书编者们的用意。

④ 为了能在时间（学术史）上给出一个大致的脉络，这一部分会给出一些重要学者的生卒年份。

洛狄忒：对古风与古典的诸神体系中相关牺祀与神格的研究》(1994)①。皮雷娜－德芙热的研究依托保萨尼阿斯的游记《希腊寰域志》(*Hellados Periegesis*)，故地重游了"古代"②希腊世界，结合她当时所掌握的考古材料，逐一分析了希腊各处的阿佛洛狄忒神庙遗迹，试图从中提炼出一位"活的"女神，还原一位"活在"宗教牺祀中的阿佛洛狄忒。她的研究回避了女神的起源问题，在方法上严谨地使用考古学材料，彻底摒弃文学作品中的女神形象，严格遵循保萨尼阿斯的足迹。后两个也恰是这部力作的"软肋"——缺少对神话功能的思考，或者说，一种结合考古实证与神话文本的整全理解；还有就是，保萨尼阿斯没有的记录（他未踏足之地），她也没有涉足。但这些并不影响这部作品成为阿佛洛狄忒，甚至是希腊诸神研究的一个标杆。在此之前（自19世纪起），阿佛洛狄忒的研究比其他神更明显地始终脱离现实的古代宗教实践，被迫遁入一种纯文本的枯燥而僵化的文学形象的解读。法内尔（Lewis R. Farnell，1856—1934）早在19世纪末就开辟了一条研究希腊宗教诸神的新路径，重点关注和研究古希腊人的诸神与英雄牺祀。③他的那部作品是以每一个神为中心分别论述的编排。这套陆续出了5卷本的巨作，似乎在很长时期里光有影响而少人响应。④但不可否认的是，他的这套书如今依然是研究古希腊宗教，尤其是个体的诸神的学者们手边的参考书。

就在皮雷娜－德芙热的著作面世前的20年，美国古典学者博德克（Deborah D. Boedeker，1944—   ）发表了一部专著，名为《阿佛洛狄忒之进入希腊史诗》（1974）⑤。她在书中主张阿佛洛狄忒的印欧血统，即女神与吠陀（Veda）诸神

---

① Vinciane Pirenne-Delforge, *L'Aphrodite grecque: contribution à l'étude de ses cultes et de sa personnalité dans le panthéon archaïque et classique*, (*Kernos* Supplément 4), Liège: Centre International d'Étude de la Religion Grecque Antique, 1994.
② 笔者给"古代"打上双引号，是考虑到，那个遥远的希腊世界，不仅对皮雷娜－德芙热而言，而且对保萨尼阿斯而言，都是过去的"古代"。
③ Lewis R. Farnell, *Cults of the Greek States*, 5 vols., Oxford：Clarendon Press, 1896-1909. 法内尔又整理相关讲稿单独出版了一本有关英雄牺祀的著作：id., *Greek Hero Cults and Ideas of Immortality*, Oxford: Clarendon Press, 1921。
④ 笔者在拉尔森（Jennifer Larson）的著作中看到了法内尔的"影子"。她的几部研究古希腊宗教的著作在写作思路上颇具法内尔的章法，参见 Jennifer Larson, *Greek Heroine Cults*, Madison: University of Wisconsin Press, 1995; ead., *Greek Nymphs: Myth, Cult, Lore*, New York: Oxford University Press, 2001。
⑤ Deborah D. Boedeker, *Aphrodite's Entry into Greek Epic*, (*Mnemosyne Supplement 32*), Leiden: Brill Academic Publishers, 1974.

的联系。她的研究基于对史诗中公式化语言的语文学解读。[①] 4 年后，另一位美国学者，人类学家弗里德里克（Paul W. Friedrich，1927—2016）出版了名为《阿佛洛狄忒的含义》（1978）[②] 的专著，他的目的在于寻找阿佛洛狄忒如何从印欧人的天空女神变成了与性爱有关的女神。不难发现，他显然已经限定好了女神的形象。弗里德里克所用的研究材料是文学作品，方法理论是结构主义，但脱离了历史语境，有点类似《金枝》的研究思路。不过，值得一提的是，就在同一年，还出现了 3 篇与阿佛洛狄忒有关的论文。

一篇是范·埃克（Johannes van Eck）于这一年提交给乌得勒支大学的博士学位论文《〈致阿佛洛狄忒的荷马颂诗〉：导论、笺注与附文》（1978）[③]。依其名目便知，他重点关注了一首对于研究阿佛洛狄忒而言十分重要的颂诗，有别于此前对荷马颂诗集体式的文本分析，如由艾伦（Allen）、哈利戴（Halliday）、塞克斯（Sikes）三人合编的版本[④] 和意大利学者卡西索拉（Fabio Càssola）编译的《荷马颂诗集》[⑤]。范·埃克的研究为其他学者对《致阿佛洛狄忒的荷马颂诗》的文本解读提供了一个可用的参考，但他的这篇论文仍然留下了许多未解的工作，可以发现，此后出现了不少针对《致阿佛洛狄忒的荷马颂诗》的文本解读。这一文本真正意义上的重新检审，要等到范·埃克这篇博士论文面世后的 30 年。加拿大青年学者福克纳（Andrew Faulkner）出版了他在牛津大学的博士论文《〈致阿佛洛狄忒的荷马颂诗〉：引论、文本与笺注》（2008）[⑥]，重新校勘了这首《致阿佛洛狄忒的荷马颂诗》。此后不久，美国古典学者奥尔森（Stuart D. Olson）出版了《〈致阿佛洛狄忒的荷马颂诗〉及其相关文献：文本、翻译与笺注》（2012）[⑦]。而该作品的校勘工作则始于 2008 年春。[⑧] 对《致阿佛洛狄忒的荷马

[①] 这种方法理论是当时也是如今印欧宗教研究大浪潮中的巨轮。但此类相关的研究，与其说是语言学，倒不如说是更偏文学，如 Ann Suter, "Aphrodite/Paris/Helen: A Vedic Myth in the *Iliad*", *TAPhA* 117（1987）, pp. 51-58。

[②] Paul W. Friedrich, *The Meaning of Aphrodite*, Chicago: University of Chicago Press, 1978, p. 148.

[③] Johannes van Eck, *The Homeric Hymn to Aphrodite: Introduction, Commentary and Appendices*, Ph.D. diss., Utrecht University, 1978. [= *Mnemosyne* 39 (1986), pp. 1–41]

[④] Thomas W. Allen, William R. Halliday & Edward E. Sikes (eds.), *The Homeric Hymns*, 2nd edn., Oxford: Clarendon Press, 1936.

[⑤] Fabio Càssola (ed.), *Inni Omerici*, Milan: Arnoldo Mondadori, 1975.

[⑥] Andrew Faulkner, *The Homeric Hymn to Aphrodite: Introduction, Text, and Commentary*, New York: Oxford University Press, 2008.

[⑦] Stuart D. Olson, *The Homeric Hymn to Aphrodite and Related Texts: Text, Translation and Commentary*, Berlin: Walter de Gruyter, 2012.

[⑧] Ibid., p. vii.

颂诗》文本的校勘和译注，可能并非出于研究阿佛洛狄忒的目的，但却有助于此项研究的深入展开。①

一篇是试图重新理解阿佛洛狄忒称号——Kythereia——的小短文《库忒瑞娅女神阿佛洛狄忒》（1978）②。在该文中，威尔士学者摩根（Gareth Morgan，1928—1996）试图在5种古代语言③及其各种变体方言中寻找到这个词的原本含义，他研究认为：Kythereia 本义为欲望，与希腊小岛库忒拉无关。这样仅以语言为论的阿佛洛狄忒研究，即在几种语言之间来回穿梭，让人眼花缭乱的文章，于摩根发表这篇文章的22年后再现，即由著名的古典学家韦斯特（Martin L. West, 1937—2015）发表的一篇同样短小精致的文章《阿佛洛狄忒之名》（2000）④。他推测性地分析了阿佛洛狄忒名字的音位学与词形学的历史，而非如以往的学者那样基于一种印欧语或环地中海语系中相似发音之间的联系。这两篇文章看似是思考阿佛洛狄忒起源问题的作品，其实是对阿佛洛狄忒研究当中传统的、长期的、约定俗成的观念的反思，为重识阿佛洛狄忒的形象提供了动机。

还有一篇是希腊学者苏维诺-因伍德（Christiane Sourvinou-Inwood，1945—2007）发表的《佩尔塞芙涅与阿佛洛狄忒在罗克里：一处希腊宗教中神格界定的典型》（1978）⑤。该文对意大利南岸一处希腊殖民城邦所见考古材料进行了分析。现在看来，这是一篇颇具开创性的论文，她的方法论至少有两个方面引起了学者的关注。首先，她坚决反对在进行研究之前，对神格做任何初步的假设，这些假设会限制和歪曲我们对古希腊神祇的理解，即她反对将各种证据强制纳入僵化的框架。其次，她研究的核心既是神又是人，即一种双重的维度：一方面是随着历史变迁而发生变化的牺祀群体（人），另一方面是一个复杂的具有区域特色的诸神体系（神）。苏维诺-因伍德给希腊诸神划分的两

---

① 具体参见第二章第一节。
② Gareth Morgan, "Aphrodite Cytherea", *TAPhA* 108 (1978), pp. 115–120.
③ 古希腊语、凯尔特语、波罗的-斯拉夫语、阿维斯陀语和吠陀语。
④ Martin L. West, "The Name of Aphrodite", *Glotta* 76 (2000), pp. 134–138.
⑤ Christiane Sourvinou-Inwood, "Persephone and Aphrodite at Locri: A Model for Personality Definitions in Greek Religion", *JHS* 98 （1978）, pp. 101–121. 文章标题中的罗克里（Locri，今称）指的是希腊本土的罗克里（Locris），在意大利南岸的殖民城邦西罗克里斯（Epizephyrii Locri，古称）。国内著作将其多音译为"埃庇泽斐利·罗克里斯"，略显啰嗦。其字意为西风（Zephyros）外的（epi）罗克里斯（Locris），故尝试作"西海罗克里斯"，以区别希腊本土的西罗克里斯（Ozolian Locris）。"西"乃俗称，学者们对"Ozolian"一词的解释尚有分歧。希腊本土的罗克里斯人共分三部，西罗克里斯靠近德尔斐，于三部中地处最西。其余两部为：东罗克里斯（Opuntian Locris），亦是俗称，名字源自境内城邦奥普斯（Opus），三部中地处最东，位于比奥提亚（Boeotia）以北的沿海地区，与尤卑亚岛（Euboea）隔海相望；山区罗克里斯（Epicnemidian Locris），地处东罗克里斯的西北方，名字源自境内的科涅米斯山（Knemis）。

个等级式的概念——地方级和泛希腊级,如今早已被研究希腊宗教的学者们普遍接受。研究古希腊宗教,尤其是研究其宗教中的诸神,要重视考古材料的分析,还原当地当时的实际情况,不能脱离现实的牺祀,单凭各种文学作品中的形象,或借助近东、印欧起源的解释,甚至是想象来研究。然而,当时学界的研究情况并非如此。可以说,法内尔"积灰"的研究方法在苏维诺-因伍德这里终于"死灰"复燃了。此后,越来越多的研究古希腊宗教的学者开始关注地区性的牺祀,苏维诺-因伍德的这一观点得到了响应。就在这篇论文发表后的20年,在这片响应声中出现了一阵熟悉的回音,又一位学者将目光投向了"大希腊"地区的阿佛洛狄忒牺祀。就在这一年,莘德勒(Rebecca K. Schindler)提交了她的博士学位论文《希腊西部地区的阿佛洛狄忒古迹:约前650—前480年》(1998)[①],系统梳理了地中海西部(包括意大利北部、南岸以及西西里)各地区城邦中所见关于阿佛洛狄忒牺祀的考古遗迹,并尝试解释为何阿佛洛狄忒在这里会有如此重要的牺祀地位。

现在看来,1978年就显得特别有意思,对于阿佛洛狄忒的研究而言,显然是重要而有意义的一年。因为,这3篇论文在某种意义上反对了一项古老的研究传统(《阿佛洛狄忒的含义》可算作这一传统的代表)。3篇文章在各自的领域,以不同的方式打开了新的研究路径,而且分别预示了阿佛洛狄忒研究在此后的趋势:(1)关注女神的牺祀,深入考察希腊各城邦和地区的宗教活动与社会功能。(2)关注女神的职能或身份,尝试分析和解释女神的不同形象。(3)关注女神各种形象背后的思想观念,结合宗教研究的成果,对文本进行重新理解。因此,在接下来介绍有关阿佛洛狄忒研究的近况时,笔者将遵循这三个方面分而述之。

2. 对牺祀活动的研究

1999年,俄罗斯学者乌斯蒂诺娃(Yulia Ustinova)出版了一本关于黑海北岸(亚速海地区)古希腊文明遗址的考古报告和研究成果《博斯普鲁斯王国的重要神祇:天神阿佛洛狄忒与至高神》[②]。此前一年她已发表了一份报告,对该书内容做了提纲挈领式的预告介绍。[③] 她的研究表明,阿佛洛狄忒在当地有着极

[①] Rebecca K. Schindler, *The Archaeology of Aphrodite in the Greek West: ca. 650–480 BC*, Ph.D. diss., University of Michigan, 1998.

[②] Yulia Ustinova, *The Supreme Gods of the Bosporan Kingdom: Celestial Aphrodite and the Most High God,* Leiden: Brill Academic Publishers, 1999.

[③] Ead., "Aphrodite Ourania of the Bosporus: The Great Goddess of a Frontier Pantheon", *Kernos* 11 (1998), pp. 209–226.

为显著的地位。作者长期主导黑海地区的考古挖掘工作[①]，基于丰富的一手材料，还原了当地曾经流行的阿佛洛狄忒犠祀活动。根据她掌握的证据，至少从公元前7世纪起，希腊殖民者，尤以米利都（Miletos）人最为活跃，与当地的原住民邻居之间有极为丰富的互动，其中就包括宗教。该研究展示了阿佛洛狄忒犠祀活动的演变，以及在希腊化时期，女神是如何成为辛梅里俄斯人的博斯普鲁斯王国（Kingdom of the Cimmerian Bosporus, c. 438 BCE-c. 370 CE）的守护神。在黑海沿岸，还有很多米利都人的殖民城邦。对这些地区的考古挖掘和研究，也显示了阿佛洛狄忒在当地的主导地位，如格里夫斯（Alan M. Greaves）的论文《米利都及其殖民城邦中的阿佛洛狄忒犠祀》（2004）[②]。阿佛洛狄忒的另一处有着重要犠祀活动的城邦是小亚内陆城市阿佛洛狄辖（Aphrodisias）[③]，与米利都同处卡里亚（Karia）地区。布洛蒂（Lisa R. Brody）的论文《位于卡里亚的阿佛洛狄辖的阿佛洛狄忒犠祀》（2001）[④]，研究了在这一多元文化的城邦中阿佛洛狄忒复杂而迷人的形象，尤其是那尊著名的大母神式雕像。另一尊著名雕像所在地，同为卡里亚地区城邦的科尼多斯自然不能遗漏。科尔索（Antonio Corso）的《科尼多斯的阿佛洛狄忒犠祀及其政治背景》（2007）[⑤]，探讨了这里为何会诞生那尊古代的杰作。作者认为是受当地人与雅典精英交往密切的影响（尤其是柏拉图交际圈里盛行的奇特思想）。在离科尼多斯海岸不远处的科斯岛（Kos）上也发现了阿佛洛狄忒犠祀的遗迹。出版过两部研究雅典宗教著作[⑥]（堪称希腊区域性宗教研究的典范）的帕克（Robert Parker）在《科斯岛上属民与深海的阿佛洛狄忒犠祀》（2002）中对科斯岛上的铭文进行了分析。[⑦] 位于尼罗河三角洲地区古老的希腊城邦纳乌克拉提（Naukratis）也是阿佛洛狄忒的一处著名的圣

[①] 乌克兰学者亦参与黑海地区的相关考古，这些材料很少被西欧学者重视和采用，语言可能是原因之一，如 Sergei D. Kryzhitskii, "The Temple of Aphrodite on the Island of Berezan", in David Howorth (tr.), *Mouseion* 5 (2005), pp. 261-285。这是一份第聂伯河（Dnieper）上别列赞岛（Berezan）考古报告少有的英译。

[②] Alan M. Greaves, "The Cult of Aphrodite in Miletos and Its Colonies", *AS* 54 (2004), pp. 27-33.

[③] 该城名直接英译略嫌冗长啰唆，中译通常作"阿佛洛狄西亚斯"。笔者考虑到该城是因其突出遵奉阿佛洛狄忒而改获此名（据悉有两个旧称），故取"阿佛洛狄辖"，既合其谐音又表女神的统治。

[④] Lisa R. Brody, "The Cult of Aphrodite at Aphrodisias in Caria", *Kernos* 14 (2001), pp. 93-109.

[⑤] Antonio Corso, "The Cult and Political Background of the Knidian Aphrodite", in Erik Halhger & Jesper T. Jensen (eds.), *Proceedings of the Danish Institute at Athens V*, Copenhagen: The Danish Institute at Athens, 2007, pp. 173-197.

[⑥] Robert Parker, *Athenian Religion: A History*, Oxford: Clarendon Press, 1996; id., *Polytheism and Society at Athens*, New York: Oxford University Press, 2005.

[⑦] Robert Parker, "The Cult of Aphrodite Pandamos and Pontia at Cos", in Herman F. J. Horstmanshoff, et al. (eds.), *Kykeon: Studies in Honour of H. S. Versnel*, Leiden: Brill Academic Publishers, 2002, pp. 143-160.

地，舒尔茨（Andrew Scholtz）的论文《位于纳乌克拉提的属民的阿佛洛狄忒》（2003）①，对当地发掘的考古材料进行了研究。作者在文中也没忘批判一下那些著名的哲学家们是如何蓄意歪曲了一位女神，剥夺了她政治的一面，并且指出属民的阿佛洛狄忒（Aphrodite Pandemos）绝非雅典的"特产"。说到雅典，便不得不提罗森茨薇格（Rachel Rosenzweig）的专著《崇拜阿佛洛狄忒：古典时期雅典的艺术与犊祀》（2004）②，她在书中细致的研究如同为雅典的阿佛洛狄忒进行了一场辩白，她证明了女神在雅典社会中的作用远非一位主宰性爱的神，阿佛洛狄忒的作用不仅在于家庭的私人领域，其影响遍布政治、商业、军事、农业等公共领域。还有一篇题为《阿佛洛狄忒与西海洛克里的殖民地》（2007）③的论文，这是莘德勒在她博士论文发表的9年后，结合新发掘的史料，对苏维诺-因伍德和自己曾经关注的洛克里的阿佛洛狄忒犊祀的再审视。当然，也少不了对阿佛洛狄忒诞生地塞浦路斯的关注，比如麦科拉克兰（Bonnie MacLachlan）的《阿佛洛狄忒的无性别化》（2002）④重新审视了当地奇特的双性犊祀；以及对那个"石头"的研究，如科鲁克斯（Sam Crooks）的《古塞浦路斯的石头犊祀》（2012）⑤对这一犊祀进行了探源。

  此外，笔者发现3篇较新且有参考价值的硕士论文，分别研究了希腊几处大城邦的阿佛洛狄忒圣所（2010），以及黑海沿岸（2013）和马其顿地区（2018）的阿佛洛狄忒犊祀。⑥这表明，对阿佛洛狄忒以及其他类似的研究，在区域性的犊祀研究方面不仅热度未减，反而火更旺了。从这3篇硕士论文的研究范围（地理区域）来看，也反映了一种趋势，即将单一城邦钻探式的阿佛洛狄忒犊祀研究以管道式的方式联系起来进行整体的评估，反映出学者们对阿佛洛狄忒犊祀形象的关注。学者们为了弄清这些犊祀背后的阿佛洛狄忒真实的历史形象，于是便出现了第二种研究趋势。

---

① Andrew Scholtz, "Aphrodite Pandemos at Naukratis", *GRBS* 43 (2002/3), pp. 231–242.
② Rachel Rosenzweig, *Worshipping Aphrodite: Art and Cult in Classical Athens*, Ann Arbor: The University of Michigan Press, 2004.
③ Rebecca K. Schindler, "Aphrodite and the Colonization of Locri Epizephyrii", *EA* 11 (2007), pp. 98–124.
④ Bonnie Maclachlan, "The Ungendering of Aphrodite", *EnA*, pp. 365–378.
⑤ Sam Crooks, "Cult Stones of Ancient Cyprus", *JPR 23* (2012), pp. 25–44.
⑥ Laura Hutchison, *Multivalence in Cults and images of Aphrodite from Five Selected Greek City-states*, M. A. diss., University of California, Davis, 2010; Roussou Anastasia, *Aphrodite and Her Cult in Black Sea Colonies*, M. A. diss., Aristotle University of Thessaloniki, 2013; Christina Vangeli, *The Cult of Aphrodite in Macedonia*, M. A. diss., Aristotle University of Thessaloniki, 2018.

3. 对形象职能的把握

第二种研究趋势的冲动，源自一种矛盾：为何女神的牺祀形象与通常的神话角色截然不同？对阿佛洛狄忒在各个城邦牺祀中的职能的研究不仅加深了这种矛盾，而且使学者们不得不做出解释。传统的方式依然是遵循女神的起源来展开反思，比如美国学者瑟温特（Nancy Serwint）的《阿佛洛狄忒与她的近东姐妹们：影响的范围》（2002）①。她认为阿佛洛狄忒形象的各个方面都有来自近东的影响，但又有自身的复杂性。然而，有些涉及阿佛洛狄忒在希腊城邦政治事务中扮演的角色明显有违其传统形象。阿佛洛狄忒作为希腊治安官的保护人的角色证据，源自遍布整个希腊世界的各种铭文，这在20世纪60年代是一个令人惊讶的发现。②对这些铭文证据的解释，学者依旧感兴趣，如瓦伦斯滕（Jenny Wallensten）提交瑞典隆德大学的博士论文《希腊地方执政官献给阿佛洛狄忒的贡品研究》（2003）③，她的研究指向了阿佛洛狄忒职能的军事维度。其实，在20世纪末，同为瑞典人的费林伯格（Johan Flemberg）就用一本小专著《戎装的维纳斯：希腊-罗马艺术中武装的阿佛洛狄忒研究》（1991）④，讨论了阿佛洛狄忒的军事化艺术形象。在此书出版的4年后，他又发表了一篇凝练的短文《戎装阿佛洛狄忒的转变》（1995）⑤，主张女神军事形象的源头是迈锡尼文明的女神-王权原型。那么，一位爱与美的女神如何与军事活动扯上了关系呢？⑥西班牙学者瓦蕾斯（Miriam Valdés）的著作《阿佛洛狄忒在古希腊的职能：政治、军事、婚姻与引纳》（2005）⑦试图回答这一问题，不过她解决问题的途径似乎又回到了"老路"，作者认为原因在于女神起源于东方的好战女神。对此，在女神的起源问题上最有发言权的布金（Stephanie L. Budin）也给出了自己的见解，刊于上文提到的那本文集（*BCA*）中的《婀娜披戎的阿佛洛狄忒》（2010）⑧

---

① Nancy Serwint, "Aphrodite and Her Near Eastern Sisters: Spheres of Influence", *EnA*, pp. 325–350.

② Franciszek Sokolowski, "Aphrodite as Guardian of Greek Magistrates", *HThR* 57 (1964), pp. 1–8.

③ Jenny Wallensten, *A Study of Dedications to Aphrodite from Greek Magistrates*, Ph.D. diss., Lund University, 2003.

④ Johann Flemberg, *Venus Armata: Studien zur bewaffneten Aphrodite in der griechisch-römischen Kunst*, Göteborg: Paul Aströms Förlag, 1991.

⑤ Id., "The Transformations of the Armed Aphrodite", in Brit Berggreen & Nanno Marinatos (eds.), *Greece and Gender*, Bergen: The Norwegian Institute at Athens, 1995, pp. 109–122.

⑥ 这不是简单地回答就能解释的问题：因为"有一个发明武器的配偶"和"一个喜欢打仗的情人"，未尝不能反过来？因为女神原本与军事有关，所以才和阿瑞斯与赫淮斯托斯扯上关系。

⑦ Miriam Valdés, *El papel de Afrodita en el alto arcaísmo griego: Política, guerra, matrimonio e iniciación*, (*Polifemo supplemento 2*), Rome: Aracne Editrice, 2005. 关于术语 initiation 的中译，参见附录三。

⑧ Stephanie L. Budin, "Aphrodite *Enoplion*", *BCA*, pp. 79–112.

一文，一如她研究阿佛洛狄忒起源时的方法，摊开材料，逐一分析。她认为戎装阿佛洛狄忒的形象绝大多数都是希腊人的想象和后来罗马人的产物。不要忘了，除此之外，阿佛洛狄忒的职能还与大海有关，她与海洋或从事与海洋有关的活动之间的密切关系也是学者们无法回避去解释的一个现象。解释她与大海的关系也能理解她为何会诞生于大海（或生母为海中女神）。意大利学者芭班达妮（Silvia Barbantani）的《爱之女神与海之女主：一篇希腊化时期致阿尔西诺-阿佛洛狄忒的颂诗（*P. Lit. Goodsp.* 2, I–Ⅳ）注》（2005）①，虽是一篇文本的注疏，但能看到托勒密埃及时期阿佛洛狄忒的传统海洋女神形象，及其与政治的关系（王后的女神化）。②与她类似，德梅特里欧（Denise Demetriou）的论文《保障海域：阿佛洛狄忒与海洋》（2010）③，是一篇基于铭文的考察，揭示了女神的角色不仅是海上贸易的庇护者，也是海军的守护神。帕帕多普隆（Chryssanthi Papadopoulou）的一篇论文《阿佛洛狄忒与古典时期的雅典海军》（2010）④尝试分析了女神与雅典海军的关系，她的研究路径与罗森茨薇格相似，她的分析也基于女神在雅典的图像和牺祀。最近，德国学者埃克特（Martin Eckert）基于其博士论文出版了《海神阿佛洛狄忒及其在地中海世界的圣所：青铜晚期至铁器早期地中海跨文化接触地区的考古调查》（2016）⑤，这部专著是对他此前相关研究的一次系统总结和梳理。⑥

这些围绕阿佛洛狄忒宗教职能的研究，不可避免地对她的传统形象造成了冲击，也势必影响了那些关注希腊文学，以及阿佛洛狄忒文学形象的学者们。比如巴西古典学者雪莉诺（Monica S. Cyrino），她的语文学写作专注于对古希

---

① Silvia Barbantani, "Goddess of Love and Mistress of the Sea: Notes on a Hellenistic Hymn to Arsinoe-Aphrodite (P. Lit. *Goodsp. 2,* I–IV)", *AncSoc* 35 (2005), pp. 135–165.

② 相关的研究，如 Wendy A. Cheshire, "Aphrodite Cleopatra", *JARCE* 43 (2007), pp. 151–191; Agnieszka Fulińska, "Divae Potentes Cypri? Remarks on the Cult of the Ptolemaic Queens as Aphrodite", *Eos* 99 (2012), pp. 47–73。

③ Denise Demetriou, "Τῆς πάσης ναυτιλίης φύλαξ: Aphrodite and the Sea", *Kernos* 23 (2010), pp. 67–89.

④ Chryssanthi Papadopoulou, "Aphrodite and the Fleet in Classical Athens", *BCA*, pp. 217–234.

⑤ Martin Eckert, *Die Aphrodite der Seefahrer und ihre Heiligtümer am Mittelmeer: Archäologische Untersuchungen zu interkulturellen Kontaktzonen am Mittelmeer in der späten Bronzezeit und frühen Eisenzeit*, Berlin: Lit Verlag, 2016.

⑥ Id., *Piräus: Der Hafen als Wirtschafts-, Kontakt- und Problemzone der Klassischen Polis*, M.A. diss. Universität Hamburg, 2007; id., "Die Aphrodite der Seefahrer", *Hephaistos* 28 (2011), pp. 99–124.

腊诗歌的释读①，也研究现代影视文娱中对古代文化的表现。雪莉诺为劳德里奇出版社的一套"古代世界的诸神与英雄丛书"撰写了一本偏介绍性质的小书《阿佛洛狄忒》（2010）②，可以看出她在书中对神话（虚构的文学）解读向牺牲（实证的仪式）研究转向的反思和接受。③ 既然阿佛洛狄忒不仅仅代表性爱，那么这自然会促使学者们去思考女神形象背后所蕴含的思想观念。这些影响，便助推了第三种趋势的形成。

4. 对观念象征的理解

第三种趋势，就其方法论而言，可以说是一种"进步的反动"。因此，为了理解这一趋势的"反动"之处，需对其所"反动"的对象（一个优秀而悠久的传统）有所了解。为略知其一二，不妨一瞥该传统的新近成果（仅罗列相关著作，若要提及相关的文章，实乃不胜枚举）。从《苦乐参半的爱欲：散论》（1986）④思考希腊人之爱，《优雅时代：早期希腊诗歌中的美惠女神》（1993）⑤分析人格化之爱；到《古希腊的爱欲［之诗］》（1996）⑥集中讨论爱欲的希腊文学特征，《爱欲：古希腊的性神话》（1997）⑦在更广泛和普遍的意义下探讨爱欲的概念；以及《古代悲剧中的阿佛洛狄忒与爱欲：对相关诗歌母题的历史考察》（2005）⑧，探索了一个贯穿古代文学的母题：毁灭性的爱（一直谈到5世纪的作品，可见女神在文学中的固定形象，古已有之）。这些专著，无一不是采取传统的研究视角，概言之，就是将女神标签化和抽象化为一种概念之后进行形而上的思考。这种方式的论说传统中，自有不少敏锐的洞见，当然也不乏陈词滥调，甚至荒腔跑调的误读。这种误读可能源自对概念本质的不了解。

---

① Monica S. Cyrino, "Shame, Danger and Desire: Aphrodite's Power in the Fifth Homeric Hymn", *RMRLL* 47, 4 (1993), pp. 219–230, ead., *In Pandora's Jar: Lovesickness in Early Greek Poetry*, Lanham: University Press of America, 1995; ead., "Bows and Eros: Hunt as Seduction in the *Homeric Hymn to Aphrodite*", *Arethusa* 46 (2013), pp. 375–393.

② Ead., *Aphrodite*, London: Routledge, 2010.

③ 她也参加了2008年在雷丁大学的那场研讨会（Ibid. p. xv）。

④ Anne Carson, *Eros the Bittersweet: An Essay*, Princeton: Princeton University Press, 1986.

⑤ Bonnie MacLachlan, *The Age of Grace: Charis in Early Greek Poetry*, Princeton: Princeton University Press, 1993.

⑥ Claude Calame, *L'Eros dans la Grèce Antique*, Paris: Belin Éditeur, 1996. 英译本书名略有不同，但似乎与内容更契合，即 id., *The Poetics of Eros in Ancient Greece*, Janet Lloyd (tr.), Princeton: Princeton University Press, 1999。

⑦ Bruce S. Thornton, *Eros: The Myth of Ancient Greek Sexuality*, Boulder: Westview Press, 1997.

⑧ Ursula Bittrich, *Aphrodite und Eros in der antiken Tragödie: Mit Ausblicken auf motivgeschichtlich verwandte Dichtungen*, Berlin: Walter de Gruyter, 2005.

然而,"反"思的行"动"在相同的点上发生了,有一本与上述 2005 年的传统著作极其相似(用了十分类似的标题,且同为德国学者),但可以说是貌合神离的作品——《阿佛洛狄忒与爱欲:早期希腊诗歌与牺祀中情色神话的演变》(2007)①出现了。此书是布莱滕贝格尔(Barbara M. Breitenberger)在自己博士论文的基础上修改充实而成,旨在阐述女神在宗教和神话中的复杂形象。她认为诗人的脑海中始终有一个宗教仪式中的阿佛洛狄忒形象,但是诗人更关注阿佛洛狄忒和谐的一面和更严肃的问题。②就在布莱滕贝格尔的专著出版的同一年,意大利学者皮隆蒂(Gabriella Pironti)也发表了自己的著作《天空与战争之间:古希腊人的阿佛洛狄忒形象》(2007)③,她的研究也是基于扎实的语文学文本解读,结合女神具体的仪式表现和丰富的文学形象。在上文提到的那本文集(BCA)中,她以一篇名为《反思阿佛洛狄忒作为忙碌的女神》(2010)的文章为自己不久前的专著做了总结性的反思。④对此,她提出了一个潜在的暴力概念,即性爱和暴力的内在联系。她认为:希腊人无法理解和接受一位爱神身上的好战元素,于是将她视为东方异族出身。虽然她明言自己抛开了起源的问题,但这似乎就是东方起源假说得以成立的一个原因。皮隆蒂与皮雷娜-德芙热的研究方式正相反,后者完全抛开了神话。有趣的是,两人的专著皆由同一家学术机构出版,可从中看出某些对话的意味;而皮隆蒂的著作,在某种程度上是对皮雷娜-德芙热著作中的软肋的挑战和补充。皮隆蒂倒是与布莱滕贝格尔不谋而合,两者的见解有相合之处。她们的研究也为一种新的研究路径打开了大门,即如何以文学文本为基,结合宗教研究的成果,重新认识阿佛洛狄忒。比如这篇标题十分传统的博士论文《滑稽的爱:阿佛洛狄忒在旧喜剧中的形象》(2012)⑤,算是这种尝试的新近代表。作者在第一章重点论述了阿佛洛狄忒在雅典社会中的角色,试图澄清属天(Ourania)和属民(Pandemos)的阿佛洛狄忒的真正含义,解释了被误读已久的《会饮》中的"两个"阿佛洛狄忒之说。⑥作者在进入戏剧文本之前,考察了阿佛洛狄忒在雅典宗教体系中的形象和身份,

---

① Barbara M. Breitenberger, *Aphrodite and Eros: The Development of Erotic Mythology in Early Greek Poetry and Cult*, London: Routledge, 2007.

② Ibid., p. 196.

③ Gabriella Pironti, *Entre Ciel et Guerre: Figures d'Aphrodite en Grèce ancienne*, (*Kernos Supplément 18*), Liège: Centre International d'Étude de la Religion Grecque Antique, 2007.

④ Ead., "Rethinking Aphrodite as a Goddess at Work", *BCA*, pp. 113-130.

⑤ Tzoulia Dimitriou, *Funny Love: Images of Aphrodite in Old Comedy*, Ph.D. diss., Boston University, 2012.

⑥ 具体参见附录一。

分析了雅典哲学家口中有别于公共政治领域的阿佛洛狄忒，十分慎重地重新定义了属天的阿佛洛狄忒关照（公民的）私人生活，而属民的阿佛洛狄忒则关照（个人的）政治生涯。

这篇具有代表性的论文佐证了这样一个道理：要读懂最具生活气息的喜剧作品，自然得了解作品的社会背景；那么，欲理解喜剧中的诸神形象，也就要求我们能够正确认识这位神在古希腊人的社会生活中所扮演的角色。于是，这便有了如下的问题：如何去研究一位神？

二、如何研究一位神：本书的写作思路

如上节所述，学者们出于不同的研究目的有其各自不同和相同的研究方式。如皮雷娜-德芙热与布金，虽然研究的目的不同，但她们的写作方式可以说几乎相同，即排查各地区有关阿佛洛狄忒的牺祀信息，然后对所掌握的材料逐一分论。另一种，如女神传统形象的解释者弗里德里克与女神其他形象的还原者皮隆蒂，虽然结论分道扬镳，但两位的写作思路如出一辙，都采取了对从古风以降的文学作品进行逐一解读的方式，从中提炼出阿佛洛狄忒的形象。

笔者自然十分受惠于前辈学者们的学术研究，尤其是他们鞭辟入里的见解和富有创见的成果，还有缜密的推理分析方法：严格地搜集、罗列、排查和分析所掌握的材料。但是笔者在此思考尝试采用另一种稍稍有别于这些传统路径的研究方法和写作形式，即在精心筛选材料的基础上，深入分析和解读，重释史料背后的历史，并且寻找这些历史现象之间的相互关系。简言之，笔者希望用少而精的材料，以点、线、面的形式，逐渐勾勒和还原女神阿佛洛狄忒的立体形象。笔者欲于本书中所尝试的写作方式或可称为仿传记式的写作研究。

对于传记式研究，要一分为二地看，即传记和研究两者的结合。首先，笔者为何要借用传记的形式？可以换个角度看。如果要研究一位历史人物，通常都会查阅相关的人物传记以了解研究对象，那么，研究一个在某些方面极其拟人化的神，其实也可以如此。这也启发了笔者，或可尝试书写一部某位神的传记。那么要如何撰写一位神的传记？笔者在此依然想参考人物传记的写作思路。众所周知，在历史人物传记的书写史上有两位重要的作家，两人几乎同处一个时代，东方的司马迁和西方的拉尔修（Diogenes Laertius）。他们笔下的人物传记都有一个特点，多是用三件事勾勒出传主的人物性格，此即传记书写中的"三逸事"。但若运用到神的传记中，则需要灵活变通。因此，本书的"传主"阿佛洛狄忒的"三逸事"即体现在副标题的三个词组上："诗歌""牺祀""器物"。考虑到这

三个部分若单独成章，则体量相对较大，因此笔者将"三逸事"一拆为二，形成"六"个研究点。"六"，也是在规格上遵循传统传记书写，尤其是古代西方立传所讲求的书写公式，即不可或缺的"六要素"（传主的家系、出生、名字、经历、死亡、成就）。但具体的主题显然不适用于神，因此，这只是一种形式上的借鉴。此外，笔者还准备借鉴另一位著名的西方古代传记作家普鲁塔克的写作形式。众所周知，他的《对比列传》有一个特点，即最后会为进行对比的两位传主写一篇简短意赅的合论（synkrisis）作为总结。笔者也将尝试在每个被一拆为二的逸事后，进行简要的总结与合论，既表示这是一个主题的两个研究点，也能使被分而论之的主题不至松散。因此，若在精选材料的情况下，契合传记写作中的"三逸事""六要素"以及"合论"的写作思路，或可用此方式刻画和突出研究对象的大体面貌和显著特征。

其次，在具体的研究方法上，笔者学习、遵循和综合前辈学者们的研究思路和方法理论，以神话文本与宗教牺祀的互动为前提展开具体的研究分析，即文本与实证的互动。仪式与文学绝非互不相容的独立证据或对立之物，因而要通盘加以考虑，反思神话与宗教之间的关系，进而解释文学，尤其是古风时期（Archaic Period, c.700-480BCE）的诗歌，如何有取舍地创造了女神的神话。此外，笔者还参考了其他类似著作的写作思路。[①] 同为关注民间宗教的《牺祀狐狸：晚清与近代中国的权力、社会性别和民间宗教》，作者康笑菲研究的是狐狸信仰与中国民间各个元素之间的关系，如与家庭、地区、政府、灵媒等。笔者在本书中也部分地关注阿佛洛狄忒与古希腊人在不同领域内的关系。再如，同为关注神话人物形象的《关羽：成神的〈三国志〉英雄》，作者渡边义浩首先分析了两部涉及关羽形象的古籍及其相关的古代文献，然后对关羽身上的"三个"特征及其"三个"受百姓崇拜和牺祀的形象进行逐一介绍和分析。笔者在本书的第一部分将分析古代文本中的阿佛洛狄忒，然后关注女神的几个形象特征。又如沈睿文的《安禄山服散考》虽然是以安禄山为中心的研究，但作者没有按传统的历史脉络来书写安禄山的生平，而是以相对松散独立的专题形式，分析与安禄山有关的事物，但在整体编排上又大致遵循历史的时间顺序，如首章论其身世，中间各章属于各种相关的专题研究，终章则谈其陵墓。笔者在本书中也有些类似地关注了阿佛洛狄忒身上相对独立的几个主题，分析与女神有关的

[①] Xiaofei Kang, *The Cult of the Fox: Power, Gender, and Popular Religion in Late Imperial and Modern China*, New York: Columbia University Press, 2005；渡边义浩：《関羽：神になった〈三国志〉の英雄》，筑摩书房，2011年；沈睿文：《安禄山服散考》（第二版），上海古籍出版社，2016年。

器物，并且在章节的编排顺序上也有一定的时间性，如上编的古风诗歌和中编的古典城邦，而下编则更多地涉及了希腊化时期。这也符合本书致力于从具体历史事件的角度来观察女神形象的变化。

本书上编"诗歌"，从阿佛洛狄忒早期的神话文本入手，寻找经典文本之间的联系，分析彼此间的内在联动，而非孤立地解读每一个文本，重新审视阿佛洛狄忒文学形象的早期形成。笔者推测，这是古风时期的几位诗人在一个主旨下一脉相承的人为结果。因此，在第一章以文本为基础寻找赫西俄德与荷马出于相似的目的对阿佛洛狄忒形象的艺术处理的基础上，于第二章遵循此脉络，尝试先译出第一首《致阿佛洛狄忒的荷马颂诗》（*Homeric Hymns to Aphrodite*）的文本，然后分析和证明这位《致阿佛洛狄忒的荷马颂诗》诗人如何秉持两位诗人的一贯作风，完善了两人对女神的改造工作。

中编"犒祀"，旨在探索希腊本土几个重要地区的阿佛洛狄忒犒祀传统，从神像、神庙和节庆入手展现各地区女神犒祀的不同面貌，分析其中的缘由。笔者推测，这是阿佛洛狄忒"参与"并"适应"城邦政治活动的发展结果。因此，第三章选择拉科尼亚与阿提卡两处颇具代表性的地区，综合运用古代文献与现代材料，通过文本证据结合考古材料的方式进行探索式的写作，寻找斯巴达人与雅典人各具特色的女神形象与城邦政治间的紧密联系，并对阿佛洛狄忒所代表的力量给出一个可能的解释。第四章继续关注城邦宗教，以与阿佛洛狄忒形象密切相关的雅典的阿多尼斯节为研究对象，反思以往学者的理论观点，尝试重新理解雅典妇女与阿多尼斯节的关系，思考雅典妇女参与阿多尼斯节是否具有更深层的意义，以及雅典妇女对阿佛洛狄忒形象的利用。

下编"器物"，笔者将进入两个相对被学者们忽略的盲区，探讨阿佛洛狄忒与古希腊的勾引巫术和博爱思想之间的关系，具体以两件与阿佛洛狄忒有关的器物为中心。第五章围绕一件巫术道具，解读与之有关的古代文献，在尝试还原巫术仪式的基础上分析勾引术背后的社会观念，以及阿佛洛狄忒在此中的形象。与之相对，第六章以一枚希腊化时期的奇特钱币为线索，定位发行这枚钱币的古代城邦，分析钱币上的阿佛洛狄忒形象，寻找建城者及其思想的来龙去脉。

此外，三个合论不仅仅是对各编的总结和概述，也将尝试回答与议题相关的问题，最后在"三逸事"和"六要素"的研究基础上，进行思考和总结。总体而言，笔者在三个部分的写作思路和风格有很大的差异，也是对各种不同研究方法的一次尝试。

第三节　结构与材料

　　由书名《古希腊人的阿佛洛狄忒——基于诗歌、牺祀以及器物的研究》可见，本书其实是围绕一个主题的一组研究。除去引论和总结，中间部分的六个章节两两一组，对应上文所提之"三逸事"（分三篇）和"六要素"（共六章）。这样的布局，如前所述，有一个大致的时间顺序，上、中、下三编可分别对应古风、古典、希腊化三个历史阶段。但其内在关系并非完全是线性的时间逻辑，而是一个立体的网状结构，每一编下的每一章，甚至每一章中的小节都能作为一个要点与其他各章节有联通。因此，读者可以随意进入某一章进行阅读，甚至，若不究行文细节和分析理路，而旨在把握核心论点，那么只看每一编的"合论"部分也不失为一种便捷的方式。在这层意义上，本书的阅读方式好比是从不同的角度去观赏一尊女神的雕像，而本书也可比作一座阿佛洛狄忒的主题展馆，布局上并不设有一个固定的参观路线。

　　从第一章起，本书将进入对具体问题的研究，故在此简单交代一下各章所使用的文献材料，具体在各章会给出更为详细的材料来源信息。所有材料的中译皆出自笔者，在此过程中笔者也参考了现有的各家译文，不逐一列出。

　　第一章的研究主要基于赫西俄德的《神谱》（*Theogony*）和《工作与时日》（*Works and Days*），其中涉及女神的诞生、身份和她的主要事迹；以及被归为荷马的两部史诗《伊利亚特》（*Iliad*）和《奥德赛》（*Odyssey*），前者描写了女神在特洛伊战争中的身影，后者有关于女神的题外话式的故事；也涉及残篇《名媛录》（*Catalogues of Women*）和《库普丽斯之歌》。第二章的研究围绕第五首托名荷马颂诗，即第一首《致阿佛洛狄忒的荷马颂诗》。该颂诗被学者们认为是托名荷马颂诗中最古老的颂诗，也是三篇阿佛洛狄忒颂诗中最长的一首，讲述了女神与特洛伊王子相遇并生育埃涅阿斯的故事。第三章关注斯巴达与阿提卡的女神牺祀，主要参考保萨尼阿斯的《希腊寰域志》，作者虽生活在罗马帝国时期，但仍抱有强烈的希腊文化认同感。本章还会用到色诺芬的史书《希腊志》（*Hellenica*），阿提卡地区的几份相关铭文（如 *IG*, Ⅱ^2, 337；*IG*, Ⅱ^2, 1035；*IG*, Ⅱ^2, 1657；等等）和一些史家残篇。第四章涉及阿里斯托芬的喜剧《吕茜斯特拉塔》（*Lysistrata*）、庇昂（Bion of Smyrna）的《祭阿多尼斯文》（*Epitaph of Adonis*）以及一些残篇，如腓勒蒙（Philemon）等。第五章对巫术的分析，基于品达的第四首《皮托凯歌》（*Pythian Ode* 4）中的相关内容，然后详细比对几份出土的古希腊语巫术咒语（如 *MWG*, 205；*Suppl. Mag.* 38；*PGM*. XIXa；等等）。

第六章的史料会相对零散，主要用到阿忒奈俄斯（Athenaios）的《席间群贤》（*Deipnosophistae*），老普林尼的《自然志》（*Naturalis Historia*），斯特拉博的《地理志》（*Geographica*），亚历山大的克莱芒（Clemens of Alexandria）的《劝勉希腊人》（*Protrepticus*），维特鲁威（Marcus Vitruvius Pollio）的《建筑论》（*De Architectura*），普鲁塔克的《伊西斯与奥西里斯》（*De Iside et Osiride*），《俄尔甫斯教祷歌》（*Orphic Hymns*），西西里的狄奥多洛斯（Diodoros Siculus）的《史籍》（*Bibliotheca Historica*），尤斯提努斯（Marcus Junianus Justinus Frontinus）的《腓力家族史辑要》（*Epitoma Historiarum Philippicarum*）等，以及相关的考古发现和地理探测报告，力图探索一段鲜为人知的历史。

上编

诗歌

第一章　赫西俄德与荷马对阿佛洛狄忒形象的艺术处理

> 荷马知道如何漂亮地应对赫西俄德。
> ——阿珥基达玛斯[①]

引言：赫西俄德与荷马的竞赛

荷马与赫西俄德，这两位活跃于同一时期的希腊古风时期的诗人，被誉为古希腊人的教师。[②]众所周知，两人都通过"创作"（poetry）的方式来"讲述诸神"（theology）的故事，他们用这些"精心编制的话语"（myth）教化了古希腊人。两人皆有相对完整的传世诗作，赫西俄德有《神谱》和《工作与时日》，而荷马则有《伊利亚特》和《奥德赛》。两人在各自的作品中异曲同工地讲述了同一群希腊诸神和英雄们的各种事迹。有趣的是，两位诗人的作品不仅主题和文风截然不同，就连在讲述一位十分重要的女神的身世时，两人的说法也有很大出入，这位女神就是阿佛洛狄忒。

在荷马的口中，阿佛洛狄忒是宙斯（Zeus）之女，女神称呼宙斯为父亲；而在赫西俄德那里，阿佛洛狄忒则"出自"乌拉诺斯（Uranus），后者在辈分上是宙斯的亲祖父。阿佛洛狄忒的身份因此出现了矛盾，荷马口中身为宙斯之女的阿佛洛狄忒，在赫西俄德口中却是神王宙斯的姑母。需要注意的是，所谓两个阿佛洛狄忒的说法并不准确。[③]如何理解女神身上这种甚至有些云泥之别的差异呢？毋庸置疑，赫西俄德与荷马的作品中有相同的创作素材，但他们的诗歌显然有各自不同的创作主题、意图、手法，必然存在对创作材料的取舍和改造等问题。阿佛洛狄忒身份矛盾的部分原因或在两位诗人各自想要塑造怎样的

[①] Alcidamas, *Mouseion = Certamen Homeri et Hesiodi*, l.102. 文句编号依据 Paola Bassino, *Certamen Homeri et Hesiodi: Introduction, Critical Edition and Commentary*, Ph.D diss., University of Durham, 2013.

[②] Hdt., 2.53.

[③] 以柏拉图的《会饮》为代表，其音在言外的说法当然不可取信。柏拉图提出该说法的初衷并非要去解开女神身世差异之谜，声称"两个之说"完美地解决了阿佛洛狄忒身世矛盾的问题，可以说是一种误读。对该问题的简单探讨参见附录一。

阿佛洛狄忒形象。对两位古风诗人及其诗作，历来不乏学者们的关注，古代的注家们就热衷于对两位诗人的作品进行各种解读，但少有将他们或他们作品联系起来分析。为了弄清楚阿佛洛狄忒的史诗形象，尤其是两者差异的原因，就有必要做一番新的尝试，即将两位诗人的作品联系起来，比较和分析两位诗人对阿佛洛狄忒形象的不同处理方式。笔者这样做的部分灵感来自一个由来已久的传说，即"荷马与赫西俄德的竞赛"。史诗中阿佛洛狄忒身世的差异不仅仅是一次荷马与赫西俄德之间"作诗术"（poetics）的竞赛，更是展现了两位古风诗人各自对女神形象处理上的精妙技艺。

本章的研究将先关注赫西俄德的阿佛洛狄忒形象，从一场几乎很少被人察觉的"阿佛洛狄忒的缺席"入手，引出赫西俄德在神话叙事中对阿佛洛狄忒的区别对待；继而分析荷马的阿佛洛狄忒形象，在荷马与赫西俄德围绕阿佛洛狄忒形象的创造是两人之间的一场竞赛的大前提下，指出荷马的神话叙事有将赫西俄德的叙事作为参照。事实上，荷马通过讲述"阿佛洛狄忒遭拒的请愿"来回应赫西俄德的"阿佛洛狄忒的缺席"。进而，笔者想要证明，两位诗人口中不同的阿佛洛狄忒形象，其实是同一个思路下对女神形象创作的不同程度的表现，荷马创造的阿佛洛狄忒形象恰恰是对赫西俄德塑造的阿佛洛狄忒形象的回应和延续。两位诗人都是为了"驯服"具有潜在危险的强大的阿佛洛狄忒之力，而蓄意"改造"了阿佛洛狄忒的形象。

第一节 《神谱》与《工作与时日》中的阿佛洛狄忒

赫西俄德在两篇长诗中讲述了阿佛洛狄忒的诞生及其事迹。其中有一件怪事，发生在《工作与时日》的潘多拉（Pandora）神话中，阿佛洛狄忒有一场离奇的缺席。[1] 这一不易察觉的细节，很可能是理解赫西俄德对阿佛洛狄忒形象艺术处理的关键。本节的分析便是从女神在《工作与时日》中缺席了一场重大事件入手，结合《神谱》中女神的身份与阿佛洛狄忒操持之事，对赫西俄德讲述阿佛洛狄忒神话中可能的意图给出一种解释，从而回答阿佛洛狄忒为何会缺席。

一、一场离奇的缺席

赫西俄德在《工作与时日》中总共有两次提到阿佛洛狄忒的名字，一次出

---

[1] Hes., *Op*. 42–105.

现在讲述第一个女人诞生的希腊神话中，另一次是在描写冬日闺房中的少女时。值得注意的是，这仅有的两次，女神都被笼罩在否定的阴影下。赫西俄德说尚未出阁的少女"不谙"（οὔ πω ... ἰδυῖα）阿佛洛狄忒"操持之事"（ἔργα）①，这显然是一句否定句。在诸神合力制造潘多拉——第一个女人——的故事中，阿佛洛狄忒被宙斯"提而不现"，实际上也被否定了，虽然诗人对这一细节的处理极其不显眼，甚至有些狡猾，以至于少有人注意这一奇怪的现象，即在所有的诸神通力合作之时，不见阿佛洛狄忒的身影，而此前宙斯明确地提名并嘱咐她参与其中。先分别来看提名与缺席。提名阿佛洛狄忒的诗句如下：

Ἥφαιστον δ' ἐκέλευσε περικλυτὸν ὅττι τάχιστα	60
γαῖαν ὕδει φύρειν, ἐν δ' ἀνθρώπου θέμεν αὐδὴν	
καὶ σθένος, ἀθανάτῃς δὲ θεῇς εἰς ὦπα ἐίσκειν	
παρθενικῆς καλὸν εἶδος ἐπήρατον· αὐτὰρ Ἀθήνην	
ἔργα διδασκῆσαι, πολυδαίδαλον ἱστὸν ὑφαίνειν·	
καὶ χάριν ἀμφιχέαι κεφαλῇ χρυσέην Ἀφροδίτην	65
καὶ πόθον ἀργαλέον καὶ γυιοβόρους μελεδώνας·	
ἐν δὲ θέμεν κύνεόν τε νόον καὶ ἐπίκλοπον ἦθος	
Ἑρμείην ἤνωγε, διάκτορον Ἀργειφόντην.	
他［宙斯］催促显赫的赫淮斯托斯赶紧	60
把土掺和水，好放入人类的声音	
和气力，有看似不朽女神的容貌，	
塑造一个甜美可爱的少女形象；以及雅典娜	
教会她女红与各种织艺；	
还有金色的阿佛洛狄忒往她头上倾注魅力、	65
引起痛苦的热望和让四肢乏力的忧伤；	
再安上无耻之心和诡诈本性，	
嘱咐弑百眼怪的神使赫尔墨斯。②	

这段诗文属于《工作与时日》中普罗米修斯（Prometheus）神话的一部分。

---

① Hes., *Op.* 519–521.
② Hes., *Op.* 60–68. 本书中所引古文献独立引文，若有文本解读之需则保留原文，做文献证据之用则不保留原文，下文不再一一说明。

众所周知，这则故事讲述的是伊阿佩托斯（Iapetus）"狡猾多谋的"（ἀγκυλομήτης）儿子普罗米修斯，和宙斯——他的父亲克洛诺斯（Kronus）同样被称作"狡猾多谋的"——之间的博弈。① 宙斯设下了一个圈套——潘多拉——以回敬普罗米修斯的盗火和"假"献祭。他命令诸神制造了（第）一个女人，带有如下品性：（1）声音、气力和美貌；（2）女红和织艺；（3）"魅力"（χάρις）、"引起痛苦的热望"（πόθον ἀργαλέον）和"让四肢乏力的忧伤"（γυιοβόρους μελεδώνας）；（4）无耻之心和诡诈习性。这一任务，被安排给阿佛洛狄忒和其他三位奥林波斯天神——赫淮斯托斯、雅典娜和赫尔墨斯（Hermes）。显而易见，阿佛洛狄忒被宙斯命令进行分工合作，四位神分别对应了上述四组属性。宙斯的计划，似乎如诗人所言，"意愿从不落空"②。但在接下来的神话叙事中，诗人讲述了另一番略显不同的景象。在诸神正式着手制作潘多拉的时候，阿佛洛狄忒没有出现。阿佛洛狄忒缺席的诗文如下：

> ὣς ἔφαθ': οἳ δ' ἐπίθοντο Διὶ Κρονίωνι ἄνακτι.
> αὐτίκα δ' ἐκ γαίης πλάσσεν κλυτὸς Ἀμφιγυήεις   70
> παρθένῳ αἰδοίῃ ἴκελον Κρονίδεω διὰ βουλάς:
> ζῶσε δὲ καὶ κόσμησε θεὰ γλαυκῶπις Ἀθήνη:
> ἀμφὶ δέ οἱ Χάριτές τε θεαὶ καὶ πότνια Πειθὼ
> ὅρμους χρυσείους ἔθεσαν χροΐ: ἀμφὶ δὲ τήν γε
> Ὧραι καλλίκομοι στέφον ἄνθεσιν εἰαρινοῖσιν: 75
> πάντα δέ οἱ χροῒ κόσμον ἐφήρμοσε Παλλὰς Ἀθήνη.
> ἐν δ' ἄρα οἱ στήθεσσι διάκτορος Ἀργεϊφόντης
> ψεύδεά θ' αἱμυλίους τε λόγους καὶ ἐπίκλοπον ἦθος
> τεῦξε Διὸς βουλῇσι βαρυκτύπου: ἐν δ' ἄρα φωνὴν
> θῆκε θεῶν κῆρυξ, ὀνόμηνε δὲ τήνδε γυναῖκα   80
> Πανδώρην, ὅτι πάντες Ὀλύμπια δώματ' ἔχοντες
> δῶρον ἐδώρησαν, πῆμ' ἀνδράσιν ἀλφηστῇσιν.
> 他说罢，众神听从克洛诺斯之子的吩咐。
> 显赫的跛足神立刻用土造出一个   70

---

① 《神谱》中的普罗米修斯与宙斯斗法以及潘多拉的故事版本更为详细，与《工作与时日》的略有不同，参见 Hes., *Theog.* 570–616。

② Hes., *Op.* 105.

端庄少女的模样：克洛诺斯之子的意愿如此；
明眸女神雅典娜为她束上衣带，
神圣的美惠女神和威严的媚惑女神
在她的颈上系上金链，一边又有
秀发的时序女神为她戴上春花， 75
挥矛的雅典娜用各种饰品装扮她的全身；
弑百眼怪的神使在她的胸中
巧制了谎言、巧言令色和诡诈习性：
鸣雷的宙斯的意愿如此；又赐她说话的能力，
诸神的信使，替这个女人取名为 80
潘多拉，所有住在奥林波斯的神们
赠予的礼物，那持五谷人类的灾祸。①

　　上面这段诗文描写了天神们通力合作创造了潘多拉。我们从中可以清楚地发现三位之前被点名的神：赫淮斯托斯（v. 70）、雅典娜（vv. 72，76）和赫尔墨斯（v. 77）；还有三组次一级的女神：美惠女神（Χάρις，v. 73）、劝诱女神（Πειθώ，v. 73）和时序女神（Ὧραι，v. 75）。但请注意，之前被委以重任的阿佛洛狄忒没有出现，她缺席了！此中缘由，自然可以有各种猜测。先不论女神缺席的原因，只看结果，她显然没有遵从宙斯的命令，没有如宙斯所愿参与创造潘多拉。再具体一点说，套用赫西俄德爱说的那个短句反着说就是：阿佛洛狄忒的缺席"有违宙斯的意愿"。细心的读者会发现，其实还有一位神也有意无意地"违背了"宙斯的意愿，她就是雅典娜，她没有严格地遵照宙斯的命令。因此，有必要看一眼"宙斯的意愿"在整个诗段中的情况。

　　"意愿"（βουλή）在讲述"制作"潘多拉的过程中总共出现了两次（vv. 71，79），在之后"交付"潘多拉让人类受苦的段落中又出现了两次（vv. 99，105），全都属于宙斯。从前两个"宙斯的意愿如此"（第一次是对赫淮斯托斯，第二次是对赫尔墨斯）的语境来看，说明赫淮斯托斯和赫尔墨斯这两位神谨遵宙斯之命行事，他们没有违背宙斯的意愿。再看雅典娜，她的名字出现了两次，可见这位女神在制作女人的过程中忙前忙后，极其辛劳，但诗人一次都没有用到"宙斯的意愿如此"，或诸如此类的话。观察一下雅典娜的行为，就能够理

---

① Hes., *Op.* 69–82.

解为何诗人没有说"宙斯的意愿如此"。宙斯原本嘱咐雅典娜教潘多拉女红和织艺（v. 64），但实际上雅典娜为少女穿衣（v. 72）和打扮（v. 76）。雅典娜会这样不如宙斯所愿，很有可能是阿佛洛狄忒缺席造成的后果，她不得不忙于顶替阿佛洛狄忒的岗位。雅典娜显然不具备阿佛洛狄忒的那些力量，因此她需要一些帮手。遗憾的是，这些前来帮助雅典娜的其他次级的女神们，也都没有阿佛洛狄忒的能力，她们也只是在装扮潘多拉，帮她戴上项链和花冠。但若与宙斯最初命令阿佛洛狄忒所做的事对照着来看，次级女神们的行为似乎是一个变体的翻版。来帮忙的三组女神对应了宙斯计划让阿佛洛狄忒给潘多拉的三个品性：魅力对应美惠女神，两者其实是同一个希腊单词 χάρις；引起痛苦的热望对应劝诱女神，劝诱女神能撩拨起灼盛的欲望；让四肢乏力的忧伤则对应时序女神，时间的流逝让人忧愁乏力。但即便如此，诸位次级女神依然无法完全弥补阿佛洛狄忒缺失的后果。对于这一点，《工作与时日》中有一处委婉的呼应，即上文提到的两处否定阿佛洛狄忒中的另一处：少女（παρθεν-ικός, v. 519）不谙阿佛洛狄忒操持之事。注意诗人此前对赫淮斯托斯制造的潘多拉的表述，使用的词也是"少女"（παρθεν-ικῆς, v. 63；παρθένος, v. 71）。两相对照，似乎就可以理解了，因为最初的少女没有获得阿佛洛狄忒赐予的品性，所以才不谙阿佛洛狄忒操持之事。

此外，诗人还用另一种方式悄悄提醒读者或者说听众注意阿佛洛狄忒的缺席及其带来的后果。他说："……潘多拉，所有住在奥林波斯的神赠予的礼物"[①]。潘多拉之名意为所有-赠予者（Παν-δώρα），而这个"所有"（全），如诗人所言，仅限于奥林波斯，这里面没有阿佛洛狄忒，因为在赫西俄德那里，阿佛洛狄忒还不是奥林波斯诸神中的一员。所以，在寻找阿佛洛狄忒缺席的原因上，就有了一条线索，即女神的身世。

二、乌拉诺斯之女

赫西俄德的笔下，阿佛洛狄忒与奥林波斯诸神之间总是有些格格不入，这一点与以荷马为代表的其他神话诗人不同。为了厘清阿佛洛狄忒的身世，有必要再确认一下女神的诞生，重点关注她所属的神族群体，并从中确认女神自身的身份。现在，是时候转向赫西俄德的那部讲述诸神世系的作品了。不妨先看一下诗人在《神谱》中对女神诞生过程的描述。阿佛洛狄忒诞生的诗文如下：

---

① Hes., *Op.* 81–82.

μήδεα δ' ὡς τὸ πρῶτον ἀποτμήξας ἀδάμαντι
κάββαλ' ἀπ' ἠπείροιο πολυκλύστῳ ἐνὶ πόντῳ,
ὣς φέρετ' ἂμ πέλαγος πουλὺν χρόνον, ἀμφὶ δὲ λευκὸς   190
ἀφρὸς ἀπ' ἀθανάτου χροὸς ὤρνυτο: τῷ δ' ἔνι κούρη
ἐθρέφθη: πρῶτον δὲ Κυθήροισιν ζαθέοισιν
ἔπλητ', ἔνθεν ἔπειτα περίρρυτον ἵκετο Κύπρον.
ἐκ δ' ἔβη αἰδοίη καλὴ θεός, ἀμφὶ δὲ ποίη
ποσσὶν ὕπο ῥαδινοῖσιν ἀέξετο: τὴν δ' Ἀφροδίτην   195
ἀφρογενέα τε θεὰν καὶ ἐυστέφανον Κυθέρειαν
κικλήσκουσι θεοί τε καὶ ἀνέρες, οὕνεκ' ἐν ἀφρῷ
θρέφθη: ἀτὰρ Κυθέρειαν, ὅτι προσέκυρσε Κυθήροις:
Κυπρογενέα δ', ὅτι γέντο πολυκλύστῳ ἐνὶ Κύπρῳ:
ἠδὲ φιλομμηδέα, ὅτι μηδέων ἐξεφαάνθη.   200
τῇ δ' Ἔρος ὡμάρτησε καὶ Ἵμερος ἕσπετο καλὸς
γεινομένῃ τὰ πρῶτα θεῶν τ' ἐς φῦλον ἰούσῃ.

话说那［乌拉诺斯的］生殖器由坚不可摧之刃割下，
从坚实的大地抛到喧嚣不停的大海，
随波漂流了很久。一簇明亮的   190
泡沫在这不朽的肉周围漫开，从中一个女孩
产生了，她先是经过神圣的库忒拉。
尔后去到了海水环绕的塞浦路斯，
美丽端庄的女神在此上岸，茵草
从她的纤足下冒出；阿佛洛狄忒   195
［泡沫所生的女神，发环华美的库忒瑞娅，］
神和人都这么唤她，因为她在泡沫中生成；
或库忒瑞娅，因为她途经了库忒拉；
或塞浦路戈尼娅（Kyprogeneia），因她生于海浪环护的塞浦路斯；
或斐罗姆美得娅（Philommedea），因她来自［天空之神的］
阳具。   200
爱欲（Eros）与俊美的热望（Him-eros）与她为伴，

自从她降生，随即走进众神的族群。①

这段诗文描写了阿佛洛狄忒诞生的经典一幕。依据赫西俄德的讲述，虽然没有直说女神诞生自乌拉诺斯，但有一点毋庸置疑，她的确是乌拉诺斯的女儿。由以下几处诗句可知。

一句是"一簇明亮的泡沫（ἀφρός）在这不朽的肉周围漫开，从中一个女孩（κούρη）产生了（ἐθρέφθη）"（vv. 190-192）。这句话的意思是：女神诞生自泡沫。正是乌拉诺斯的阳具（天空之神不朽的肉）在大海中激起了那簇泡沫。希腊语中的"泡沫"（aphros）一词，亦有人的体液的意思。诗歌中的"泡沫"其实是精液的委婉或隐晦表述。"产生了"（ἐθρέφθη）这个词，是单词 τρέφω 的不定过去式被动态，τρέφω 有抚养和培育等含义，比如表示大地养育或生产了什么。因此可以说，是乌拉诺斯阳具洒出的精液"生出了"阿佛洛狄忒。另外，这里有一处用词上的细节，诗人用了"女孩"（κούρη）一词，注意这个词与另一个单词"少女"（παρθένος）之间的区别。如上文所见，赫西俄德在描写潘多拉诞生的时候，使用的是"少女"一词。②诗人应该不是随意地使用这两个词，泛指的"少女"，可能表示潘多拉没有明确的（或不存在）生身父母；而"女孩"则暗示了女神阿佛洛狄忒与天空之神乌拉诺斯之间的父女关系。因此，这段诗句（vv. 190-192）无论是字面意思还是弦外之音，都表明阿佛洛狄忒由乌拉诺斯所生。

另有一处诗句也暗示了阿佛洛狄忒与乌拉诺斯之间的亲缘关系，即诗人说"斐罗姆美得娅（φιλομμηδέα），因她来自（ἐξεφαάνθη）阳具（μῆδος）"（v. 200）。这里不便去讨论赫西俄德出于何种目的在此处把玩这样的文字游戏③，他把"爱-笑的"（φιλο-μειδής）中的"笑"（μειδάω）和"阳具"（μῆδος）之间的谐音联系在了一起。这表明赫西俄德有意或无意地确立了阿佛洛狄忒（传统的敬称之一）与乌拉诺斯（的身体）之间的因果关系，即乌拉诺斯"带来了"（ἐκφαίνω）阿佛洛狄忒。

此外，还有一句话表明了乌拉诺斯与阿佛洛狄忒的父女关系。诗人在给出了阿佛洛狄忒诞生于乌拉诺斯的两个表述之后，补充了一句，说："〔女神阿

---

① Hes., *Theog.* 188-202.
② Hes., *Op.* 63, 71.
③ 对这一文字游戏的意义及其功能的讨论，参见 Elsa Bouchard, "Aphrodite *Philommêdês* in the *Theogony*", *JHS* 135 (2015), pp. 8-18。

佛洛狄忒］随即走进众神（θεῶν）的族群（φῦλον）"（v. 202）。此时此刻，以宙斯为代表的奥林波斯诸神团体尚未出现。这里所说的"众神的族群"，自然就是此前乌拉诺斯与盖亚（Gaia）所生的诸神。这些神属于什么族群呢？在讲述完阿佛洛狄忒诞生的情节后，赫西俄德紧接着借乌拉诺斯之口道出了这些神的族名——提坦（Τιτάν）。① 乌拉诺斯称"他自己生的"（οὓς τέκεν αὐτός）这些"孩子们"（παῖδας）为提坦，因为他玩了一个谐音的文字游戏，说这些孩子——提坦（Τιτάν）——会"提心吊胆"（τιταίνω）自己将"遭受报应"（τίσις）。② 这些孩子包括：最初的六男六女，俗称十二提坦神③；还有之后提到的两组身形奇特的三胞胎兄弟④，即三个圆眼神（Κύκλωπες）和三个百臂神（Ἑκατονχειρες）⑤；以及最后也是排行最末的女儿阿佛洛狄忒。他们统统属于提坦神族，因为乌拉诺斯给他们起此称号是在阿佛洛狄忒诞生之后，而不是其他地方，比如在罗列十二提坦神的时候，或在讲述阿佛洛狄忒诞生过程之前的某处。因此，可以把"提坦"理解为所有在阿佛洛狄忒诞生之前（包括阿佛洛狄忒在内）由乌拉诺斯所生的神。但这里还有一处遗漏，即乌拉诺斯之血与盖亚所生的孩子们。在这里有必要稍微澄清一下他们的族属。来看一下诗人对此的描述：

> ὅσσαι γὰρ ῥαθάμιγγες ἀπέσσυθεν αἱματόεσσαι,
> πάσας δέξατο Γαῖα· περιπλομένων δ' ἐνιαυτῶν
> γείνατ' Ἐρινῦς τε κρατερὰς μεγάλους τε Γίγαντας,   185
> τεύχεσι λαμπομένους, δολίχ' ἔγχεα χερσὶν ἔχοντας,
> Νύμφας θ' ἃς Μελίας καλέουσ' ἐπ' ἀπείρονα γαῖαν.
> 从中溅出的血滴四处洒落，
> 盖亚悉数收下；随着季节更替，
> 生出了强壮的厄里倪娥斯们和伟岸的盖伽斯们，   185
> 他们披坚执锐，
> 被称为女仙的美利娅们遍布苍茫的大地。⑥

---

① Hes., *Theog.* 207.
② Hes., *Theog.* 210.
③ Hes., *Theog.* 134–137.
④ Hes., *Theog.* 139–140, 149.
⑤ 赫西俄德没有给他们命名，只是把他们描述为"百臂"（ἑκατόν ... ὤμων）。
⑥ Hes., *Theog.* 183–187.

这段同样属于女神诞生神话的诗文，与此前的十二提坦、两组三兄弟还有之后阿佛洛狄忒的诞生神话存在几处不同。首先，这里诞生的都是复数的神祇（暂且称他们为神），他们是厄里倪娥斯（Ἐρινῦες）、盖伽斯（Γίγας）、美利娅（Μελία）。其次，这三个复数的词汇都各有所指地表示一种事物。就这三个专有名词而言，希腊人自己就有很多解释和发挥，在这里不便展开。只需看一看这三个词的本来意思：美利娅的意思是梣木（或灰树），诗人说大地上长满了"她们"（植物）；盖伽斯的意思是盖亚所生的，即一群盖亚所生的披坚执锐的"战士"（生物）；厄里倪娥斯的意思是滋扰（或怒气），赫西俄德丝毫没有给出厄里倪娥斯们的具体名字，这在整部《神谱》中可谓一反常态。难道厄里倪娥斯的数量超过了夜神的众多子女、俄刻阿诺斯的 41 位子女、涅柔斯的 50 个女儿？这些诸神子女的神名，诗人都不厌其烦地一一道来，即便是数量庞大的三千海中女仙，赫西俄德也给出了"三千"这个确切的数字，而对厄里倪娥斯的数量只字未提。① 故可以这样理解，厄里倪娥斯本身不是神，也就没有名字。其实厄里倪娥斯（从她们有翼的形象上来看），最初属于一种"疾病"精灵。② 比起其他几处都有各自名称的神，这三组神祇的形象更为模糊和泛指。这三个复数名称所代表的其实严格来说都不是神，而是数量众多的植物、生物和精灵，因此也就无从称之为提坦了。

如此看来，阿佛洛狄忒的提坦身份已经确定（注意，此结论仅就赫西俄德的神话而言），她是乌拉诺斯最小的女儿，提坦神族的幺女。从女神的身份来看，作为提坦神族一分子的阿佛洛狄忒，在宙斯准备"制裁"普罗米修斯（这位提坦神之子，在辈分上普罗米修斯和宙斯应该都是阿佛洛狄忒的侄子）时，必然不会站在宙斯这边，更别提听命于宙斯，还倾囊相助了。那么，身为提坦神族的一员对阿佛洛狄忒意味着什么？

三、被区别对待的阿佛洛狄忒

赫西俄德已经给出了阿佛洛狄忒身世的答案，但要理解这一答案，需要再审视一下阿佛洛狄忒诞生的语境。在解读上文这段诗歌所呈现的画面时，请尽量抛开后世艺术家对阿佛洛狄忒诞生时刻的艺术再现。这一幕诞生，尤其是西

---

① 赫西俄德从来没说过有三位厄里倪娥斯。在埃斯库罗斯的作品里，厄里倪娥斯有七个（Aesch., *Eum.* 254-275）。三位的说法，可能出现在相对晚近的时期。

② 当然，这是只有"杀人见血者们"才会染上的疾病，对此问题的看法参见 Jane E. Harrison, *Prolegomena to the Study of Greek Religion*, 2nd edn., Cambridge: Cambridge University Press, 1908, pp. 213-216。

方绘画作品，无一不是以美轮美奂的图像语言在改述赫西俄德本人的神话叙事。请不要忘记，阿佛洛狄忒的诞生有一个极度血腥的事件背景：天空之神乌拉诺斯被自己的儿子克洛诺斯残忍地去势。甚至可以说，赫西俄德讲述的整个"乌拉诺斯的故事"在某种程度上是一场令人感到压抑、忧惧和紧张的恐怖剧：乌拉诺斯（广天）不断地"强暴"自己的母亲盖亚（大地），与她生了成群的孩子甚至是怪物（两组三兄弟），于是大地母亲和自己儿子（广天）的孩子（或者说她的孙儿）策划了一起凶险的阴谋。最小的儿子克洛诺斯，把他父亲（某种意义上也是自己的兄弟）残忍地阉割了，鲜血顿时喷溅到了母亲的身上（洒满大地），割下的阳具被抛进大海［注意，这或可说是扔向了盖亚的另一个儿子——乌拉诺斯的亲兄弟——滂沱斯（Πόντος = 大海），这一举措是否是一种警告？警告他切莫觊觎王位，或如乌拉诺斯那样对待盖亚］。于是，既痛苦又恼怒的乌拉诺斯咒骂自己的孩子们（也是自己的兄弟姊妹）必将遭到报应，提心吊胆，不得安坦。身为提坦，就意味着"劫数"！这里有必要去看一看，阿佛洛狄忒所属的提坦神族在《神谱》中的情况，以及赫西俄德如何讲述阿佛洛狄忒的遭遇。

在《神谱》中，提坦神的统治被以宙斯为首的新生代诸神联盟推翻，奥林波斯山头易主，形成了以克洛诺斯之子为首的奥林波斯诸神集团。提坦神作为一个代表旧秩序的神族群体被奥林波斯诸神取代。在这一世代或政权更迭中，不同的提坦神有各自不同的命运。宙斯事实上通过政治和军事策略，瓦解、替代和继承了提坦神的地位。这里只需简单地梳理一下赫西俄德提到的那些提坦神的境况，便可察觉其中的差异。

先来看宙斯的军事策略，主要是两组三兄弟提坦。三位圆眼神，诗人在两处提到他们为宙斯打造了专属武器。① 实际上，读者们一听到他们的名字就能猜出个一二，因为宙斯的武器就是他们三者的名字：布戎提斯（Βροντης = 雷霆）、斯特洛佩斯（Στεροπης = 霹雳）、阿尔戈斯（Αργης = 电光）。② 可以想见，他们的境况应该不错。还有三位百臂神，赫西俄德把他们描写成宙斯联军的急先锋，在诸神大战中一马当先冲锋陷阵。③ 战后他们奉宙斯之命，看押其他被囚禁在地底的提坦们，成了宙斯忠实的护卫。④

---

① Hes., *Theog.* 140–141, 504.
② 不应混淆圆眼的阿尔戈斯和百眼怪阿尔戈斯（Argus Panoptes），后者（赫西俄德未曾提及）据说为赫尔墨斯所杀［(Apollod.), *Bibl.* 2.4ff.］。
③ Hes., *Theog.* 617–719.
④ Hes., *Theog.* 735.

然后是政治策略。两位女提坦——忒弥斯（Themis = 圣律）与墨涅莫绪涅（Mnemosyne = 记忆）——成为宙斯众多妻妾中的头两位，位重权高可见一斑。前者与宙斯生养了时序女神们（Horai）和命运女神们（Moirai），后者则是众缪斯（Mousai）之母。同时，宙斯还娶了两对提坦夫妇的三位女儿——大洋家族俄刻阿诺斯（Okeanos）和特绪斯（Tethys）的两个女儿，雅典娜之母美媞斯（Metis = 忠告）和美惠女神们（Charites）的母亲尤律诺枚（Eurynome = 辽原）；克瑞伊俄斯（Kreios）和佛伊蓓（Phoibe）的女儿，即阿波罗（Apollo）与阿耳忒弥斯（Artemis）兄妹之母勒托（Leto = 端庄）。这些婚姻，是宙斯巩固自身权力的政治联姻。还有许佩里翁（Hyperion）和忒娅（Theia）的子孙，代表的是日月星辰风等自然现象，这些与宙斯同辈的小提坦在宙斯的新政权体系中都有一席之地。

相反，伊阿佩托斯的四个儿子则都受到了宙斯的惩罚，长子阿特拉斯（Atlas）被迫在大地边缘撑起天空①，老二墨诺提俄斯（Menoetius）被宙斯打入地府②，老三即大名鼎鼎的普罗米修斯，与宙斯一番较量后被锁链缚住③，四子厄庇米修斯（Epimetheus）收下了奥林波斯的"礼物"——潘多拉。那么，乌拉诺斯最小的女儿阿佛洛狄忒又是何种情况？

《神谱》中所有提及阿佛洛狄忒的诗句，可以分作三种情况。第一种，即女神的诞生。第二类，即阿佛洛狄忒操持之事，赫西俄德讲述了五（或四）次由阿佛洛狄忒安排的两性结合：（1）盖亚与塔尔塔罗斯（Tartarus = 虚冥，盖亚之子）④；（2）埃厄特斯［Aietes，太阳神赫利奥斯（Helios）之子］与伊杜娅（Idyia，俄刻阿诺斯之女）⑤；（3）克律萨俄尔［Chrysaor，美杜萨（Medusa）之子］和卡莉若娥（Kallirhoe，俄刻阿诺斯之女）；⑥（4）埃阿克斯（Aiakos）和普萨玛忒［Psamathe，老海神涅柔斯（Nereus）之女］⑦；（5）奥德修斯（Odysseus）和基尔克（Kirke，赫利奥斯之女）⑧。第三类，即阿佛洛狄忒自己的伴侣，共有三场：一场是与暴戾的阿瑞斯⑨，另一场是和特洛伊王子安奇塞斯

---

① Hes., *Theog.* 517–518.
② Hes., *Theog.* 515–516.
③ Hes., *Theog.* 521–522.
④ Hes., *Theog.* 822.
⑤ Hes., *Theog.* 958–962.
⑥ Hes., *Theog.* 980. 他们具体的后代，参见 Hes., *Theog.* 286–305。
⑦ Hes., *Theog.* 1005.
⑧ Hes., *Theog.* 1014. 此句被学者们怀疑是后人增添，参见第二章的相关分析。
⑨ Hes., *Theog.* 933–937.

（Anchises）①，还有一场有别于前两场婚事，是女神为自己挑选了一位男孩——法俄通（Phaethon，光芒）作为自己的守卫/祭司②。

第一类，阿佛洛狄忒诞生的情况，上文已经有分析。这里只需再提一下的是女神的名号。赫西俄德在女神诞生神话中不仅交代了女神的名字，还给出了三个称号：库忒瑞娅、塞浦路戈尼娅、斐罗姆美得娅。诗人并非随意地给出或使用这些名号，这些词汇都是他作诗的材料。各种迹象表明，赫西俄德似乎很乐于把玩这类语词。因此，在女神的名字和这三个称号使用的策略上，赫西俄德也显得"别有用心"。在阿佛洛狄忒几次行使自己的能力时，可以再算上女神的女儿与忒拜（Thebes）奠基者卡德摩斯（Kadmos）结合的那句诗③，诗人全都用了"黄金的（πολύχρυσος/χρύσεος = 多金/金色）阿佛洛狄忒"这一称谓；在介绍两场女神自己的婚事时，诗人都用了"库忒瑞娅"（Κυθέρεια）这一称谓；在讲述女神与男孩祭司的故事时，赫西俄德却用了"斐罗姆美得娅"（φιλομμειδής = 爱笑的/阳具的）。而那个更显尊贵的称呼"塞浦路戈尼娅"，却一次也没有用到。这样的处理也许是一种有意的区别对待，不禁让人想去揣摩赫西俄德的意图。也许，诗人用"阿佛洛狄忒"之名象征女神的力量（这股力量能征服或影响从古老的神祇到年轻的英雄），用"库忒瑞娅"暗指女神似乎会被自己的力量影响，而使用"斐罗姆美得娅"则是另一种情况——女神选取自己的守卫/祭司。这些词，完全可以有另一种更显合理的用法。因为，用一个有明显性暗示的词（尤其是经由赫西俄德的创意解释后）来描写女神遴选自己的祭司，显得有些奇怪（不说亵渎，也有蓄意调侃之嫌）。按照常理，祭司这里最应该使用的是"塞浦路戈尼娅"，这个词直指塞浦路斯岛，也是最能表现女神香火繁盛和庙宇极负盛名之地的称谓。而在讲述女神自身婚姻的两处，适合使用的倒是具有性暗示的"斐罗姆美得娅"，但诗人仅用了一个真实含义很不明朗的"库忒瑞娅"④，用这四个名号中概念最模糊的一个词来讲述女神的婚姻状况，似乎是一种有意识的淡化。还有，诗人在讲述阿佛洛狄忒行使自己司掌的力量影响其他诸神和人类英雄时，与《工作与时日》中对阿佛洛狄忒的两次"否定式"的提及（或处理），

---

① Hes., *Theog.* 1008–1009.

② Hes., *Theog.* 986–991.

③ Hes., *Theog.* 75.

④ 有关这个词，详见本书引论第二节和第三章引言部分，参见 Gareth Morgan, "Aphrodite Cytherea", *TAPhA* 108（1978）, p.118, 120; Martin L. West, *The East Face of Helicon*, New York: Oxford University Press, 1997, p. 57, n. 238。

用词则一样都是"黄金的阿佛洛狄忒"①。

这里似乎又回到了本节开头的问题,"黄金的阿佛洛狄忒"为何会缺席《工作与时日》中最初女人的"制造"？这与女神在《神谱》中以同样的称号出现，并且成功行使自己操持之事想必有所关联。只需看一下《神谱》中女神影响的第一场"诸神婚事"——盖亚与塔尔塔罗斯的结合。这场结合的后果诞生了一头向神王挑战和足以推翻宙斯新王权的怪兽——提丰（Typhoon）。② 提丰差一点就推翻了宙斯的政权③，赫西俄德用了近40行诗讲述了宙斯与提丰之间的殊死搏斗。不仅如此，提丰还和阿佛洛狄忒促成的另一场婚姻（克律萨俄尔与卡莉若娥）的后代——蛇女厄喀德娜（Echidna）④——孕育了一群可怕的子嗣。⑤ 这几件事也从侧面反映了阿佛洛狄忒力量潜在的危险属性。可以说，如若不对阿佛洛狄忒的力量加以控制，势必会有第二次危及宙斯政权和世界秩序的险情出现。然而，赫西俄德并没有讲述宙斯和阿佛洛狄忒之间的故事（更别说这两位末子之间的博弈了）。从其他提坦神的遭遇来看，宙斯理应对阿佛洛狄忒有所"处置"，但诗人却只是简单提到了阿佛洛狄忒与阿瑞斯的孩子。虽然在《神谱》中，阿瑞斯是宙斯的儿子，但注意阿瑞斯在赫西俄德诗歌中遭人嫌的负面影响和反面形象（用令人生厌的诨名称呼他为破盾者、毁城者）以及尴尬的地位（诗人在提及阿瑞斯时做了如下处理：将一个男性神的名字包夹在两个女神名字的中间，这是《神谱》中绝无仅有的情况）⑥，让这位赫赫有名的战神毫无存在感可言（作品中没有讲述他的故事）。这显然是在有意弱化阿瑞斯的形象。阿佛洛狄忒的情况也一样，因为赫西俄德把阿佛洛狄忒的活动描写成一种潜在的危险。这种危险足以让代表秩序的宙斯感到警觉，宙斯不可能对身为提坦的阿佛洛狄忒不闻不问，更不会坐视这种强大的威胁不管。因此，阿佛洛狄忒在《工作与时日》中的离奇缺席，若非女神身为提坦神族的一分子对宙斯政权的消极抵抗，就是宙斯在想方设法用其他诸神取代（或规避）阿佛洛狄忒的力量。而赫西俄德让宙斯点名阿佛洛狄忒的动作，实际可能是一种提醒：提请人们注意阿佛洛狄忒的尴尬地位。因为，在宙斯所代表的世界秩序中，他要限制具有潜在危险的阿佛洛狄忒之力。

---

① Hes., *Op.* 65, 521.
② Hes., *Theog.* 821.
③ Hes., *Theog.* 837.
④ Hes., *Theog.* 295–300.
⑤ Hes., *Theog.* 306–325.
⑥ Hes., *Theog.* 922.

综上所述，古风诗人赫西俄德洞悉了阿佛洛狄忒潜在的危险属性，对此，他没有置之不理，而是有意识地淡化和规避阿佛洛狄忒的力量。另一位与他同时代的诗人荷马则直接描写了阿佛洛狄忒进入奥林波斯诸神体系后的形象，她受到父神宙斯的直接管领。事实上，这是荷马悄悄地沿着赫西俄德作品中留下的隐蔽小径，不动声色地完成了阿佛洛狄忒形象的转变。

第二节 《伊利亚特》与《奥德赛》中的阿佛洛狄忒

荷马诗作中的阿佛洛狄忒，与赫西俄德的不同，已然"臣服"于宙斯的权威之下。众所周知，在荷马史诗中，阿佛洛狄忒称宙斯为"父亲"。乍一看，两位诗人在各自刻画不同的阿佛洛狄忒形象。事实上，荷马十分理解赫西俄德对阿佛洛狄忒形象处理上的用意，并且在阿佛洛狄忒形象的处理上大胆地跨出了两步。在《伊利亚特》和《奥德赛》的整体叙事中，荷马以娴熟的作诗技巧不动声色地完成了女神形象的转变。若细读荷马史诗中有关阿佛洛狄忒形象的描述，则能发现，荷马所讲述的阿佛洛狄忒的故事，无一不是在回应赫西俄德。

一、奥林波斯的名分

荷马的"神谱"有别于赫西俄德的"名单"，但出入并不算大。荷马没有如赫西俄德那样罗列诸神的谱系，而是在具体的叙事过程中给出诸神之间的关系和头衔，比如俄刻阿诺斯和特绪斯在荷马史诗中被尊为诸神的始祖[①]，就有别于两位海神在赫西俄德《神谱》中的地位。

在荷马的"神谱"中，阿佛洛狄忒成了"宙斯的女儿"（Διὸς θυγάτηρ），母亲是狄娥涅（Διώνη）。[②] Διώνη 即 Διὸς（宙斯）的阴性形式，这一点显而易见。乍一看，荷马给阿佛洛狄忒找的母亲似乎略显敷衍，但可能是对阿佛洛狄忒身世的巧妙处理。这暗示了赫西俄德笔下的阿佛洛狄忒的诞生"没有"母亲（她产生自乌拉诺斯的精液），作为宙斯的女儿，其母亦可被理解为是宙斯本身（这一点就与乌拉诺斯生阿佛洛狄忒类似），即宙斯的阴性面（狄娥涅）。鉴于史诗的古代听众应该十分熟知赫西俄德《神谱》的话，荷马史诗单单提及宙斯与阿佛洛狄忒是父女关系可能会有些唐突。因此，可以说这一处理十分巧妙。上

[①] Hom., *Il.* 14.201.

[②] Hom., *Il.* 5.370–371.

文已经提到，赫西俄德从未将阿佛洛狄忒归为奥林波斯神，即使她与天后赫拉（Hera）的儿子阿瑞斯育有子嗣（他们的这对双子在《伊利亚特》的战场上十分活跃）。① 况且，赫西俄德仅是说"育有"而没有说女神嫁给阿瑞斯或阿瑞斯娶了女神。反观同为赫拉之子的赫淮斯托斯，在赫西俄德的《神谱》中有明媒正娶的妻子——美惠女神之一的阿格莱亚（Aglaea）。② 到了荷马这里，阿佛洛狄忒、阿瑞斯和赫淮斯托斯三者的关系有了变化。在《奥德赛》卷八讲述的那段偷情故事里，阿佛洛狄忒成了赫淮斯托斯的正室，阿瑞斯则是她的情人。在《伊利亚特》中，阿佛洛狄忒的活动明显与阿瑞斯关系密切，两者都帮助特洛伊人（阿佛洛狄忒劝服阿瑞斯来帮助特洛伊人）；而赫淮斯托斯则忠于他的母亲赫拉，全力帮助阿尔戈斯人。《伊利亚特》里没有提到过阿佛洛狄忒是赫淮斯托斯的妻子。换个角度看，也许可以认为阿佛洛狄忒是作为赫拉儿媳妇（无论是作为阿瑞斯还是赫淮斯托斯之妻）的身份成为宙斯儿媳（法定之女），继而进入了奥林波斯神的行列。无论是狄娥涅所生，还是赫拉儿子的妻子，都表明阿佛洛狄忒从宙斯的长辈变成了宙斯的晚辈。荷马似乎是以这种方式赋予了阿佛洛狄忒奥林波斯神的名分，这也让她"屈尊"或"降格"了。

值得注意的是，与阿佛洛狄忒关系密切的阿瑞斯在荷马史诗中也是一副遭人嫌弃的负面形象，这一点与赫西俄德的诗歌类似。在荷马那里，阿瑞斯丝毫不是雅典娜的对手③，甚至不敌她帮助的凡人④，宙斯也毫不含糊地表现出对这位宙斯儿子极端的鄙夷和讨厌⑤。《伊利亚特》这样一部对各种大开杀戒的血腥场面进行各种细节上描写的诗作，却如此贬低一位嗜杀的战神，连人类战神阿喀琉斯（Achilleus）都是受到赫淮斯托斯的帮助（《伊利亚特》卷十八"阿喀琉斯的盾胄"），而非受到阿瑞斯的青睐。

事实上，荷马可以说是大刀阔斧地重塑了赫西俄德笔下的阿佛洛狄忒形象，或者说荷马用他的诗歌语言"夺走了"阿佛洛狄忒的力量。与赫西俄德一样，荷马也把玩了一把阿佛洛狄忒的称号——爱笑的（φιλομμειδής）。有别于赫西俄德在"爱笑的"和"爱阳具的"之间玩的谐音式语言游戏，荷马有意在"爱笑的"这层词意上做文章。荷马史诗中出现了一个很有意思的情况，即荷马从

---

① Hom., *Il.* 4.436 ff., *Il.*5.738 ff., *Il.*11.36 ff., *Il.*13.298 ff., *Il.*15.119 ff.
② Hes., *Theog.* 945–946.
③ Hom., *Il.* 21.403–408.
④ Hom., *Il.* 5.846–864.
⑤ Hom., *Il.* 5.890："你是所有奥林波斯神中我最恨的小厮。"

未让这位"爱笑的"阿佛洛狄忒在史诗中笑过，取而代之的是，阿佛洛狄忒成了其他角色（比如神王宙斯和天后赫拉等）的"笑柄"，甚至是被彻头彻尾地"嘲笑"①。而且，荷马在讲述与阿佛洛狄忒有关的情节时，每每出现"爱笑的"这一阿佛洛狄忒的称号时，女神几乎都是在遭受指责或蒙受屈辱。在整部《伊利亚特》中，诗人用"爱笑的"来修饰阿佛洛狄忒的情况总共出现了五次：第一次，女神十分殷切地关照海伦，却反遭海伦的指责；② 第二次，宙斯用"嘲笑的语气说"（κερτομίοις ἐπέεσσι）③ "阿佛洛狄忒总是在一旁袒护（αἰεὶ παρμέμβλωκε ... ἀμύνει）帕里斯"④；第三次，女神趴在母亲（狄娥涅）的膝头哭诉，因自己为一介凡夫——狄奥墨德斯（Diomedes）所伤；⑤ 第四次，女神（在被迫和被骗的双重意义上）将自己的宝物交给了赫拉；⑥ 第五次，出现在迈锡尼联军和特洛伊联军对垒的时候，诸神各自站队，为自己支持的一方助阵。⑦ 注意这最后的两次：第五次，阿佛洛狄忒助阵的特洛伊人彻底溃败收场；第四次，女神不仅为赫拉的谎言所骗，交出了宝物，而且这一行为也间接导致阿佛洛狄忒偏袒的特洛伊军队失利⑧，换言之，赫拉用阿佛洛狄忒自己的法宝算计了她。

不仅如此，荷马故事中的阿佛洛狄忒几乎没能做成自己所干预的任何一件凡间事务（除了史诗之外的既定实事，即帕里斯与海伦的结合）。⑨一次是阿佛洛狄忒闯入战场，在阿尔戈斯英雄狄奥墨德斯致命的攻击下救出自己的爱子埃涅阿斯，实际上她没能成功救出爱子，在被由雅典娜授意的狄奥墨德斯击伤后，⑩她扔下埃涅阿斯逃回了天庭，幸亏站在特洛伊人这边的阿波罗及时发现，帮忙挽救了埃涅阿斯的性命。⑪还有一次是阿佛洛狄忒照看特洛伊王子赫克托尔的遗体，其实也是得到了阿波罗的鼎力相助。⑫凡此种种，其实都是荷马的创作策略，

---

① 宙斯对阿佛洛狄忒的嘲笑，参见 Hom., *Il.* 5.421；赫拉对阿佛洛狄忒的嘲笑，参见 Hom., *Il.* 21.434；雅典娜对阿佛洛狄忒的嘲笑，参见 Hom., *Il.* 21.423-433。

② Hom., *Il.* 3.424.

③ Hom., *Il.* 4.6.

④ Hom., *Il.* 4.10.

⑤ Hom., *Il.* 5.375.

⑥ Hom., *Il.* 14.211.

⑦ Hom., *Il.* 20.40.

⑧ 赫拉骗阿佛洛狄忒，说自己要去劝和诸神的始祖——俄刻阿诺斯和特绪斯。其实赫拉是利用阿佛洛狄忒的巫术诱使宙斯暂时昏睡，让波塞冬乘机助迈锡尼联军击败了特洛伊军队。

⑨ Hom., *Il.* 3.374-389.

⑩ Hom., *Il.* 5.131-132.

⑪ Hom., *Il.* 5.341-346.

⑫ Hom., *Il.* 23.184-191.

让阿佛洛狄忒在史诗中变得越来越不合时宜和显得无能为力。

可以这么说，在荷马史诗中，阿佛洛狄忒几乎处处遭受冷落、贬低和嘲笑。这样看来，奥林波斯的名分对阿佛洛狄忒而言似乎就是一副枷锁，让阿佛洛狄忒无从施展自己的威力。

二、无所事事的阿佛洛狄忒

荷马作为一名讲述特洛伊战争故事的诗人，理应知晓整个特洛伊战争的前因后果，了解战争背后的诸神之争，明白阿佛洛狄忒在这一事件中的重要地位。然而，在荷马史诗中，整场战事被说成是因帕里斯的"错误"选择而起（他错误地选择了阿佛洛狄忒），如此，整场战争便几乎被完全归咎于阿佛洛狄忒。但这还不是最瞩目的现象，更重要的是，阿佛洛狄忒在《伊利亚特》中显得无所事事，如上文所分析的那样，她的力量就像被压制住了一样。在《伊利亚特》中有一处明显的诗段，对这种压制有所提示，即卷四的开篇。

《伊利亚特》卷四的开篇，宙斯做了一番简短的"演说"[①]，旨在提醒当初争夺金苹果的三位女神中的另两位女神——阿尔戈斯的赫拉和阿剌珥科枚尼斯的雅典娜（Ἥρη τ' Ἀργείη καὶ Ἀλαλκομενηῒς Ἀθήνη），注意阿佛洛狄忒的行径。表面上看，宙斯是在唆使赫拉与雅典娜让迈锡尼联军与特洛伊人双方重开战事；实际上，阿佛洛狄忒的角色从此刻起发生了深刻的转变，她在《伊利亚特》中主导诗歌叙事进程的作用被宙斯授意的雅典娜以及赫拉取代了。就在前三卷，阿佛洛狄忒俨然是参与到战事中的诸神之中最为活跃的一位神。但此后，如上文所分析的那样，她的活动再无任何建树可言，屡受挫折并遭到嘲笑。更何况，恰恰就是从阿佛洛狄忒遭到压制的这一刻起（卷四开篇），《伊利亚特》中攻守双方最血腥的激战才正式拉开了帷幕。

如此编排的情节，不由让人觉得荷马是有意为之。荷马似乎不仅知道赫西俄德的阿佛洛狄忒形象——具备天空、海洋和性爱的属性，还了解阿佛洛狄忒的东方面孔——掌管丰产与战争的女神。但荷马的诗歌，却徒留阿佛洛狄忒与宙斯的父女关系，几乎压抑了阿佛洛狄忒所有原来（包括其东方起源意义上）的属性。这一点，只需细察荷马的诗文便能发现。故有必要回转到有关阿佛洛狄忒形象职能的问题上。

首先，是她身上好战的属性。上文已经提到，荷马对阿佛洛狄忒的一个称

[①] Hom., *Il*. 4.7–19.

号"爱笑的"的技术处理。诗人不仅没有让阿佛洛狄忒自己笑过,而且还被其他角色嘲笑。若确信希腊人犆祀阿佛洛狄忒的宗教习俗源自东方的文明,即苏美尔、巴比伦、迦南、腓尼基的那些掌管性爱的女战神,那么,稍微看一眼那些东方宗教对这些女神的描写,或许会有所启发。比如,这些能够激发情欲的可怕女神"面露狞笑,啃食肝脏……战士们的鲜血没及她的膝盖"①。所以荷马在诗歌中似乎在有意回避或压抑阿佛洛狄忒原始的战争属性。② 鉴于她与阿瑞斯的关系,以及史诗中阿瑞斯的负面形象,这种压抑更为明显。"啃食肝脏"也让人想到东方的女战神们常用的一个称号——犬,比如"你如犬一般吞噬尸体"③。而"犬"这个词,在荷马史诗中也被诗人巧妙地利用了。荷马让雅典娜用"犬蝇"（κυνάμυια）一词来称呼阿佛洛狄忒。④ 有趣的是,就在此前不久(几行诗句前),阿瑞斯刚用这个词来咒骂希腊人的女战神雅典娜⑤,紧接着阿瑞斯就被雅典娜打翻在地。带有"犬"的这个称号,将一位希腊人的女战神和一个源自东方的女战神联系在了一起。但两者的待遇却有天壤之别,在荷马史诗中,雅典娜占据了绝对的主导地位(她俨然是宙斯的代表和宙斯权力的延伸),而阿佛洛狄忒几乎被彻底压制。

其次,是属天的特征。所有与阿佛洛狄忒近东起源有关的女神,如苏美尔的伊南娜、巴比伦的伊什塔尔、黎凡特的阿施塔尔忒等等,这些司掌性爱与战争的女神身上都有属天的特征,被称为"天庭的女王"（Queen of the Heaven）。阿佛洛狄忒也一样,不仅仅是她的诞生(源自广天乌拉诺斯),她在希腊各地的犆祀情况也是如此,属天的阿佛洛狄忒神庙、祭坛和香火遍布希腊各地。事实上,若考虑到阿佛洛狄忒的另一个可能的起源——印欧宗教中带有光属性的女天神,也能发现其中可能存在的联系。如果觉得她耀眼的称号"金色的"还不足以说明这一点的话(事实上在荷马的诗歌中,"金色的"更多被用来形容战士的兵器和王者的权力),那么,只需再看一眼阿佛洛狄忒的名字就会发现其中带有这一"明亮的"元素,"狄忒"（ditê）一词有光辉、明亮、

---

① Cyrus H. Gordon, *Ugarit and Minoan Crete: The Bearing of Their Texts on the Origins of Western Culture*, London: W. W. Norton & Company, 1966, p.51.

② 关于女神的战争属性详见本书第三章的第一节和小结部分。

③ Enheduanna (ca. 2300BC) *ap.* Henriette Broekema, *Inanna, Lady of Heaven and Earth: History of a Sumerian Goddess*, Leeuwarden: Elikser B.V. Uitgeverij, 2014, p. 201.

④ Hom., *Il.* 21.421.

⑤ Hom., *Il.* 21.394.

白色的意思。① 赫西俄德虽然只给出了"阿佛洛"（aphro）指泡沫的意思，但回想一下赫西俄德讲述女神诞生的诗句——一簇"明亮的"泡沫②，似乎对这位女神的光属性已有所暗示。荷马也很巧妙地暗示了阿佛洛狄忒与"光"属性有关，史诗中女神的父亲宙斯（史诗中用了 Dios 而非 Zeus 来称呼宙斯）和母亲狄娥涅（Dione），都与"Dite"一词的词根有关。但是，这些"光"不属于女神自己，而是属于荷马为她设定的父母，故而"宙斯的女儿"也就有了另一层隐含的意思——光之女。

再次，是女神与海洋的关联。可以说，荷马完全彻底地切断了阿佛洛狄忒与大海之间的任何联系。显而易见，荷马创作的迹象表明他知道当时流传的赫西俄德以及其他古风诗人诗作中讲述的阿佛洛狄忒形象——她的诞生与海洋有关，甚至有直接诞生自大海的表述（从汹涌的大海中出现）。③ 但荷马丝毫没有准备遵循当时流行的阿佛洛狄忒身上具有海洋属性的传统观念。④ 希腊各地的阿佛洛狄忒犒祀有很大一部分与航海有关。⑤ 阿佛洛狄忒是古希腊人海洋事业的保护神。然而有趣的是，两部荷马史诗都与大海有着十分紧密的联系，但却始终不见其给阿佛洛狄忒一丁点出现在海洋舞台上的戏份。《伊利亚特》中很多战斗就是在海边展开的，更别提《奥德赛》讲述了一段如此有名的海上归程。荷马却从来没有提到阿佛洛狄忒与海洋有关的任何方面。

从上述对阿佛洛狄忒这三个身份在史诗中浮光掠影的观察可知，荷马的阿佛洛狄忒经历了怎样的改造。也难怪，在阿佛洛狄忒的形象经过这样一番技术处理后，诗人荷马会让宙斯笑着对阿佛洛狄忒说出这句话："我的孩子，沙场战事与你无关，你还是操持自个儿的事务，掌管那甜蜜的婚姻吧。"然而更讽刺的是，在荷马史诗中，宙斯甚至回绝了阿佛洛狄忒对婚姻的司掌之权。

三、一次遭拒的请愿

荷马在《奥德赛》中，有几处以题外话的形式，讲述了有关阿佛洛狄忒的故事，也都延续了赫西俄德围绕阿佛洛狄忒形象的创作意图。人们肯定对《奥

---

① Kassandra Jackson, "Father-Daughter Dynamics in the Iliad: The Role of Aphrodite in Defining Zeus' Regime", *BCA*, p. 158, n. 19.
② Hes., *Theog*. 190.
③ HH6. 4-5.
④ 考虑到荷马将寰宇大洋（俄刻阿诺斯与特绪斯）视作诸神的始祖，剥夺阿佛洛狄忒身上海洋属性的这一处理就更为有趣。
⑤ 关于女神的海洋属性详见第三章第二节和小结。

德赛》卷八中那段趣事耳熟能详，（犹如荷马自身形象投射的）著名的费埃克斯（Phaeacian）盲歌人德摩多克斯（Demodocus）应邀歌唱了一曲有关阿佛洛狄忒与阿瑞斯的偷情故事①，这是一段让奥德修斯听得心旷神怡的"喜剧"②。荷马的这段故事似乎重新配置了赫西俄德《神谱》中阿佛洛狄忒与两位奥林波斯男神（赫淮斯托斯和阿瑞斯）之间的关系。他们三者之间，可能并非像神话故事所展现得么简单，这一三角关系中蕴含了一个涉及古希腊人的历史、社会和文化现象的问题，在此不便展开。但很少有人会注意到《奥德赛》中另一段与阿佛洛狄忒有关的神话故事，那是苦等奥德修斯回家的妻子佩涅萝佩（Penelope）向神明祈祷时候说的一则典故。从两位诗人之间竞赛的角度来看，这则典故算得上是《工作与时日》中群神协力创造潘多拉的一个翻版或仿作。

荷马这样讲道：

> ὡς δ' ὅτε Πανδαρέου κούρας ἀνέλοντο θύελλαι:
> τῇσι τοκῆας μὲν φθῖσαν θεοί, αἱ δ' ἐλίποντο
> ὀρφαναὶ ἐν μεγάροισι, κόμισσε δὲ δῖ' Ἀφροδίτη
> τυρῷ καὶ μέλιτι γλυκερῷ καὶ ἡδέϊ οἴνῳ:
> Ἥρη δ' αὐτῇσιν περὶ πασέων δῶκε γυναικῶν   70
> εἶδος καὶ πινυτήν, μῆκος δ' ἔπορ' Ἄρτεμις ἁγνή,
> ἔργα δ' Ἀθηναίη δέδαε κλυτὰ ἐργάζεσθαι.
> εὖτ' Ἀφροδίτη δῖα προσέστιχε μακρὸν Ὄλυμπον,
> κούρῃς αἰτήσουσα τέλος θαλεροῖο γάμοιο—
> ἐς Δία τερπικέραυνον, ὁ γάρ τ' εὖ οἶδεν ἅπαντα,   75
> μοῖράν τ' ἀμμορίην τε καταθνητῶν ἀνθρώπων—
> τόφρα δὲ τὰς κούρας ἅρπυιαι ἀνηρείψαντο
> καί ῥ' ἔδοσαν στυγερῇσιν ἐρινύσιν ἀμφιπολεύειν:
> 就像飓风曾掠走潘达瑞俄斯的女儿们，
> 众神诛戮了她们的父母，徒留
> 孤儿在厅堂，神圣的阿佛洛狄忒
> 用干酪、蜜糖和美酒照料她们；

---

① Hom., *Od.* 8.266–366.
② 很难想象奥德修斯若挂念家中苦等他返乡的佩涅萝佩，会不做什么联想。

赫拉赐给她们超凡的美貌和智慧，　　　　　　　　　　70
　　纯洁的阿耳忒弥斯赐给她们修长的身材，
　　雅典娜教她们精通为人称道的手艺。
　　可当神圣的阿佛洛狄忒去为她们请求
　　喜结良缘，前往奥林波斯时——
　　去见喜雷的宙斯，因他通晓一切，　　　　　　　　　　75
　　悉知有死凡人的一切祸福——
　　哈庇耳们却突然抓走了她们，
　　把她们交给可怖的厄里倪娥斯们作侍女。①

　　从整个史诗的情节安排上看，佩涅萝佩讲述的这则典故旨在恳求诸神能带走她（的生命），让她能免于眼前的煎熬。但她完全可以用其他的典故来表达此意，为何要用这段诗文？作诗者荷马，显然别有用心。实际上，这段诗文与本章第一节重点分析的诸神协力创造潘多拉的诗词极为相像。在赫西俄德那里，宙斯钦点了四位天神合力"制作"第一个女人潘多拉；荷马的故事，则是让四位女神共同照顾潘达瑞俄斯的女儿们。前者是赫淮斯托斯、雅典娜、阿佛洛狄忒和赫尔墨斯，分别负责塑形、手艺、三属性和两恶习；后者是阿佛洛狄忒、赫拉、阿耳忒弥斯和雅典娜，分别对应三食材、两善质、塑形和手艺。

　　事实上，这组四对四的呼应，分别可以看作是"相合、相似、相背、相对"的关系。雅典娜，在《工作与时日》中被宙斯嘱咐专职负责教授女红，《奥德赛》的典故中与之完全一样（v. 72），这两处属于"相合"的关系。两处负责塑形的分别是赫淮斯托斯和阿耳忒弥斯，前者直接制造出了躯体，后者则赐予女孩们修长的身材（v. 71），两者是"相似"的关系。赫尔墨斯与赫拉，分别给各自的对象"安装了"两个品性，但前者教授的是恶习，后者赐予的则是善质（v. 70），所以这一组是"相背"的关系。最后是两个故事的"核心"角色——阿佛洛狄忒。两位诗人对阿佛洛狄忒赠予的三属性的描写各不相同，甚至完全不搭界，但若两相对照，细看之后便会觉得很有意思。在赫西俄德那里，阿佛洛狄忒（仅仅是被嘱咐，实际上并没有去）赠予的三属性，是"魅力、引起痛苦的热望和让四肢乏力的忧伤"，简言之，三个属性与人的性欲有关。上文已经指出，阿佛洛狄忒实际上没有在潘多拉身上置入这三个属性，这是宙斯（背后

---

① Hom., *Od.* 21.66–78.

是诗人赫西俄德）的意图。而在荷马这里，阿佛洛狄忒根本就没有发挥自己的威力（性事），而是奇怪地给女孩们提供了食物——"干酪、蜜糖和美酒"（v. 69），概言之，这三个食材与吃有关，即与另一种欲望——食欲有关。这样看来，这一组完全可以说是"相对"的关系。由此可见，两则故事之间存在一种对应关系，荷马在创作时似乎是以赫西俄德的这段诗文为参照，考虑到诗人们尤其喜爱把玩文字游戏（比如谐音等），甚至连潘多拉（Pandora）和潘达瑞俄斯（Pandareus）的名字也可能是一种有意的呼应。

其中还有几处细节值得注意，在《奥德赛》的这则典故里，对四位女神共同合作、各出其力的描述来看，阿佛洛狄忒完全没有发挥自己的长处或力量，她仅仅提供了食物（如刚才的分析所见，也暗示了与食欲相对应的另一种欲望——性欲的奇怪缺失）。而且，赫拉发挥的作用不是她的传统强项。事实上，赫拉在两位诗人那里都没有被描写为司掌什么特殊能力的女神，更多的是宙斯的正统妻子，就这层意义而言，她所代表的就是宙斯的王权。如果考虑到这则典故中稍后出现的宙斯，那么或许可以将赫拉视为宙斯的代表。赫拉在这则典故中赐予凡人女孩们美貌和智慧，分别可以看作是来自阿佛洛狄忒和雅典娜的特质，这么看来，似乎宙斯-赫拉的联姻已经掌控了阿佛洛狄忒和雅典娜的能力。更重要也更有趣的是，阿佛洛狄忒在这里非但没有发挥自己的威力，甚至在行使让两性结合的能力时也要去奥林波斯"请示"（αἰτέω, v. 74）宙斯，而且还出人意料地被宙斯断然拒绝。引文中最后一句话提到的厄里倪娥斯们，也容易让人想到（赫西俄德的）阿佛洛狄忒诞生神话，荷马可能是在用诞生于乌拉诺斯之血的厄里倪娥斯们暗指赫西俄德的版本。①

我们已经看到，一个是阿佛洛狄忒离奇的缺席，另一个是直接回绝阿佛洛狄忒的请示，若遵循"赫西俄德与荷马竞赛"的思路，以上这些很难不让人想到，这是荷马对赫西俄德"让"阿佛洛狄忒缺席创造潘多拉的回应。荷马在史诗中对阿佛洛狄忒形象的塑造，是在有意识地响应赫西俄德的创作思路。当赫西俄德在宙斯的权力体系中刻意回避阿佛洛狄忒的威力之时，荷马十分巧妙地化解了宙斯和阿佛洛狄忒的对立。

荷马口中的阿佛洛狄忒形象被彻底改造了，她被诗人去战争化、去天文化、去海事化，只留下了性爱女神的形象，甚至仅存的性爱属性也遭到嘲讽、批判和回绝。与赫西俄德对阿佛洛狄忒的区别对待略有不同，阿佛洛狄忒在荷马史诗中被叙事者有意地压制，她成了一位既对史诗叙事不可或缺，又在整个故事

---

① 厄里倪娥斯们出现在 Hes., *Theog.* 183–185；阿佛洛狄忒出现在 Hes., *Theog.* 190–192。

中无所事事的女神，一位尴尬到不合时宜的女神。

小结：成为女神

本章通过分析赫西俄德与荷马各自对阿佛洛狄忒形象的描写和刻画，发现两位诗人在创作诗歌时异曲同工的意图：（重新）塑造阿佛洛狄忒的形象。阿佛洛狄忒从乌拉诺斯最小的女儿（提坦神）转变成了宙斯的女儿（奥林波斯神）。可以说，这是赫西俄德与荷马各自试图驯服这位最后的提坦的一场竞赛。荷马对阿佛洛狄忒形象的改造遵循了赫西俄德的创作意图，且做了更为激进的技术处理。不可否认，他们的创作极为成功，以至于阿佛洛狄忒在文学中的形象至今依然是爱与美的女神。但从古希腊宗教的角度来看，诗人们的改造又是如此失败，因为古希腊人并没有在他们的社会生活习俗和牺祀活动中忘却阿佛洛狄忒被诗人们剥夺或压抑的形象或职能。关于这一点，她的那些精美的神庙和馨香的祭坛可以做证。

在阿佛洛狄忒形象的转变上，赫西俄德明显留有伏笔，宙斯在确立自己王权的过程中不断制服其他的挑战者，但赫西俄德没有讲述宙斯与阿佛洛狄忒的博弈。至于荷马，虽然他不动声色地将阿佛洛狄忒变成了宙斯的女儿，一层层褪去女神身上的各种职能，但若考虑到阿佛洛狄忒的赫西俄德式诞生，那么这一转变未免有些突兀。因此，在阿佛洛狄忒身份的转变上似乎还缺失了一块拼图：阿佛洛狄忒如何就成了宙斯的女儿？或者换一种问法，宙斯是如何制服了阿佛洛狄忒和她危险的力量？这一问题的答案就写在这块缺失的拼图背面，笔者认为这块拼图就介于两位古风诗人之间，从阿佛洛狄忒的神话叙事逻辑来看，时间上要早于荷马，晚于赫西俄德。

第二章　第一首《致阿佛洛狄忒的荷马颂诗》的主题及其创作意图

> 你想进入人世，空着手走去，带着某种自由的誓约。
> ——陀思妥耶夫斯基①

引言：坠入爱河的爱神

诗歌第一首《致阿佛洛狄忒的荷马颂诗》，即第五首托名荷马颂诗（HH5），是传世的 33 首荷马颂诗中最为古老的诗作，②与荷马以及赫西俄德的作品属于同一历史时期，因此其地位就显得尤为重要。围绕 HH5 文本本身的研究，有一部分集中讨论该作品的作者、创作年代、创作动机及其与荷马和赫西俄德（两人的诗歌）之间的关系等话题。颂诗 HH5 的篇幅在 33 首荷马颂诗中可以算作长篇叙事诗，主要讲述了一段女神与凡人的浪漫情事，情节安排和细节描写颇具吸引力。其中讲到了女神阿佛洛狄忒与特洛伊王子安奇塞斯结合，女神预言赫赫有名的埃涅阿斯的诞生。③这与《伊利亚特》中有关埃涅阿斯的预言极其相似。④因此，关于 HH5 与《伊利亚特》之间的关系也是学者们热衷于讨论的问题。⑤但诗篇讲述的内容不止于此，比如对古希腊人的三位处女神——雅典娜、阿耳忒弥斯、赫斯提娅（Hestia）——的赞美，伽倪墨德斯（Ganymedes）和提托诺斯（Tithonus）两位凡人与神明之间的故事，等等。鉴于 HH5 丰富的内容，

---

① 出自费奥多尔・M. 陀思妥耶夫斯基《卡拉马佐夫兄弟》第二部第二卷。
② 传世的《致阿佛洛狄忒的荷马颂诗》共三首。第一首（被编为第五首托名荷马颂诗）篇幅最长（共 293 行），有完整的故事情节，因此最为重要。故本书中若无说明，通常皆指第一首。其余两首相对较短，即第六首（共 21 行）和第十首（共 6 行）托名荷马颂诗。
③ HH5. 197-198.
④ Hom., *Il*. 20.307-308.
⑤ 对此问题较为晚近的综合讨论，参见 Pascale Brillet-Dubois, "An Erotic *Aristeia*: The Homeric Hymn to Aphrodite and Its Relation to the Iliadic Tradition", in Andrew Faulkner (ed.), *The Homeric Hymns: Interpretative Essays*, New York: Oxford University Press, 2011, pp. 105-132。

学者们对 HH5 的解读也有各种不同的角度和观点。最为常见的观点是 HH5 在歌颂女神阿佛洛狄忒的神力，因为颂诗开篇即直言女神能让凡人、天神和野兽都屈服于她所掌控的爱情力量，连宙斯也不例外。不过，由于颂诗用大量的笔墨描写了女神与凡人的情爱过程，有的学者认为这是一首愉快幽默的喜剧诗；[1] 也有学者指出，颂诗具有悲剧式基调，开篇主人公们（包括阿佛洛狄忒与安奇塞斯）的欢乐与最后凝重的结尾形成了鲜明的对比；甚至还有学者主张整首诗是对死亡的深刻认知。[2] 另外还有专门讨论颂诗与历史上埃涅阿斯族裔（Aeneadae）的关系、阿佛洛狄忒与三位处女神的关系、达尔达诺斯（Dardanos）家族三位男性与诸神之间的关系、颂诗中有关爱欲与生死主题的各种观念，等等。[3] 这类研究多是局部式的解读，只关注和分析诗歌中的部分段落，缺少对 HH5 整体叙事的完整解读。笔者认为，这种整体的理解必须将 HH5 中的神话故事纳入整个古风史诗神话叙事，考察 HH5 与荷马、赫西俄德作品所述神话故事之间的关系。

事实上，HH5 的情爱故事中有一个值得关注的情节：宙斯让阿佛洛狄忒爱上了安奇塞斯。而在此前，颂诗反复提到，阿佛洛狄忒频频引发诸神与凡人之间的结合，甚至宙斯自己也无法避免阿佛洛狄忒的影响。因此，在 HH5 中宙斯其实反转了阿佛洛狄忒的威力，或者说，是阿佛洛狄忒"丢了自己的局"。对此，有学者注意到宙斯与阿佛洛狄忒还有安奇塞斯三者之间的复杂关系，即男神与女神、不朽与有死、女性与男性，彼此之间的平衡与张力。[4] 布莱滕贝格尔察觉

---

[1] 如 Peter Walcot, "The Homeric *Hymn to Aphrodite*: A Literary Appraisal", *G&R* 38 (1991), pp. 137-155。

[2] 相关讨论，参见 Deborah D. Boedeker, *Aphrodite's Entry into Greek Epic*, Leiden: Brill Academic Publishers, 1974; Peter M. Smith, *Nursling of Mortality: A Study of the Homeric Hymn to Aphrodite*, Frankfurt: Verlag Peter D. Lang, 1981; Jenny S. Clay, *The Politics of Olympus, Form and Meaning in the Major Homeric Hymns*, Princeton: Princeton University Press, 1989。

[3] 论阿佛洛狄忒与安奇塞斯（埃涅阿斯族裔）关系的，如 Herbert J. Rose, "Anchises and Aphrodite", *CQ* 18. 1 (1924), pp. 11-16; Anne Giacomelli, "Aphrodite and After", *Phoenix* 34 (1980), pp. 1-19; Andrew Faulkner, "The Legacy of Aphrodite: Anchises' Offspring in the *Homeric Hymn to Aphrodite*", *AJP* 129 (2008), pp. 1-18. 论女神与三位处女神之间关系的，如 Polyxeni Strolonga, "Aphrodite Against Athena, Artemis, and Hestia: A Contest of *Erga*", *ICS* 37 (2012), pp. 1-20. 论达尔达诺斯家族三位男性不同结局的，如 Charles Segal, "The Homeric Hymn to Aphrodite: A Structuralist Approach", *CW* 67 (1974), pp. 205-212; id., "Tithonus and the *Homeric Hymn to Aphrodite*: A Comment", *Arethusa*, 19 (1986), pp. 37-47。讨论爱欲观念的，如 Hugh Parry, "The Homeric Hymn to Aphrodite Erotic Ananke", *Phoenix* 40 (1986), pp. 253-264; Monica S. Cyrino, "Shame, Danger and Desire Aphrodite's Power in the Fifth Homeric Hymn", *RMRLL* 47. 4 (1993), pp. 219-230; ead., "Bows and Eros Hunt as Seduction in the *Homeric Hymn to Aphrodite*", *Arethusa* 46 (2013), pp. 375-393。

[4] Ann L. T. Bergren, "The Homeric Hymn to Aphrodite: Tradition, Rhetoric and Blame", *CA* 8 (1989), pp. 1-41.

HH5 中这一微妙的情节安排，她在自己的著作中专辟了一章讨论 HH5，[①] 但是她运用的文本叙事与仪式过程相结合的研究分析并没有紧扣她起的这个巧妙的标题。[②] 日本西洋古典学者安村典子也发现了宙斯与阿佛洛狄忒之间的这层逆转关系。在其专著的最后一章中，她分析了 HH5 中宙斯对阿佛洛狄忒的惩罚[③]，但是她的解读更像是在补完神话故事，缺少对该诗篇创作的意图和背景的关注。[④]

本章将重点关注和解读 HH5 中宙斯与阿佛洛狄忒的这层关系。但在此之前，鉴于 HH5（比起荷马与赫西俄德）在国内学界的知名度相对较低，尚无公开的译文，也未见相关的研究论著。因此，笔者将先以自己掌握的有限信息对 HH5 的文本做一番简介，包括文本的创作与抄本的情况；再试着译出 HH5 的文本，主要基于两部最新的 HH5 校勘和笺注（下文简称 [F 本] 和 [O 本]）[⑤]，并参考使用较多且更为权威的 AHS 版荷马颂诗[⑥]；最后，尝试探析诗人在 HH5 诗歌叙事中隐藏的一些秘密。笔者将运用几种不同的文本解读方法，提出 HH5 其实关注的是 "原始的性" 与 "人为的性"[⑦] 之间的辩证关系，并且将 HH5 的故事叙事逻辑置于整个古风神话叙事（荷马与赫西俄德的史诗）之中，给出一个整体的解读。

第一节　HH5 的剧情与文本

在正式拉开这场戏剧性故事的剧幕前，我们有必要介绍一下这首颂诗及其

---

① Barbara M. Breitenberger, *Aphrodite and Eros: The Development of Erotic Mythology in Early Greek Poetry and Cult*, London: Routledge, 2007, ch. 3: "Losing Her Own Game: Aphrodite in the *Homeric Hymn*".

② 她认为颂诗的剧情推进，女神的下凡、显身、进入神庙等，是对阿佛洛狄忒崇拜仪式过程的戏剧化描写。笔者认为，其他几部长篇荷马颂诗，如赫尔墨斯、阿波罗、德米忒尔等，在一定程度上描写了这些神的仪式，或者交代了围绕这些神形成崇拜仪式的前因后果，但 HH5 并无（十分显著的）这种讯息。

③ Noriko Yasumura, *Challenges to the Power of Zeus in Early Greek Poetry*, New York: Bloomsbury Academic, 2013, ch. Ⅶ : "The Bitter Sorrow of Aphrodite".

④ 她的解读（不可避免地）以宙斯为中心，即从（作为戏剧角色之一的）宙斯的角度来解释各种情节。虽然这种写作分析可能是为了紧密地围绕书名（早期诗歌中宙斯的权力），但缺少对真正创作这些神话故事的活生生的诗人意图的关注，因此，真正值得关注的是古希腊的 "人"，而非 "神"，是古希腊人为何如此创作神话。笔者以为，解读神话文本还需考虑到诗人在神话剧情安排上的创作意图。诗人在创作时一定会考虑其作品的受众（古希腊的听众），思考他准备想向古希腊的听众传达些什么。

⑤ [F 本]：Andrew Faulkner, *The Homeric Hymn to Aphrodite: Introduction, Text, and Commentary*, New York: Oxford University Press, 2008; [O 本]：Stuart D. Olson, *The Homeric Hymn to Aphrodite and Related Texts: Text, Translation and Commentary*, Berlin: Walter de Gruyter, 2012.

⑥ Thomas W. Allen, William R. Halliday, Edward E Sikes (eds.), *The Homeric Hymns*, 2nd edn., Oxford: Clarendon Press, 1936.

⑦ 对此概念的具体定义和讨论参见本章第三节。

版本的相关背景：先对这首颂诗故事的剧情梗概和叙事层次有一个简短的交代，然后简要回顾这首颂诗文本本身的情况、创作的年代和抄件的流传。

一、HH5 叙事梗概

开场［1-52］

（vv. 1-6）诗人赞颂阿佛洛狄忒的威力遍世间，统治着凡人、野兽和诸神。

（vv. 7-33）只有三位女神不受她的影响，诗人依次歌颂了雅典娜、阿耳忒弥斯以及赫斯提娅。

（vv. 34-44）诗人歌唱阿佛洛狄忒的威力甚至征服了神王宙斯，略提宙斯曾经的爱情经历。

（vv. 45-52）诗人叙述的动机转到宙斯这边，宙斯扭转了阿佛洛狄忒的局，让她爱上一个凡人，以挫其锐气，阻止她继续吹嘘、炫耀自己在诸神和凡人之间"燃起"的情事。

相见［53-142］

（vv. 53-63）阿佛洛狄忒看见了在伊达山上牧羊的特洛伊王子安奇塞斯，立刻对他一见钟情。女神返回她在帕福斯的神庙，在那里沐浴更衣，精心打扮。

（vv. 64-91）阿佛洛狄忒离开帕福斯，去往伊达山上寻找安奇塞斯。路上，山间的野兽都出来温顺地跟随着她，女神让自己途经之地的猛兽成双结对地发情交配。当她终于到达安奇塞斯的小木屋，发现屋内只有安奇塞斯独自一人。女神衣着华丽地出现在安奇塞斯面前。

（vv. 92-106）安奇塞斯怀疑来访者是一位女神，便问眼前的女子是何方神圣，他答应为她建造祭坛，以换取自己的生活富足与长寿。

（vv. 107-142）阿佛洛狄忒回应了安奇塞斯。她编造了一个精致的谎言，说自己是一位凡人，弗律吉亚（Phrygian）的公主，赫尔墨斯将她带到这里，告诉她让她成为安奇塞斯的妻子，为他生儿育女。

高潮［143-191］

（vv. 143-167）安奇塞斯相信了阿佛洛狄忒的谎言。被爱欲俘获的他和女神上了床。美妙的细节描写。

（vv. 168-191）安奇塞斯躺在阿佛洛狄忒的身边，睡去了。女神起身，穿戴整理之后，现出真身。她唤醒了安奇塞斯。安奇塞斯被吓哭，躲在被子里，乞怜央求女神饶命。

告诫［192-280］

（vv. 192-199）阿佛洛狄忒安抚安奇塞斯，告诉他不会受到伤害。她还预言自己将为他生一个儿子，当取名埃涅阿斯，埃涅阿斯将来会领导特洛伊人。

（vv. 200-238）阿佛洛狄忒回顾了安奇塞斯高贵的身世和神圣的血统。他的祖先伽倪墨德斯被宙斯带上了天，宙斯用神马作为礼物赠予他的父亲特洛斯。提托诺斯被埃娥斯（Eos）带走，但女神只为他求得不朽而忘记了永葆青春。

（vv. 239-255）阿佛洛狄忒紧接着解释，她不希望安奇塞斯重蹈提托诺斯的覆辙。安奇塞斯身为凡人，应有一死；而阿佛洛狄忒，一位不朽的女神，从现在起也将永受眼下的耻辱。她再也不能在众神之中夸耀自己给诸神与凡人带来的情事。

（vv. 256-280）阿佛洛狄忒预言了埃涅阿斯的未来。他出生后将由山泽女仙抚养。等他到了青春期，女仙们会把他带回到这里，交给安奇塞斯。

尾声［281-293］

（vv. 281-290）阿佛洛狄忒最后告诫安奇塞斯，不要告诉任何人自己和女神上床的事。若有人问起孩子的母亲是谁，要说埃涅阿斯是一位山泽女仙的孩子。

（vv. 291-293）阿佛洛狄忒说完，离开小木屋，回到天庭。诗人依据传统向自己歌唱的女神告辞。

二、HH5 形成的时间和创作地点

关于 HH5 的创作时间，学者们众说纷纭，甚至有些主张彼此之间大相径庭。较为普遍的观点认为，HH5 是与荷马史诗以及赫西俄德的作品同时代的作品，甚至有认为 HH5 就是两位诗人中的一位所作。[①] 另一个极端是，有认为这篇颂诗是希腊化时期的作品。[②] 当然，多数学者采纳了比较温和的立场，这也是近些年围绕整套托名荷马颂诗研究的共识，并且承认 HH5 是所有传世荷马颂诗中最古老的一篇，其创作略晚于荷马史诗，早于公元前 6 世纪。[③] 不过，HH5 创作的具体时间依然未知。

[①] 关于这些颂诗作者的归属问题，可以从现代出版物中略窥一斑。门罗（David B. Monro），和艾伦（Thomas W. Allen）编的牛津版五卷本《荷马作品集》（*Homeri Opera*, 1912）将这些统统算作荷马的作品。差不多同一时期，伊夫林 - 怀特（Hugh G. Evelyn-White）编的洛布版《赫西俄德、荷马颂诗与散作》（*Hesiod, the Homeric Hymns, and Homerica*, 1914），虽保留作品名称中的"荷马"之名，但把诗歌全归在赫西俄德名下。

[②] Raymon Bentman, "The Homeric Hymn to Aphrodite", *CJ* 50 (1955), pp. 154-155.

[③] ［F 本］pp. 47-48; 对早期观点的总结参见 Richard C. M. Janko, *Homer, Hesiod and the Hymns: Diachronic Development in Epic Diction*, Cambridge: Cambridge University Press, 1982, p. 151.

有趣的是，这些模棱两可的结论，几乎全都建立在一个相同的研究方法上，即比对传世的"五部经典"：《神谱》、《工作与时日》、《伊利亚特》、《奥德赛》、托名荷马颂诗（主要依据其中五篇长颂诗①）。除了文本之间的比较，没有其他的证据来协助和支撑这些观点，甚至是诗歌之间韵律上的比较证据，也只能是各种推测。虽然问题重重，但学者们对这篇颂诗前赴后继的努力，有必要在此简要地总结一下，尤其是两位重要学者的论证。

有一点几乎可以肯定，HH5 是晚于荷马史诗的作品，问题在于到底有多晚。学者们普遍认为，HH5 也晚于赫西俄德的两部主要作品。但是，有一位学者持不同的看法，他就是美籍英裔古典学者扬科（Richard C. M. Janko，1955— ）。

扬科对这些传世作品中语言使用情况的传统和变化（包括对语词使用的创新和弃用②）做了细致的分析和统计③，他甚至希望能够找出古希腊诗歌用语的发展脉络。④ 他的这项研究基础是帕里（Milman Parry，1902—1935）提出的口传诗歌理论⑤，身上的"功夫"则源自其导师，著名的语言学家查德威克⑥（John Chadwick，1920—1998）。扬科以自己的方式，基本确定了这些诗歌相互之间的时差以及相对的大致时间。这里简要地展示一下他对这些诗歌的分组：一，古风组（Archaic）有《伊利亚特》、《奥德赛》和 HH5；二，后期组（Advanced）有《神谱》、《工作与时日》、《名媛录》、《致德米忒尔的荷马颂诗》（HH2）和《致提洛岛的阿波罗颂》（HH3-1）；三，无常组（Inconsistent）有《赫拉克勒斯之盾》、《致赫尔墨斯的荷马颂诗》（HH4）、《致德尔斐的阿波罗颂》（HH3-2）；等等。注意，这一分组不是时间上的划分，虽然他使用了我们熟悉的"古风"一词，但严格地说，扬科只是在划分诗歌语词使用情况的风格阶段，而非诗歌的年代。

他分析认为，HH5 至少介于《神谱》和《工作与时日》之间，因为他认为

---

① 《致狄奥尼索斯的荷马颂诗》（HH1）、《致德米忒尔的荷马颂诗》（HH2）、《致阿波罗的荷马颂诗》（HH3）、《致赫尔墨斯的荷马颂诗》（HH4）和《致阿佛洛狄忒的荷马颂诗》（HH5），其中 HH3 一般又分成两篇《致提洛岛的阿波罗颂》（HH3-1）和《致德尔斐的阿波罗颂》（HH3-2）。

② 如字母 Digamma (F)。

③ 对扬科主要论点及其方法的评论，参见 Brandtly Jones, "Relative Chronology Within (an) Oral Tradition", *CJ* 105.4 (2010), pp. 289-319.

④ ［O 本］p. 10.

⑤ 关于口传诗歌的语言在整体上的变化规律，参见 Adam Parry (ed.), *The Making of Homeric Verse: The Collected Papers of Milman Parry*, New York: Oxford University Press, 1971, p. 333.

⑥ 他对破译线形文字 B 做出了巨大的贡献。

《工作与时日》的内容受到了 HH5 的影响。① 但这似乎只是他的一家之言，没有任何证据支持他的这一观点。② 扬科将《神谱》的创作年代定在公元前 7 世纪初，他认为赫西俄德与阿尔齐罗科斯（Archilochus）是同时代人。③ 那么，HH5 就是公元前 7 世纪中后期的作品。

另一位重要的学者是韦斯特（Martin L. West），他也对 HH5 的创作时间提出了自己的看法。对于荷马史诗，或者更确切地说，《伊利亚特》的时代，通常的观点认为是公元前 8 世纪后半叶，而赫西俄德则比之稍晚一些，是公元前 8 世纪末。不过，韦斯特的观点稍显独特。首先，与主流的观点不同，他主张《伊利亚特》是公元前 7 世纪中叶的作品，约前 670 至前 640 年；④ 而且，他还认为赫西俄德要早于荷马，大约是公元前 680 或 670 年。⑤ 他认为："两首'埃涅阿斯系谱'（Aeneadae，即 HH5 和《伊利亚特》卷廿）之间不可能存在较大的时间差距，顶多隔了一代人的时间。"⑥ 他推测："若将这位（创作 HH5 的）诗人置于公元前 7 世纪后三分之一的年代里，离真实的情况应该八九不离十。"⑦ 若根据韦斯特的年代假设，那么 HH5 可能就是公元前 8 世纪晚期至前 7 世纪初的作品。

还有一个重要的证据是《致德米忒尔的荷马颂诗》（HH2）。HH2 与 HH5 之间的相似性显示出了两篇作品之间的联系，甚至是直接的联系。学者们一致认为，HH2 的作者知道 HH5。⑧ 然而同样的情况是，HH2 的具体日期也无法确定。普遍的观点认为，HH2 的时间大致介于公元前 7 世纪末至前 6 世纪中叶。⑨ 如果承认韦斯特的观点，HH5 是晚于《伊利亚特》后的一代人之内的作品，那么，若从荷马可能身处的时间来看，HH5 当不会晚于公元前 7 世纪末。

学者们还注意到 HH5 与勒斯博斯岛（Lesbos）的两位诗人萨福（Sappho）和阿珥凯俄斯（Alcaeus）的弦琴体诗歌在语言和主题上有许多相似之处。⑩ 这

---

① Janko, *op. cit.*, p. 180.

② ［F 本］pp. 35-38。

③ Janko, *op. cit.*, pp. 94-98, 228-231. 此观点是基于勒兰梯尼战役（Lelantine War，时间不定，约前 8 世纪初至 7 世纪中叶）与赫西俄德参加安菲达玛斯（Amphidamas）的葬礼赛会的时间（约前 8 世纪末）。

④ Martin L. West, "The Date of the *Iliad*", *MH* 52 (1995), p. 219.

⑤ Id., *Hesiod: Theogony*, Oxford: Clarendon Press, 1966, p. 46.

⑥ Id., *Homeric Hymns, Homeric Apocrypha, Lives of Homer*, Cambridge, MA: Harvard University Press, 2003, p. 15.

⑦ Ibid., p. 16.

⑧ Janko, *op. cit.*, pp. 163-165.

⑨ Kevin Clinton, "The Author of the Homeric Hymn to Demeter", *OA* 16 (1986), pp. 43-49(47).

⑩ ［F 本］p. 49。

对确定 HH5 的时间也极其关键。虽然不能确定他们之间是谁模仿了谁，但不能排除 HH5 的诗人有可能接触过萨福与阿珥凯俄斯的诗歌，反之亦然；或者，有另一种可能，他们三者都接触过同一类型的某位或者某些诗人的作品。① 萨福与阿珥凯俄斯的活跃期正是公元前 7 世纪后半叶。因此推测 HH5 创作于这一时期的可能性很大。

  两位诗人的故乡勒斯博斯岛，和 HH5 中故事发生的地点特洛伊，在地理位置上十分接近。这让学者们对 HH5 的创作地点产生了疑问。直到 19 世纪末，一些学者始终认为 HH5 的创作地是塞浦路斯岛。不言而喻，诗歌是为了纪念岛上最具影响力的女神——阿佛洛狄忒。这一主张基于诗人在诗歌的开头使用了"Κύπρις"一词②，以及在颂诗的结尾赞美阿佛洛狄忒统治着宜居的塞浦路斯③。此外诗中还出现了"σατίνη"一词④，即战车。据说这个词最初可能是指塞浦路斯人。⑤ 因为这个词在早期希腊文献中极为罕见⑥，是一个被埃奥里斯人（Aeolis）和伊奥尼亚人（Ionia）接受的外来语。扬科认为这个词可能是色雷斯语（Thracian）。⑦ 再结合 HH5 中的其他语言上的证据，可以推测作品的特洛伊领（Troad）⑧ 起源，而非产自塞浦路斯。在颂诗中，阿佛洛狄忒扮成一位年轻的弗律吉亚少女，引诱安奇塞斯，她说自己既会说弗律吉亚语，又会说安奇塞斯说的语言，因为她的奶妈是特洛伊人。⑨［F 本］在导论中提到了相关的考古证据⑩，在赫勒斯滂（Hellespont）附近的达斯瞿利昂（Daskyleion）⑪ 发现的铭文，反映了这一地区具有历史悠久的双语传统。这说明，操安奇塞斯母语（希腊语？）的民族和说弗律吉亚语的居民在该地区有十分广泛的交流互动，最终促成了当

---

  ① 关于公元前 7 世纪这一地区的文化"交通"情况，参见 Nigel Spencer, "Early Lesbos between East and West: A 'Grey Area' of Aegean Archaeology", *ABSA* 90 (1995), pp. 269-306。

  ② HH5. 2: Κύπριδος.

  ③ HH5. 292.

  ④ HH5. 13: σατίνας.

  ⑤ 对这一观点立场的总结和反驳，参见 *AHS* p. 351。

  ⑥ ［F 本］n. 154: Sappho *fr.* 44.13, Anacreon *fr.* 388.10。

  ⑦ Janko, *op. cit.*, pp. 169-170.

  ⑧ 古称 Troad 或 Troas。该词源自赫梯语 Taruiša，指今日比加半岛（Biga）地区，古代的 Troad 在地理上更接近今土耳其恰纳卡莱省（Çanakkale）的辖区，包括近海的岛屿和半岛。若将 Troad 音译作"特洛阿德"，显然有些不知所云。故笔者尝试译作"特洛伊领"，尝试保留特洛伊之名，又表示以该城为中心的势力范围（领地），即特洛伊城（统治）的周边地区。

  ⑨ HH5. 113-116.

  ⑩ ［F 本］p. 49, n. 155。

  ⑪ 该城位于特洛伊领以东，城名源自巨吉斯（Gyges）的父亲达斯瞿罗斯（Daskylos）。

地这种独特的双语传统。① 与勒斯博斯诗歌的一些相似之处也支持 HH5 的创作地是安纳托利亚西北地区。

此外，在古代就有一种观点认为，HH5 的诗人是受要人之托创作了这首颂诗，赞助人就是当地埃涅阿斯族裔。② 如果认为这首颂诗是为了歌颂埃涅阿斯家族的神圣谱系③，那么这也是这首颂歌起源于小亚的证据。虽然始终没有可靠的证据能准确定位这个王族的谱系（政权）④，但同为该地区的荷马提到了这一系谱⑤，说明在安纳托利亚西北部的某个地区确实居住着埃涅阿斯的族人。这至少也表明 HH5 有可能是一位了解安纳托利亚西北部情况的诗人，或者就是在该地区的某个地方创作了 HH5。

三、HH5 的抄本传统及其首刊本

如今传世的 HH5 抄件，基本上都是 15 世纪的文献（有一两份可能属于 14 世纪末和 16 世纪初）。这些抄件分别属于 22 个不同的抄本。抄本包含了 HH3 到 HH33 的荷马颂诗，而且还经常与卡利玛科斯（Kallimachus）、俄尔甫斯、普洛克罗斯（Proclus）的颂诗归在一起。⑥ 在 22 份包含了 HH5 的抄本中，有 9 份通常被视为其他抄件的副本而剔除。此外，抄本 P 的情况相对复杂；⑦ 抄本 G 被一致认为是首刊本（见下文）的一份副本，因此被排除在谱系外；抄本 M 遗漏了 45 行诗句（vv. 68–112），大概是册子中间佚失了几页。学者们一致认为抄本 M 是谱系中另一个分支里的孤本，但错误相对较多。

---

① 对此铭文的讨论，参见 Claude Brixhe, "Interactions Between Greek and Phrygian under the Roman Empire", in James N. Adams, Mark Janse & Simon Swain（eds.）, *Bilingualism in Ancient Society*: *Language Contact and the Written Word*, Oxford: Oxford University Press, 2002, pp. 246–266。荷马史诗中亦有多处提到"外语"的情况，如 Hom., *Il*. 2. 803–804, *Il*. 2. 867, *Il*. 4. 437–438; Hom. *Od*. 19. 175。如果 HH5 创作的年代确实如此早的话，那么这可能是希腊文本中最早明确提及双语的情况。

② Peter M. Smith, "Aineiadai as Patrons of *Iliad XX and the Homeric Hymn to Aphrodite*", *HSPh* 85 (1981), pp. 17–58.

③ [F 本] pp. 3–18。福克纳另有专文讨论了该问题，参见 Andrew Faulkner, "The Legacy of Aphrodite: Anchises' Offspring in the *Homeric Hymn to Aphrodite*", *AJP* 129（2008）, esp. pp. 6–8。

④ 其实在公元前 5 世纪，小亚西海地区就流传有埃涅阿斯的后裔和赫克托尔的后裔在当地（特洛伊领）建城的故事。

⑤ Hom., *Il*. 20.306–308.

⑥ [F 本] pp. 52–53。

⑦ [O 本] 对抄本的分析更为细致，结论参见 [O 本] p. 48。

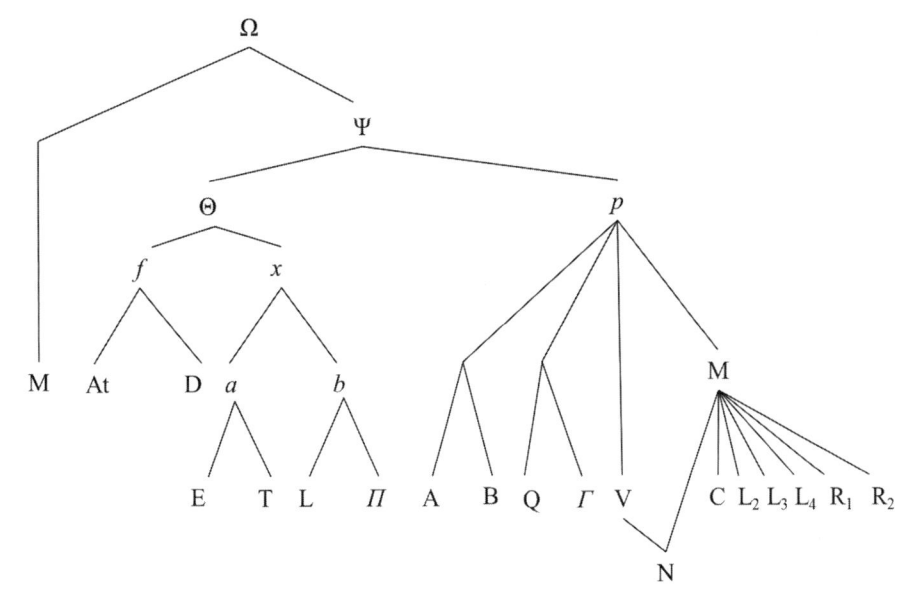

图 4　HH5 的抄本谱系

HH5 的抄本谱系图（图 4）参考了 [O 本] 和 [F 本] 中的谱系图。抄本符号（SIGLA）从传统约定，皆依循卡西索拉的用法。[F 本] 罗列了 22 份抄件，[O 本] 用了 13 份抄件。[F 本] 和 [O 本] 在抄本 Q 和 B 的位置上不同，两者互换。

D = 《盎博罗削抄本》（*Ambrosianus*）[①]120（B 98 sup.）（fos. 197r–202r），皮纸，1420—1428 年

Q = 《盎博罗削抄本》（*Ambrosianus*）734（S 31 sup.）（fos. 70r–78r），纸草，15 世纪

At = 《圣山瓦托派丁抄本》（*Athous Vatopedi*）[②]671（fos. 207v–211v），皮纸，14 世纪末—15 世纪初

Γ = 《布鲁塞尔抄本》（*Bruxellensis*）[③]74 [11377–11380]（fos. 53r–59r），纸草，15 世纪末—16 世纪初

[①] 藏地：意大利，米兰，盎博罗削图书馆。
[②] 藏地：阿苏斯神权共和国，瓦托派丁修道院。
[③] 藏地：比利时，布鲁塞尔，皇家图书馆。

L = 《洛伦佐抄本》（*Laurentianus*）①32. 45（fos.175v–181r），皮纸，15 世纪

L_2 = 《洛伦佐抄本》（*Laurentianus*）70. 35（fos. 90r–95v）

L_3 = 《洛伦佐抄本》（*Laurentianus*）32. 4（fos. 466r–470v）

L_4 = 《洛伦佐抄本》（*Laurentianus*）Aedil. 220（fos. 71v–77r）

M = 《莱顿抄本》（*Leidensis*）②B. P. G. 33 H.（fos. 46v–48v），纸草，15 世纪初

N = 《莱顿抄本》（*Leidensis*）B. P. G. 74 C（fos. 88v–95r）

V = 《威尼斯圣马尔谷抄本》（*Venetus Marcianus*）③456（fos. 524r–528r），皮纸，15 世纪

T = 《马德里抄本》（*Matritensis*）④4562（fos. 73r–77v），纸草，1464 年

E = 《穆廷·埃斯特抄本》（*Mutinensis Estensis*）⑤164（α W 5. 16）（fos. 70v–76v），纸草，1491—1492 年

A = 《巴黎希腊语抄本》（*Parisinus Graecus*）⑥2763（fos. 115r–120v），纸草，15 世纪

B = 《巴黎希腊语抄本》（*Parisinus Graecus*）2765（fos. 45r–5ov），纸草/皮纸，15 世纪

C = 《巴黎希腊语抄本》（*Parisinus Graecus*）2833（fos. 68v–75v）

Π = 《巴黎希腊语抄本》（*Parisinus Graecus*）suppl. 1095［152–293（1–151 破损）fos. 238r–239v］，纸草，15 世纪末

R_1 = 《里卡迪抄本》（*Riccardianus*）⑦53（fos. 84r–90v）

R_2 = 《里卡迪抄本》（*Riccardianus*）52（fos. 56r–62v）

---

① 藏地：意大利，佛罗伦萨，美第奇 – 洛伦佐图书馆。
② 藏地：荷兰，莱顿，莱顿大学图书馆。
③ 藏地：意大利，威尼斯，圣马尔谷国立图书馆。
④ 藏地：西班牙，马德里，国家图书馆。
⑤ 藏地：意大利，摩德纳，埃斯特图书馆。
⑥ 藏地：法国，巴黎，国家图书馆。
⑦ 藏地：意大利，佛罗伦萨，美第奇 – 里卡迪宫，里卡迪图书馆。

P = 《梵蒂冈行宫抄本》（*Vaticanus Palatinus*）①179（fos. 112v–119v），皮纸，15 世纪上

G = 《梵蒂冈皇家抄本》（*Vaticanus Reginensis*）②91（fos. 332v–339v）

  1488 年，HH5 的首刊本（editio princeps）与《伊利亚特》《奥德赛》以及其他托名荷马颂诗等古希腊作品一起在佛罗伦萨印刷刊行③，使用的是当时因拜占庭沦陷而流亡佛罗伦萨的雅典贵族铜指套家族的迪米德戎④（Demetrios Chalkokondyles, 1423—1511）编校的版本。从他的校勘记来看，他是一位出色的编校者，因为他对正文中的几处讹误所做的正确改动或增补，似乎是凭自己的经验和推测。⑤他当然也参考了当时能找到的几个抄本，学者们一致认为，迪米德戎的底本来自 x 系中的某个抄本，同时参考使用了 D 抄本，也许还有一份来自 p 系的不明抄件，但他没有使用或不知道 M 抄本。⑥

---

① 藏地：梵蒂冈城，梵蒂冈宗座图书馆。Palatinus，即梵蒂冈宗座图书馆中获自德国海德堡普法尔茨（Pfalz）图书馆的藏书。这是 1623 年，大公教联军攻入普法尔茨，击溃新教联军后缴获的战利品（今有部分归还）。德语 Pfalz 源自拉丁语 Palatine，Palatine 意指宫廷，Count Palatine 一职始于罗马帝国，指非世袭宫廷要员，对应的德语官职 Pfalz-graf（一译"行宫伯爵"或"行伯"）。故笔者此处取其本意，将之译作"行宫抄本"。

② Reginensis，指皇室藏书。这一部分为枢机主教奥多波尼（Pietro Ottoboni, 1667—1740）私人藏书中得自瑞典女王的部分书籍。故笔者将之译作"皇家抄本"。

③ 出版商为伯纳多和尼尔琉（Bernardus & Nerius Nerlius），使用了克里特人达弥拉（Demetrius Damilas）创制的希腊文印刷体。

④ 迪米德戎在此期间刊行了众多重要的希腊文献，包括荷马史诗和《苏达辞书》等，也有希腊-拉丁语的文献翻译，还撰写了旨在指导拉丁世界识读希腊文的语法手册。他的这些活动当然也是受惠于美第奇（Lorenzo de' Medici）的资助。迪米德戎的弟弟是被称为"最后一位雅典史家"的拉奥尼柯（Laonikos Chalkokondyles, c. 1423-1490），他作为 1453 年君士坦丁堡被奥斯曼突厥人攻陷的见证者，撰有《史证》（Ἀποδείξεις Ἱστοριῶν）十卷，记述了最后一个希腊帝国的覆灭。相关研究参见 William Miller, "The Last Athenian Historian: Laonikos Chalkokondyles", *JHS* 42 (1922), pp. 36-49; Jonathan Harris, "Laonikos Chalkokondyles and the Rise of the Ottoman Empire", *BMGS* 27 (2003), pp. 153-170。关于他们的家族名，国内译作多将 Chalkokondyles 音译为"卡尔喀孔迪勒斯"（拗口且不明所以），或忽略而不译出这个姓（直呼其名显然容易混淆也不明所指）。笔者尝试把 Chalkokondyles 意译为"铜指套家族"。

⑤ ［F 本］p. 55。

⑥ ［O 本］p. 51。

第二节　第一首《致阿佛洛狄忒的荷马颂诗》中译①

缪斯，请诉说，若您愿意，关于多金的②阿佛洛狄忒的事迹③，
那位塞浦路斯女神④，她能唤起不朽诸神的甜蜜欲望，
征服那些有死族群的浊骨凡胎，
还有翱翔天际的飞禽，以及所有的走兽，
无论是地上，还是海中的众多生物；　　　　　　　　　　5

华冠的库忒瑞娅女神⑤的行为⑥能让这一切性味盎然⑦。
不过，有三个心灵，她无法劝诱或诓骗。

第一位，是执掌雷电的⑧宙斯之女，明眸的雅典娜；
因为多金的阿佛洛狄忒所操持之事⑨无法引起她的兴趣。
相反，她爱好的是战争与阿瑞斯的事务，　　　　　　10

---

① HH5 的中译文本主要基于 [O 本] 和 [F 本]，并参考 *AHS* 版。译文中 "[ ]" 内的文字为便于理解所增添之内容，"{}" 中的内容是学者们在对 HH5 进行文本校勘时存疑的诗句。

② "多金的"原文作 πολυ-χρύσου，即"有很多黄金的"。这里是阿佛洛狄忒的一个称号，类似女神的另一个常见的称号"金色的"（χρύσεος）。

③ "事迹"原文作 ἔργα，即活计、行为、事物。ἔργα 及其相关词汇在 HH5 中出现 8 词，其中 4 次属于阿佛洛狄忒（vv. 1, 6, 9, 21），视语境不同有不同的中译，这里译作"阿佛洛狄忒的事迹"。事实上，ἔργα Ἀφροδίτης 是一个有特殊含义的词组，多译作"阿佛洛狄忒操持之事"，多指性事，参见 Hes., *Op.* 63-64, 519-521，以及第一章的相关分析。由此看见，与其他几篇托名荷马的颂诗不同（几乎都是"歌颂某某神"，而非"歌颂某某神的什么"），HH5 在某种意义上并非歌颂女神本尊，而是一首讲述女神操持之事，谈论性的诗歌。

④ Κύπρις，即塞浦路斯，在该语境中增译为"塞浦路斯女神"。

⑤ "华冠的"原文作 ἐυστεφάνου，即戴着美丽的花环；"库忒瑞娅"（Κυθέρεια），女神称号，关于此称号，参见本书第三章引言部分。诗人在开篇短短的 6 行诗歌中就一口气把阿佛洛狄忒的名字和最常见的称号都提到了。

⑥ "行为"原文亦作 ἔργα，参见本页脚注③。继开篇就提到女神的 ἔργα（v. 1）后，诗人在 5 行之后又提到了女神的 ἔργα（v. 6），并且此后两次重提女神的 ἔργα（vv. 9, 21）。这种密集的重复，很可能是在强调和传达该作品的主题，即阿佛洛狄忒操持之事。

⑦ "性味盎然"，原文作 μέμηλεν，μέλω 即爱好、感兴趣。此处尝试把"兴味盎然"译作带有阿佛洛狄忒色彩的"性味盎然"。

⑧ "执掌雷电的"原文作 αἰγιόχοιο，宙斯的称号 αἰγί-οχος，一般译作"手执埃吉斯（aegis）的"，aegis 或是一种披肩饰品，后来被理解成一种盾牌，所以也被译作"宙斯盾"或"执神/帝盾"。笔者倾向于译出 aegis 的意思，从词源和宙斯的职能来看，aegis 很可能在最初与 arges（电光）有关，故尝试译作"执掌雷电的"。

⑨ "操持之事"原文亦作 ἔργα，参见本页脚注③和⑥。

作战与博弈，她还让自己精于灵巧的手艺。
她最先教授大地上的工匠们
如何制造雕有青铜纹饰乘舆与战车，
她还教导软香温玉的女孩们在闺房内
从事女红，让她们都专于此事。　　　　　　　　　　　15

爱笑的^①阿佛洛狄忒也无法制服阿耳忒弥斯
这位携金矢和嗜呐喊的女神；
因为她感兴趣的是射术和狩猎山间的野兽，
还有里拉琴、顿足踏地、刺耳的欢呼、
浓荫蔽日的神圣丛林，和正义之人的城邦。　　　　　20

阿佛洛狄忒的行为也无法引起另一位可敬的年轻女神的兴趣，
赫斯提娅，她乃狡猾多谋的^②克洛诺斯的长女，
同时是幺女，全凭执掌雷电的宙斯的意愿，
这位显赫的女神，面对波塞冬与阿波罗的殷勤追求，
她都不屑一顾，断然拒绝；　　　　　　　　　　　　25
并立下一个已然实现的誓言，
手抵父神执掌雷电的宙斯的头，
发誓要在所有闪耀的女神中永葆童贞。
于是父神宙斯授予她荣耀的标志作为婚姻的补偿，
她收取牺牲的脂肪并端坐于父神宫邸的正中央；　　　30
她在众神的庙宇中始终占有一份荣耀之地。
在众生的眼里她是诸神中最受尊崇的一位。

阿佛洛狄忒无法劝诱或诓骗这三位女神的心智。
但也仅止于此，无论神圣的诸神还是有死的

---

① "爱笑的"原文作 φιλομμειδής。该组合词的另一种解读，参见 Hes., *Theog.* 200，以及本书第一章第一节的相关分析。
② "狡猾多谋的"原文作 ἀγκυλομήτης，即弯曲的、歪的、不正的（ἀγκυλο）智慧、技能、主意（μῆτις），是宙斯的父亲克洛诺斯（Kronus）的称号（因为他用计推翻了父亲的统治，参见 Hes., *Theog.* 18；Hom., *Il.* 2.205；*Od.* 21.415）；该词同时是普罗米修斯的称号（因为他设计诓骗宙斯，参见 Hes., *Theog.* 546；*Op.* 48）。

凡人，均无法抵挡她的神威。   35

她甚至迷惑了喜雷的①宙斯的心智，
尽管他最为显赫，并享有最高的尊崇；
但只要她乐意，就能随时蒙蔽他精明的心灵，
轻而易举地让他专情于凡间的女子，
避开他的夫人兼女兄，赫拉的警觉，   40
她是不朽的女神中最尊贵端庄的一位。
赫拉乃狡猾多谋的克洛诺斯最为杰出的孩子
由她的母亲瑞娅所生；计划从未落空的宙斯，
让她成为自己端庄得体善解人意的妻子。

但是宙斯把甜蜜的欲望掷入她的心胸②，让她自己   45
与凡间的男子同床共枕，又迅速地将她驱离凡人的枕褥
以免她常在众神面前吹嘘自夸，
带着爽朗的笑声说，是她，爱笑的阿佛洛狄忒，
让不朽的男神们与凡间女子䌷云尤雨，   50
让她们为永生者们生养凡胎子嗣，
她还让女神们与人类男子缠绵蕴藉。

于是［宙斯］将甜蜜的欲望掷入她的心胸，让她向往安奇塞斯，
他当时正在高山之巅放牧牛群
在漫山春色的伊达山③，他的体态宛若神明。   55
爱笑的阿佛洛狄忒对他一见钟情，立刻
坠入爱河，她的心灵被欲望紧紧地抓住④。

---

① "喜雷的"原文作 τερπικεραύνου，即喜好（τερπι）鸣雷（κέραυνος）的。
② "甜蜜的欲望"原文作 γλυκὺν ἵμερον；"掷入"原文作 ἔμβαλε，即扔，考虑到宙斯投掷霹雳，这里译作"掷入"。参见 HH5. 2：阿佛洛狄忒能够"唤起"（ὄρνυμι，煽动）诸神们甜蜜的欲望（γλυκὺν ἵμερον），以及 HH5. 143 和 HH5. 73：女神将欲望"植入"野兽和安奇塞斯的心中。
③ 此为亚洲的伊达山（Ida），勿与克里特岛的伊达山混淆。
④ "被欲望……抓住"原文作 ἵμερος εἷλεν。这是宙斯对阿佛洛狄忒施加的影响，对比之后安奇塞斯被阿佛洛狄忒本身吸引，用的类似词组 ἔρος εἷλεν（HH5. 91），区别似乎仅是 him-eros 与 eros，从词形上看，前者程度显然更甚。

她去到塞浦路斯，降临到她那座芬芳的庙宇，
亲临帕福斯；那里有她神圣的领地和馨香的祭坛①。
她步入神庙，关上华丽的门扇； 60
美惠女神们为她沐浴更衣，涂抹
永生者使用的神油②，
永驻的香油为她散发出持久的芬芳。
然后，她用美丽的服饰精心地装扮玉体，
并用黄金珠宝点缀。爱笑的阿佛洛狄忒 65
随即朝着特洛伊的方向飞去，银铃般的笑声还回荡在塞浦路斯，
自己已穿梭于云间。

她来到漫山春色的伊达山，那里孕育了大自然的生灵，
她沿着山腰向草场径直走去。乞怜着
跟在她身后的，是成群的灰狼、黄狮、 70
棕熊和迅敏的山猫，它们皆对鹿儿饥渴
难耐。一看到兽群，她按捺不住心中的喜悦，
立刻在它们的心窝里植入欲望；它们旋即躺倒
依偎，成双成对，在各自幽暗的巢穴里。

她则已经来到精致的棚屋， 75
发现他在屋内，被其他人单独留下，
英杰安奇塞斯，俊美如神。
其他人都赶着牛群在茵茵的
草场上，他却被独自留在屋内。
他踱步徘徊，用他的里拉琴弹奏着高亢的曲调。 80

---

① 帕福斯（Paphos），塞浦路斯岛上阿佛洛狄忒香火繁盛之地。与此行类似的话出现在《奥德赛》卷八女神与战神的故事中，参见 Hom., *Od.* 8.362-363："塞浦路斯的帕福斯，那里有她馨香的祭坛和领地。"
② "神油"原文作 ἐλαίῳ ἀμβρότῳ，即神圣不朽的（ἄμβροτος）橄榄油（ἔλαιον）。古希腊人称"神食仙肴"为 ἀμβροσίη，常与"琼浆玉液"（νέκταρ）成对，参见 HH5.206, HH5.232，以及第 74 页脚注②和③。

宙斯之女①阿佛洛狄忒在他身后娉娉而立，
宛若身姿挺拔而又迷人的未婚少女，
以防他目光落在她的身上时惊吓到他。
当安奇塞斯一发现她，立刻目不转睛，
惊讶于她的容貌、身姿和华彩靓丽的服饰； 85
因她身着一袭比火光还耀眼的长袍，
戴着曲线优美的手镯和色彩鲜艳的耳环
一条柔软可爱的项链，晶莹、金亮、精致的做工，
环绕在她紧致的颈领，还有那如月光
照耀下的酥胸，多么令人震撼的画面。 90

安奇塞斯被一股情欲抓住②，与她对面而立，说：
"向您致敬，尊贵的女士③，欢迎造访寒舍，无论您是哪一位，
不管是阿耳忒弥斯、勒托，或是金色的④阿佛洛狄忒，
抑或出身高贵的忒弥斯，还是明眸的雅典娜；
或者您是美惠女神中的一位，她们陪伴 95
在所有的诸神身边，同样被称为不朽者；
或者是一位山泽女仙，栖息在可爱的林间， 97
{或者是一位山泽女仙，居住在高耸的峻岭}⑤
清澈的泉边和翠绿的湿地。 99
我愿为您在高显之处搭造祭坛，选一块 100
宝地，并为您敬献上等的祭品
一年四季。至于您，请垂怜于我，
让我成为特洛伊人中的英雄豪杰！

---

① Διὸς θυγάτηρ 这个词在 HH5 里共出现 3 次（HH5.81, HH5.107, HH5.191），都是阿佛洛狄忒的称号。诗人在这三个时刻使用这一称号（而非其他常见的女神称号）来称呼阿佛洛狄忒，意在强调女神与宙斯的关系。

② "被一股情欲……抓住"原文作 ἔρος εἷλεν，参见 HH5.57：ἵμερος εἷλεν，以及第 68 页脚注④。

③ "女士"原文作 ἄνασσ'，多用来在直面女神时称呼对方，用于人时有"女王""女主人""夫人"等意思，但这些称谓都很特殊，这里尝试译作"女士"。

④ "金色的"原文作 χρυσέη，这个阿佛洛狄忒常见的称号在 HH5 中仅此一处。

⑤ 第 98 行这句话被认为可能是后人的增添，很像是对前一句的改述。[F 本]保留了此行，但没有具体的说明，只在校勘记中给出了他遵循的版本（[F 本] p. 61）；[O 本]去掉了此行，详细的论述参见 [O 本] p. 191。

福泽我的后代,昌盛我的家业,让我享有
长寿幸福的一生,成为一个能在阳光下,　　　　　　　　105
于人民的拥戴和祝福中步入年老门槛的人!"

阿佛洛狄忒,宙斯之女,这般应答:
"安奇塞斯,诞生在大地上的最卓越的人,
我并非神灵,我向你保证;你为何会把我比作不朽的女神?
我乃凡人,生育我的母亲也是人间女子。　　　　　　　　　110
我的父亲是杰出的奥提瑞俄斯,你也许知晓,
他是崇墉百雉的弗律吉亚王。
我通晓你们的方言如同我们自己的语言;
因家中的一位奶妈是特洛伊人,她照顾我把我带大,
自她从我亲爱的生母手边抱起襁褓中的我,就如影随形。　　115
所以,如你所见,我熟知你的语言。
但是,手持金杖的弑百眼怪之神①将我劫走,
从那正在赞颂携金矢和嗜呐喊的阿耳忒弥斯的歌队中。
我们踏着舞步,一群新婚的姑娘和女孩,她们的嫁妆
是成群的公牛,还有数不清的人群围着我们。　　　　　　120

手持金杖的弑百眼怪之神将我从那里掳走,
带我穿过人间广袤的耕田,
掠过荒无人烟的土地,那些
掠食生肉的野兽们的阴暗巢穴。
我以为,我的双脚再也无法触碰这生息的大地!　　　　　　125
而他说,我将被唤作安奇塞斯的正室
与他同床共眠,还会给你生养健康的子嗣。
在指明了你的所在,并对我解释了处境之后,强大的弑百眼怪之神
旋即消失不见,回到不朽的诸神中去,

---

① "弑百眼怪之神"原文作Ἀργειφόντης,赫尔墨斯的称号。一般认为赫尔墨斯斩杀了百眼怪阿尔戈斯,参见[Apollod.], *Bibl.* 2.4ff。故称弑阿尔戈斯者(Ἀργει-φόντης),但"阿尔戈斯"这个名字过于普遍,所以这里译作"弑百眼怪之神"。但这个词很可能有其原初的意思,如宙斯和雅典娜的称号αἰγί-οχος,参见第66页脚注⑧。

于是，我便向你走来，此事我别无选择。 130

我乞求您，凭宙斯和您尊贵的
双亲，因卑贱之人绝不会有您这样的子嗣，
接受我，我未经世事又不谙情事，
请带我去见您的父亲和忠贞的母亲，
以及与您同出一脉的兄弟们。 135
我会成为他们合意的儿媳，不会让他们感到难堪。
然后请派快马向弗律吉亚人遣使，
告知我的双亲，即便她可能会心烦意乱。
他们会送来足够的黄金和精致的华服，
您必将收到许多奢华的赠礼。 140
做完这些事后，请布置一场迷人①的婚宴
要能配得上您在凡人与诸神中的荣耀。"

女神借这番情话将甜蜜的欲望植入他的心胸。
安奇塞斯被强烈的情欲占据了，对她说：
"若你是凡人，生育你的母亲也是人间女子； 145
你的父亲是杰出的奥提瑞俄斯，如你所说；
而你来到此地是因那不朽的指引者的意愿，
赫尔墨斯；而且你将成为我终身的妻子——
在这种情况下，没有哪个神或凡人
会阻止我迫不及待地与你结合 150
此时此地，即便是百步穿杨的阿波罗
用他的银弓向我射来呼啸的箭镞！
即便如此，为宛若女神的你，我也愿意
立刻奔赴哈德斯的居所，在与你云朝雨暮之后。"

说着他便挽起她的手。而爱笑的阿佛洛狄忒 155
转过身，低眉垂眼，姗姗地走向

---

① "迷人"原文作 ἱμερόεντα，这个词与"强烈的欲望"（ἵμερον）同源。

那张整洁的床榻，在此之前就已经铺上了
柔软的毯子，为了主人；上面还
盖着熊皮与咆哮雄狮的鬃毛，
这些是他在高山上亲自猎取的。　　　　　　　　　　160
他们俩一上那精致的床铺，
他就将闪亮的珠宝从她的玉体取下，
别针、手镯、耳环，还有项链；
他解开她的腰带，脱去
她那身耀眼的长袍，①将之搁在包裹了银脚垫的椅子上，　　165
安奇塞斯这样做了。然后，因诸神的意愿与命运的安排，
对实情浑然不知，一介凡夫的他躺卧在了不朽的女神的身旁。

在那段时间里，牧者赶着他们的牛羊
回来了，离开了绿草茵茵的牧场，
此刻，她倾洒了甜美而轻松的睡意　　　　　　　　　　170
到安奇塞斯身上，而她自己则穿上了可爱的长袍。
在她精心地穿戴上她所有的饰品后，她起身，
在众女神中耀眼夺目的她，站立在屋棚里；她的头轻触到了
做工精良的顶梁，一种永恒流芳之美，
如紫罗兰花冠般在库忒瑞娅的脸颊上泛溢。②　　　　　175
她将他从睡梦中唤醒，说到并唤了他的名字：
"醒醒，达尔达诺斯的后裔！你怎么还睡得如此香甜？
告诉我，我是否看起来与你一样
就像你第一次用自己的眼睛打量我那样！"

她话音刚落，他立刻有了反应，从自己的睡眠中醒来。　　180
但当他看见阿佛洛狄忒的玉领和明眸，

---

① 这里，安奇塞斯总共褪去了女神身上 7 件物品：珠宝、别针、手镯、耳环、项链、腰带和衣服。这让人想到两河流域的神话中，伊什塔尔下冥府故事中脱掉的 7 件饰品。

② 女神在这里显出了真身，因为古希腊人认为神比凡人高大，所以女神无奈地撞上了屋子的横梁。诗人的描写十分生动，女神因为这一撞而害羞地"脸泛红晕"（HH5. 174-175）。对比《致德米忒尔的荷马颂诗》中德米忒尔的类似情况（HH2.188-189）。

立刻受到了惊吓,目光被弹开,转向另一个方向。
他用毯子遮住自己俊美的脸
说出有翼飞翔的话语,向她央求:
"我第一眼看见您的时候,女神, 185
我就认出您是一位神,但你蒙蔽了我!
我恳求你,凭宙斯,执掌雷电之神:
请别让我苟活于世
而丧失为人之力!请怜悯我!因没有哪个凡夫在睡伴过
不朽的女神之后,还能保住他的力量不至亏损。" 190

于是,阿佛洛狄忒,宙斯之女这样回答他:
"安奇塞斯,凡人中最卓越者:
请展现出应有的勇气,别太害怕!
因你没有理由恐惧自己将在我的手中受苦
或那些其他的尊者,因为诸神会善待你。 195
你,将会得到一位爱子,他将成为特洛伊人的王,
而你的家族血脉也将永世延续。
[这个孩子的]名字叫埃涅阿斯,源自钳制着我的极度
悲痛①,因我掉落到凡人的床榻。

在所有的凡人之中,你家族的成员 200
始终最接近诸神,在外貌和体态上。
没错,调律者②宙斯带走了金发玉肤的伽倪墨德斯
因为他的美貌,所以他进入了不朽者的行列
在宙斯的宫邸为他斟酒,
所有的凡人都对这一绝妙的景象推崇备至, 205
因他从金制的调酒瓮中盛舀出红色的琼浆玉液③。
特洛斯的心无法逃离悲伤的折磨,他不知道

---

① 诗人借机对埃涅阿斯(Aineias)的名字做了词源上的解释,Aἰνείας = 极度悲痛(αἰνὸν ... ἄχος)。
② "调律者"原文作 μητίετα,宙斯的称号,通常被译作"全知的",但"全知"对应 pan-edes 似乎更贴切,μητίετα 有能给予建议、调停斡旋的意思,故此处译作"调律者"。
③ "琼浆玉液"原文作 νέκταρ。

神圣的旋风是在何处将他的爱子卷走。
因此,他终日为他哀叹。
于是,作为对他儿子的补偿,宙斯怜惜他并赐给他 210
数匹神清骨俊的宝驹,那是不朽诸神的坐骑。
他将这些作为礼物给他;还有指引者弑百目怪之神,
奉宙斯之命,向他解释了事情的缘由,
他[伽倪墨德斯]将成为不朽者永葆青春,恰似天上的诸神。
当[特洛斯]听闻宙斯的启示, 215
就不再哀叹不幸,反而感受到发自内心深处的喜悦,
他兴高采烈地策马扬鞭,沉浸在驾驭铁蹄旋风马的兴奋当中。

同样,黄金御座的埃娥斯带走了另一位
你家族的成员,提托诺斯,他形似神明。
她请求克洛诺斯之子黑云神 220
让他[提托诺斯]成为不朽的永生者,
宙斯点头允诺,实现了她的愿望。
愚蠢啊!黎明女王失了策
去祈求用青春来抵御他可怕的衰老。
因此,只要他依然年轻和性感, 225
他还能愉快地与黄金御座上早出的埃娥斯,
生活在寰宇大洋①天涯海角的溪流边。
但当第一缕银丝飘落
自他俊美的额头和他高贵的络腮,
黎明女王便离开了他的卧榻, 230
尽管如此,她还是依然将他留在府邸照顾,
供他神食仙肴②,给他精美的衣裳。
但当恼人的衰老完全征服他之后,
他再也无法动弹自己的躯体,
一项最佳的方案在她的心中激起: 235

---

① "寰宇大洋"原文作 Ὠκεανοῖο,即俄刻阿诺斯。
② "神食仙肴"原文作 ἀμβροσίη。

她将他留于卧室并关上了闪亮的大门。
事实上,他的声音仍能不懈地流淌,但力量
在他僵硬的四肢之间早已不复如前。

我不会选择让你变得不朽,
像那样永居诸神的行列。 240
若你能如你所是地活下去,以你现在的
外貌和体态,并且可以被称作我的夫君,
若是如此,我敏感的心就不再会被悲伤包裹。
不过,残忍无情却一视同仁的晚年很快就会
将你笼罩;这对人类而言,既可怕又讨厌, 245
凡人要面对,诸神则无视。
而我将遭受极大的屈辱,在
诸神之中,不休、不竭,直到永远,由于你的缘故,
也缘于之前他们畏惧我的耳语和密谋,
我以此让所有的不朽者与凡间的 250
女子结合;我的计划能够制服他们和一切。
但是现在,我的笑容将不再,也不再会去提起
我在不朽者中策划的这些事,因我自己竟会有如此巨大、
差劲、难以启齿的失态,和疯狂的举止,
我腹中的孩子竟是来自与凡人的结合。 255

至于他[埃涅阿斯],当他第一眼望见太阳光辉的那一刻,
胸怀丰满,居于山间的山泽女仙们便会出现,
在这高山之巅,抚育他成长,
她们介于凡人与诸神之间。
她们长寿,她们的食物不会腐败, 260
她们轻盈地表演着美妙的舞步,陪伴在不朽者的身边;
希勒诺斯们与目光敏锐的弑百目怪之神
与她们同眠在她们美妙洞穴的深处。
在她们诞生时,冷杉或高耸的橡树
也生长在大地之上滋养凡人。 265
漂亮、挺拔、茂密地长在
巍峨的山脉上,被称为神圣的区域

那里属于不朽者；会死者从不敢用斧斤砍倒。
但当死亡的命运降临，
这可爱的树会先在大地上干枯， 270
包裹的树皮会纷纷脱落，枝丫会凋零，
山泽女仙的灵魂就会与这树木一起离开阳光［的世界］。
她们会看护我的儿子，将他抚育成人。
但当他步入美妙青春年华的那一刻，
女神们将会把这个孩子带来这里，与你相见。 275
{ 而我将深入告诉你我心中的一切计划，
在第五个年头，携我们之子归来。}①
当你双目注视这位少年， 278
他与神如此相像，你将会欣喜地
立刻带着他去往多风的特洛伊。 280

但若有任何凡间的俗人向你询问
是哪位母亲生育了你的这位可爱的孩子，
留心我的忠告，并告诉他［们］：
'人们都说，他的母亲是一位脸颊如花的山泽女仙，
她是那些居于密林山间中的其中一位。' 285
倘若你透露真相，轻率地自夸
你曾与华冠的库忒瑞娅同床共枕，
宙斯将会愤怒地用一杆蹿烟的霹雳轰向你。
一切都已告之于你。仔细思虑于心
并时刻约束自己，切莫提及吾名，留心诸神的愤怒！" 290
说完这些话，她便升腾而起飞回多风的广天。

再会，女神，统治着宜居的塞浦路斯的女王！
我以你起兴②，现将转去下一首歌。

---

① 第 276 行和 277 行这句话一直有争议，因为原文有部分无法识别，学者们对内容有很多猜测。［F 本］保留了这两行，论述与理由参见［F 本］pp. 292-293；［O 本］去掉了这两行，因为觉得与之前的内容存在矛盾之处，详细论述参见［O 本］pp. 270-271。

② "起兴"原文作 ἀρξάμενος，有以之开始的意思。如 HH5 等相对较短的颂诗，一般认为是在正式的史诗朗诵前的暖场，故笔者尝试借用汉诗中"起兴"的概念来翻译这个词。当然，两者存在根本的不同之处。

第三节　掌控阿佛洛狄忒（操持之事）

本章开篇已经提到，针对 HH5 有几种主要的解读。这些解读都能自圆其说，各有道理，但大都"就诗论事"，甚至只关注和分析这篇颂诗中的几行诗词，显得失之偏颇。笔者以为，若要对整篇诗歌进行必要的文本解读，需要先弄清颂诗的叙事顺序和结构、理解人物角色的象征意义、分析关键人物之间的对应关系，以便从中获得诗人所要传达的关键信息。而且，若将 HH5 置于古风时期有关诸神的整体神话叙事中去理解，则能更好地把握 HH5 情节主题的用意。

笔者尝试从诗篇中的那些著名的形象和不起眼的角色入手。基于这些提炼出来的关键角色，先以结构主义的二元对应思路进行文本结构的分析，随后运用立陶宛裔语言学家格雷马斯（Algirdas J. Greimas，1917—1992）基于法国人类学家列维－斯特劳斯（Claude Levi-Strauss，1908—2009）的神话分析四项结构提出的语义方阵，进一步解读 HH5 的叙事逻辑，以便找到诗歌中最重要的对应关系，深挖这首颂诗的核心主题，并尝试解答诗人的创作意图。

一、诗篇中的各种角色以及诗篇的布局

从表面上看，这是一首题献给阿佛洛狄忒的颂诗，但有一点值得注意，这也是一首讲述阿佛洛狄忒的事迹／操持之事的诗歌[①]。既然是故事，就一定有故事的主题、情节和寓意，也必然有故事的主角和配角，甚至有路人。这首293行的诗歌中出现了众多角色和形象。在此先遵循诗歌叙事的脉络，将这些故事中提到和出现的角色清点、罗列、梳理一番。

诗人开篇遵照传统，向文艺女神（缪斯们）乞灵，请求赐予诗人权力讲述塞浦路斯女神（阿佛洛狄忒）的故事。塞浦路斯女神能影响宇宙中几乎所有的生命（诸神和凡人，飞禽、走兽和海中生物）。但是诗人话锋一转，立刻提到了三位不受阿佛洛狄忒影响的女神：其一乃宙斯之女雅典娜，以及她的志趣所在；其二为兽主阿耳忒弥斯，以及她的爱好；其三是赫斯提娅，她的身世与尊贵的地位。讲述完三位例外的女神后，诗人转而言及宙斯，语气中不乏虚张声势的惊讶，说甚至连最显赫的宙斯，也无法抗拒阿佛洛狄忒的威力，抛下正室与凡间女子寻乐。因为阿佛洛狄忒的这些行为和影响，宙斯突然准备扳回局面。于是那位"让"女神坠入爱河的凡间男子粉墨登场（安奇塞斯）。女神经过精心

[①] 参见第 66 页脚注③。

装扮（美惠女神们），来到伊达山，山间野兽也受到了女神威力的影响（狼、狮、熊、猫，以及食物——鹿）。女神发现安奇塞斯只身一人，他的同伴们外出放牛未归（伙伴和牛群）。被惊艳到的安奇塞斯，喊出了一连串高贵的名称（阿耳忒弥斯、勒托、阿佛洛狄忒、忒弥斯、雅典娜、美惠女神、山泽女仙），并为自己祈福（特洛伊人）。女神隐瞒身份，诓骗安奇塞斯，讲述了自己的假身世（弗律吉亚人，父亲奥提瑞俄斯和母亲、特洛伊奶妈）、假的经历（赫尔墨斯和阿耳忒弥斯，新娘和女孩、牛群和人群）、虚构的旅程（野兽、子嗣和神明），以及她的"真情假意"（安奇塞斯的父母、兄弟、信使），一场要配得上安奇塞斯地位的婚宴（凡人与诸神）。安奇塞斯真情流露的誓言，重提了各色人与神（奥提瑞俄斯夫妇、赫尔墨斯、阿波罗、哈德斯）。于是，他们上了床（熊皮和狮毛）。完事后的时刻（伙伴和牛群），女神唤醒安奇塞斯（祖先达尔达诺斯）。安奇塞斯害怕地向宙斯乞求宽恕（宙斯、凡夫与女神）。显露真身的阿佛洛狄忒安抚安奇塞斯，预言他们的孩子（埃涅阿斯、特洛伊人和王者），回顾了安奇塞斯族人与诸神的故事，宙斯与他的男孩（宙斯和伽倪墨德斯），曙光女神与情人（埃娥斯和提托诺斯）的事迹。随后，女神讲述了安奇塞斯将有不同的经历，并抱怨和悔恨自己的失态，预言了孩子的童年，介绍了孩子的奶妈（山泽女仙们）。最后，女神在离开前告诫安奇塞斯要保守这段情事的秘密，不然将遭神罚（宙斯）。至此，诗歌结束，诗人向女神致敬（诗人）。

上面穷举了诗作中出现的一系列角色，乍一看，似乎杂乱无章，或者说大多数角色都是为了配合诗歌叙事陆续出现的故事形象。实则不然，笔者在尝试以另一种方式整理后发现，这些角色有着极其工整的前后对应。这应该是创作 HH5 的诗人有意为之，从中展现出诗作精妙的叙事逻辑、巧妙的形象布局和独特的主题用意。

简单整理如下：

A- 缪斯——>B- 阿佛洛狄忒（几乎）对万物的影响——>C- 三女神（雅典娜、阿耳忒弥斯、赫斯提娅）——>D- 男女诸神与凡人的结合——>E- 安奇塞斯出场——>F- 美惠女神为阿佛洛狄忒打扮——>G- 山间的野兽 / 安奇塞斯的伙伴——>H- 安奇塞斯惊叹眼前女子（神）的美貌——>I- 阿佛洛狄忒的言说 / 谎言 -i<——h- 安奇塞斯对女子（神）的发言 <——g- 床上的兽皮 / 安奇塞斯的伙伴 <——f-

安奇塞斯向宙斯乞怜 <——e- 女神预言埃涅阿斯的诞生 <——d- 宙斯与伽倪墨德斯/埃娥斯与提托诺斯 <——c- 山泽女仙们 <——b- 女神警告宙斯对安奇塞斯（可能）的惩罚 <——a- 诗人。

为了能更清楚地展现诗篇的结构，再以"阿佛洛狄忒的言说/谎言"为中心把 HH5 进行对折：

表1　HH5 叙事的对称结构

顺	中心	逆
缪斯（v. 1）	Aa	诗人（v. 293）
阿佛洛狄忒（几乎）对万物的威力（vv. 2-6），共5行	Bb	宙斯（可能）对安奇塞斯的惩罚（vv. 286-290），共5行
三位女神（vv. 7-35）共29行	Cc	山泽女仙（vv. 257-285）共29行
以宙斯为首的（男女）诸神与凡人的结合（vv. 34-52），共19行	Dd	宙斯（男神）与伽倪墨德斯/埃娥斯（女神）与提托诺斯（vv. 202-238），共37行
安奇塞斯登场（v. 53）	Ee	预言埃涅阿斯的诞生（v. 198）
美惠女神装扮阿佛洛狄忒（vv. 60-65），共6行	Ff	安奇塞斯向宙斯乞怜（vv. 185-190），共6行
山间兽群/安奇塞斯的伙伴（vv. 70-74/vv. 78-79），共5行/共2行	Gg	床与兽皮/安奇塞斯的伙伴（vv. 157-161/vv. 68-169），共5行/共2行
安奇塞斯的惊叹（vv. 92-101）共10行	Hh	安奇塞斯的重述（vv. 145-154）共10行
	Ii 阿佛洛狄忒的言说/谎言（vv. 107-143）	

从这个对折后的结果看，我们可以发现整套叙事逻辑严密，前后对应，甚至连诗词的行数都对等。"阿佛洛狄忒的言说/谎言"处在整篇诗歌对折后的中心位置，单成一行处于核心，自成一体。考虑到这首颂诗正是题献给阿佛洛狄忒本尊，这样的编排和处理结构可以说完全顺理成章。这段阿佛洛狄忒的言说，既是她对安奇塞斯的谎言，又展现了她自身独有的神力。这一点，用这首诗自

己的诗词来解释再恰当不过,即女神具有某种劝服或诓骗之力。① 可以说,这首颂诗的作者已经以这种方式实现了自己的目的,将描写阿佛洛狄忒和她成功实施自己神力的内容放在整篇诗歌的中心位置,以突出其重要性。但正如许多学者认为的那样,这首颂诗也是为歌颂埃涅阿斯的族裔而作的,创作这首诗歌的目的或可更深一层。为了进一步分析 HH5 的创作目的,有必要进一步审查诗歌中的角色,还原各种角色所代表的东西或他们的象征意义。

二、诗篇中各角色的象征意义及其对应关系

在上文的基础上,此处将遴选出更具象征意义的角色,按出场顺序依次是:阿佛洛狄忒,三女神(雅典娜、阿耳忒弥斯、赫斯提娅),宙斯,野兽,安奇塞斯,埃涅阿斯,伽倪墨德斯和提托诺斯,山泽女仙们。其中既有重要的角色,也有看似不起眼的形象。为了便于分析的层层深入,最后直抵本书的主角——阿佛洛狄忒,这里不妨倒过来盘点一番。

无须多言,阿佛洛狄忒和安奇塞斯这两个角色很显然是一组对应关系,这里不准备多着笔墨分析。

1. 山泽女仙

先注意诗歌最后详述的山泽女仙们。诗人在最后通过阿佛洛狄忒之口,介绍或者说赞美了她们。女神交代安奇塞斯要谎称埃涅阿斯是他与山泽女仙的结晶。这对古希腊人而言,再熟悉不过,当时也确实流传有众多的希腊英杰与女仙们结婚生子的故事。山泽女仙实际上扮演了奶妈的角色。颂诗中女神讲述了山泽女仙抚养埃涅阿斯的职责:"她们会看护我的儿子,将他抚育成人。"② 这很容易让人想起颂诗中间部分阿佛洛狄忒诓骗安奇塞斯时说的一句十分合理的谎言:"因家中的一位奶妈是特洛伊人,她照顾我把我带大,自她从我亲爱的生母手边抱起襁褓中的我,就如影随形。"③ 两相对照,便觉很有意思,一个是虚假的谎言,一个是真实的预言。再回想一下,阿佛洛狄忒谎言中的凡人生母——"生育我的母亲也是人间女子"(弗律吉亚王之妻)④;以及安奇塞斯要谎称的埃涅阿斯的不是凡人的生母:"他的母亲是一位脸颊如花的山泽女仙。"⑤ 这两

---

① HH5. 7, 33.
② HH5. 273.
③ HH5. 114–115.
④ HH5. 110.
⑤ HH5. 284.

处有关身世的谎言,其实都在隐瞒一位角色诞生于神的事实,似乎都旨在隐去"阿佛洛狄忒"的身影:作为神的女儿①与作为人的母亲②。介于这虚实之间的,或者说虚与实的媒介,不仅是言语,还指向了既身为埃涅阿斯奶妈又充当其生母的山泽女仙。在她们的身上也恰好具有一种"中间"的属性:"她们介于凡人与诸神之间"(居于大地,但既非凡人也非诸神)③,"她们长寿"④,但终有一死。⑤

所以说,颂诗中的山泽女仙,是一种介于人神之间的角色,她们与人类一样居于大地,有死,又不属于人类。在颂诗中与之类似的,当属安奇塞斯的两位祖先,他们虽身为凡人,却被带到天上,并获得了不朽。

2. 伽倪墨德斯和提托诺斯,以及安奇塞斯

阿佛洛狄忒向安奇塞斯讲述了他的两位族人——伽倪墨德斯和提托诺斯——与诸神之间的情爱故事。金发玉肤的伽倪墨德斯成了宙斯的斟酒,得以永葆青春,故事从悲伤⑥到皆大欢喜⑦。形似神明的提托诺斯做了埃娥斯的伴侣,虽获永生,却未能抵御衰老,故事从愉悦⑧到凄凉惨淡⑨。不言而喻,这两则故事涉及死亡与不朽的主题。古希腊人对"不朽"的问题始终表现出一种矛盾的心态。比如奥德修斯拒绝卡吕普索(Kalypso)和不朽,依然选择佩涅萝佩和有死。⑩荷马在《奥德赛》中似乎很矛盾地表达一种普遍的态度:作为凡人,无论有多少苦难,总好过不朽,无论那有多么幸福。对不朽,希腊人更多地表现出羡慕⑪,而非明确的向往。事实上,这两则故事起到了告诫的作用,是一组反面例子:伽倪墨德斯失去了养育后代的机会,提托诺斯无法抵抗衰老。最关键的是,他们的结局都不是自我选择。阿佛洛狄忒给安奇塞斯提供了第三种结局,作为

---

① HH5. 191.
② HH5. 255.
③ HH5. 259.
④ HH5. 260.
⑤ HH5. 272.
⑥ HH5. 207.
⑦ HH5. 216.
⑧ HH5. 226.
⑨ HH5. 233.
⑩ Hom., *Od.* 5.215–220.
⑪ HH5. 205.

人活下去①，拥有属于自己的后代②，关键的是，"如他所愿"③。另两位，实则成了非人非神的生命体，他们远离大地上的凡人，进入不朽者的行列，但从未真正成为不朽的诸神。他们成了一种介于人神之间的角色。在这一点上，伽倪墨德斯和提托诺斯与山泽女仙一样。因此，在颂诗中，这两组角色是互相对应的关系。

诗人通过这三位同出一族的俊美男子——伽倪墨德斯（"他的美貌"④）、提托诺斯（"他形似神明"⑤）、安奇塞斯（"体态宛若神明""俊美的脸"⑥）——的不同命运，向世人展示了属人的三个不同结局，暗示三者之中最合适人类的道路，即安奇塞斯的结局。换言之，对于凡人而言，生命绝非永恒，死亡必会降临，即使如宙斯对其宠儿萨尔佩冬（Sarpedon）的态度亦是如此。⑦那么，阿佛洛狄忒的儿子埃涅阿斯呢？

3. 埃涅阿斯与宙斯

换个角度看，这首诗也可以算作是讲述了埃涅阿斯诞生的故事，虽然诗中只一处提及他的名字。⑧前文已经提到，学者们认为是埃涅阿斯的后裔委托某位诗人创作了这首颂诗，目的是歌颂小亚地区埃涅阿斯家族的光荣谱系。诗人因此在介绍埃涅阿斯时，借女神之口称他"将成为特洛伊人的王"⑨，众所周知，这一句与荷马史诗"伟大的埃涅阿斯从此将统治特洛伊人"⑩互文。这里，诗人表达了一个很明显信息——王。宙斯，自不必说，也是王。在埃涅阿斯的名字出现后，最近一处形容宙斯的词，诗人使用的是"调律者"（μητίετα）⑪。这是一种显性的对应，将埃涅阿斯与宙斯对应，表现了对埃涅阿斯家族歌颂之意，即人间的王者埃涅阿斯堪比天上的神王宙斯。甚至，埃涅阿斯的诞生本身就源

---

① HH5. 241.
② HH5. 197.
③ HH5. 188–190.
④ HH5. 203.
⑤ HH5. 219.
⑥ HH5. 55, 183.
⑦ Hom., *Il*. 16.433, 462–503.
⑧ HH5. 198.
⑨ HH5. 196.
⑩ Hom., *Il*. 20.307. 很奇怪，《伊利亚特》里竟然是波塞冬救了埃涅阿斯。波塞冬作为站在迈锡尼联军一边的欧洲神（有别于亚洲的神，如阿波罗），怎么会在此刻出手帮助特洛伊人？实在有些费解。波塞冬还说，这是宙斯的意愿。很难相信史诗中与宙斯叫板的波塞冬，会如此主动以宙斯的意愿行事。其中有双重矛盾。
⑪ HH5. 202.

自宙斯的意愿（虽然动机略显复杂）。这也再次强调了人神之间的不同，是一种区分的对立。

但更巧妙的是埃涅阿斯与宙斯的第三重对应关系，即两位角色的出场都标志了剧情的"转折"。不要忘记，诗人在诗中把玩了一次文字游戏，他用一种"伪词源学"（谐音）的方法解释了埃涅阿斯名字的由来，Aineias = ainonachos（αἰνὸν ἄχος），即悲痛。注意，埃涅阿斯一"出现"，整个氛围、整篇故事以及整首诗歌似乎就出现一个拐点，彻底扭转了颂诗的气氛。在这之前，是充满愉悦的男欢女爱，阿佛洛狄忒也表现出行使自己神力的自信；而之后，以悲痛为标志，阿佛洛狄忒表现出的是揪心的痛苦①，无比的沮丧②。无独有偶，颂诗中宙斯的出场也具有如此效果，虽然在此之前，诗人有6次提到了宙斯的名字③，但他不是行为主体，直到诗人说到"但是"（δέ）一词，宙斯才开始"扭转"此前阿佛洛狄忒在世间万物中所向无敌的力量。前后两句"宙斯把甜蜜的欲望掷入她的心胸"④，可谓以其人之道还治其人之身。因此，埃涅阿斯在颂诗中虽然只出现一次，但却被诗人巧妙地安排进了与宙斯之间的对应关系，人神（相对）、王者（相应）以及在叙事逻辑中的功能（相同）——转折。

4. 野兽

在这首颂诗中提及野兽，乍一看，似乎仅是一种背景渲染，其实不然。诗人在安排野兽出现的时机上也颇具技巧。除去开篇，诗人歌颂阿佛洛狄忒的威力能够征服宇宙万物，包括各种野兽在内。然后野兽出现在女神满心欢喜地去找爱人的路上。诗人用7行诗句来描述野兽被女神的威力征服⑤，其中顺带透露了女神的喜悦之情⑥。野兽们成双成对地结合在一起，注意诗人使用的"乞怜"（σαίνοντες）⑦一词，说明野兽巴望着女神能够用自己的神力征服它们⑧，这些野兽是心满意足地如愿以偿。我们可以将这段描写视作一幕序曲，因为紧随其后的就是阿佛洛狄忒与安奇塞斯的结合。

---

① HH5. 198.
② HH5. 252–254.
③ HH5. 8, 23, 27, 29, 36, 43.
④ HH5. 45, 53.
⑤ HH5. 68–74.
⑥ HH5. 72.
⑦ HH5. 70.
⑧ 这里有一个很有意思的盲点，野兽们主动向女神乞怜，说明野兽能认出神，而人类（如安奇塞斯）却不能。在《奥德赛》中也有类似之处，猪倌欧迈俄斯之犬认出了女神雅典娜，轻声吠叫（Hom., *Od.* 16.162–163）。

有趣的是，在安奇塞斯与阿佛洛狄忒真正将要结合的时候，野兽又一次出现了，那就是安奇塞斯的床笫。诗人在此用一句话提及了这张（在某种意义上十分重要的）床的装饰："上面还盖着熊皮与咆哮雄狮的鬃毛"①。然而这里的意义却变了。这些野兽的皮毛表明，它们已经死了，可以将此理解为是对野兽作为性爱结合序幕的补充，其实也预示了诗歌后半部分的基调。野兽主动寻求（它们向女神乞怜）性爱，与人类一样也有必死的命运。甚至在某方面，野兽要弱于人类（安奇塞斯猎杀野兽获得的毛皮）。②床将生与死结合在了一起，既是性事发生的地方，却又铺着死去的兽皮。所以说，这样一张床可以理解为安奇塞斯接下去要与女神结合，但没有获得不朽，无法摆脱必死命运的预示。就像野兽是安奇塞斯的猎物一样，安奇塞斯也将受制于阿佛洛狄忒（他是女神的猎物）。颂诗中的野兽代表的是面对性爱时的主动，同时又是面对死亡时的脆弱。

总之，野兽的描写具有三重序幕的作用，是对颂诗中男主角剧情展开的预示，即安奇塞斯本身的剧情（三部曲）——愉悦、忧惧、有死。值得注意的是，在颂诗中有一组角色与野兽的形象完全对立，没错，就是完全不受阿佛洛狄忒之力影响的三女神。

5. 三女神

这首献给阿佛洛狄忒的诗歌开篇不久，在称颂阿佛洛狄忒能征服宇宙万物之后，诗人连忙话锋一转，开始赞美三位不受阿佛洛狄忒影响的女神。③插入这段离题的叙述，着实有些令人困惑和不解。学者们从各自的出发点对这段诗文给出了许多解释。笔者在此将关注这段诗文在整篇颂诗叙事布局中的作用。众所周知，雅典娜、阿耳忒弥斯与赫斯提娅是三位处女神。诗人在此详述三位女神如何对阿佛洛狄忒之力具有免疫力，简直就是对性行为的根本拒斥。三女神对待阿佛洛狄忒掌控的那股力量，也表现出一种主动的行为，主动拒斥性爱，或凌驾其上。就这一点而言，三女神与前面分析的野兽一样，不同的是野兽主动寻求被阿佛洛狄忒的威力征服。从颂诗的整体叙述来看，三女神出现在诗人讲述连宙斯都受制于阿佛洛狄忒之力之前。因此，可以将三女神对阿佛洛狄忒之力的拒斥，理解为是对宙斯反制阿佛洛狄忒的铺垫，是一场正式博弈前的序曲。这一点与颂诗中野兽诗句的序幕作用类似。

---

① HH5. 158–159.

② HH5. 160.

③ HH5. 8–32.

进一步看，三位女神与宙斯的关系，与阿佛洛狄忒和宙斯的关系不同。三女神的守贞符合宙斯的意志，或者说，三女神拒斥性行为，对宙斯的王权起到了稳固的作用。从《神谱》中诸神王权更迭的剧情来看，假如阿佛洛狄忒征服了三女神中的哪怕任何一位，她们的孩子很可能成为神王的挑战者，威胁宙斯的宝座，破坏奥林波斯的秩序。就这一点而言，三女神实际上是在服从宙斯的权力。三女神与阿佛洛狄忒之间的这股张力，不仅仅是简单的"竞赛"，而是（宙斯）让宇宙达到和谐状态的一种策略。

由此可见，诗人赞美三女神的诗文，同样具有三重序幕的作用，是对颂诗中女主角剧情展开的预示，即阿佛洛狄忒本身的剧情（三部曲）——凌驾、博弈、服从。

上述分析的这些角色各自分属两个不同的阵营——天与地／不朽与有死，彼此一一对应。从二元对应的文本结构来看，我们可以将这些角色分为两组，如下表所示：

表 2　HH5 中角色的对应关系

天／不朽	两者间的对应关系	地／有死
阿佛洛狄忒	女神与凡人，两者结合	安奇塞斯
宙斯	神王与王者，两者相应	埃涅阿斯
三女神（雅典娜、阿耳忒弥斯和赫斯提娅）	三位女神服从宙斯／预示了阿佛洛狄忒的结局 野兽被神与人驯服／预示了安奇塞斯的结局	野兽（山里的兽群和小木屋里的野兽皮毛）
伽倪墨德斯／提托诺斯	介于人神之间，不死对有死	山泽女仙

由上表可以看出，颂诗巧妙地运用了二元对应的关系，着重突出人与神、天与地、不朽与有死的张力。这也是古希腊人持续关注的人生命题。可以说，发现这样的结构，并不吃惊，若是完全没有涉及这一命题，才会让人感到意外。诗人对此问题的处理可以说是中规中矩。那么，如前文所说，颂诗是否有其自身的独特用意？这一点，我们需要再深入一层去挖掘颂诗在角色设置和剧情安排上的关系，以及这层关系中突出的核心。下面笔者将尝试使用语义方阵来分析和寻找颂诗 HH5 的核心主题。

三、从语义方阵看诗篇的叙事逻辑

格雷马斯提出的语义方阵有两大理论基础来源：其一是列维-斯特劳斯的"神话结构学"，尤其是"四项结构"。语义方阵选取了叙事中有代表性的"四个角色"。其二是传统逻辑学中的"逻辑方阵"。逻辑方阵关注的是判断，语义方阵则关注概念之间的关系。格雷马斯实际提出了两种语义方阵，一个是X型语义方阵：

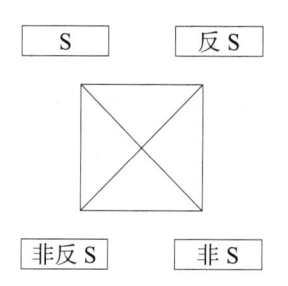

```
    S         反S

   非反S       非S
```

在X型语义方阵中，上层的两个语义"S"与"反S"互斥，互不相容，是反对的关系。而对角则属于矛盾关系。

一个是O型语义方阵：

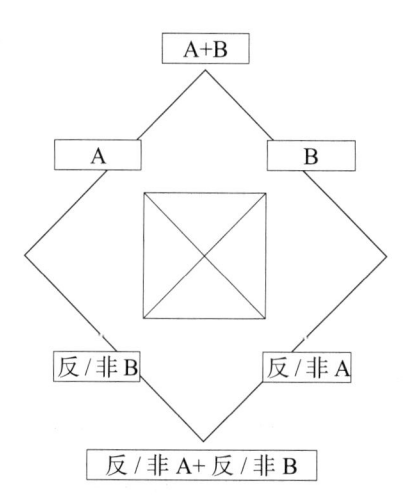

```
         A+B

    A           B


    反/非B      反/非A

      反/非A+反/非B
```

在O型语义方阵中，对角可以是矛盾关系，也可以是反对关系。四边都是能结合的关系，都具有相容性。

1. X型语义方阵

为了使用语义方阵分析HH5的叙事逻辑，有必再精练一下HH5中的角色，挑出最具代表性的四个角色：（1）颂诗所题献的女神自不必说，不能少了阿佛洛狄忒；（2）实际在颂诗故事中与阿佛洛狄忒进行博弈的神王宙斯也至关重要；（3）诗歌中歌颂的三女神；（4）与女神结合的凡人安奇塞斯。

当然，在将这四个名称代入X型语义方阵前，还要先找出这四个角色所紧密围绕的一个核心概念"S"。笔者以为，这个"S"即阿佛洛狄忒所代表的弥散在宇宙中的爱，笔者将其称之为"原始的性"。所以，"S"（原始的性）即阿佛洛狄忒。此处容易混淆不清的是"反S"与"非S"的概念。"反S"可以理解为自身根本"无S"或"对抗S"。而"非S"则自身有别于"S"，不是"S"但并不排斥"S"。如此看来，"反S"就是在对抗或拒斥这种原始的性。三女神在颂诗中主动拒斥阿佛洛狄忒所代表的那股原始的性力量，代表了这一概念。所以，"反S"即三女神。"非S"，顾名思义就是与"S"不同，不是"原始的性"，而是另一种性行为。这里有必要指出的是，"原始的性"是最基本的性行为，故所有其他类型的性（不是"原始的性"）中也一定包含了"原始的性"。很明显，这就是既受阿佛洛狄忒影响又与之博弈的宙斯（他实际上在"原始的性"的基础上代表另一种性行为，下面将会具体分析）。所以，"非S"即宙斯。最后只剩下安奇塞斯。安奇塞斯作为凡人，或者说作为所有在地上的生物（除人类外，甚至还有山泽女仙和野兽）的代表，既拥有也不对抗，更不会拒斥"原始的性"，这与"非反S"的概念完全吻合。所以，"非反S"即安奇塞斯。

用X型语义方阵分析这篇颂诗，可获得如下图示：

```
┌─────────────────────┐      ┌─────────────────────┐
│ 阿佛洛狄忒，提倡或就是 │      │ 三女神，反对/拒斥（原 │
│     （原始的性）     │      │      始的性）       │
└─────────────────────┘      └─────────────────────┘
              ╲          ╱
               ╲        ╱
                ╳
               ╱        ╲
              ╱          ╲
┌─────────────────────┐      ┌─────────────────────┐
│ 安奇塞斯，不反对/不拒 │      │ 宙斯，不是或不提倡（原 │
│     斥（原始的性）    │      │      始的性）       │
└─────────────────────┘      └─────────────────────┘
```

图5　HH5叙事逻辑的X型语义方阵

方阵中这四个角色对"原始的性"抱有不同的态度。从X型语义方阵的结构来看，这四种态度或代表这种态度的角色，实际上都围绕着一个核心，即性。这一点很容易理解，一篇题献给阿佛洛狄忒——一位性的拟人化的女神的诗歌，很自然会围绕这一话题展开。

刚刚已经提到，X型语义方阵上层的两个语义必定互斥，即性爱女神阿佛洛狄忒与三位处女神之间的互斥。那么，如何理解下层的两个语义？凡人，或者说整个有死的族类,甚至是非人的山泽女仙和野兽,其实与安奇塞斯的处境相同,正如方阵所示对性的态度是不反对或不拒斥。但若是这样,创作颂诗的诗人自身,以及颂诗的听众一定会感到疑惑。以安奇塞斯为代表的人类,如何才算有别于另两个非人的生命?这对古希腊人来说,是一个重要的自我界定。就这一点而言,虽然诗人在颂诗中已经巧妙地给野兽和山泽女仙加上特定的非人属性,即两者的荒野属性(或者说未开化和不文明)——野兽居住在巢穴,山泽女仙栖息在洞穴和密林——但这还远远不够。所以,诗人让宙斯出现了。可以发现,宙斯在方阵中与安奇塞斯齐平。神王宙斯十分形象地下降到了一种接地气的状态,这其实表明一种人类文明的可能性。换个角度看,其实人类要脱离野蛮的状态,就不能完全遵从阿佛洛狄忒的"原始的性",也不能像三女神那样彻底拒斥"原始的性",即人不能无止境地纵欲,也不能完全彻底地禁欲。

既然阿佛洛狄忒和三女神的模式对人类而言都不可取,那么第三种模式必然是一条中道。这是一种人为的模式,也是宙斯为人类制定的模式,简言之,即不再是出于完全原始和本能的野蛮的性行为,而是有自我意识和能自我把控的文明的性行为,但不可否认的是其中有"原始的性"的成分。所以,如果说阿佛洛狄忒代表的是"原始的性",那么宙斯提供的这个模式就是"人为的性"。

2. O 型语义方阵

O 型语义方阵与 X 型语义方阵的不同之处在于,该方阵有两个对应的概念,而非一个概念的四种状态。在 O 型语义方阵中,这两个对应的概念,如上所述,就是 A= 原始的性和 B= 人为的性,反/非 B= 反/非人为的性和反/非 A = 反/非原始的性。我们进一步要回答的是:四个综合后的概念(A+B、A+反/非 B、B+反/非 A、反/非 B + 反/非 A),分别对应的是什么,或者由谁代表和象征。

笔者以为可如下分配:A+B = 宙斯:既有"原始的性",又有"人为的性"。因他既受阿佛洛狄忒影响,又反制阿佛洛狄忒,在其基础上提出了另一种类型的性。A+ 反/非 B = 阿佛洛狄忒:既有"原始的性",又是"反/非人为的性"。B+ 反/非 A = 安奇塞斯:既有"人为的性",又是"反/非原始的性"。这其实是人类性行为的模式。安奇塞斯在颂诗中的性行为,是出于阿佛洛狄忒"原始的性"的征服,但实际在背后运作的是宙斯安排的"人为的性",受宙斯意志的操纵。反/非 B + 反/非 A = 三女神:既"反/非人为的性"又"反/非原始的性"。既不受"原始的性"的影响,也不接受"人为的性",是对性完全彻底的排斥,这只可能是三女神。

故 O 型语义方阵对这两个概念结构的表现如下：

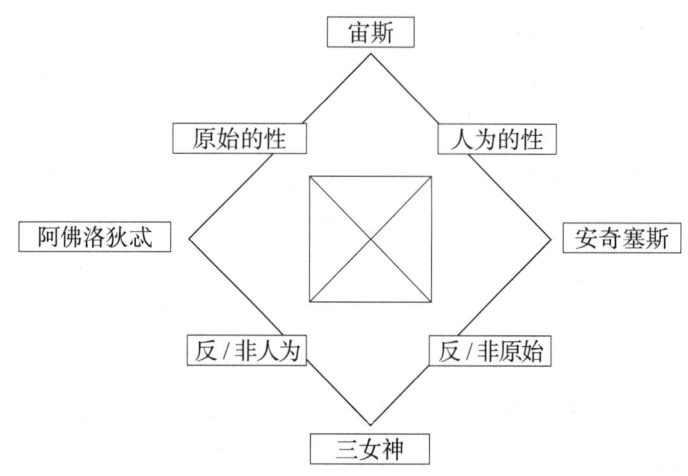

```
                    宙斯
            原始的性        人为的性
        阿佛洛狄忒    ⊠    安奇塞斯
            反/非人为      反/非原始
                    三女神
```

图 6　HH5 叙事逻辑的 O 型语义方阵

上图 O 型语义方阵展现了一个有别于 X 型语义方阵的结构。这里所揭露的信息更为有趣，也是这首颂诗想要传达的重要信息。O 型语义方阵甚至更直接地揭示了颂诗隐藏的秘密，以及诗人的创作意图。

不妨先看底部的三女神。三女神，处在方阵结构的最底部，从位置上看，要低于其他三个角色。所以，诗人在开篇迅速地转向赞美三女神，这段题外话并非诗人在题献给阿佛洛狄忒的颂诗中请来能与之"竞赛"的女神们，也不是要赞美三女神。三女神不过是宙斯出场的前奏，是服从于宙斯的角色。从 O 型语义方阵的结构上看，三女神甚至比阿佛洛狄忒和安奇塞斯还低。当然，我们无从得知诗人是否可能在暗示，神与人对绝对的禁欲都不认同。但三女神既然处在最底部，那么反过来想，似乎也起到了某种根基的作用。正如前文所分析的，三女神的禁欲和守贞（以至于绝嗣，为了不再生育出能够威胁到宙斯的后代），其实保障了以宙斯为核心的权力体系或宇宙秩序。这一点，不容忽视。

处在中间一层的是两个在颂诗中始终对应的角色——阿佛洛狄忒和安奇塞斯。在该结构中，女神与凡人处在同一个层面。虽然在此结构中，两者的象征相互矛盾，但背后则隐藏着统一，或者说，在这一层面上发生了人神种族的混淆，人与神的身份变得含混不清。事实上，诗人确实通过一连串巧妙的措辞，将女神与凡人的边界模糊化。

首先，阿佛洛狄忒在颂诗中，在面对一介凡夫英杰安奇塞斯时，将自己伪装成一个凡人女子。而诗人在颂诗中两次描述安奇塞斯时，都用了如神一样的形容:"体态宛若神明"①和"俊美如神"②。这是颂诗中最显著的一处人与神的倒转。其次,与诗人自己的描述对应的是女神对安奇塞斯的形容。阿佛洛狄忒直面安奇塞斯时的称呼,也有两次,分别是在伪装(准备诓骗安奇塞斯)和显身(准备告诫安奇塞斯)的状态下,称呼安奇塞斯为"大地上的最卓越的人"③"凡人中最卓越者"④。女神的言辞(谎言与告诫)在这一称呼中达到了无可挑剔的统一。阿佛洛狄忒似乎有意如此称呼安奇塞斯。她至少有一次机会(比如在伪装成凡人的时候)可以用如神一样的来称呼他,因为女神自己也说:"在所有的凡人之中,你家族的成员始终最接近诸神,在外貌和体态上。"⑤女神如此前后统一(伪装与显身)地称呼他,似乎是在刻意暗示自己的身份,自己才是真正的神,眼前的人再怎样如神,也顶多是最卓越的凡人。这是阿佛洛狄忒在言语上的策略,暗示安奇塞斯在人与神之间具有一种模糊性。再次,无论是诗人还是女神,两者对安奇塞斯的形容都如此直接明了。反观诗人对女神的描述,简直是"大张旗鼓":妆容、服装、配饰、香油⑥,还有脸颊、脖子、双眸和酥胸等⑦。因为她的精心打扮,阿佛洛狄忒的容貌如此闪耀,甚至比平常(作为女神的状态)更耀眼,而她却要在如此耀眼夺目的外表下装成一个凡人少女,怎么看这都是在彰显自己其实是一位女神。⑧这种矛盾在安奇塞斯第一眼见到阿佛洛狄忒时的惊叹中显得尤为突出⑨,在阿佛洛狄忒以如此惊艳的形象谎称自己是一位弗律吉亚少女的谎言里变得更具讽刺意味。阿佛洛狄忒实际上就是在展现自己的神性,她根本不是在伪装,她的伪装与她的真实本性如此格格不入,所以安奇塞斯实际上始终对她的身份和言辞表现得将信将疑。⑩就此而言,颂诗中的阿佛洛狄忒表现得如此矛盾甚至反讽。她的行为,实际上是在人与神的边界上摇摆不定。因此,阿佛洛狄忒与安奇塞斯,如 O 型语义方阵的结构所示,在颂诗中达到了一种对立的统一状态。更抽象地讲,性爱与人类获得了统一。当然,

---

① HH5. 55.
② HH5. 77.
③ HH5. 108.
④ HH5. 192.
⑤ HH5. 200–201.
⑥ HH5. 61–65, 86–89, 162–164.
⑦ HH5. 175, 181, 90.
⑧ 对比《致德米忒尔的荷马颂诗》中的德米忒尔,这位女神以一种没有人能够认出她是谁的方式将自己伪装成一个老妇人(HH2. 94–95)。
⑨ 也可能是一种古代(希腊)男子惯用的搭讪技巧,对比《奥德赛》中奥德修斯对费埃克斯公主的类似搭讪(Hom., *Od.* 6.149–152)。
⑩ HH5. 153–154.

毋庸置疑，所有这一切都发生在宙斯的掌控之下。

宙斯因此处在结构的最顶端，他综合了"原始的性"和"人为的性"，使人类与性爱获得了统一。在这个结构图中的位置，也在颂诗行将结束的那个位置，更在诗人心中的位置，宙斯的最高地位被牢牢地巩固了。这不仅是基于三女神的守贞，也在于宙斯战胜了阿佛洛狄忒。在颂诗最后，阿佛洛狄忒已然被宙斯制服，"原始的性"被"人为的性"取代。女神不仅对自己的行为感到懊悔不已①，而且她警告安奇塞斯，若他透露方才的事情（两者的情事），惩罚他的将是最高的神王："宙斯将会愤怒地用一杆窜烟的霹雳轰向你。"② 这很有趣，因为阿佛洛狄忒没有说自己会惩罚透露秘密的安奇塞斯，而是诉诸宙斯。我们应该还记得，也正是宙斯，在颂诗的开头计划了对阿佛洛狄忒的惩罚。换言之，惩罚只能由宙斯来实施。阿佛洛狄忒最后的言行不仅表明她对宙斯的臣服，也说明两者归于一种平衡与和谐的关系，更象征着宙斯成功地掌控了阿佛洛狄忒代表的"原始的性"的力量，将之转变成了"人为的性"。阿佛洛狄忒与安奇塞斯的结合，也印证了"宙斯的意愿从未落空"，标志了宙斯的神权不可动摇。因为古希腊人认为，世间的秩序源自宙斯（的正义）。

如何理解"人为的性"呢？而且，关键的问题已呼之欲出，宙斯为何要惩罚阿佛洛狄忒呢？

四、神也会痛苦：阿佛洛狄忒的"埃涅阿斯"

在回答宙斯为何要惩罚阿佛洛狄忒这个问题之前，有必要再来看一下何为"人为的性"。上文已经分析，"人为的性"与"原始的性"相对、相异却又能够相容，即"人为的性"包含"原始的性"，"原始的性"是"人为的性"的基础，没有"原始的性"就没有"人为的性"。两者的区别，亦是关键之处在于，"人为的性"是在某种程度上对"原始的性"的合理运用，用古希腊人的思想来表述，就是"人为的性"是合乎宙斯正义之理的性。一言以蔽之，"人为的性"是对"原始的性"的把控。

为何要把控"原始的性"？或者换个问法："人类为何要控制性？"这个议题显然过于庞大，可以运用其他各类学科的方法来分析和论证。在此主要基于这首诗篇文本的表述略述一二。

---

① HH5. 252–254.
② HH5. 288.

先自上而下，从宙斯的角度考虑。"原始的性"表现出一种无度的威压感。诗歌开篇歌颂阿佛洛狄忒的威力能够征服世间万物，包括诸神在内，甚至连神王宙斯也受此影响。显然，在以宙斯为核心的秩序中，包括奥林波斯诸神和人类，需要回避或者减缓这种威压感。上文已经指出，阿佛洛狄忒的活动即"原始的性"，间接地威胁了宙斯的秩序，从这层意义上来说，阿佛洛狄忒的威力具有攻击性，会给诸神的秩序和人类的社会带来麻烦，对宙斯的权力构成威胁。然而，阿佛洛狄忒的力量不可能被彻底消除。若彻底没有了性，对整个宇宙而言简直就是灾难，万物将无法繁衍，人类很快就将灭绝。因此，性不仅对人类而言有益或有用，甚至比其他任何神的力量和职能都重要，只需回想一下诗人描写的三女神（雅典娜的战事、技术和手艺，阿耳忒弥斯的荒野狩猎与正义城邦，赫斯提娅神圣的祭司之火），她们中没有一位具有让生命得以延续的能力。出于这层原因，宙斯绝对不会消除阿佛洛狄忒的力量，因为她的那股原始的力量与万物的繁衍有关，但又不能对她力量潜在的危险置之不理。所以，代表秩序的宙斯理应掌控这股力量。

然而，更多的人可能对"原始的性"表现出某种程度的无明或认而不知，就像颂诗中安奇塞斯所表现的那样。诗人的叙事也在暗示安奇塞斯其实什么都不知道。他既不知道阿佛洛狄忒的真实身份，也不知道女神的真实目的，甚至连她（伪装成的公主）的语言（弗律吉亚语）都不懂。安奇塞斯在与女神结合的一前一后，表现出强烈的讽刺性反差。当他第一眼看见女神，就被女神惊艳到了，表现得十分迫不及待，虽然有些犹豫，但最终可以说是奋不顾身，一心只想着性。回想一下，他那有些好笑的"豪言壮志"，大致是没人能阻止"我和你上床"，即使"要我下地狱"。[①]事实是，他在真相面前，同时在满足了自己的性欲之后，表现出的完全是惊恐和忧惧，变得对死亡万分惧怕，[②]似乎是被性欺骗和征服了。而在颂诗开篇，诗人已经歌颂过女神的能力或她所代表的"原始的性"，说她能够征服世间的一切。

再从下往上看，从埃涅阿斯的角度考虑。这里提到埃涅阿斯有双重意义，从人类性行为结果的角度来看，埃涅阿斯在颂诗中就是两位主角性行为的产物；从其名字含义的角度来看，埃涅阿斯的名字就是悲痛。实际上，人类的性行为中蕴含了一种无法避免的痛苦。诗人巧妙地将这一性爱的痛苦与诗篇赞助者荣

---

① HH5.149–154.
② HH5.181–190.

光的祖先之名联系在一起，并且让最能代表性爱的女神——阿佛洛狄忒——来表达这一痛苦。请注意诗篇在整体结构上的另一处反差式对应（我们已经看到 HH5 的创作者如何娴熟地运用各种二元对应的元素），这一反差出自阿佛洛狄忒自身：不仅在于阿佛洛狄忒的身份（伪装和显身之间的对应），还在于女神情感上的反差。在与安奇塞斯结合的一前一后，阿佛洛狄忒表现出两种截然相反的情感。在结合之后，阿佛洛狄忒说自己竟然会有如此"难以启齿的失态"[①]，她感到极度悲痛，甚至用这个词命名了他们的孩子——埃涅阿斯[②]。而在此之前，阿佛洛狄忒的心情显然是欢欣雀跃的。颂诗中共有 5 次使用"爱笑的"，均出现在两者结合之前。[③] 她精心打扮完，"笑着飞奔"去找安奇塞斯[④]，途中她按捺不住心中的喜悦[⑤]。而且，结合女神身份的隐与显，这一情感反差更耐人寻味。但阿佛洛狄忒显现出身为女神的真实身份后，却表现出了传统上认为的只有人类才会有的情感。因为古希腊人普遍认为诸神不会感到忧虑，更别说悲痛了。诗人实际上通过女神的情感表达传达了一个信号，即"原始的性"（阿佛洛狄忒）既令人向往，又让人痛苦。这种悲痛中有一丝无助和一种失落感。诗人让阿佛洛狄忒用了一个很形象的词汇——跌倒（ἐμπίτνω）——来暗示这种感觉，她自言"掉落到（ἔμπεσον）凡人的床榻上"[⑥]。这暗示了原始的性爱在给人类带来愉悦的同时，附带了悲痛。向往秩序的人类，似乎唯有寄希望于强有力的神王来管制原始的性爱，或假托神的名义对性施加合理的掌控。在对"原始的性"的认知和掌控的过程中，便形成了一种"人为的性"。

于是，在诗人的口中，宙斯就顺理成章地作为"人为的性"的最高形象代表。宙斯的出现，就是为了制服阿佛洛狄忒所代表的"原始的性"。话说回来，为何宙斯一定要惩罚阿佛洛狄忒并以此方法驯服女神呢？诗人为何会有这样的情节安排？对于这个问题，笔者以为单在这首诗中寻找——本节开篇所说的"就诗论事"的分析——似乎无法得到一个满意的答案。如何理解颂诗中的这一主题，以及创作者的意图？笔者想到的是与之同一时期的古风诗人们（赫西俄德与荷马）的诗歌。若将属于同一时期的诗人们的作品联系起来整体解读，或可给出一种解释。

[①] HH5. 254.
[②] HH5. 199.
[③] HH5. 16, 49, 51, 65, 155.
[④] HH5. 66.
[⑤] HH5. 72.
[⑥] HH5. 199.

第四节　在赫西俄德与荷马之间

　　在这一节，笔者将尝试把 HH5 与另两位著名史诗诗人作品中相关的神话叙事联系起来，对 HH5 进行更为整全的分析。第一章已经论证，赫西俄德与荷马分别在自己的诗作中讲述阿佛洛狄忒的事迹，是在处理女神与宙斯以及宙斯王权之间的关系，并以各自不同的方式塑造阿佛洛狄忒的形象。赫西俄德与荷马都意识到阿佛洛狄忒潜在的危险性，都有意抑制阿佛洛狄忒的活动和力量。荷马在刻画阿佛洛狄忒的形象时，脑海中始终有一个赫西俄德式的阿佛洛狄忒形象。但比起赫西俄德相对稳重的神谱叙事，荷马讲述的激荡人心的神人纷争更为激进，他口中的阿佛洛狄忒形象与赫西俄德的阿佛洛狄忒形象有很大的区别。不过，细看之下，荷马的阿佛洛狄忒是沿着赫西俄德的思路发展的必然结果。按照赫西俄德的叙事逻辑，阿佛洛狄忒与其他威胁宙斯权力的诸神一样，都将被宙斯逐一制服，但赫西俄德现存的作品中没有讲述宙斯与阿佛洛狄忒之间的博弈，只有一场离奇的缺席；而荷马的阿佛洛狄忒一出场就已经彻底臣服于宙斯，可以从一次遭拒的请愿看出这一迹象。荷马的阿佛洛狄忒的这一转变对于赫西俄德的阿佛洛狄忒形象而言，显得有些唐突，因为两位诗人都没有交代阿佛洛狄忒为何会臣服于宙斯的权力。正如第一章小结所言，在两者之间，也在两者的阿佛洛狄忒形象之间，缺失了一块拼图，而这块拼图，现在就在眼前，就是第一首《致阿佛洛狄忒的荷马颂诗》。这首颂诗本身在两个方面可以证明这一观点。

　　第一，这首诗明确讲述了宙斯与阿佛洛狄忒之争，解释了阿佛洛狄忒为何会臣服于宙斯。如上文所言，宙斯建立的奥林波斯体系是基于一种对权力的微妙平衡之上。要将身为古老提坦诸神的阿佛洛狄忒，纳入奥林波斯体系，宙斯就必须削减她的权力，限制她的力量。赫西俄德已经讲述了宙斯如何打败、制服和惩罚那些敢于挑战宙斯或威胁宙斯政权的诸神的故事。他其实也暗示了阿佛洛狄忒对宙斯的威胁，以及宙斯对她的提防，但在赫西俄德的诗作中，两位神始终没有正面交锋。HH5 的诗人很明显补充了这一事件，他遵循赫西俄德在诸神博弈叙事上的逻辑，创作并讲述了宙斯如何制服阿佛洛狄忒的故事。诗人巧妙地让宙斯反转了阿佛洛狄忒的力量。阿佛洛狄忒为自己的力量所败，也让人想起《伊利亚特》中赫拉骗取女神的宝物间接地导致女神偏袒的一方军队失利。HH5 叙事中的宙斯与阿佛洛狄忒之争，实际上解明了荷马史诗中两位重要神灵的关系为何会有别于赫西俄德的神谱叙事，为荷马的创作做了铺垫和准备

（或是补充和解明），让荷马得以大胆地创作。事实上荷马史诗确实更为大胆，诗人巧妙地蜕去了阿佛洛狄忒身上几乎所有的属性，徒留掌控爱情的权力，而且这仅存的权力也受制于宙斯。注意 HH5 中一段题外话与《奥德赛》中一段插曲典故之间的关系（前文分析的《奥德赛》中阿佛洛狄忒遭拒的请愿与 HH5 开篇对三位处女神的赞美），两处叙述之间的对照。在 HH5 这里，这些主要的女神们是互不干涉或不相往来的状态，在《奥德赛》这里则是另一番景象，表现出通力合作的气象。虽然其中角色略有不同①，但可以看出阿佛洛狄忒从被奥林波斯神疏离（赫西俄德的叙事）到与奥林波斯神为伍（荷马的叙事）的转变。

第二，在诗歌的最后，阿佛洛狄忒所说的话暗指她将不会再挑起诸神与凡人之间的情事。② 要理解这句意味深长的话，同样要结合赫西俄德与荷马的史诗叙事。首先，阿佛洛狄忒痛苦地向安奇塞斯抱怨：自己的"笑口将不再常开"③，荷马史诗的叙事恰好证明了这一事实，如前文所分析的那样，这位"爱笑的"女神在荷马史诗中从来没有笑过。现在看来，这可能正是 HH5 宙斯制服阿佛洛狄忒造成的结果。其次，阿佛洛狄忒在经历了 HH5 中的事件之后，产生了另一个重大的影响，实际导致"半神们"（Hemi-gods）或英雄种族的时代一去不返。这里简单梳理一下半神的时代。赫西俄德在《工作与时日》中明确讲述了一个英雄时代，这些英雄被称为半神④，而这一种族几乎在特洛伊战争中被彻底灭绝⑤。据特洛伊诗系的传统，即《库普丽斯之歌》的说法，是宙斯策划了这一战争，目的是消灭部分大地上的人类⑥，荷马（无论他是否是《库普丽斯之歌》的作者）理应知晓这一说法。我们结合赫西俄德在《名媛录》中的说法，将更易理解其中的因缘。《名媛录》中提到，宙斯要让有死的人类与不朽的天神分离，不再让他们彼此通婚繁衍后代，他要灭亡那些半神们。⑦ 于是乎，便爆发了旷日持久的特洛伊战争。当那些半神种族被毁灭，阿佛洛狄忒又不再撮合诸神与凡人结合，也就不再会有半神诞生。关于这一点，有一处细节值得引起注意，这是一个能够证明阿佛洛狄忒活动变化的细节。赫西俄德《神谱》的最后，在诗人讲

---

① HH5 中是雅典娜、阿耳忒弥斯和赫斯提娅，而《奥德赛》中则是雅典娜、阿耳忒弥斯与赫拉。

② HH5. 249–254.

③ HH5. 252.

④ Hes., *Theog.* 160.

⑤ Hes., *Theog.* 165.

⑥ *Kypria, fr.* 1，参见 Malcolm Davies, *The Cypria*, Washington, DC: Center for Hellenic Studies, 2019, ch. 1.

⑦ Hes., *fr.* 204.96–100. 关于半神、英雄、人类的区别，参见 José M. González, "The Catalogue of Women and the End of the Heroic Age (Hesiod fr. 204.94–103 M-W)", *TAPhA* 140 (2010), pp. 375–422。

述完阿佛洛狄忒与凡人安奇塞斯的结合后①，就再也没有提到女神撮合过一起婚姻②。以上这些诗篇——赫西俄德的（包括《名媛录》）、荷马的（包括同一个传统内的《库普丽斯之歌》），还有 HH5——都有一个共同的基础观念：曾几何时人与神生活在一起，关系紧密，但在某个时期，由于宙斯的意愿，诸神结束了这样的状态，这段时光一去不返，与之相应的事件就是半神种族的彻底灭亡。HH5 的叙事表明，这一重大事件就是宙斯用阿佛洛狄忒自己的武器打败阿佛洛狄忒的结果。女神阿佛洛狄忒与凡人安奇塞斯的结合，是神人最后的结合，也暗示了他们所生的埃涅阿斯，是最后的半神英雄。

以上两点，证明了第一首《致阿佛洛狄忒的荷马颂诗》是古风史诗叙事中十分重要的一环，衔接和补充了赫西俄德的神谱叙事与荷马的史诗，更解明了阿佛洛狄忒形象变化的缘由。

小结：重塑爱神

本章尝试在细读 HH5 的基础上，以传统的文本解读方法分析了诗歌的叙事逻辑。可以发现，诗人以阿佛洛狄忒的言说/谎言（vv. 107–143）为中心，将诗歌均匀地分为了前后两部分，并且呈现出一一对应的关系（见表 1），共八组人物和事件。我们进一步精炼这八组人物，可以发现其中存在天与地、神与人、不朽与有死之间的四组对应关系（见表 2）。借助语义方阵（X 型与 O 型）文本分析工具，我们发现了这首诗歌叙事中的一个重要核心，即宙斯所代表的"人为的性"压制并取代了阿佛洛狄忒所象征的"原始的性"。这既是秩序战胜无度、新神取代老神、以宙斯为首的奥林波斯体系得以巩固的重要一环，也是宙斯终结半神们的英雄时代，分离神与人的关键事件。

如本章引言和第一节介绍的那样，多数学者们通过研究 HH5 的创作背景以及这位诗人认为，HH5 的创作者是与赫西俄德和荷马同一时期的诗人，因受特洛伊地区埃涅阿斯后裔之托而创作了 HH5。那么，通过本章的分析我们可以发现，这位诗人，实际上通过这样一则简短的故事，不仅巧妙地称颂了自己的赞助人——埃涅阿斯（最后的半神英雄）的后裔，也补充了赫西俄德与荷马史诗叙事中的那处空白之处——宙斯如何制服了阿佛洛狄忒（这位最后的提坦）。

---

① Hes., *Theog.* 1008–1010.

② 如前文所提到的那句存疑的诗句（参见第 41 页脚注⑧），即后面有关奥德修斯的诗节中的那句话（Hes., *Theog.* 1014）。若笔者在这里的分析没有问题的话，似乎这句话确实存疑。

可以说，HH5 实际上是一篇介于赫西俄德与荷马之间的重要作品，而这位作者，则是一位能与赫西俄德与荷马相提并论的古风诗人。

上编合论：驯服最后的提坦

  古风时期几位重要的希腊诗人——赫西俄德、荷马与第一首《致阿佛洛狄忒的荷马颂诗》的诗人同处一个时代。赫西俄德在作品中有意地区别对待阿佛洛狄忒，把她描写为一位危险的女神，甚至威胁到了宙斯的政权。他在《神谱》中讲述的阿佛洛狄忒的诞生故事，表明阿佛洛狄忒起初并非奥林波斯神族，并且在《工作与时日》中潘多拉诞生的神话里让阿佛洛狄忒被宙斯"提而不现"。这一缺席巧妙地刻画了阿佛洛狄忒身处新老两代神族之间矛盾的位置。《奥德赛》中有一段题外话式神话，即潘达瑞俄斯女儿们的故事，是对《工作与时日》潘多拉神话的回应，其中宙斯断然拒绝了阿佛洛狄忒行使自己的权力。事实上，荷马的诗作响应了赫西俄德对阿佛洛狄忒的形象塑造。诗人在《伊利亚特》中塑造了一位对故事情节十分重要，但在形象上遭人嫌弃的女神。在阿佛洛狄忒身份的塑造上，荷马显然比赫西俄德更进一步，他直接让这位"老"神成了"新"神宙斯的女儿，成了奥林波斯神，于是便有了"两个"阿佛洛狄忒之说：一个是赫西俄德的阿佛洛狄忒，即乌拉诺斯的女儿；另一个是荷马的阿佛洛狄忒，即宙斯的女儿。当然，"两个"之说其实是一种误读。会有"两个"阿佛洛狄忒的误读，其原因之一是没有认识到第一首《致阿佛洛狄忒的荷马颂诗》中阿佛洛狄忒与宙斯的博弈，以及由此造成的女神身份的转变。在尝试译出这首颂诗的基础上，对诗歌的人物和情节进行细致的文本分析可以发现，诗人的创作是想表现宙斯如何制服和掌控阿佛洛狄忒的力量，以及由此造成的阿佛洛狄忒身份的转变。事实上，第一首《致阿佛洛狄忒的荷马颂诗》补充并衔接了赫西俄德与荷马有关阿佛洛狄忒形象和身份变化的叙事。

  本编的两章内容，主要分析了古风时期有关阿佛洛狄忒的重要诗歌，指出了古风诗人是如何通过各自的作品在以"驯服"女神的相同目标下共同塑造了阿佛洛狄忒的传统形象。

  在明白古风诗人们是如何有意识地重塑阿佛洛狄忒的形象后，可以试着去理解本书"引论"中提到的那个"没有人形的"女神像。没错，这是女神东方起源及其原始形象的一个证据。不过，古希腊人被认为总是能富有创见地吸收外来的文化。纵观赫西俄德的《神谱》，可以发现，阿佛洛狄忒是这部诗作中第一位也是最后一位被赋予具体外貌的神，是唯一一位被详细讲述了如何诞生的神。虽然在 HH5 中诗人描写安奇塞斯为女神脱去 7 件饰品，但古风诗人们从未描述过女神的裸体形象。就这一点而言，和诸神创造第一个女人潘多拉十分类似，诗人们用他们优美的诗词遮盖了阿佛洛狄忒原始、野蛮、令人恐惧的本性。但换个角度看，希腊人在压抑了阿佛洛狄忒原始力量的同时，富有诗意地塑造了一个更为美丽、生动、易于被人接受的女神形象。

中编 犝祀

第三章　城邦犆祀中的阿佛洛狄忒

> 另一些人说步兵，还有人说舰队，是这黑色大地上最美的东西。
> ——萨福①

引言：熟悉又陌生的神

城邦作为古希腊社会的一个标志，同时是其文明之载体。在古希腊人居住和活跃的大地上，各色林立的城邦构成了一张复杂的网络，进而形成了那个辽阔的希腊世界。是什么连接着希腊城邦之间的关系呢？答案可能并不统一，但有一点毋庸置疑，那就是古希腊人的宗教活动（大到泛希腊赛会，小到家庭仪式）联结着每一个希腊人和他们的城邦。不可否认，古希腊人相信，在这些大大小小的城际之间，"居住"着如今我们耳熟能详的大小诸神。在这张宗教之网中，那些得到了泛希腊文化认同的希腊神明和英雄及其犆祀——与之相应的仪式、节庆和其他活动，当然也表现在广泛意义上的诗歌、戏剧、图像，甚至是古希腊人的名字里。在古希腊人实际的犆祀中，这些诸神丰富的形象和职能往往与那些引人入胜的神话故事中单一的形象不尽相同。打个不恰当的比方，就如在一幕剧中，一位演员扮演一个固定的角色，这样做，多出于剧情的需要，或是作家（比如前文所讨论的古风诗人们）的意图。在现实生活当中，这些"演员"——古希腊人的诸神——其实有着各自丰富多面的形象。依角色扮演的思路来看，可以说诸神在古希腊人的社会生活和宗教活动中，尽职地扮演着不同的角色形象。那么古希腊人如何区分诸神在实际犆祀中的不同形象呢？一个途径是通过称号。然而需要引起注意的是，诸神称号的由来，连古希腊人自己有时都以讹传讹，甚至对实情浑然不知。譬如女神阿佛洛狄忒，她最常见的称号或别称库忒瑞娅就是如此。

古希腊人认为库忒瑞娅这一称号源自距伯罗奔尼撒海岸以南约 10 公里的库

---

① Sappho, *fr.* 16.2–3.

忒拉岛。因为据说岛上建有古希腊最早的阿佛洛狄忒神庙。这里有三份主要的证词持此说法，分别来自赫西俄德、希罗多德和保萨尼阿斯。赫西俄德用神话解释了阿佛洛狄忒与这一称号的关系：女神诞生后首先途经了该岛。[①] 希罗多德十分肯定地介绍了库忒拉岛上的阿佛洛狄忒与迦南地区腓尼基人的关系。[②] 保萨尼阿斯则像是在改述希罗多德的话。[③] 不过，考古学目前的研究并没能证实古希腊人自己的说辞，即库忒拉岛上有腓尼基人所建立的那个最古老的阿佛洛狄忒神庙。人们至今没有发现岛上存在过这样一座神庙。所以神庙也许根本就不存在，公元前12世纪至前8世纪，岛上的古城卡斯翠（Kastri）也未见殖民活动的迹象。退一步讲，即使库忒拉岛上曾经存在一座古老的阿佛洛狄忒神庙，鉴于该岛的文明交通情况，学者们也无法确定其源自何处：是克里特的米诺斯文明，还是来自埃及或近东，或别的什么地方？[④]

因此，有学者认为阿佛洛狄忒与库忒拉岛之间根本不存在历史的关系。这种观点主要基于语言学的分析，因为Κύθηρα（库忒拉岛）与女神的称号Κυθέρεια（库忒瑞娅）之间存有明显的字母差异（这一差异被拉丁文转写消除了），尚无法合理地解释字母eta（η）和epsilon（ε）之间的变化。原因之一，很可能是称号库忒瑞娅并非源自这座古希腊的岛屿或其他的地名，反之亦然。而是源自一个印欧语词根 gh^{w}edh-/gh^{w}odh-，意思是渴求或祈望。[⑤] 因此，称号库忒瑞娅不是指库忒拉岛的女神，而是欲望女神的意思。[⑥] 基于语言学的研究，还有另一种解释，认为Kythereia是Kotharot的阴性形式，刻拓烙特（Kotharot/*ktrt*）是乌加黎特（Ugarit）的匠神。[⑦] 提起这位近东的工匠神，很容易让人想到希腊神谱中的匠神赫淮斯托斯，以及他与阿佛洛狄忒的密切关系。因此，库忒瑞娅这个称号似乎可以解释阿佛洛狄忒与赫淮斯托斯之间的联姻。从现代学者的这两种解释来看，赫西俄德和希罗多德等人将女神的这一称号与库忒拉岛联系起来，只是试图再次理解和重新解释一个当时流传甚广但又不明所以的称号。言下之意，Kythereia一词的真实含义可能早已被古希腊人遗忘。

[①] Hes., *Theog.* 191–206.

[②] Hdt., 1.105.

[③] Paus., 1.14.7.

[④] Stephanie L. Budin, *The Origins of Aphrodite,* Ph.D. diss., University of Pennsylvania in Partial, 2000, p. 93.

[⑤] Gareth Morgan, "Aphrodite Cytherea", *TAPhA* 108 (1978), p. 118.

[⑥] Ibid. p. 120.

[⑦] Martin L. West, *The East Face of Helicon*, New York: Oxford University Press, 1997, p. 57, n. 238.

笔者于本章开篇举此称号的例子，只是想指出古希腊人自己的说法有时并不可靠。事实上，我们通常所熟知的古希腊神话故事同样如此，其内容并不能完全或真实地反映古希腊人社会实践当中的诸神形象。简言之，古希腊神话中的诸神形象不等于实际牺祀中的诸神形象。阿佛洛狄忒就是这样一位女神，在实际的牺祀中，她有着与其神话形象截然不同的牺祀（功能/司职）形象。可以毫不夸张地说，若只通过神话来了解一个神，就好比一叶障目。

　　让我们再回到库忒拉岛，从保萨尼阿斯记载的内容谈起。据他自己所言，他在这座著名的小岛上看见了一尊全副武装的阿佛洛狄忒木制神像（xoanon）。① 对此神像，学者们有各种不同的解释。比如，考虑到库忒拉岛曾被斯巴达人统治，而斯巴达确实供奉有独特武装的阿佛洛狄忒神像，有学者认为此神像是受到了斯巴达人的影响。② 若以这样的思路推测，那为什么不可能是受到雅典统治的影响呢？因为库忒拉岛也曾被雅典人统治，而在雅典，有一尊领袖阿佛洛狄忒（Aphrodite Hegemone）神像。③ 也有学者认为，保萨尼阿斯因其所处年代的关系，所见之神像乃是罗马时期的产物。④ 那其中是否可能有与其他女神（不单单是罗马人的维纳斯）形象的混同？总之，多数解释都围绕着小岛上的这尊女神像的由来，但很少关注阿佛洛狄忒这一形象自身。

　　有一点毋庸置疑，这些研究都没有否认阿佛洛狄忒与军事的关系，更没有因为她的神话形象而否定她的这一战神形象。事实上，众所周知，与阿佛洛狄忒关系最密切的两位神——嗜杀成性的战神阿瑞斯和锻造武器的匠神赫淮斯托斯——都与战争有关。从人类历史的角度看，这种三角关系显然与冶金有关，早在青铜时代晚期（Late Bronze Age, c.1600—1100BCE）盛产黄铜的塞浦路斯就已确立。⑤ 阿佛洛狄忒的东方起源论似乎已被普遍接受，因此，希腊地区出现的戎装的阿佛洛狄忒，正好佐证了她原本好战又好色的近东女神的身份。⑥ 有学

---

① Paus., 3.23.1.

② Vinciane Pirenne-Delforg, *L'Aphrodite grecque: contribution à l'étude de ses cultes et de sa personnalité dans le panthéon archaïque et classique*, (*Kernos Supplement* 4), Liège: Centre International d'Étude de la Religion Grecque Antique, 1994, p. 454.

③ Gabriella Pironti, *Entre Ciel et Guerre: Figures d'Aphrodite en Grèce ancienne*, (*Kernos Supplement* 18), Liège: Centre International d'Étude de la Religion Grecque Antique, 2007, pp. 202–206.

④ Stephanie L. Budin, "Aphrodite *Enoplion*", *BCA*, pp. 99–100.

⑤ Anne Kieburg, "Aphrodite, Hephaistos and Ares: Some Thoughts on the Origins of the Mythical Connection of the Three Gods in the Metallurgy of Late Bronze Age Cyprus", in Andrew P. McCarthy (ed.), *Island Dialogues. Cyprus in the Mediterranean Network*, Edinburgh: University of Edinburgh, 2008, pp. 210–231.

⑥ Fritz Graf, "Women, War, and Warlike Divinities", *ZPE* 55 (1984), p. 250.

者认为，这位东方女神在进入希腊地区后逐渐褪去了好战的成分。[①] 这是希腊人对外来神的一种本土化表现。

本章所关注的，就是女神身上的这种异于神话形象的特征，或者直接点说，关注的是阿佛洛狄忒与战争和海洋之间的关系及其形象。笔者将具体分析斯巴达和雅典两地，以不同的方式分别讨论这两个城邦牺祀中独具特色的阿佛洛狄忒形象。尽管这两座城邦各自的文化绝对无法代替整个希腊文化，或整个希腊人对阿佛洛狄忒的牺祀，但两者在希腊世界各方面的影响应该可以使其作为具有代表性的研究个案。

斯巴达也许是最具军事色彩的城邦，斯巴达人的阿佛洛狄忒也十分独特。据说斯巴达人有两尊阿佛洛狄忒神像，是一反常态的全副武装的战士形象。当然，斯巴达也不是没有传统形象的爱神阿佛洛狄忒。新近的研究认为，在古代希腊地区，只有斯巴达崇拜战神阿佛洛狄忒的传统可追溯至古风时期，所有希腊其他地区对战神阿佛洛狄忒的记载均系文人骚客的想象创作，更多的是希腊化和罗马帝国时期的现象。[②] 那么斯巴达人为何会有这一独特的尚武的阿佛洛狄忒形象呢？笔者在本章第一节会结合所掌握的材料，给出一种可能的解释。

对于雅典的阿佛洛狄忒而言，目前的研究多集中在雅典城内的几处阿佛洛狄忒神庙。[③] 其实在阿提卡地区众多的阿佛洛狄忒神庙中，尤以比雷埃夫斯港（Piraeus）的阿佛洛狄忒圣所最为特别，有别于女神通常在神话中的爱神形象，她在那里是一位名副其实的海神。古典时期（Classical Period, 480—323BCE）的雅典以其强大的海军著称，事实上，雅典的海上霸权与这位女海神密切相关，实际上阿佛洛狄忒也是一位在雅典的政治发展史上尤为重要的女神。笔者将在本章第二节重点考察这座港口的阿佛洛狄忒神庙，进而分析女神与雅典海军、民主制度，乃至雅典政治传统之间的关系。

本章最后，笔者将尝试综合分析两座城邦的阿佛洛狄忒牺祀形象[④]，其实源自同一个核心概念。

[①] Johann Flemberg, "The Transformations of the Armed Aphrodite", in Brit Berggreen & Nanno Marinatos (eds.), *Greece and Gender*, Bergen: The Norwegian Institute at Athens, 1995, p. 120.

[②] Budin, "Aphrodite *Enoplion*", p. 112.

[③] 比如 Rachel Rosenzweig, *Worshipping Aphrodite: Art and Cult in Classical Athens*, Ann Arbor: The University of Michigan Press, 2004。作者也谈到了比雷埃夫斯港的阿佛洛狄忒神庙，但篇幅极为有限（仅2页）。显然，作为海神的阿佛洛狄忒似乎并未引起她足够的关注。

[④] 有别于两种形象，选择一种"一边倒"的解释策略，比如皮隆蒂在某种程度上强行将海神也视作战神，参见 Gabriella Pironti, "Rethinking Aphrodite as a Goddess at Work", *BCA*, pp. 113–130。

第一节　斯巴达戎装的阿佛洛狄忒神像

异样或另类，似乎是斯巴达人给人的一种印象，斯巴达人的老朋友色诺芬说他们"有着与其他希腊人截然不同的习俗"①。比如斯巴达政体的二王制，两个国王联合掌权；斯巴达人不修筑城墙，陆军是他们引以为傲的移动铁壁；斯巴达人严格实行公餐，并限定供给量；斯巴达妇女能参加男子的活动，其自由程度让其他城邦感到震惊。斯巴达人还出了名的迷信，尤其在涉及战事时②，斯巴达的宗教也因此染上了战斗宗教的色彩。他们的圣所具有准军事的功能，犹如边境上的界碑甚至要塞，兼具戒备敌军之功效。③ 其中尤以阿耳忒弥斯的圣所最为显著，她的几处圣所都位于斯巴达郊外，分布在整个拉科尼亚（Laconia）境内。她与其他几位诸神和英雄圣所所在的位置分布正好勾勒出了斯巴达城邦的边界及其在拉科尼亚的势力范围。④ 若考虑到这位与野兽和狩猎密切相关的女神本身就具有荒野的元素和好斗的属性，这一现象便也不足为奇。然而有趣的是，通常与战事无关的阿佛洛狄忒在斯巴达也一反传统，表现出战神的一面。她的神像被斯巴达人反常地塑造成全副武装的形象。

一、两尊武装的爱神像

对斯巴达戎装阿佛洛狄忒的描述见于保萨尼阿斯的著作。这位公元2世纪的作家所著的《希腊寰域志》描述和记录了当时希腊各地区的神庙和其中供奉的各种神像的见闻，可谓现存古籍中对希腊神庙介绍最全面的文献。因此，本节就选择以保萨尼阿斯的"旅游手册"为线索，来一趟斯巴达神庙的考察旅行。不过，要时刻谨记的是，我们的"向导"是一位生活在罗马帝国时代的希腊人，他与希腊古典时期以及更遥远的古风时代之间，不仅隔着条条罗马大道，还有一湾希腊化的长河。简言之，他的话不可全信。比如，他在介绍科林斯卫城（Acrokorinthos）上的那尊戎装的阿佛洛狄忒（Aphrodite Hoplismenes）神像

---

① Xen., *Lac.* 1.2.
② 双王：Xen., *Lac.* 15.2；公餐：*Lac.* 5.2；女子体育训练：*Lac.* 1.4，战前虔诚的占卜：*Lac.* 13.2–5。
③ 可以推测，神庙（洁净）与战争（污染）之间的格格不入被斯巴达人狡猾地利用了。
④ Nicolas Richer, "The Religious System at Sparta", *AGR*, p. 243.

时①，就上演了一出"关羽战秦琼"的好戏②。在接下来的"旅程"中，我们还会发现他的一些讹误之处。总之，他是一位不太可靠的"向导"，却是一位可以带领我们走近希腊神庙的不可多得的"向导"。

我们的"向导"保萨尼阿斯提到了两尊位于斯巴达神庙中的全副武装的阿佛洛狄忒神像，其中一尊位于卫城山上：

> ［第一尊，在］铜殿女神（Chalkioios）③的后方，是战神阿佛洛狄忒（Aphrodite Areias）的神庙。这些木制神像（xoana）比希腊地区任何一尊神像都要古老。④

这座阿佛洛狄忒的神庙背靠护城女神雅典娜（Athena Poliouchos）的神庙，位于卫城所在山体的西段。保萨尼阿斯除了提到这位阿佛洛狄忒的全称——战神阿佛洛狄忒——之外，还说，这尊阿佛洛狄忒的木雕神像年代十分古老。信息似乎只有这些，但有时没有信息反而是一种信息。不过还是先让我们去看一看第二尊神像，与第一尊的简介一样，保萨尼阿斯对第二尊神像也是一句话简单带过，但是他详细介绍了与第二尊同在一处的另一尊奇特的阿佛洛狄忒神像：

> ［第二尊，在］稍远处的一座小山丘，有一座古老的神庙位于丘顶，里面有一尊戎装的阿佛洛狄忒的木制雕像。这是据我所知，绝无仅有的一座建有上层结构的神庙。
>
> 那［上面］是曼妙（Morpho）女神的圣所，曼妙是阿佛洛狄忒的一个名号，女神端坐，头罩面纱，脚戴镣铐。传说是廷达瑞俄斯（Tyndareus）给她戴上了脚镣，象征了妻子对她们丈夫的忠贞。另一个说法则是，廷达瑞俄斯用这双镣铐来惩罚女神，因他认为阿佛洛狄

---

① Paus., 2.5.1.
② 希腊城邦柯林斯于公元前146年（与在同一年早几个月前的迦太基城一样）被罗马人夷平，公元前44年由恺撒（Gaius Julius Caesar）重建。其间他建造了一座征服者维纳斯（Venus Victrix）的神殿。保萨尼阿斯看到的就是这位罗马女神，而非正宗的希腊女神。纵观他的作品，他的游记几乎无视当时罗马帝国在希腊地区建造活动留下的一切事物，他的透视法耐人寻味，此处的"眼拙"便显得更为有趣。
③ 斯巴达卫城上的雅典娜神庙。
④ Paus., 3.17.5.

忒让他的女儿们蒙羞①，我一时半会儿无法接受这种解释。因为用雪松雕制并命名一尊阿佛洛狄忒的神像只是为了惩罚女神，这毫无疑问有点太蠢了。②

保萨尼阿斯在此谈到的神庙和神像，大致可分为四条重要的信息：（1）神庙的位置——山丘；（2）神庙的结构——双层；（3）底层的神像——戎装的阿佛洛狄忒；（4）上层的神像——被禁锢的阿佛洛狄忒。

先来看神庙的情况，供奉有两尊阿佛洛狄忒神像的神庙位于一座小山丘上，山丘与卫城山的山脉相连，位于整个山体的东段。这座神庙的结构十分特殊，上下两层，保萨尼阿斯称这种双层结构的神庙是"据我所知，绝无仅有"。从目前掌握的材料来看，古希腊地区确实不见有此类宗教建筑，那斯巴达人为何会建造这样的神庙？要回答这个问题似乎显得毫无头绪。但若转换思路，这座神庙是否并非斯巴达人所建？从神像的年代来看，这座神庙显然不是晚来的罗马统治者的杰作（虽然保萨尼阿斯在科林斯将罗马"舶来品"与希腊"土特产"搞混过）。那么神庙可能就是比斯巴达人更早的当地原住民所建。换言之，早在多利斯－斯巴达人到来之前，神庙便已经存在，斯巴达人出于某种原因将这座双层神庙保存了下来。结合20世纪中叶对东南欧史前文明的考古发掘成果来看，这一推测成立的可能性很大。相关考古学的报告已经证明，上古欧洲（公元前5000年左右），双层神庙在东南欧地区开始出现：上层供奉神像，是名副其实的"圣所"；底层则从事劳动生产，是"作坊"。③

斯巴达的这座双层神庙乃是上古文明的遗迹，只是笔者的初步推测。若双层神庙属于古迹，那么里面的神像呢？若按古代双层神庙的布局，上层的那尊神像应该就是这座神庙的（原）主神。上古欧洲地区普遍流行各种女神崇拜。保萨尼阿斯说这尊神像被称为曼妙女神阿佛洛狄忒（Aphrodite Morpho），暂且不考虑阿佛洛狄忒的起源，就神像的性别而言，符合当时该地区女神与生殖崇拜的宗教体系。此外，这尊女神像是端坐的姿势，也符合当时的造像习俗。考古发掘出不少古代欧洲非希腊文化的女神坐姿像。再从女神的称号上来看，"曼

---

① 廷达瑞俄斯的两位女儿，即与情夫私奔的海伦，以及伙同情人弑夫的克吕泰墨涅斯特拉（Clytemnestra）。

② Paus., 3.15.10–11.

③ Marija Gimbutas, *The Living Goddesses*, Miriam R. Dexter (ed.), Berkeley: University of California, 2001, pp. 73–79，内有多张直观的遗址复原图。关于双层神庙的分析介绍，参见该书第四章（Ch. 4: "Temples"）。

妙"用于阿佛洛狄忒十分罕见，几乎是绝无仅有的称号。设想一下，这尊神像很可能是一副丰乳肥臀细腰长腿的模样。这种造型与早期女神信仰和生殖崇拜有关。也许后来的斯巴达人就因其身材而称之为曼妙女神。如此看来，这尊神像也许并非希腊人的阿佛洛狄忒，其年代可能极为久远。而且，神庙底层还有一尊阿佛洛狄忒神像。在一个神庙内供奉一位神的两尊神像似乎多此一举，其实不然，笔者将在后面再谈论这座神庙内上层神与底层神之间的关系。当前有一个不容忽视的现象亟须解释，即这尊坐姿女神为何"被人"披上了面纱，铐上了脚镣。显然这两件"装饰品"并非以雕刻的形式表现出来。那么紧接着出现的问题就是，何人出于何目的要如此装扮神像呢？装扮神像的人，不外乎斯巴达人和非斯巴达人。在推测是何人所为之前，不妨先尝试找出这样装扮该神像的原因或目的。

二、被缚的神像

事实上，保萨尼阿斯在他的著作中还提到了一处有着类似情况的神像，而且碰巧也在斯巴达。那就是厄倪阿利俄斯（Enyalios），一位古老的战神，他的名字早在线行文字 B 中就已出现，可追溯至迈锡尼时期。就这一点而言，他与那尊"阁楼上的"曼妙女神一样，都属于多利斯－斯巴达人到来之前就已存在的本土神。但两者的相似之处并非他们的来历，而是他们的"待遇"：

> 在这［希波斯忒涅斯①（Hipposthenes）祠堂］对面，供奉了一尊被缚的厄倪阿利俄斯的古老雕像。这尊神像所体现出的拉克戴蒙人（Lacedaemonia）的思想观念与雅典人的无翼尼刻女神（Nike Apteron）像一样。前者认为，因枷锁的束缚，厄倪阿利俄斯将永远无法离开他们；而雅典人则认为，失去了双翼，尼刻也将永远留在她所在的地方。②

保萨尼阿斯提到这尊被缚的厄倪阿利俄斯神像，还顺带给出了一种解释：捆绑神其实是为了留住神，以免遭到神灵的抛弃。他联想到自己此前在雅典卫城看到的神像：在卫城大门入口右侧的小神庙里，雅典人供奉了一尊无翼女神，

---

① 此人为斯巴达运动健将，在奥林匹亚赛会摔跤项目上 6 次夺冠，可谓奖杯"拿到手软"。第 37 届少年组冠军，第 39、40、41、42、43 届成人组冠军。他儿子后来也获得了摔跤冠军。

② Paus., 3.15.7.

即保萨尼阿斯提到的尼刻（胜利女神）。① 雅典人为了留住胜利女神没有制作她的翅膀，而斯巴达人则是将古老的战神绑住，以免神出走。这种解释有其合理性，即人类出于自身利益用各种手段留住自己城邦的保护神。关于城邦守护神的争夺与城邦的存亡攸关，这方面的例子不胜枚举。② 不过，同样是想留住神，为何雅典人不在尼刻的神像上加一套器具锁住女神，而不惜"折损"女神？迷信的古人，应当不会为了挽留一位神而去伤害一位神灵，这不仅仅是影响一位神的神性那么简单，破坏神像本就属于渎神的行为。事实上，是我们的"向导"习惯性地又犯了一次错，他提到的那尊雅典人的神像，并非尼刻女神而是雅典娜，全称为胜利女神雅典娜（Athena Nike）。约公元前2世纪中叶的雅典人赫利奥多洛斯（Heliodoros of Athens）撰写了一部15卷的《卫城揽胜》（Peri Akropoleos），虽早已佚失，但书中有关这尊女神像的文字几经辗转流传了下来③：

……雅典人在此供奉了一尊神像，是胜利女神雅典娜的神像……。
女神右手托着一颗石榴，左手则提着一顶头盔……④

这尊雕像只可能是雅典娜。首先，在宗教层面上，古希腊的城邦牺祀中雅典娜有使用"胜利"这一称号的惯例。比如保萨尼阿斯提到的麦迦拉（Megara）卫城上的三座雅典娜神庙，其中一座就属于胜利女神雅典娜。⑤ 欧里庇德斯在《伊翁》（Ion）中也明确地提到过这位女神，在这出戏剧的最后，雅典国王厄瑞克透斯（Erechtheus）之女克瑞乌萨（Kreousa，即公主）对她的孩子伊翁说："［我］对着胜利女神雅典娜起誓……"。⑥ 其次，尼刻女神作为有别于奥林波斯诸神的

---

① Paus., 1.22.4.
② 如 Plut. Quaes. Rom. 61，普鲁塔克提到罗马人用捆绑术守住他们的神像（不过这些神像应该会被搬进罗马城）。虽然游记作者身处罗马帝国时期，但此处——斯巴达的被捆绑的神像——显然与罗马人无关。他还提到，比起捆绑，罗马人更喜欢隐藏神像的真实名字，禁止提及和询问（城邦守护）神的名字，他们害怕神灵被仪式召唤走，留下一具空壳。比如奥德修斯"巧"取特洛伊的雅典娜木像，梭伦"祭"取萨拉米斯岛。当然，还有罗马人，他们乐于"供奉"被征服城邦的神。
③《苏达辞书》的相关（见下一条注）词条引："亚历山大城的语法学家哈波克拉图（Harpokrationos, c. 2nd CE）编写的《十演说家用语辞典》（Lexicon of the Ten Orators）中记载：雅典讼师吕库尔戈斯（Lykourgos, c. 390–324 BCE）的《女祭司辞》（On the Priestess = fr. 41）中曾提到在赫利奥多洛斯的《卫城览胜》卷一中谈到了这尊女神像。"
④ Suda, s.v. "Athena Nike".
⑤ Paus., 1.42.4.
⑥ Eur., Ion 1529.

另一类神，或可被称为"小神""次神""伴神"。此类神灵应该除了自己的名字外，无权拥有特殊的牺祀称号。换言之，应该不会有"尼刻·雅典娜"这样的神存在。关于雅典卫城大门入口右侧的这座神庙及其神像的具体情况，考古研究也已经给出了详细的信息。①

可能的推测是，人们常以其称号——尼刻（胜利）——来称呼胜利女神雅典娜，省略了神名，或逐渐遗忘了。到了罗马帝国时期，保萨尼阿斯误以为这是一尊尼刻女神的塑像，因此他会惊讶于其反常的模样——无翼②，于是便用一种当时习以为常的宗教-巫术的惯性思维来解释这一现象，即雅典人渴望胜利，故想以此方式留住这位神。从赫利奥多洛斯对这尊神像的描写来看，胜利女神雅典娜所代表和象征的确实是雅典城邦军事上的强盛（头盔）与经济上的富足（石榴），这一点与保萨尼阿斯的解释基本相符。但事实证明，他关于雅典人为何要造一尊"无翼尼刻女神"的解释源于一场误会，因为这尊神像并非尼刻，而是雅典娜，故用枷锁等器物试图留住一位神听上去似乎言之有理，但笔者以为，可能还存在另一种解释。

三、可怖的神像

在给出另一种可能的解释前，有必要先分析一尊同在斯巴达的著名雕像，俗称沼泽地的阿耳忒弥斯（Artemis Limnaia）。关于其的文字记载同样来自我们的"向导"保萨尼阿斯：

> 名叫利姆奈昂（Limnaion）③的地方是挺拔女神阿耳忒弥斯（Artemis Orthia）的神圣领地。……
> ……他们不只尊称她为挺拔女神（Orthia），而且还称其为柳梏定此（Lygodesma）④，因为这尊雕像被人们发现在柳树荆条（lygwn）⑤丛生的灌木林中，柳条将神像缠绕并立起（orthon）。⑥

---

① Ira S. Mark, *The Sanctuary of Athena Nike in Athens: Architectural Stages and Chronology*, (*Hesperia* Supplement 26), Princeton: American School of Classical Studies at Athens, 1993, pp. 93–94.
② 虽不能彻底排除有翼雅典娜的形象，但似乎极为罕见。
③ 沼泽地之意。
④ 这个称号的意思是被柳条缠绕，虽显别扭，但笔者还是使用了表音结合表意的译名。
⑤ 马鞭草科，牡荆属，穗花牡荆（Vitex agnus-castus）。
⑥ Paus., 3.16.7, 11.

保萨尼阿斯对这尊雕像的描述十分有趣，但由于与我们所关注的问题关联不大，这里省略文献中大段有关神像来历（黑海北岸）的传说和相关仪式（血腥残忍）的起源等详细介绍。我们直接来看这尊神像的名称，"挺拔女神阿耳忒弥斯"（Artemis Orthia），其格式与胜利女神雅典娜类似。考古学的证据表明，奥尔西娅（Orthia，即挺拔女神）最初是当地的一位古老的女神，圣所内出土文物的年代可上推至公元前 10 世纪。而且有趣的是，一些可能是作为供品的小神像表现的是一位有翼女神。献词的铭文中只出现了 Orthia 的单名，也有少许 Artemis Orthia 的双名，但无单独的 Artemis。[①] 显然，可以推测外来的阿耳忒弥斯与当地的奥尔西娅发生了融合，并逐渐取代了这位古老的本土女神。奥尔西娅的名字成了阿耳忒弥斯的一个称号，其神格逐渐被人们遗忘。

我们发现，一位同样有着翅膀的女神与奥林波斯女神发生了融合，并失去了翅膀（希腊人的阿耳忒弥斯神像显然不曾有翅膀）。当然，这并不会引起保萨尼阿斯的惊奇，这次他没有认错神像。不过他可能又犯了一次错，这次是关于这位女神名字的问题。他"自作聪明"（或是道听途说）地解释了一番女神名字的由来：神像是因为被柳条缠绕而立起，所以人们即称女神为挺拔女神，也唤她作柳梏定此。这种解释属于典型的"补充解释性神话"。现在我们已经知道，挺拔女神是一位本土女神的名字而非表示立起的状态，当然，她名字的真实含义已被人遗忘。如此看来，挺拔女神阿耳忒弥斯的名字源自神像被柳条立起的解释也就立不起来了，而传说神像曾在林中被柳条缠绕的说辞自然也就无法成立。那么问题来了，如何解释这尊阿耳忒弥斯神像"柳梏定此"的这一称号？

顺着神像被柳条缠绕的思路想开去，能够自然而然地联想到神像被捆绑了。"捆绑""拴牢""固定"这些词汇不禁让人想到了上文谈到的厄倪阿利俄斯的镣铐，还有阁楼上被禁锢的阿佛洛狄忒。"拴住"厄倪阿利俄斯的镣铐与挺拔的阿耳忒弥斯的一个意为"捆绑"的称号一样，都与禁锢有关，然而保萨尼阿斯却给出了两个全然无关的解释，这不禁使人生疑。两者同在斯巴达，两尊神像必定反映了斯巴达人某种宗教－巫术思维模式，也许能用一个相同的原理去解释两者之间的共同点。

值得留意的是斯巴达人为这两位神举行的仪式也有着极为相似之处。厄倪

[①] Herbert J. Rose, "The Cult of Orthia", in Richard M. Dawkins (ed.), *The Sanctuary of Artemis Orthia at Sparta*, (*JHS Supplement 5*), London: MacMillan Publishers Ltd., 1929, pp. 399–400.

阿利俄斯是一位古老的战神，在他的圣所内有针对青少年举行的严酷仪式，即组队进行厮杀（虽是仪式性的，但非表演，而是真实的搏斗），并会向这位神献祭小猎狗，就是以狗血酹奠（Libation）祭坛；沼泽地的阿耳忒弥斯也有类似的残酷仪式，也是两组少年在祭坛边进行仪式性的攻防（同样是真刀真枪），还会用鞭子战斗①，并以血溅祭坛为荣②。一言以蔽之，两位神具有一个共同的特点——凶狠威猛。考虑到斯巴达人的宗教思维模式（迷信/虔诚），用巫术来解释捆绑的现象可能更说得通，即斯巴达人（几乎也是所有古希腊人）惧怕这两位神无穷的威力，在受惠于神明力量的同时，需要对其加以抑制，只不过抑制二者的方式稍有不同：厄倪阿利俄斯雕像上有一件巫术道具——镣铐；而阿耳忒弥斯的那个名号则是一句咒语——被捆住了。对待一位古老的未被彻底同化的本土神，斯巴达人既崇拜他，向他祈求神力，但又感到危险，所以用镣铐束缚他的破坏力。而对待一位身居奥林波斯天庭的主流女神（已经融合了另一位古老的本土神），斯巴达人则用一句咒语来约束她的神力。③此外，保萨尼阿斯在自己著作的另一处也提到了一个用于捆绑作祟鬼魂的雕像。④因此，保萨尼阿斯说"斯巴达人想用镣铐留住厄倪阿利俄斯"的说法有误，其实是一种禁锢术。

如此一来，对于上文提到的那尊"阁楼上的"阿佛洛狄忒，她身上的脚镣还有面罩的解释，也就有了新的答案。应该是斯巴达人出于同样的宗教心理，如此"装扮"了这尊神像。这当然不是想留住这位女神，她并非城邦守护神（卫城上有护城女神雅典娜）。斯巴达人应该是畏惧这位古老的本土女神曾经的威力，遂用镣铐禁锢住她。不仅如此，头上罩着面纱也可以遵循这一思路做出解释，也许是怕看见她的尊容。⑤而称其为"曼妙女神"很有可能是一种委婉的说法，实际她很可能是一位让人无法直视的面目狰狞的女神。⑥所以，禁锢神像的原因应当不是保萨尼阿斯所讲的那两个解释性神话故事："象征了妻子对丈夫的忠贞"

---

① 鞭子让人联想到柳树和荆条，以及植物的学名马鞭草，所以也许其中有一定的联系。
② Xen., *Lac.* 2.9.
③ 在罗马帝国时期（公元3世纪），罗马人在这位阿耳忒弥斯的圣所里（托古）伪造了一种极其病态血腥的观赏性仪式。可想而知，这位女神嗜血属性之强大。对此现象的评论，参见 Paul Cartledge, *The Spartans: An Epic History*, London: Pan Books, 2003, p. 40。
④ 在比奥提亚地区的奥尔科墨诺（Orchomenos），保萨尼阿斯看见一尊铜像，这是当地人遵德尔斐神谕而立的，并用铁链将其锁在磐石上，据说这样就封印了忒拜英雄阿克泰翁（Aktaeon）四处游荡的灵魂。当地人每年会向英雄献祭（Paus., 9.38.5）。
⑤ 有关古希腊人对神像的这种观念，参见 Deborah T. Steiner, *Images in Mind: Statues in Archaic and Classical Greek Literature and Thought*, Princeton: Princeton University Press, 2001, pp. 160–168。
⑥ "容貌可怕"和"身材很棒"并不矛盾。关于狰狞的面貌，试想一下"青面獠牙"的美杜莎的形象，她原本是希腊地区原住民的门神或守墓神。

或"惩罚女神"。

也许,这位"阁楼上的"曼妙女神和沼泽地的阿耳忒弥斯有着类似的经历,是一位古老的本土神,后来被阿佛洛狄忒同化了。至此,我们对曼妙女神阿佛洛狄忒有了新的认识,至少探明了她的来龙去脉和她身上奇特装扮的用意。不过,这座双层神庙中供奉了两尊阿佛洛狄忒的神像,关于这一点,又提出了一个问题:斯巴达人在供奉神像的时候是否遵循一定的规律?

四、立像的规律

为了获取更多相关的信息,对斯巴达的阿佛洛狄忒神像来一次全面排查对接下去的分析会有所帮助。请依旧跟随我们的"向导",来看一看他记录的拉科尼亚地区其余的阿佛洛狄忒神像:

(1)在顶棚的边上有一幢环形建筑,里面供奉的是宙斯和阿佛洛狄忒,均被称为奥林匹亚的(Olympia)。①

(2)神谕指示人们辟一处圣所来供奉高抬贵手的赫拉(Hera Hyperchemia),当时正值尤洛塔斯(Eurotas)河水泛滥②,洪水淹没了大片土地。里面还有一尊被他们称为婚神阿佛洛狄忒(Aphrodite Hera)的木制神像。每当家中的女儿出嫁时,母亲会向这位女神献祭。③

(3)在[铜殿女神雅典娜祭坛边的两尊国王]保萨尼阿斯塑像的不远处,有一尊益寿女神阿佛洛狄忒(Aphrodite Ambologera)的神像,是遵循一则神谕而立;此外,这里还有睡神虚普诺斯(Hypnos)和死神塔纳托斯(Thanatos)的雕像。④

(4)在这座小岛克拉奈(Kranai)上,荷马曾说,亚历克桑德洛斯(Alexandros)⑤带着海伦,在此处共度了他们的第一个春宵。⑥在小岛对面的大陆上⑦有一处结合女神阿佛洛狄忒(Aphrodite Migonitis)的圣所,整片圣所被称作媾合之地(Migonion)。他们说,这处圣所

---

① Paus., 3.12.11.
② 这条流经斯巴达的大河经常洪水泛滥,所以人们给这条河起名为缓流(Eu-rotas)。
③ Paus., 3.13.8–9.
④ Paus., 3.18.1.
⑤ 特洛伊王子帕里斯。
⑥ Hom., *Il.* 3.445.
⑦ 此处即谷忒昂(Gytheion),斯巴达的军港,今希腊吉雄市。

是亚历克桑德洛斯所建。当墨涅拉奥斯（Menelaus）征服了伊利昂，洗劫了特洛伊，离家八年之后安全归来，旋即在结合女神的圣所里立了一尊忒提斯（Thetis）和一组明断女神（Praxidikai）的神像。①

我们看到，除了上文提到的两处供奉戎装阿佛洛狄忒木像的神庙，保萨尼阿斯还提到了这一地区供奉有阿佛洛狄忒神像的另外四处神庙。第一处是奥林匹亚的宙斯（Zeus Olympia）和奥林匹亚的阿佛洛狄忒（Aphrodite Olympia）两尊像。第二处则是高抬贵手的赫拉和婚神阿佛洛狄忒两尊像。第三处比较特别，注意其场所，是在卫城上的护城女神雅典娜的铜殿内，此处自然就有一尊原文没有提及的铜殿女神雅典娜（Athena Chalkioios），再算上益寿女神阿佛洛狄忒的神像，就是两尊像。此外，还有两尊斯巴达国王保萨尼阿斯的雕像，一对兄弟神的雕像——睡神和死神。第四处，据说是由海伦的情夫帕里斯所设的结合女神阿佛洛狄忒像，和据说是由海伦的丈夫墨涅拉奥斯所立的阿喀琉斯之母忒提斯的神像，里面还有一组明断女神的神像。

从保萨尼阿斯的记载来看，这四处供奉阿佛洛狄忒神像的场所有一个共同的特点，就是所有阿佛洛狄忒的神像都是"出双入对"，尤其是第四处，简直是"针锋相对"。显然，斯巴达人在供奉有阿佛洛狄忒的神庙里，有规律地使女神的神像与其他神像成对地出现。②而且，双层神庙里神像的情况也符合成对的规律：底层戎装的阿佛洛狄忒和上层被禁锢的曼妙的阿佛洛狄忒。

但是，眼下出现了一个很明显的问题，那尊卫城上的最古老的战神阿佛洛狄忒木像却是茕茕孑立，没有与之形成对偶的神像。若果真如此，笔者所指出的规律似乎就无法成立，抑或斯巴达人仅在此处出现了反常的情况？若要坚持成对的规律无误，就必须证明此处有或曾经有过另一尊雕像，与战神阿佛洛狄忒神像成对而立。然而，很不幸，在古籍资料中笔者尚未能找出与此相关的明确线索。也许，相关的典籍已经在历史的长河中佚失。此刻，面对文献的局限性，文物的重要性就尤显突出。所以，让我们暂别我们的"向导"和所有那些古代作家，转向现代的考古学家，到他们的"仓库"里刺探一番，兴许会有所收获，即使只是蛛丝马迹。

---

① Paus., 3.22.1–2.
② 明断女神的个数不明，据《苏达辞书》词条 Praxidike 记载，有"对神"和"三神"两种说法（Suda, s.v. "Praxidike"），但这并不重要，因为她们和睡神死神兄弟一样是一组神。

五、失踪的神像

事实证明，考古学家们在战神阿佛洛狄忒神庙的遗址里确有所获。学者们理所当然地找到了献给战神阿佛洛狄忒的供品——一柄铁剑，上有铭文Arewiai，即女战神（Areias）的阴性与格。① 说明这位女战神在此是供品的接受者，也证明保萨尼阿斯的记载无误。事实上诚如上文所言，保萨尼阿斯给出的极少的信息确实值得怀疑。让人眼前一亮的是，该遗址内出土的陶片上还出现了一个保萨尼阿斯未曾提到的神名——女王阿佛洛狄忒（Aphrodite Basilis）。② 文物的时间被大致推定在公元前8世纪的古风时期。这位"女王"是谁？是否只是战神阿佛洛狄忒的另一种称呼？因为其本名依然是阿佛洛狄忒。若能发现另一位全名完全不同的神，那也许就能证明此地曾经还存在过一尊别的神像，而这尊"失踪"的神像曾经与战神阿佛洛狄忒的神像形成一对。不过，眼前有可能成为这位"失踪"之神的似乎只有这位"女王"。

称号"女王"用在阿佛洛狄忒身上其实并不多见，也几乎不用来称呼其他奥林波斯女神。阿耳忒弥斯、德米忒尔和雅典娜也只是在诗歌中被称为"女统领"（Potnia）③，而在实际的牺祀中则不见此类称谓。由于该称号十分罕见，我们寻找拥有"女王"称号的女神反而就变得具有可行性，不再是海底捞针。其大致范围已经缩小了很多，甚至可能是绝无仅有的一位，但是也有可能完全是一场空——根本没有这样一尊神像——也许女王阿佛洛狄忒就是战神阿佛洛狄忒。若执意寻找这位"失踪的女王"，就如同水中捞月。但不管怎样，我们还是有必要通过关键词 Basilis，去尝试探索一番。

碰巧在被称为大希腊（Magna Graecia）的地区，考古学家们发现了一位被人尊称为"女王"的古希腊女神。确切的地点是南意大利沿海地区的两座希腊殖民城邦，一处是意大利靴子高跟内侧的塔拉斯（Taras），另一处是鞋尖底部的西海罗克里斯（Epizephyrian Locris）。④ 而且，有趣的是，在塔拉斯卫城遗

---

① Budin, "Aphrodite *Enoplion*", p. 86.
② 对这个称号的讨论，参见 Pirenne-Delforge, *op. cit.*, p. 209。
③ 比如《伊利亚特》中称阿耳忒弥斯为 potnia theron，即万兽的女统领（Hom., *Il.* 21.470）。此外也见于迈锡尼时期的线性文字 B。
④ 塔拉斯，罗马人称为他林敦（Tarentum），今塔兰托（Taranto）。西海罗克里斯，今罗克里（Locris），对此译名的说明，参见第15页脚注⑤。

址发现的那位被称作"女王"的女神,其全称正是女王阿佛洛狄忒。① 该圣所的年代至少可以上推至公元前 7 世纪。遗迹内发现了铭刻"女王阿佛洛狄忒"字样铭文的文物(供品和饰品),其年代也能够追溯至公元前 6 世纪。② 南意大利圣所内的文物与斯巴达卫城上的供品之间是否有关联?是否只是贸易上的往来,导致两地器物的流通?或者,直指核心的问题:塔拉斯卫城上的女王阿佛洛狄忒(如果确实存在)与斯巴达之间是否有联系?答案当然是:有。

塔拉斯恰是斯巴达的殖民城邦。故事要从一场血腥残酷的战争说起。当年多利斯(Doris)人打着"赫拉克勒斯后裔回归"(史称多利斯人入侵)的旗号占据斯巴达,引发了激烈的地区矛盾,最终爆发了一场旷日持久的战争——第一次美塞尼亚战争(Messenian War Ⅰ, c. 743-724 BCE)。多利斯 - 斯巴达人在付出了惨痛的代价后,终于赢得了这场拉锯了近 20 年的鏖战。可归乡的战士们发现,故乡的妇女和边民(Perioikoi)③生养了一群子嗣。城邦最终决定驱逐这些"私生子"(Parthenians)。④ 约公元前 706 年,这群斯巴达的"弃儿"遵循德尔斐的神谕在意大利南岸登陆,建立起了自己的城邦。⑤ 同样,西海罗克里斯也流传着一则与塔拉斯一样的建城传说。希腊本土的罗克里斯人在美塞尼亚战争期间是多利斯 - 斯巴达的盟军。⑥ 战后,他们也遇到了同样的问题:如何处置妇女与男性奴隶的孩子?于是,罗克里斯的这些私生子便成了西海罗克里斯的缔造者。

我们是否可以推测:这些私生子们可能带走了斯巴达卫城上的那尊女王阿佛洛狄忒神像,将其作为殖民活动的守护神?⑦ 关于私生子为何选择这尊女王阿

---

① Martin W. Frederiksen, "Archaeology in South Italy and Sicily, 1973–76", *AR* 23 (1976–77), p. 52; Massimo Osanna, "Sui culti arcaici di Sparta e Taranto: Afrodite Basilis", *PP* 45 (1990), pp. 81–94.

② Rebecca K. Schindler, "Aphrodite and the Colonization of Locri Epizephyrii", *EA* 11 (2007), p. 118.

③ 边民(Perioikoi),意为在居所(oikos)周围(peri)者,通常音译为珀里俄基人、柏里伊赛人、皮里阿西人等,属于斯巴达无政治权利的自由人。

④ Parthenians,意为少女所生的孩子。关于私生子,一说是斯巴达人考虑到战事激烈兵源吃紧,强迫妇女与边民生育的有生力量。战后,斯巴达人又反悔不承认他们的合法地位,盖因城邦资源和权力的分配问题。

⑤ 对殖民活动也有另一种主张。卡特里奇(Cartledge)认为,斯巴达人没有同意和认可塔拉斯的殖民活动,认为是少数人先斩后奏的行为。后来殖民活动成功,才获得了斯巴达母邦的承认,参见 Paul Cartledge, *Sparta and Lakonia: A Regional History 1300–362 BC*, 2nd edn., London: Routledge, 2002, p. 107。卡特里奇的推测似乎没有考虑到神像的问题。

⑥ 罗克里斯人与多利斯 - 斯巴达人有着紧密的关系。希腊本土的罗克里斯三部中间夹着斯巴达的祖地多利斯部,即三部被多利斯隔开,互不接壤,足见其与多利斯人的密切关系。

⑦ 阿佛洛狄忒在殖民地,以及作为航海活动的守护神,参见本章第二节的相关内容。身份特殊又无奈的私生子们所开展的殖民活动必定会选择阿佛洛狄忒女神。

佛洛狄忒，而非另一尊战神阿佛洛狄忒，就目前的材料而言，只能靠推测（也许，就算发现了证词，其背后真实的目的也可能永远是个谜）。若能联想到海伦在斯巴达的历史兼神话中的地位，也许能便于理解。海伦，在某种程度上就是阿佛洛狄忒，两者有着类似甚至同样的天资，她在历史上曾是斯巴达的"女王"。作为"女王"，她拥有一种权力，能够保障和维护一个社会群体的秩序和稳定。而且，选择"女王"意在表明私生子母亲们的正统地位，很可能是对政治权力的象征和诉求。事实上，如果说海伦曾被迫（比如高尔吉亚为她作的"申辩"，称她受到几种强大外力的胁迫）离开斯巴达，那么，也许那些"私生子"也梦想着有朝一日能够和这位女王阿佛洛狄忒一道重返斯巴达。

这些被迫离家的私生子们带着女王阿佛洛狄忒的神像，来到新的家园，在一处三面环海的卫城上建起了一座神庙，供奉这位来自母邦的神。有趣的是，南意大利的这几座希腊殖民城邦内少见有牺祀赫拉的痕迹，却尤其突出阿佛洛狄忒的牺祀。在这里，阿佛洛狄忒的身上包含了很多其他女神的职能特征，她"掌（接）管"了少女们的引纳仪式（initiation）①，这些重要的仪式本为阿耳忒弥斯、雅典娜、赫拉等女神的分内事。②这一地区的阿佛洛狄忒身上甚至还有某些男性神的属性。③也许，这位拥有"女王"头衔的阿佛洛狄忒，正好能够胜任这样一位身兼数职的女神。那尊曾经在斯巴达卫城上，与战神阿佛洛狄忒神像矗立在一起的女神像，就这样被斯巴达的殖民者带去了意大利，从此被人遗忘，一起被遗忘的可能还有那场鏖战给城邦造成的巨大创伤。④

既然已经找到了这尊"失踪"的阿佛洛狄忒神像，也就印证了笔者的推断：斯巴达人在供奉阿佛洛狄忒时，曾有意识地（这已经不能说是巧合了）使女神的神像成对出现。但是，一个谜团解开了，新的疑惑又立刻出现：为何要如此安排？

---

① 对术语"引纳仪式"（initiation）中译的说明，参见附录三。

② 南意大利的阿佛洛狄忒在少女引纳仪式中扮演的角色，参见 Nanno Marinatos, "Striding Across Boundaries: Hermes and Aphrodite as Gods of Initiation", in David B. Dodd & Christopher A. Faraone (eds.), *Initiation in Ancient Greek Rituals and Narratives: New Critical Perspectives,* London: Routledge, 2003, pp. 130–151。

③ Rebecca K. Schindler, *op. cit.*, p. 99.

④ 皮雷纳－德福热（Pirenne-Delforge）给出了一个有趣的说法，保萨尼阿斯（隐约）知道还有一尊神像（确实，他在此段文字中奇怪地使用了木雕像的复数形式 xoana 而非单数的 xoanon，笔者将其译作"这些木制神像"时确实有几分困惑，详见本节首条独立引文），但他保持了沉默（可能是在帝国统治下，忌讳提及"王"字？）。对于神像为何消失，皮雷纳－德福热在书中还给出了一种解释，认为是源于几位女神身份之间的转变（笔者觉得似乎有一定道理），参见 Pirenne-Delforge, *op. cit.*, p. 210。

六、斯巴达人二元对应的阿佛洛狄忒神像

斯巴达人的阿佛洛狄忒神像总是成对出现,或与其他神,或是自己的两个不同的形象。那么其他神像是否也是如此?当然不是如此。遍布拉科尼亚边境的女神阿耳忒弥斯通常会独占自己的圣地;阿波罗则既有伴神也有单独接受犒祀的神庙;[①] 波塞冬也是如此,在卫城脚下独自享有一地;[②] 赫拉还另有一处单独的神庙,在此地她拥有一个震慑人心的称号——吞羊的赫拉(Hera Aigophagos);[③] 等等。因此,完全成对出现的情况似乎就只有阿佛洛狄忒的神像。那么斯巴达人为何要不厌其烦地二元对应阿佛洛狄忒神像?若以二元对应来解释也不无道理,不妨先在此处整理罗列观察一下:

表3 斯巴达二元对应的阿佛洛狄忒神像

代表刚劲威严	象征柔缓祥和
战神阿佛洛狄忒	女王阿佛洛狄忒
奥林匹亚的宙斯	奥林匹亚的阿佛洛狄忒
高抬贵手的赫拉	婚神阿佛洛狄忒
护城女神雅典娜	益寿女神阿佛洛狄忒
阿喀琉斯之母忒提斯	结合女神阿佛洛狄忒
戎装的阿佛洛狄忒	曼妙的阿佛洛狄忒

上表尝试将对应的神像归入两组类型,这虽是一种今人对古人思维模式的"生搬硬套",但有助于厘清这一现象。斯巴达人为何特意选择一位女神,还是阿佛洛狄忒,一位最不容易让人联想到军事和政务的神?这一点尤其让人困惑不解。要对斯巴达人摆放阿佛洛狄忒神像的规律做出解释,就目前所掌握的材料和对古人世界观的了解而言,笔者自觉很难给出一个合理的解释,只能尝试性地做一些揣测。

显然,这两对四尊阿佛洛狄忒确实呈现出一种二元对应的架势,甚至连两处神庙的位置都表现出一种二元对应,卫城上的神庙在山体的最西端,而双层

[①] 阿耳忒弥斯的圣所最多。对斯巴达阿耳忒弥斯较为详细的梳理,参见 Claude Calame, *Choruses of Young Women in Ancient Greece: Their Morphology, Religious Role, and Social Function*, Derek Collins & Janice Orion (trs.), Lanham: Rowman & Littlefield, 1997, pp. 142–173。阿慕柯莱的阿波罗(Apollo Amyclae)神像,戴盔、持枪、弓弓,参见 Paus., 3.19.2。

[②] Paus., 3.15.10:血亲神波塞冬(Poseidon Genethlios)。

[③] 在古希腊,赫拉的祭品里从不使用山羊,除了斯巴达的这一神庙(Paus., 3.15.9)。结合第118页脚注 ④ 中提到的皮雷纳-德福热关于女神身份转变的观点,或可有所启发。

神庙则在最东端的山丘上。并且，鉴于斯巴达人的圣所具有界碑和准军事的功能，两座供奉戎装的阿佛洛狄忒的神庙在选址上应当也有所考虑。凡此种种，两座神庙和两对神像表现出的二元对应的情况，很容易让人想到斯巴达人独特的二王制。战时，一王领兵身先士卒，另一王理政留守城邦。此时的二王就像是一位将军和一位执政者。这似乎才能够对应上战神阿佛洛狄忒和女王阿佛洛狄忒的身份。再观察另一对阿佛洛狄忒神像，戎装的阿佛洛狄忒和曼妙的阿佛洛狄忒，感觉又像是和平时期斯巴达人的家庭写照，或是一位斯巴达妇女婚前与婚后两个阶段的状态。当然也有学者认为这两尊神像与少年和女孩的军事教育有关。①

本节对斯巴达两尊戎装的阿佛洛狄忒做了有限的考证、讨论和一些臆测。斯巴达人戎装的阿佛洛狄忒形象产生的历史真相依然有待深入探讨，女神的盔甲犹如笼罩在女神身上的一层迷雾，让人迷惑，又使人着迷。正如来自供奉女王阿佛洛狄忒之地的一位与斯巴达最著名的国王同名的诗人——塔拉斯的列奥尼达斯（Leonidas of Taras, c. 3rd BCE）——的诗句所传达的信息。那诗词与女神一样，让人费解，捉摸不透，字里行间却又散发着迷人的气息：

［河神］尤洛塔斯曾对塞浦路斯女神说："穿上盔甲，
要么离开斯巴达，此城乃狂热的兵家。"
女神嫣然一笑，"我绝不触碰铠甲，"
她说，"我还将永驻拉克戴蒙尼亚。"
那些不知羞耻的文人声称女神与我们一起全副武装，
我们的女神从不武装自己，与别处的一样。②

第二节　阿提卡海边的阿佛洛狄忒神庙

海洋民族，似乎是希腊人的民族特性之一。在最能代表古希腊人辉煌海洋文明的城邦之中，雅典有其代表性。这个坐落在阿提卡——一个三面环海的半岛——的城邦，曾称霸爱琴海。强大的海军，是其海洋霸权的保障。在某种程度上，雅典的海军与斯巴达的步兵类似，后者的重装步兵组成了移动的铜墙铁壁；而雅典人的海军，则是移动的海上堡垒。这支昔日的无敌舰队的军港就位于雅典

---

① Pironti, *op. cit.*, pp. 262–263.
② *Anth. Gr.* 9.320.

西南约 12 公里处的海边——比雷埃夫斯港。作为雅典人重要的港口,那里自然会有一位海神的圣所,但是,比雷埃夫斯港口供奉的海神却不是我们通常所知道的那位与雅典的女神雅典娜争夺城邦所属权的波塞冬,而是一位我们不太会想到的女神——阿佛洛狄忒。确实,在神话故事中,她具有海洋的元素。在赫西俄德的《神谱》中,她的诞生与大海有关;在荷马的《伊利亚特》中,女神的母亲是一位海洋女神。[①] 但古希腊与海洋有关的神不止她一位,为何雅典人非选她作为海港的保护神不可?因为阿佛洛狄忒与雅典人的港口、雅典人的海军,乃至雅典人的城邦及其政治都有着十分密切的关系。

一、比雷埃夫斯港的阿佛洛狄忒

公元前 393 年,雅典人迎来了一件久违的盛事——重建的长城(基本)竣工。雅典人距离恢复他们的海洋霸权似乎又近了一步。没错,此前一年,在小亚细亚地区西南海岸的那根长长的触角上,在城邦科尼多斯附近,雅典人科农(Konon)于此役战胜斯巴达的海军舰队。这位凯旋的海军将领,满载着他游说波斯总督获得的资金与补给,在雅典海军舰队驻扎的比雷埃夫斯港大兴土木,帮助重建长城便是其一。科农还沿海岸线将整个比雷埃夫斯港用墙体围起,组织修建了半岛(Acte)的沿海城墙,取代了之前西北东南走向横亘在半岛上的老城墙。他还为港口新建了一座供奉救主宙斯与雅典娜(Zeus Soter & Athena Soteira)的神庙,神庙规模不大,因为选址只能在米利都人希波达墨斯(Hippodamos of Miletos)规划严密的城市网格边见缝插针。[②] 神庙与希腊人戏称为酒杯(Kantharos)——俗称大港——的东侧岸边的大型集市(Emporion)并列。不仅如此,科农还自掏腰包,建了一处圣所,专门献给阿佛洛狄忒,据说是为了感谢这位女神在科尼多斯海战时候的护佑。这座圣所建成后,历时数百年依然矗立,罗马帝国时期的保萨尼阿斯游历至此,目睹了这处宗教场所:

> ……科农在这靠海的地方建造了一处阿佛洛狄忒的圣所,就在他于坐落在卡里亚半岛上的科尼多斯击溃了拉克戴蒙人的舰队后。对科尼多斯人而言,阿佛洛狄忒有着无上的尊荣,他们建有好几处这位女神的圣所;……那尊最新的阿佛洛狄忒雕像,人们称之为科尼多斯的

[①] Hes., *Theog.* 188–206; Hom., *Il.* 5.370–371.
[②] David W. J. Gill, "Hippodamus and the Piraeus", *Historia* 55 (2006), pp. 1–15.

阿佛洛狄忒,而科尼多斯人自己则尊称她为善渡女神。①

正如保萨尼阿斯所言,在科尼多斯乃至整个希腊世界都颇受欢迎的阿佛洛狄忒,因为那尊裸体女神雕像而更负盛名。科农在比雷埃夫斯港所建的圣所,就是献给这位善渡女神阿佛洛狄忒(Aphrodite Euploia)的礼物。圣所大致位于大港西北侧的埃提奥涅亚(Eetioneia)海岬。科农可能考虑到比雷埃夫斯港城内已经无处容纳规模较大的宗教场所,因此选择在外围地区修建。当然,建在大港西北的海岬上也符合女神的海神身份。此外,若观察整个比雷埃夫斯港神庙的位置,可以发现,雅典人所建的神庙几乎都位于几条直线上,所以选址也算合理。

科农的行为显得顺理成章。然而,一则在此处发现的石碑铭文却让人疑窦丛生,内容逐行如下:

> 在尤博利德斯(Euboulides)担任执政期间,
> 从标记处开始,
> 到中间砥柱,
> 位于大门(Gate)间。
> 从阿佛洛狄忒的圣所(Aphrodision)往右,
> 走出去790德拉克马,
> 承接者德谟斯忒涅(Demosthenes),
> 这位来自比奥提亚的人实际
> 提供的石料。②

发现这块碑的地方正是埃提奥涅亚大门(Eetioneia Gate)西侧的城墙塔楼处。从内容上看,这是一则与当时复原比雷埃夫斯段长城有关的铭文,记录了一位叫德谟斯忒涅的比奥提亚人为重建长城提供建筑石料,其中还提到了阿佛洛狄忒的圣所。乍一看,让人想到的自然是科农建在此地的那座圣所。但在时间上出现了问题,"尤博利德斯担任执政期间"被推定在公元前394或前393年,这个时间点,科农尚未满载而归。在科农回归之前,当地的人们已经在自发组

---

① Paus., 1.1.3.
② *IG* II², 1657. Translation by Feyo Schuddeboom, Stephen Lambert, Peter J. Rhodes, and Robin Osborne.

织复原长城，此处提到的这位比奥提亚人，结合色诺芬在《希腊志》中的说法，更能印证铭文所记之内容乃科农回雅典之前发生的事：

> 翌年开春［前393年］，他们就整编了一支庞大的舰队……
>
> ……法尔纳巴祖斯（Pharnabazus）命科农前往雅典，还拨款给他用于重建城墙。
>
> ［科农］一抵达便着手修筑城墙，安排自己的士兵参与工事，支付木匠和石工薪资，并且全力满足其他各种必要的开销。而且，有一部分城墙是由雅典人自己与来自比奥提亚等其他城邦的志愿者共同协助建造。[①]

色诺芬在此提到了比奥提亚的志愿者，这与铭文的信息相符。他还提到科农的舰队于公元前393年开春拔锚，浩浩荡荡从亚洲开往伯罗奔尼撒，以米洛斯（Melos）为基地，收编了沿途的岛屿，获得了控制权，袭击了美塞尼亚沿海地区，迫使库忒拉岛议和，再绕行至科林斯，最后返航，这些事即便是在同一年完成，神庙的建造速度也不可能如此之快。这让人不禁想问，此处难道还有一座阿佛洛狄忒的神庙？当然，据史料的记载，比雷埃夫斯港绝不止一处阿佛洛狄忒的神庙，比如来自塞浦路斯基提昂（Kition）的腓尼基商人，就获准在比雷埃夫斯港建立一座属天的阿佛洛狄忒圣所。这一事实有铭文为证，摘录[②]如下：

法令1	法令2
在尼考科拉底（Nikokrates）执政期间	在尼考科拉底执政期间
在第一组五十人团，来自埃戈伊斯（Aigeis）部族。	在第二组五十人团，来自潘狄俄尼斯（Pandionis）部族。
……	……
听取基提昂人关于建立圣所事宜的报告，并且一些	批准给予基提昂商人获取一块地的所有权，

---

① Xen., *Hella.* 4.8.7–10.
② *IG* II², 337. Translation by Stephen Lambert.

希腊人也希望如此，	在上面建造一处
应仔细考虑	阿佛洛狄忒的圣所
……	……

不过这些以腓尼基人为主的塞浦路斯商人，为女神的圣所选址在比雷埃夫斯港西南向大海延伸的山丘上。更何况，这座神庙是建于公元前333或前332年。① 由此可见，这座腓尼基人的阿佛洛狄忒圣所，无论在空间上还是时间上，与科农的那处善渡女神圣所都相去甚远。所以，修筑长城的石碑铭文中提到的阿佛洛狄忒圣所不可能是这座腓尼基人的女神庙。这就说明，比雷埃夫斯港还有一处更古老的阿佛洛狄忒圣所。考虑到阿提卡地区阿佛洛狄忒崇拜历史悠久，女神存在多个神庙完全有可能，但问题是，为何科农的选址与早前的如此接近？科农是否有意如此？若果真如此，那他的行为是否在遵循某个传统？

二、阿佛洛狄忒的圣所

在科农建造善渡女神阿佛洛狄忒的圣所之前，比雷埃夫斯港是否已经有一处阿佛洛狄忒的圣所？考古人员在港口发现的一块断损的石碑（尚存三块）或与之有关。② 石碑上面的铭文透露了一则可疑的信息，因为其中出现了阿佛洛狄忒的名字，并且和一个熟悉的人名在一起：

（行45）［属于……神龛？ He］rkanes，此乃忒弥斯托克勒斯（Themistokles）建于萨拉米斯海战之前；泊位在大

（行46）［港……部分地］被环绕着，有船坞和阿佛洛狄忒的圣所，以及直达"门闩"的廊柱。③

这块石碑虽有缺失，但保存下来的内容相对较多。碑文共59行。学者们研究认为石碑在年代上属于公元前1世纪中叶的罗马帝国初期，不早于前30年。据推测可能是年轻的元首屋大维下令调查整理的档案，为重建和恢复港口原有

---

① 该城位于塞浦路斯西南沿海。大约就在腓尼基商人于雅典港口建立女神庙的同一时间，廊下派的创始人基提昂的腓尼基人芝诺（Zeno，前334—前262）刚刚出生。

② Gerald R. Culley, "The Restoration of Sanctuaries in Attica: IG II², 1035", Hesperia 44 (1975), pp. 207.

③ IG, II², 1035, 45–46.

的宗教场所提供合法的依据。[①]比如其中还提到了救主宙斯和雅典娜（铭文行6）。铭文的这两行里提到了忒弥斯托克勒斯，说他在萨拉米斯海战前建了一处宗教场所，紧接着的下一行出现了"阿佛洛狄忒的圣所"的字样。该圣所存在两种可能：一，是科农建的圣所（前393年开始建造），后人在描述这一地区时自然会提到；二，不是科农的那座，而是我们推测的早在科农之前就存在的圣所。

这两种可能的问题在于，如果此处提及的阿佛洛狄忒圣所是科农所建，为何不提科农的名字，只提忒弥斯托克勒斯？而在他名字之前有一个可疑（名字不确定）的宗教建筑。作为一份罗马帝国时期希腊人为了重修神庙而提供的依据，有理由怀疑其中可能存在虚假的成分，比如归于忒弥斯托克勒斯的神龛，原来可能根本没有（可能出于雅典人想乘机多建几处神庙的目的）；或以凸显神庙建造的年代更为久远为宜，因此不提科农，造成该圣所也是忒弥斯托克勒斯所建的假象。但是也有可能，曾经确实有一处阿佛洛狄忒的圣所是忒弥斯托克勒斯所建，而这有可能就是早于科农的那处圣所。但要证明另有一处更早的阿佛洛狄忒圣所，仅凭这份材料明显缺乏说服力。不过，我们的探索有了大致的方向：忒弥斯托克勒斯。

雅典历史上，率先极力提倡发展海军事业、修筑长城，在比雷埃夫斯港厉兵秣马的正是忒弥斯托克勒斯。如果比雷埃夫斯港曾经有过什么土木工程，多数和他脱不了干系。在希腊史家的残篇中（目前似乎仅存）有一段话，表明忒弥斯托克勒斯建造过一处阿佛洛狄忒圣所，就在比雷埃夫斯港：

> 并且由于曾有一只鸽子突然出现，停在忒弥斯托克勒斯的三列桨旗舰上，这也就是为什么忒弥斯托克勒斯在取得胜利后作为感谢，在比雷埃夫斯港为阿佛洛狄忒修建了一处圣所，这是兰普瑞的阿摩尼俄斯（Ammonios Lamptreus）在他的那部谈论祭坛的书中提到的事。[②]

这份残篇被认为出自公元2世纪的塔尔索斯的赫尔墨戈涅斯（Hermogenes of Tarsus），言简意赅但信息量大。首先，明确提到了忒弥斯托克勒斯在萨拉米斯海战后，于比雷埃夫斯港建了一处阿佛洛狄忒的圣所。其次是建造女神圣所的原因：一只鸽子停在了忒弥斯托克勒斯的旗舰上。众所周知，鸽子被认为是

---

① Culley, *op. cit.*, p. 223.
② *FGrH* 361 F.

阿佛洛狄忒的圣物。最后还提到，这是兰普瑞的阿摩尼俄斯在自己的书中提到的内容。我们对这三个信息倒着来逐一分析。

塔尔索斯的赫尔墨戈涅斯引用了来自兰普瑞的阿摩尼俄斯著作中的内容。后者的记述是否可信？兰普瑞就位于阿提卡地区。这位阿摩尼俄斯应该就是雅典人阿摩尼俄斯，即普鲁塔克的老师，活跃于公元1世纪。普鲁塔克在自己的著作中多次提到他，在他的《忒弥斯托克勒斯传》（*Themistokles*）中也提到了阿摩尼俄斯的名字，就在这篇传记的末尾。[1]一位德尔斐祭司(普鲁塔克)的老师，写作一部谈论祭坛的著作应该不足为奇。阿摩尼俄斯的著作还被另一位作家证实，阿忒奈俄斯在《席间群贤》中也提到过他："正如阿摩尼俄斯在他那部讨论祭坛与献祭的三卷本著作中所言。"[2]那么可见，阿摩尼俄斯及其记述的真实性有了一定的保障。

像鸽子这类古代托神言史的例子比比皆是，目的多在于给出某件历史事件背后的原因，古人惯于借超自然的神力来解释人类行为的动机。阿摩尼俄斯提到阿佛洛狄忒的圣物——鸽子，是在给建造阿佛洛狄忒圣所寻找直观的理由。也许他知道忒弥斯托克勒斯曾在比雷埃夫斯港建造阿佛洛狄忒的圣所，但他不知道其中的具体原因，所以给出了鸽子与旗舰的传说。无独有偶，他的学生普鲁塔克也有一个类似的说法，就在《忒弥斯托克勒斯传》中：

> 有些人提到这样一则故事，据说当时忒弥斯托克勒斯正在自己的战舰甲板上发表演说，人们望见一只猫头鹰从舰船的右侧飞过，停在船帆的缆绳上；于是听他讲话的人都热烈地支持他的主张，个个斗志昂扬准备驾船应战。[3]

普鲁塔克的故事与他老师的说法略有不同，这里提到的是猫头鹰而非鸽子，而且说其从舰船右侧飞过，这是古代战时鸟占的一种吉兆。两种说法说明他们两人的写作目的和心理不尽相同，普鲁塔克将萨拉米斯海战的胜利归于鸟占的吉兆这一传说，而阿摩尼俄斯可能旨在解释为何海战胜利后要兴建阿佛洛狄忒的圣所。这从侧面反映了阿佛洛狄忒圣所与忒弥斯托克勒斯之间的联系。当然，也存在这样的可能，那份1世纪的铭文和这位1世纪的祭司都将科农造的圣所

---

[1] Plut., *Them.* 32.5.

[2] Ath., 11.25.

[3] Plut., *Them.* 12.1.

误认为是忒弥斯托克勒斯建的圣所。但这又暗示了科农与忒弥斯托克勒斯之间的某种关联。问题显然在于：忒弥斯托克勒斯是否有必要去建造一处阿佛洛狄忒的圣所？

三、海港与海神

历史上的忒弥斯托克勒斯是发展雅典海军事业的主推手。公元前494年，波斯平定小亚西岸希腊诸邦。翌年，当选为雅典执政后，这位领袖似乎敏锐地察觉到了未来的动向。他在对"木墙"神谕的理解上，力主以舰船立邦。他强烈建议雅典人用劳里昂（Laurion）银矿多余的收入来组建一支200艘三列桨的海军舰队，虽然最初的目的与实际的使用不同。不久，希腊联军凭借雅典人的这支舰队，在萨拉米斯海战中战胜了数倍于己的波斯海军。这一历史上的经典海战不必在此多言。从此，忒弥斯托克勒斯开始愈发强调和重视雅典人的这支海上力量，吸引了更多的人力和资源投入雅典的海上活动，并且顺理成章地让雅典成为海洋联盟——提洛同盟（Delian League）——的盟主。由此产生了极为可观的经济效益，而贸易垄断和海外征服的财富积累繁荣了整个城邦。

对于大力发展海军事业而言，需要一个良好的港口设施。眼光独到的忒弥斯托克勒斯选择了比雷埃夫斯这个拥有三个大小不同湾岸的天然港，放弃比雷埃夫斯港附近那处具有悠久历史的海港——法勒隆（Phaleron）。他也因此成为兴建比雷埃夫斯港的主推者。他将东侧两个小港用于军事，西侧的大港则为民事通商和驻军混用。港口建设包括生活基建、防御工事、港口设施等。这些措施使雅典的社会、经济和文化，乃至政治发生了一系列变化。在那之前，雅典的居民主要是农业人口，但是到了公元前5世纪，他们逐渐意识到自己也是海洋居民。在某种程度上，他们将赫西俄德的这句教诲——"切莫在碧波如酒的海上泛舟，专心务农，听我之言，操持田里的耕种"[①]——抛之脑后。一个社会群体的价值观、生活方式、世界观的改变通常需要一种思想观念的支撑，而且成就海上霸权的雅典人，在骨子里多少会需要获得对自己航海活动的安全保障。因此，这种环境亟须也催生了新的与海洋有关的各种思想。忒弥斯托克勒斯，这位力推海洋事业的雅典领袖，必然要寻找一位与他们的海洋事业密切相关的希腊神明作为自己的保护神。于是在重要的海港开辟一处圣地，供奉一位保障城邦海洋事业的神明便被提上日程。

---

① Hes., *Op.* 22–23.

这里可以先不管这位雅典人的海神是谁,又是谁主推建设了这位海神的圣所。先来回答一个问题,如果要在港口建一座海神庙,选址在何处最为合适?如科农的善渡女神圣所的选址,就很能体现她保障海域的本质。神庙坐落在这个长长的埃提奥涅亚海岬上,三面环海,显得特别醒目。任何一艘进出大港的船只上的人都能一眼就望见这座海神庙,自然会成为比雷埃夫斯港口的一处地标性建筑。事实证明,为了突出海神庙与海洋的紧密联系,设计者不惜封闭路上的道路,港口城区的人们只能从正对港口卫城山下的主剧场的西北大门出去,然后绕过大港北部的一个小港湾。因为防御工事的关系,人们无法沿着海岸进入海岬,而要穿过埃提奥涅亚大门。这种怪异之处,暗示了圣所建设者的有意如此,因此,若从海上直接上岸反而更容易到达海神的圣所。救主宙斯和雅典娜父女俩的神庙就在集市的边上,从选址上看,表现出的是一种有机地融入港口城区的风格;而海神的圣所,在选址及与港区的连接上,所体现出的完全是与海洋的紧密关系。圣所的位置也印证了圣所主人(神)保障海域的职能。那么科农会不会是在一处海神庙的旧址上新建(或扩建)了一座?不是没有可能。

考虑到科农与忒弥斯托克勒斯在发展海军、修筑长城及发展港区的规划上不谋而合,我们可以认为,科农是在有意无意地遵循忒弥斯托克勒斯的发展路线。如果在科农之前比雷埃夫斯港的这处海岬上就存在一座阿佛洛狄忒的神庙,科农很可能在建造圣所一事上也依循了忒弥斯托克勒斯。这也许能从反面推测忒弥斯托克勒斯曾在此建造一处阿佛洛狄忒的圣所。有待回答的问题是,为什么忒弥斯托克勒斯选择了阿佛洛狄忒,视她为海洋事业的保护神,请她驻扎在比雷埃夫斯港?

四、阿佛洛狄忒与大海

阿佛洛狄忒与生俱来与大海的关系,在赫西俄德所描述的女神的诞生神话中就已有暗示。乌拉诺斯被其子克洛诺斯去势,阳具被抛入大海,"随波漂流了很久。一簇明亮的泡沫在这不朽的肉周围漫开,从中一个女孩产生了"①。阿佛洛狄忒从海中升起,沿途经过海岛,最后到达海浪环护的塞浦路斯。这则诞生故事,正如很多学者所谈论的那样,几乎包含了阿佛洛狄忒的各种属性和职能。其中,最显著的就是阿佛洛狄忒与大海的关系,或者说女神身上的海洋属性。

阿佛洛狄忒诞生神话中的海洋元素,实际上是她牺祀形象的一种反映。因

---

① Hes., *Theog.* 190–191.

为从历史的角度看,恰恰是基于阿佛洛狄忒长久以来与海洋有关的广泛的牺祀活动,才有了后来与之有关的神话故事。①拥有丰富海洋文化的古希腊人有很多词汇来称呼海洋,这也体现在女神所享有的众多牺祀称号上,体现了她的海洋属性和她与海洋的紧密联系。最为常见的比如:深海的阿佛洛狄忒(Aphrodite Pontia)②,近海女神阿佛洛狄忒(Aphrodite Pelagia),瀛海女神阿佛洛狄忒(Aphrodite Thalassaie),风平浪静的阿佛洛狄忒(Aphrodite Galenaie)。

阿佛洛狄忒的海洋属性也让她与人类的海上活动联系密切。航海者将她视作保障海域的女神。有一则见闻,经常被用来说明阿佛洛狄忒具有保护航海者的神力。母邦在纳乌克拉提斯(Naucratis,位于尼罗河三角洲的希腊城邦)的故事讲述者阿忒奈俄斯,在同乡波吕喀尔墨斯(Polycharmos of Naucratis)的一本与阿佛洛狄忒有关的书中看到过这样一则事迹:一位叫希洛斯特拉托斯(Herostratos)的商人,经常往返埃及与塞浦路斯。此人随身携带一件阿佛洛狄忒的小雕像作为护身符。有一次在海上遭遇风暴,全船人便向女神的雕像乞援呼救,神像随即散发芬芳,天空放晴,一船人得以平安返航。③纳乌克拉提斯的阿佛洛狄忒牺祀可以追溯至公元前7世纪。希罗多德的一则趣闻里也谈到了当地盛行的阿佛洛狄忒崇拜和与航海者之间的关系。④这座城邦的名字纳乌克拉提斯,其字面意思是船舶-力量。阿佛洛狄忒有一个牺祀称号为掌舵者(Nauarchis),即掌舵女神阿佛洛狄忒(Aphrodite Nauarchis)。

阿佛洛狄忒具有代表性的与航海有关的牺祀称号,还有之前提到的善渡女神、海港女神(Limenia)和镇港女神(Epilimenia)等等称号。⑤因此,阿佛洛狄忒的圣所也多在海边、海岬、海岛和港口,遍布希腊人(也包括腓尼基等其他民族)途经的主要贸易路线上。在塞浦路斯,除了经常提到的帕福斯⑥,女神在这座岛上的城邦内坐拥众多圣所。还有附近的罗德岛(Rhode),这个岛名让人想到阿佛洛狄忒的圣物——玫瑰(Rose)。品达曾在诗中讲述过阿佛洛狄忒的女儿海中女仙罗德(Rhode)与太阳神赫利奥斯结合的故事。⑦除了科尼多斯和比雷埃夫斯,在奥勒比亚(Olbia)、穆拉萨(Mylasa)、基利齐亚(Kilikia)、

---

① 早在青铜晚期,地中海地区就有对海神阿佛洛狄忒的广泛的牺祀活动,参见第20页脚注⑤和⑥。
② Paus., 2.34.11.
③ Ath., 15.18.
④ Hdt., 2.135.
⑤ Paus., 2.34.11.
⑥ Hom., *Od.* 8.362–363.
⑦ Pind., *Ol.* 7.13–14.

提洛（Delos）都有善渡女神阿佛洛狄忒的神庙。在埃吉那（Aigina）和科林斯则是镇港女神。在科斯（Kos）、尼绪洛斯（Nisyros）、厄律瑟莱（Erythrai）、特伊里斯塔西斯（Teiristasis）、希斯特里亚（Histria）和库兹考斯（Kyzikos）等地被尊为属海的（Pontia）阿佛洛狄忒。① 保萨尼阿斯还提到，在阿尔戈斯地区的赫尔弥俄涅（Hermione），这位女神拥有一个独特的双重称号——深海与港湾女神（Pontia kai Limenia）。② 在黑海地区的希腊城邦，阿佛洛狄忒通常也拥有重要的圣所，这源于她对黑海地区海上活动的护佑。③ 可以毫不夸张地说，阿佛洛狄忒在各地的圣所编织了一张地中海的"阿佛洛狄忒之网"，将各地区紧密地联系在一起。

阿佛洛狄忒的牺祀竟然有如此浓厚的大海元素，让人不禁好奇，希腊神话中的海神波塞冬又是何种情况呢？这里需略提一下阿佛洛狄忒与波塞冬——这位在神话中统治海洋的神——的不同之处。波塞冬的形象通常被描写成一位易怒且深不可测的神，他更多的不是以海洋神的形象示人，尤其在牺祀中。④ 重要的是，波塞冬还是一位名副其实的马神。众所周知，公元前411年雅典寡头派在城邦附近的克罗诺斯（Kolonos）的一座波塞冬神庙内举行了一次决策会议。⑤ 这次会议地点绝非随意而定，盖因此地的波塞冬神庙乃著名的马神波塞冬（Poseidon Hippios）神庙。⑥ 那次会议的大部分成员都来自雅典的骑士阶层。可以说，在这一点上，波塞冬所代表的群体是雅典民主派的对立面。考虑到雅典的民主派与雅典海军的关系，与骑士阶层和寡头派有内在联系的这位波塞冬定不会受到民主派的青睐。阿佛洛狄忒则不同，她的海洋属性与波塞冬相反，

---

① 有关这些熟悉和陌生的地区对海神阿佛洛狄忒牺祀史，参见 Denise Demetriou, "Τῆς πάσης ναυτιλίης φύλαξ: Aphrodite and the Sea", *Kernos* 23 (2010), pp. 67-89 (esp. 74-75)。

② Paus., 2.34.11.

③ 关于黑海地区阿佛洛狄忒牺祀的梳理参见 Roussou Anastasia, *Aphrodite and Her Cult in Black Sea Colonies*, M.A. diss., Aristotle University of Thessaloniki, 2013。

④ 对于波塞冬的形象和牺祀这里不便展开，我们只要知道：从线性文字B的证据来看，他是一位古老的迈锡尼地祇，甚至比宙斯的地位还高（或者说他才是迈锡尼人的主神，而宙斯只是后来入主的异乡神）。他名字的意思是大地之主，因此他最初与大海没有关系（但他与陆地上的水，比如山泉、河湖、溪流等确有联系），而是名副其实的震地神（当然，沿海地区的地震也会引起海啸）。他也是古希腊著名的马神（因疾驰的马蹄的声音常常响彻大地）。从荷马史诗中我们也能找到暗示：波塞冬坚决地站在迈锡尼这边（他们真正的主神），他的祭品是黑色的公牛（地祇的牺牲），还有那座著名的木马（马神）。

⑤ Thuc., 8.67.2.

⑥ 对公元前411年雅典寡头派在马神波塞冬神庙集结的分析，参见 Peter Siewert, "Poseidon Hippios am Kolonos und die Athenischen Hippeis", in Glen W. Bowersock, Michael C. J. Putnam & Walter Burkert (eds.), *Arktouros: Hellenic studies presented to B. M. W. Knox on the occasion of his sixty-fifth birthday*, Berlin: W. de Gruyter, 1979, pp. 280-289。

常与平静的海洋、舒缓的海浪、驾船的海风等联系在一起。或者说，她能抚平汹涌的波涛、驱走滂沱的暴雨、捋顺猛烈的狂风。也许这就使得女神与人更为亲近，更受人崇拜，也因此与靠海为生的人们关系更为密切。

阿佛洛狄忒具有保障海域的悠久而广泛的传统，如果忒弥斯托克勒斯要发展雅典的海洋事业，包括民主事业，很自然会选择阿佛洛狄忒作为这些活动的保护神，与他志同道合的晚辈科农应该也是如此。但笔者以为，这应该只是忒弥斯托克勒斯和科农在比雷埃夫斯港为阿佛洛狄忒建设圣所的原因之一。还有一个十分重要的原因可能影响了他们的决策，那就是雅典人犒祀阿佛洛狄忒的传统。

五、雅典人的阿佛洛狄忒

在阿佛洛狄忒进驻比雷埃夫斯港之前，雅典人古老的港口法勒隆就有一座历史悠久的阿佛洛狄忒神庙。法勒隆的阿佛洛狄忒神庙，即科利亚斯的阿佛洛狄忒（Koliad Aphrodite）神庙，位于法勒隆的科利亚斯（Kolias）海岬。① 斯特拉博（Strabo）和保萨尼阿斯对此都有提及，前者还援引了一句谶语"科利亚斯的妇女将用樯橹炊米"，语出希罗多德讲述的萨拉米斯海战的故事。② 在这里，我们再一次看到了一座位于雅典海港的海岬上的阿佛洛狄忒神庙，这一情况显然并非巧合。公元前5世纪之前，法勒隆一直是雅典最重要的港口。据说参加特洛伊远征的雅典英雄墨涅斯透斯（Menestheus）便是从此地出发。他的前任国王雅典英雄忒修斯（Theseus）在还是王子的时候也是从这里出发前往克里特，展开他的冒险之旅。③ 据说他动身前，去往德尔斐求得神谕，神谕指示他在启程出海前要向阿佛洛狄忒献祭，请求这位女神"作为自己的向导（καθηγεμών）和旅伴（συνέμπορος）"，庇佑他的克里特之行。④ 之后的故事，我们都知道，阿佛洛狄忒成了这位雅典英雄的最佳保护神，既保障了他航程无忧，又助他俘获了克里特公主阿里阿德涅（Ariadne）的芳心。⑤ 传统上认为，忒修斯结束克里特远征，经历了传奇般的归乡，回来后成为雅典国王。据说他为了统一阿提卡

---

① Paus., 1.1.4.
② Strab., 9.21; Hdt., 8.96.2.
③ Paus., 1.1.2.
④ Plut., *Thes.* 18.2.
⑤ 阿里阿德涅与阿佛洛狄忒的关系很微妙，她墓地所在的林子被称作阿里阿德涅的阿佛洛狄忒树林（Plut., *Thes.* 20.4）。阿里阿德涅还给忒修斯一尊阿佛洛狄忒的小雕像（Plut., *Thes.* 21.1）。一说阿里阿德涅即克里特人崇拜的阿佛洛狄忒的别称。

诸部，在雅典设立了阿佛洛狄忒的牺祀，即我们熟知的属民的阿佛洛狄忒的牺祀。①

不仅忒修斯与阿佛洛狄忒关系密切，他的父亲和儿子的传说故事里也都有阿佛洛狄忒的身影出现。当年，忒修斯的父亲埃勾斯（Aigeus）苦于自己没有子嗣，担心自己是否因为疏忽了对阿佛洛狄忒的牺祀而导致这一家族的不幸，于是向属天的阿佛洛狄忒献祭，以安抚女神。据说雅典城内的属天的阿佛洛狄忒牺祀即源自埃勾斯的这次献祭。② 忒修斯的儿子希波吕托斯（Hippolytos）的故事也与阿佛洛狄忒有关，欧里庇德斯的同名悲剧《希波吕托斯》里讲到他如何不谙阿佛洛狄忒之事，以致惹怒了女神，最终殒命海边，注意此处暗示了女神的海洋属性。雅典人认为自己与之相关的牺祀即源于此，据说希波吕托斯的祠堂（Hippolyteion）里有一尊女神的牺祀神像。③ 由此可见，不仅忒修斯得到过阿佛洛狄忒的庇佑，他们一家都与阿佛洛狄忒有着不同程度的各种联系。虽然在神话的层面上，忒修斯父子三代的故事更像传说而非信史，但是，抛开真实性不言，在这些雅典人创作的神话传说中，阿佛洛狄忒无一不扮演着关键的角色，也显示出女神与雅典人的历史或传统之间的密切关系。其实，女神与雅典人的王－统治者－领袖之间的关系似乎一直十分紧密。为何有此一说？因为在雅典立法者梭伦的事迹中也出现了阿佛洛狄忒的身影：

> 并且，腓勒蒙（Philemon），在他的［喜剧］《兄弟们》（Adelphoi）中提到了梭伦，……与科罗封的尼坎德（Nicanderos of Colophon）在他那部三卷本的《科罗封志》（Colophoniaca）中所说的一样，尼坎德声称，梭伦［才］是第一个建立属民的阿佛洛狄忒神庙的人……④

与忒修斯的故事不同，这段文献将梭伦说成是第一个在雅典设立属民的阿佛洛狄忒牺祀的人。由于梭伦的多数事迹已经被证明属于传说，虚假的成分要多于信史，这段话所述之事的历史真实性同样值得怀疑。可以肯定的是，梭伦

---

① Paus., 1.22.3.
② Paus., 1.14.7.
③ 保萨尼阿斯只提到希波吕托斯的祠堂，没有提及阿佛洛狄忒（Paus., 1.22.1）。事实上，忒修斯家族的传说与阿提卡隔海相望的特洛岑（Troezen）之间有着密切的关联。
④ Ath., 13.569d.

设立属民的阿佛洛狄忒的牺祀一事确系后人（古典时期的雅典人）的虚构。① 但也许，我们能从中看出一种雅典人的心理模式或惯性思维，即惯于将雅典的领袖与阿佛洛狄忒扯上关系，而且是与雅典重大历史事件有关的领袖，如统一阿提卡的忒修斯和为雅典立法的梭伦。

在与阿佛洛狄忒的这层关系上，还能找到梭伦与忒修斯的一个类似之处。两人在扬帆大海之际所祈求的神，都是阿佛洛狄忒，都祈求这位海洋女神的庇佑。众所周知，立法后的梭伦曾于雅典城邦危机再现之时效法古人自我流放。其间他曾应一位名为热爱塞浦路斯（Philocyprus）的国王之请，指点了一座城市的建设，后该城以他的名字命名为梭伦城（Soloi）。② 据说该城与雅典英雄忒修斯有渊源。为了祝福这座新城，梭伦创作了一首诗歌，同时吐露了自己的心声——于海外漂泊（流放、冒险和游历）中祈求塞浦路斯女神的庇佑：

> 愿你和你的子孙长居此地
> 世代统治这座梭伦城；
> 愿头戴紫罗兰花冠的塞浦路斯女神用一艘快船，
> 将我安然送离这座佳话流传的岛屿；
> 愿她施恩于这定居之地，惠赐荣光，
> 也赐给我顺利的归途，重返故乡。③

现在我们似乎已经发现了这样一种"神－人"关系，即雅典领袖的政治活动与阿佛洛狄忒之间的互动关系。那么，话说回来，一位想要推进雅典社会变革的雅典公民、执政官、海军司令——忒弥斯托克勒斯，他雄心勃勃地谋划了雅典人广阔的海洋霸业。在这一社会革命中，他所依靠的同样是阿佛洛狄忒。

---

① 认为梭伦确有此事的学者，如 Robert Parker, *Athenian Religion: A History*, Oxford: Clarendon Press, 1996, p. 49; Leslie Kurke, *Coins, Bodies, Games, and Gold: The Politics of Meaning in Archaic Greece*, Princeton: Princeton University Press, 1999, pp. 196–197; Madeleine Henry, "Athenaeus the Ur-Pornographer", in David Braund, John Wilkins & Glen W. Bowersock（eds.）, *Athenaeus And His World: Reading Greek Culture in the Roman Empire*, Exeter: Liverpool University Press, 2000, p. 506。站在另一边的有 Rosenzweig, *op. cit.*, p. 18; Emma Stafford, "Personification", *CGR*, p. 79; Vinciane Pirenne-Delforge, "'Something to do with Aphrodite': *Ta Aphrodisia and the Sacred*", *CGR*, p. 316。对于梭伦此事实属虚构的详细分析，参见 Frank Frost, "Solon *Pornoboskos* and Aphrodite Pandemos", *SyllClass* 13（2002）, pp. 34-46。作者打趣说：要是我们将腓勒蒙在一出喜剧中的调侃信以为真的话，那这位腓勒蒙真的要"笑死了"。（据《苏达辞书》，这位百岁老人正是因为笑得太猛而去见了梭伦。）

② Diog. Laert., 1.2.50–52, Plut., *Sol.* 25–26.

③ Sol., *fr.* 19.

他一定也想到了阿佛洛狄忒在雅典历史上所扮演的重要角色。因此，忒弥斯托克勒斯拥有双重的动机（政治和宗教的传统），建造比雷埃夫斯港的阿佛洛狄忒神庙。那么，与他志趣相符的科农应该也有这一双重的动机。此外，还有一种可能，即科农所建的善渡女神圣所，是扩建了忒弥斯托克勒斯的那座旧的神庙。

凡此种种，都反映出雅典人和雅典的历史与阿佛洛狄忒之间不可忽视的关系。这位女神似乎总能在雅典历史的转折时期扮演不可或缺的角色。如果说这些表现雅典人与阿佛洛狄忒关系的历史都是后人编织的神话，那么可以说，雅典人似乎也乐于邀请阿佛洛狄忒来他们的历史戏剧中客串。

六、雅典人一脉相承的阿佛洛狄忒之链

我们从科农所建的圣所开始，往回寻找，一连串的问题似乎都有了答案。不过，这些答案反而更让人好奇和疑惑。正如我们所见，往回找到的答案似乎都属于英雄神话。这些英雄神话都与阿佛洛狄忒有关。而且，雅典人似乎在有意识地用自己的行动将这些碎片式的神话传说，组成一个整全的雅典英雄与阿佛洛狄忒的传统图景。忒修斯与忒弥斯托克勒斯的事迹有可能是后人为他们杜撰的英雄神话。他们之所以会被人们视为雅典人的英雄，并为之编撰这样的神话，是因为他们死后依然影响着雅典人。这一点，可从雅典人对待这两位英雄遗骨的方式上看出来。

忒修斯的遗骨于公元前475年由基蒙（Kimen）从斯库洛斯岛（Skyros）迁回。基蒙是一位活跃于两场萨拉米斯战役（公元前480年的希腊本土萨拉米斯和公元前449年的塞浦路斯的萨拉米斯）之间的雅典将军。他也是忒弥斯托克勒斯与科农之间具有承上启下性质的雅典海军领袖。忒弥斯托克勒斯死于小亚，遗骨据说被他的后人秘密运回雅典，后来被安葬在比雷埃夫斯港。下葬时间很可能就是科农回归那年，即公元前393年。科农重启了忒弥斯托克勒斯的事业。在重建长城和扩建海港之际，为纪念这位雅典英雄，雅典人精心为他挑选了陵寝的地点。据普鲁塔克考证，陵寝就在善渡女神阿佛洛狄忒圣所所在海岬的附近：

> 靠近比雷埃夫斯港的大港处，……绕过如手肘的海岬［埃提奥涅亚海岬］，海水在里面变得平静，岸上有一座大尺寸的基底，基底上类似祭坛的建筑据说就是忒弥斯托克勒斯的陵寝。①

---

① Plut., *Them*. 32.4.

普鲁塔克还援引了当年目睹这座陵寝的喜剧诗人柏拉图（Plato Comicos）的诗：

> 你的墓地雅致而幽静，
> 过往的商旅无不向你致敬，
> 它守望着船只进港或驶出，
> 看眼前百舸争流数阅不尽。①

现在我们可以尝试列出一份雅典英雄与阿佛洛狄忒传统的清单：

表 4　雅典人的阿佛洛狄忒传统

人物	事件
A 埃勾斯（设立）	献祭求子因女神而"生"/设立女神牺祀
A 忒修斯（统一阿提卡）	征克里特，于法勒隆献祭女神设立牺祀
A 希波吕托斯（破的警示）	惹怒女神因女神而死/被共同纪念
B 梭伦（立法，继统）	建女神庙、流亡，女神的庇佑
C 忒弥斯托克勒斯（海上霸权）	萨拉米斯大捷/女神的鸽子，建女神庙
C 基蒙（继承）	迁回忒修斯遗骨
C 科农（复兴）	科尼多斯大捷/比雷埃夫斯建女神庙
C 雅典人民？	安葬忒弥斯托克勒斯遗骨

通过此番简单的梳理，我们似乎看到，在雅典城邦与奥林波斯天庭之间，好像有一条连接神与人的链条一样。在雅典人的传统中，有一条金色的阿佛洛狄忒的黄金链，串起了雅典历史进程中的许多重要的环节，也将雅典人民与雅典英雄绑在了一起。即使考虑到上述罗列的历史事件中神话的因素占多数，与忒修斯和梭伦的传说一样，人们通过讲述萨拉米斯海战中出现的鸽子神话，编造了忒弥斯托克勒斯为何会建造阿佛洛狄忒神庙的故事，从而让忒弥斯托克勒斯与阿佛洛狄忒也扯上了关系。若是这样，那么这个传说与之前的神话一样，都包含了雅典政治环境孕育这些传说的核心：阿佛洛狄忒与雅典政治领袖的关系，处在变革期的雅典社会则决定了传说故事的内容。历史人物的神话传说也

---

① Plut., Them. 32.5.

许是假,即女神圣所的建立与几位历史人物之间的真实性可能存疑,但不可否认,这一系列假故事都体现了一个围绕阿佛洛狄忒的观念,这一观念远比精心编制的神话——包括女神自己的神话和雅典政治神话——来得真实。

如果说希腊城邦中存在一张隐形的政治之网,那么对诸神的牺祀则好似地下的暗河网脉。通过本节的粗略分析,阿佛洛狄忒与雅典政治之间的密切关系已逐渐显现。在雅典历史的长河中,有一条爱神的暗河在忽隐忽现地流淌。这条河最终流向大海,将雅典人从陆地带到了海洋,成就了他们的海洋霸权。即便雅典的辉煌早已不再,但从阿佛洛狄忒帮助雅典英雄和人民获得一次又一次的凯旋来看,不仅是雅典人,甚至整个希腊民族都被烙上了不可磨灭的海洋印记。正如斯特拉博那句精辟的评价:

> 我们必须去了解关于大海的一切。因为在某种意义上,我们是两栖动物,虽居于陆地,但又属于海洋。①

小结:雇兵与引航之神

从本章的分析来看,古希腊人在实际的牺祀层面,似乎不太认同两位史诗诗人对阿佛洛狄忒形象的描写,如荷马让宙斯对阿佛洛狄忒的定性:"我的孩子,沙场战事与你无关,你还是操持自个儿的事务,掌管那甜蜜的情爱吧。"②阿佛洛狄忒在古希腊社会的牺祀中表现出更为丰富、多面的形象,职能也更为广泛。

实际上,我们已经看到了一位与军事有着密切联系的阿佛洛狄忒,如斯巴达的戎装阿佛洛狄忒——一副斯巴达重装步兵的装扮;一位保障希腊人海洋事业的女神,如比雷埃夫斯港的善渡女神阿佛洛狄忒——一位雅典海上事业的保护神。甚至还有把这两种形象合二为一的情况(图7)。我们如何理解这种牺祀形象与神话角色之间的差异及其所反映的女神职能之间的分歧?这里要再次强调的是,切不可因此认为有多个阿佛洛狄忒。③

首先来看戎装的女神形象。我们如何解释阿佛洛狄忒的战神形象?或者说,

---

① Strab., 1.1.16.
② Hom., *Il.* 5.428–429.
③ 参见第10页脚注①和②。

阿佛洛狄忒如何能够胜任这种职能？在女神的这种形象和职能背后，她所代表或掌管的又是何物？显然，这应该是古希腊人的阿佛洛狄忒所独有的元素。笔者以为，这一元素应当是联结（mixis = 交、合、混、结）之力，这是一股由阿佛洛狄忒女神所代表的强大力量。而这个词（动词 mignumi），或者概念，恰巧常被用在两种场合——激战和性爱。我们不妨从荷马与赫西俄德的作品中略举几处诗句为例：

性爱

1. 在她［阿佛洛狄忒］与英雄安奇塞斯结合（μίγνυμι）之后①

2. 他从未登上她的床笫与她交欢（μίγνυμι），做那男女之间出于本性的事②

图7　塞浦路斯萨拉米斯的"战神兼海神"阿佛洛狄忒

（公元前4世纪，大英博物馆藏。对该神像的鉴别与讨论，参见 Jacqueline Karageorghis, Kypris: *The Aphrodite of Cyprus: Ancient Sources and Archaeological Evidence*, Nicosia: A.G. Leventis Foundation, 2005, pp. 221–222）

激战

1. 现如今已别无他法，只有冲上去与他们短兵相接（μίγνυμι）③
2. 就这样相互碰撞倾轧（μίγνυμι），高声呐喊④
3. 他只盼尽快投入战斗，拼个（μίγνυμι）你死我活⑤

针对这些诗句中的同一个词 mignumi，不同场合虽有不同的译法，但根本

---

① Hes., *Theog.* 1008–1009.
② Hom., *Il.* 9.275–276.
③ Hom., *Il.* 15.509–510.
④ Hom., *Il.* 4.456.
⑤ Hom., *Il.* 13.286.

的意思都是一种身体上的紧密接触，一种身体上的联结，我们或可称之为媾。①媾，是唯由阿佛洛狄忒所掌管的力量。阿佛洛狄忒所代表或掌管的就是战斗和性爱过程中那股激烈接触的联结之力。回观斯巴达人固有的二王制，其实并不太平，他们可能有意识地要避免城邦的分裂，因此想借助阿佛洛狄忒的联结之力，来维持和稳固城邦的政体。斯巴达人尚武，又出了名的迷信，所以他们的选择，非一位媾兵之神莫属。简言之，斯巴达人会有牺祀这一形象的阿佛洛狄忒，盖因她与战斗或者说联结密切相关。

其次，如何理解阿佛洛狄忒的海神形象？是否能遵循方才的分析思路，找到一个能表示阿佛洛狄忒作为海神与爱神一体两面的元素？事实上，确实有一个词，与"mignumi"一词两意的情况类似，或可借以理解阿佛洛狄忒的海神形象。希腊语"κόλπος"一词，既指港湾，也有女性生殖器或子宫的意思。这个词的两个意思已经再直白不过，操古希腊语的人不可避免地会将之与阿佛洛狄忒的两种形象（海神与爱神）关联起来。不可否认，在古希腊，性爱与航海之间的隐喻可以说十分常见。这一点在古希腊人的诗作当中尤为明显：

> 老夫少妻不适合，她就像不听船舵指引的小舟，锚也无法使她停泊，她挣脱绳索，经常在夜里来到另一个港湾。②

> "我是在……风暴里遭了难"
> "你是掉进了浩瀚的苦海"③

> 我，是一枚古老的海贝……塞浦路斯女神……由赛勒娜娅（Selenaea）进献于您……我名唤纳乌提罗斯（Nautilos）④……我已死……但请求您赐福克莱尼阿斯（Cleinias）的女儿……⑤

---

① 笔者以为，或可用汉语"媾"字对译。虽然"交"字也符合（媾合即交合，媾兵即交战，媾接即交接），但其字义稍显宽泛。

② Thgn., 457–460. 麦伽拉人忒奥戈尼斯（Theognis）的挽歌体箴言。

③ Eur., *Hipp.* 314, 469–470. 欧里庇德斯的悲剧《希波吕托斯》中爱上继子的淮德拉与乳母的对话。

④ 水手之意。

⑤ Callim., *Epigr.* 5. 卡利玛科斯的隽语，拟人地描述了一枚海贝因一位新娘祈求婚姻美满而被献给了女神。对该文本的翻译和分析，参见 Kathryn Gutzwiller, "The Nautilus, the Halcyon, and Selenaia: Callimachus's '*Epigram' 5 Pf. = 14 G. - P.*", *CA* 11 (1992), pp. 194–209.

以上三位诗人的诗句，都体现或运用了这一思想，即航海如同性爱（反之亦然）的寓意。而且，这样的观念贯穿了从古风到希腊化的希腊社会。这种观念认为，正是阿佛洛狄忒的威力，激发、指引和保障了这两种活动。古希腊人觉得，航海与爱情一样，两者都是一种冒险活动，需要一位神的指引和护佑。正如上文提到的雅典领袖忒修斯，他在女神的帮助下征服了大海也俘获了异乡公主的芳心，这则故事可以理解为是阿佛洛狄忒海神与爱神力量的集中体现。可以说从那时起，雅典便形成了自己的阿佛洛狄忒牺祀传统，阿佛洛狄忒成了雅典城邦的引航之神。

　　综合阿佛洛狄忒的这两种牺祀形象来看，在源头上其实都可以回溯到与"吸引""聚合""联结"有关的概念上，但在实际的仪式活动层面，女神会衍生出各种看似风马牛不相及的牺祀形象，盖出于古希腊人的社会发展和生产活动之需，即所谓神服务于人。

第四章　雅典阿多尼斯节中的阿佛洛狄忒

> 她像女神一样……爬了上去，在这光辉之中……走向苍穹。
> ——皮埃尔·路易①

引言：女神与节庆

节庆作为牺祀的一种形式，于古希腊人的生活而言有着十分重要的意义。德谟克里特（Democritus）这样形容节庆与生活之间的关系："缺少节日庆典的生活好比一条沿途没有客栈的长路。"② 通过观察古希腊人的历法，我们会发现古希腊各个城邦通常都以重要的节庆来命名对应的月份。古希腊人几乎每个月都有重要的庆典活动，可以毫不夸张地说，他们一年当中不是在过节庆祝就是在为即将到来的节庆做准备。雅典将军修昔底德让他笔下的雅典领袖伯里克勒斯在那场著名的葬礼演说中不无自豪地说："我们一年到头都在举行庆典、竞赛和献祭。"③ 古希腊人的节庆活动不仅数量惊人，形式也千差万别。有些是泛希腊的活动，如著名的四大赛会；也有某些节庆只在特定的地区以当地特有的形式举行，比如古典时期雅典人的阿多尼斯节（Adonia）。

古希腊人的节庆虽然丰富多样，但其核心元素基本上固定不变。今人对古希腊人节庆的了解，在很大程度上是基于对古代文献材料中支离破碎的线索和信息的解读：（1）节庆所要歌颂和纪念的对象，通常是神或英雄；（2）参加节庆的人；（3）节庆的主要活动形式，比如体育竞赛或献祭仪式；（4）用来解释节庆起源和内容的神话传说或历史事件。因此，研究古希腊节庆所要关注的不外乎这四个元素，阿多尼斯节的情况自然也是如此。该节庆有一个希腊神话的背景，即阿佛洛狄忒的男孩情人阿多尼斯（Adonis）在首次狩猎时不幸殒命，女神因此痛苦万分。雅典阿多尼斯节上的主角是雅典的妇女们，她们在节庆中

---

① 皮埃尔·路易《阿佛洛狄忒：古代风俗》第四部分。
② Democr., B 230 D-K.
③ Thuc., 2.38.1.

仪式性地模仿阿佛洛狄忒对阿多尼斯的哀悼。本章所关注和想要分析的就是古典时期雅典阿多尼斯节中的阿佛洛狄忒。这一节庆中的阿佛洛狄忒是一个十分有趣的多重形象。

对雅典阿多尼斯节的研究，经历了不同的学说甚至矛盾的解释。比如《金枝》（*The Golden Bough: A Study of Magic and Religion*，1890）的比较主义方法，聚焦阿多尼斯（神）和阿多尼斯节（仪式）的东方起源；《阿多尼斯园圃》（*Les jardins d'Adonis: La mythologie des parfums et des aromates en Grèce*，1972）中的结构主义分析，将阿多尼斯节放在俗称"社稷女神节"（Thesmophoria）①的对立面进行解读。这些解释虽有其合理之处，但也各存缺陷。如今大概已经没有学者会主张弗雷泽（James G. Frazer，1854—1941）的自由联想对比，认为阿多尼斯节是历史悠久、影响广泛的"丰产仪式"。德狄安（Marcel Detienne，1935—2019）认为，阿多尼斯节是与正统或合法的公民妇女节庆相对的"妓女的节庆"，也被后来的研究者搁置。所以有必要先对雅典的阿多尼斯节及其研究近况做一番简介。

第一节 雅典的阿多尼斯节

阿多尼斯节对雅典人而言，是一个迟来的异族节庆。它传入雅典的具体时日尚不得而知，由何人引入也无从得知。因为阿多尼斯节不是雅典官方承认的节庆，所以有关这一节日缘何被雅典人接纳的情况没有明确的"档案"记录。我们可以推测，很可能是腓尼基商人将他们的阿多尼斯节带到了雅典。有一份公元前4世纪晚期的铭文，提到当时腓尼基人在雅典的比雷埃夫斯港庆祝阿多尼斯节的游行队伍②；还有一份公元前3世纪的铭文提及腓尼基人举行阿多尼斯节的仪式团体③。雅典的腓尼基人身在异乡，庆祝自己的阿多尼斯节，也是一种表达自己身份的方式。腓尼基人的这一活动有一个显著之处，就是节庆似乎都由男性操办。这表明，腓尼基人的阿多尼斯节有别于雅典妇女们自发举行的无男性参与的阿多尼斯节。

---

① 从节庆对象女神们的职能来看节庆名称，"地母节"这个节日名字并不准确，另一个译名"立法女神节"也不确切。还有译作"谷物女神节"似乎也有些片面，因为该节庆中有两位主要的女神，一位是母亲神对应谷物，另一位女儿神则可对应土地。这个节日名称的意思可能是提着要放下之物，鉴于女神们的职能和节庆的目的，取"社稷女神节"之译名。

② *IG* II² 1261.

③ *IG* II² 1290.

在古典时期的雅典人心目中，阿多尼斯显然身具东方色彩①，此处没必要再去多言阿多尼斯节的近东特征。②雅典妇女出于某种目的接受甚至改造了这一异族的节庆。节庆迅速在雅典女性群体中传开并流行起来。节日期间各种身份的雅典女性（妻子与妓女，或者说女性公民与非公民身份的女性）会"不分青红皂白"地聚集在一起，并且将男性排除在外。阿多尼斯节不仅喧闹无比，而且也未得到官方的认可，但这一切又为雅典城邦所容忍。这一现象，必然会引起人们——不仅仅是现当代的学者，也包括当时的雅典人自己——的关注和兴趣。当时雅典陆续出现了几部以这一节日命名的戏剧，遗憾的是如今都仅存残篇。③当然，还有另一种残存的证据——陶片，我们能从中发现当时瓶绘画师们对节庆场景的灵感展现（图8、图9）。

我们目前所掌握的有关雅典阿多尼斯节的材料，都源自文学文本和视觉材料。可靠的文本材料来自阿里斯托芬的《和平》（*Pax*）④（这部喜剧公演于公元前421年），以及另一位喜剧诗人克拉提诺斯的作品。⑤鉴于两人在年龄上的差距，克拉提诺斯的这部作品应该比阿里斯托芬的那部更早提到阿多尼斯节。阿多尼斯的形象出现在雅典的艺术图像（瓶绘）中的时间则相对较晚，约在《和平》公演的10年后。

一、屋顶和梯子，还有夏季的盆栽

除了节庆的参与者，还有时间、场地和器具等要素，共同界定了雅典阿多尼斯节的特征。在雅典的阿多尼斯节中，节庆场地十分奇怪。妇女们会在屋顶举行节庆活动。她们通过梯子登上屋顶，而梯子也是一件颇有意义的器具。节庆的参与者们还会手捧盆栽，即通常所说的阿多尼斯园圃（Gardens of Adonis）。弄清这些元素的意义，有助于我们理解雅典的阿多尼斯节。

---

① 论雅典人关于阿多尼斯的东方概念，参见 Marcel Detienne, *The Gardens of Adonis: Spices in Greek Mythology*, 2nd edn., Janet Lloyd (tr.), Princeton: Princeton University Press, 1994, p. 128。

② 这方面的研究，见 Walter Burkert, *Structure and History in Greek Mythology and Ritual*, Berkeley: University of California Press, 1979, p. 110. 对此研究的补充和发展，参见 Charle Penglase, *Greek Myths and Mesopotamia: Parallels and Influence in the Homeric Hymns and Hesiod*, London: Routledge, 1994, p. 179。

③ 如安提法涅斯（Antiphanes）、阿拉洛斯（Araros）、克拉提诺斯（Cratinos）、尼刻芬（Nicophon）、腓利庇德斯（Philippides）、腓利斯科斯（Philiscos）以及喜剧诗人柏拉图，都写过与阿多尼斯节有关的剧作。这些文本出处的信息，参见 Matthew Dillon, *Girls and Women in Classical Greek Religion*, London: Routledge, 2002, pp. 164, 339, nn. 152-153。

④ Ar., *Pax* 420.

⑤ Cratinus, *fr*.17 PCG Ⅳ.

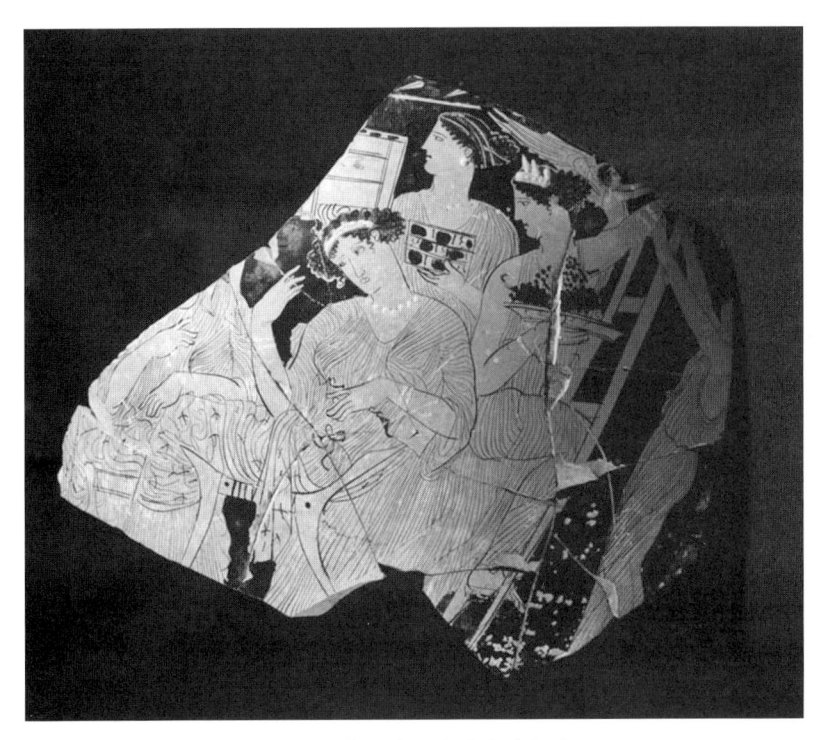

图 8 雅典阿多尼斯节上的妇女
（红影瓶绘陶片，巴黎卢浮宫 CA 1679）

图 9 雅典阿多尼斯节梯子上的妇女
（红影瓶绘陶片，雅典国立考古博物馆 19522）

1. 夏季的阿多尼斯节

有学者认为雅典的阿多尼斯节在春季举行，这一结论是基于对阿里斯托芬以及修昔底德文本的解读。[①] 阿里斯托芬的《吕茜斯特拉塔》中有一段台词提到了节日的时间，即远征西西里的雅典舰队起锚开拔的时候（前415年春），雅典的妇女们正好在哀悼阿多尼斯。[②] 我们都知道雅典远征军在西西里的灭顶之灾，因此不能排除这种联系可能是阿里斯托芬出于戏剧效果的艺术创作。另据修昔底德的记述，雅典的舰队是在夏季（theros）启航。[③] 但修昔底德对"theros"一词的用法比较宽泛，有时泛指春末、夏季和秋初[④]，也就是把夏季的概念往前后做了延长。普鲁塔克的《阿尔喀比亚德斯传》（Alcibiades）和《尼基阿斯传》（Nicias）延续了这一传统，他在这两个文本中都提到，开往西西里的雅典舰队在阿多尼斯节期间出发，满城尽是女人的哀号，她们仿佛是在吊丧。[⑤] 作为一位后来者，普鲁塔克也可能是在有意渲染西西里远征不祥的氛围。

其实有更为可靠的材料证明古典时期雅典的阿多尼斯节的举行时间是在夏季。柏拉图在《斐德若》（Phaedrus）中提到了炎炎夏日中的阿多尼斯的园圃[⑥]，亚里士多德的接班人忒奥弗拉斯托斯（Theophrastos）在他的《植物志》（Enquiry into Plants）里也把夏季和雅典阿多尼斯节上种植的植物联系在一起。[⑦]

2. 屋顶和梯子

屋顶上的活动是雅典阿多尼斯节的一个特点。节庆在屋顶上举行，在希腊世界似乎找不到与之相似的仪式。节庆中屋顶的哀悼活动与阿多尼斯本身一样，也有其近东特征[⑧]，但这并不重要，也无关乎雅典的住房是平顶还是斜顶。[⑨] 关键是，在雅典人乃至希腊人有关房屋的观念里，屋顶具有某种特殊的意义。首先，

---

① Jeffrey Henderson (ed.), *Aristophanes: Lysistrata*, Oxford: Harvard University Press, 1987, p. 119; Matthew Dillon, "'Woe for Adonis'—But in Spring, Not Summer", *Hermes* 131 (2003), pp. 1–16.

② Ar., *Lys*. 387–398.

③ Thuc., 6.30.1.

④ Arthur D. Nock, "Attic Festivals: Review of Deubner", in Zeph Stewart (ed.), *Essays on Religion and the Ancient World*, Vol. 1, Cambridge, MA: Harvard University Press, 1972, p. 291.

⑤ Plut., *Alc*. 18.3; *Nic*. 13.7.

⑥ Pl., *Phdr*. 276b.

⑦ Theophr., *Hist. pl.* 6.7.3.

⑧ Burkert, *op. cit.*, pp. 105–111; Joseph D. Reed, "The Sexuality of Adonis", *CA* 14 (1995), pp. 317–318.

⑨ Lisa C. Nevett, *House and Society in the Ancient Greek World*, Cambridge: Cambridge University Press, 1999; ead., *Domestic Space in Classical Antiquity*, Cambridge: Cambridge University Press, 2010; Janett Morgan, *The Classical Greek House*, Exeter: Bristol Phoenix Press, 2010.

古典时期雅典人的家庭，严格区分了男人的房间和女性的居所。女性居所通常位于屋舍的上层。对于雅典妇女来说，她们在屋外的活动受到严格的限制。那么，在这层意义上，一户人家的屋顶，就既不属于男性的领域，也非女性的场所。屋顶是介于男女空间之间的一个模糊地带。其次，屋顶显然属于一个家或一所屋舍的一部分，但在屋顶上的人们却又会完全地暴露在外人的目光中。这么看，屋顶既是户外又在家内，是一个矛盾的开放式私人空间。再次，雅典人明确区分了公共领域与私人空间的概念，而屋顶因其特性，则既非公共亦非私人场所。公共与私人之间的泾渭之分在屋顶上变得浑浊不清。屋顶所具有的这种矛盾和模糊属性，表明屋顶是一个"非－场所"。一个无法用普遍概念来定义的人的场所便打破了人为的界限，这容易让人联想到非世俗的空间，即神圣的领域。要通往或进入这样一个空间，便需要一件器具——梯子。

在古希腊人的日常生活中，梯子被用来攀高，比如采摘、建造、登船、攻城等。在这些活动中，通常是男性在使用梯子。女性在阿多尼斯节期间使用梯子，确实有一种反转的效果。但不止于此，梯子可能还具有两性结合的性暗示。在神话传统中忒弥斯沿着天梯来到奥林波斯与宙斯结合，成为他的第一位妻子。[①] 雅典卫城南坡的仙祠（Nymphs，也可理解成新娘）中有雅典人供奉的小梯子模型[②]，也证实了梯子的这层象征意义。可以发现，在上述两个例子中，梯子实际上也象征人神之间的联系。事实上，在古希腊人的观念中，确实有一种特殊的梯子与神圣空间相关，即宇宙天梯，这是凡人试图与天神接触的一种手段。结合上文对屋顶的分析，如果屋顶象征了一种特殊的、非世俗的或神圣的空间，那么使用能够通达神圣空间的梯子，在阿多尼斯节里便有了更为深远的意义。

3. 盆栽

通常所说的"阿多尼斯的园圃"，容易产生歧义，让人误会是一片种植了花草的田地，其实不然。虽然古希腊人使用的 κῆπος 确指花园，但"阿多尼斯的园圃"其实就是在一个小器皿中种植的植物，因为妇女们在节庆期间要将之捧在手里端到屋顶上。所以笔者觉得称之为盆栽或稍显合理。

由于尚未见到雅典人对盆栽具体内容的记载，关于盆栽里到底种了些什么植物，相对较晚的记载给出的信息也只是推测，比如莴苣、小麦和茴香，但应

---

① Pind., *fr.* 30.1.
② 相关研究，参见 Rachel Rosenzweig, *Worshipping Aphrodite: Art and Cult in Classical Athens*, Ann Arbor: The University of Michigan Press, 2004, p. 67; Robert Parker, *Polytheism and Society at Athens*, New York: Oxford University Press, 2005, pp. 442–443。

该相去不远。① 即便如此，盆栽植物的不明确也并不影响我们对盆栽整体意义的理解。盆栽本身显然是阿多尼斯节的一个标志，种植的嫩芽会迅速成长，但从来不会成熟或结果。众所周知，希腊人惯于用农艺术语来比喻人类的生命。比如人类的世系就如树叶的枯荣②，少年犹如嫩芽③，等等。将类似的比喻用在阿多尼斯身上极为贴合，对于阿多尼斯的园圃（或那些娇嫩的盆栽）而言，他既是植物（在其原初的神话语境中），又是一位少年（介于儿童与成人之间，但再也无法成熟）。这些盆栽植物若非少年阿多尼斯的化身，也与少年阿多尼斯的形象密切相关。④

还需指出一点，即盆栽的种植时间，包括植物的凋零和盆栽的废弃。虽然多数学者始终认为，盆栽会在夏日屋顶的烈日下迅速枯萎，⑤ 但这种情况是源自德狄安的推测，建立在他对假想的"反丰产"仪式的解读上。⑥ 尽管阿多尼斯节是在夏天举行，但尚不清楚阿多尼斯的盆栽是如何、于何时、在何地进行栽培，又是如何、于何地、在何时被丢弃。很可能是在节庆筹备期间就开始栽培。但有学者指出，目前的证据尚无法确定盆栽是否是在节庆期间就枯萎凋谢。⑦ 就盆栽养植的地点而言，结合上文对屋顶和梯子的分析来看，似乎节庆中妇女们登梯运送盆栽的方式与阶层（地下、人间、天庭）之间的位移有关。笔者推测，盆栽的前期准备应该是在一处象征了地下的地方。

二、观察雅典阿多尼斯节的三种视角

如前所述，弗雷泽通过比较主义的方式，将阿多尼斯的故事视为一个植物神的死亡与重生，因而将阿多尼斯节解读为植物生命从生长到凋谢的周而复始

---

① Joseph D. Reed, "The Fruits of Adonis", *Philologus* 149 (2005), pp. 362–364.

② Hom., *Il.* 6.146.

③ Hom., *Il.* 18.56.

④ Parker, *op. cit.*, p. 287; Reed, "The Sexuality of Adonis", pp. 327–328.

⑤ 该说法十分普遍，持此观点的，有古希腊宗教研究领域学者的研究成果，如 Barbara Goff, *Citizen Bacchae: Women's Ritual Practice in Ancient Greece*, Berkeley: University of California Press, 2004, p. 59; 尤其盛行于对古希腊文学的解读中，如 Gregory Nagy, "Theognis and Megara: A Poet's Vision of His City", in Thomas J. Figueira & Gregory Nagy (eds.), *Theognis of Megara: Poetry and the Polis*, Baltimore: The Johns Hopkins University Press, 1985, p. 62; Eva Stehle, "Sappho's Gaze: Fantasies of a Goddess and a Young Man", in Ellen Greene (ed.), *Reading Sappho: Contemporary Approaches*, Berkeley: University of California Press, 1996, p. 198.

⑥ Detienne, *op. cit.*, p. 106.

⑦ Laurialan Reitzammer, *The Athenian Adonia in Context: The Adonis Festival as Cultural Practice*, Madison: The University of Wisconsin Press, 2016, p. 20.

的戏剧化表现。相反,德狄安则用结构主义批判了弗雷泽的这种解读,他认为阿多尼斯的形象绝非一种周而复始的象征,而是人类生产(包括农艺与生殖)活动的完全对立面。他将阿多尼斯节与合法的社稷女神节对立起来,认为公民妇女关心和从事的是劳作与繁衍,而妓女从不关心此类事物。因而,他认为阿多尼斯节是只有妓女参加的不合法的节庆。很显然,他们都错了,雅典的阿多尼斯节既不涉及复活的情节,也绝非只有妓女参与。这两则矛盾的解释,都是基于对阿多尼斯神话的解读,而非基于对节庆(雅典的阿多尼斯节)本身的观察。弗雷泽比较了近东与之类似的神话——植物神的死亡与复活,而德狄安则从阿多尼斯的神话中看到了反伦理的性行为——乱伦之子以及与性有关的香料。所以,他们的研究方法可以算作第一种视角,即神话中心视角。通过神话来理解雅典的阿多尼斯节,存在一个问题,即雅典人对阿多尼斯神话的了解情况。我们尚无法确认他们所知道(或认同)的是哪个版本的阿多尼斯神话。① 再者,近年来一个反思的观点是,神话并非总是与仪式/节庆相关。②

与神话中心视角关系极为密切的是第二种视角,即男性中心视角。该视角把注意力集中在"神–英雄–男性/阿多尼斯"的身上。比如,视阿多尼斯身上发生的故事反映的是青年男性成为城邦公民的引纳仪式,即所谓"过渡礼仪"(rites de passage),因此认为节庆涉及城邦与男性的问题。阿多尼斯在雅典的身份与德罗普特(Deloptes)有几分相似,可以拿来对比一下。德罗普特是色雷斯(Thrace)女神苯蒂斯(Bendis)的男性伴侣。苯蒂斯的犠祀活动约在公元前430年传入雅典。③ 德罗普特没有自己独立的犠祀场所。而阿多尼斯则与女神阿佛洛狄忒紧密地联系在一起。雅典人犠祀阿多尼斯(这种说法十分勉强)的唯一证据,可能就是阿多尼斯节的活动。事实上,关于过渡礼仪的论调甚至连一件物证都没有,

---

① 雅典人对于阿多尼斯的神话至少在欧里庇德斯时期就已经有所了解。欧里庇德斯在悲剧《希波吕托斯》的最后暗示了阿耳忒弥斯的复仇(她也要杀死一个阿佛洛狄忒最心爱的凡人,参见 Eur. Hipp. 1420ff.)对象正是阿多尼斯。今人至少掌握了三个矛盾且无法调和的神话版本:(1)阿多尼斯是亚述国王提阿斯(Thias)与自己女儿乱伦的孩子;(2)他是腓尼基的"名祖"菲尼克斯(Phoenix)和阿珥斐西珀娥(Alphesiboea)的孩子;(3)塞浦路斯王子,国王基努剌斯(Kinyras)的儿子。

② 神话确实有形成仪式的现象,但也有一些是发明出来解释仪式起源的,更有神话与仪式各自独立的情况。有关希腊的神话与仪式关系的理论思想演变,参见 Hendrik S. Versnel, "What's Sauce for the Goose is Sauce for the Gander: Myth and Ritual, Old and New", in Lowell Edmunds (ed.), *Approaches to Greek Myth*, Baltimore: The Johns Hopkins University Press, 1990。对仪式意义的一个激进观点,参见 Frits Staal, "The Meaninglessness of Ritual", *Numen* 26 (1979), pp. 2-22。

③ Ronda R. Simms, "The Cult of the Thracian Goddess Bendis in Athens and Attica", *AW* 18 (1988), pp. 59-76.

没有发现任何属于阿多尼斯的神庙和神像，甚至没有与阿佛洛狄忒共有的神庙。[①]也有观点认为，因阿多尼斯为异族，且是一种柔弱无能的典型，这使得他必然会遭到雅典男性的蔑视，故主张雅典人其实是通过这一节庆来确立男性公民的男子气概。[②]雅典阿多尼斯节的参与者是女性而非男性，故认为处于城邦边缘地位的女性（无论是谨遵礼俗的公民妇女，还是有伤风化的妓女）举行这样一场节庆，是为了凸显城邦男性公民的种种属性，这实在有些令人费解。

以上种种问题，就催生了第三种研究阿多尼斯节的路径，即聚焦这一节日庆典中的参与者——雅典的妇女。这可称为女性中心视角。近几十年，女性在阿多尼斯节中的主导地位得到了学者们的关注。有的学者认为，"在哀悼阿多尼斯之死时，雅典的妇女们在哀叹自己没有爱情的生活"[③]，察觉到在阿多尼斯节中"隐约可见仇恨男性的情绪"[④]。有学者主张对一位受女性庇护的漂亮少年的哀悼是"雅典妇女逃避现实的途径"[⑤]，认为与现实中的丈夫不同，阿多尼斯是一位理想的情人，所以阿多尼斯节只是雅典妇女们的"一段短暂的幻想，仅仅是一个脱离现实生活的休假"[⑥]。也有学者相信，妇女们在一起哀悼的是她们在战争中失去的儿子、兄弟、丈夫和爱人。[⑦]更有学者指出，雅典妇女是在借节庆的场合"批判"由男性主导的城邦公共领域的事务。[⑧]

以女性为中心的解读，确实走出了一条新的研究路径。这些解读都有一个共同的特征，重视解释哀悼行为背后的女性心理因素。但不可否认，即使是在正式的葬礼上，妇女们的哀悼行为也具有多重的动机。她们很可能既是为死去的亲属而悲伤，也是为自己的不幸遭遇而哭泣。这些解读还有待进一步澄清的是，为何非公民的妓女和具有公民身份的妇女会一起参加阿多尼斯节？在节庆上，这两类女性是否有相同的仪式行为动机？但从上述学者们的不同解读来看，

[①] 保萨尼阿斯提到雅典广场上有一处哀悼阿多尼斯的公共建筑，但未展开介绍（Paus., 2.20.6）。作者并未说此建筑乃阿多尼斯的神庙等，而且考虑到作者身处的年代（公元 2 世纪），所以无法证明这是一栋古典时期雅典的建筑。

[②] Robert A. Segal, "Adonis: A Greek Eternal Child", in Dora C. Pozzi & John M. Wickersham (eds.), *Myth and the Polis*, Ithaca, NY: Cornell University Press, 1991, pp. 64-85.

[③] Eva C. Keuls, *The Reign of the Phallus: Sexual Politics in Ancient Athens*, 2nd ed. Berkeley: University of California Press, 1993, p. 28.

[④] John J. Winkler, *The Constraints of Desire: The Anthropology of Sex and Gender in Ancient Greece*, New York: Routledge, 1990, pp. 205-206.

[⑤] Reed, "The Sexuality of Adonis", p. 346.

[⑥] Parker, *op. cit.*, p. 287.

[⑦] Ronda R. Simms, "Mourning and Community at the Athenian Adonia", *CJ* 93 (1997-1998), p. 139.

[⑧] Reitzammer, *op. cit.*, p. 122.

似乎每一位参加阿多尼斯节的妇女都有各自不同的目的。那么，是否存在一个高度统一的诉求，能够统摄这些不同的动机？若能找到这个统一的诉求，也许就能够回答：为何雅典的阿多尼斯节会让公民妇女与非公民妇女走到一起。所以首先，有必要重新审视雅典的妓女群体参加阿多尼斯节的原因。

第二节 爱神的伴侣

从女性中心视角来看，妇女们在阿多尼斯节上哀悼阿多尼斯，只是表面的行为，其行为背后，有更为实际的情感诉求。阿多尼斯其实只是一个象征，是雅典妇女真实诉求的具体形象。如上述从女性中心视角研究的学者们所指出的那样，这种象征大致可分为两类：一类是妇女们"哀叹自怜、逃避现实、情感幻想"，一类是在"哀悼那些因战争死去的男性亲属"。然而，严格来讲，第一类解释太过泛泛而论。因为就功能主义而言，对任何节庆或仪式的解读似乎都可以往情感的宣泄和满足上去靠。第二类解释则太过狭隘，理解成对阵亡亲人的哀悼和对战争的控诉有些以偏概全。雅典的确曾有一段艰难的危机时期——西西里远征队全军覆没和伯罗奔尼撒战争的失败，但城邦危机只是一时，妇女们的节庆则是年复一年，很难想象她们会把阿多尼斯节当作每年悼念那段悲惨记忆的节日。因此，妇女们哀悼阿多尼斯的象征意义应该有一个更为合理的解释。

美国古典学者贝妮特（Anne P. Burnett，1925—2017）对此问题给出了一个新的观点，她主张，其实在节庆上，妇女们脑海中想的不是别的，而是正在踏入异性恋世界的真实的少年。[①] 因此，有必要稍稍偏离一下，去看一看正在踏入异性恋世界的少年的情况，看一看他们与阿佛洛狄忒之间的关系。

一、另一种引纳仪式

雅典人的传统观点认为，或据说遵循梭伦的建议，男性公民要到30岁左右才适合结婚（这个岁数远比适婚女孩要大得多）。[②] 因此，一个实际而迫切的问题是，男性公民步入青春期，或者说，有了性的需求后，如何解决自然的欲望？公民女性，包括女奴隶都是父权男性的财产，觊觎家中或其他公民妇女，肯定

---

① Anne P. Burnett, "Brothels, Boys, and the Athenian Adonia", *Arethusa* 45 (2012), p. 189.
② 比如，赫西俄德（Hes., *Op.* 696–698）认为男子30岁左右适婚，女子15岁适婚；柏拉图（Pl., *Resp.* 5.460e）认为女人从20岁起至40岁生育，男人过了跑速最快的年龄（30岁左右），直至55岁；亚里士多德（Arist., *Pol.* 7.1335a29）认为女子18岁左右适婚，男子37岁左右适婚。

会对家庭结构和社会秩序造成冲击。于是，就有了那项发明——公共妓院。

　　古典时期的雅典人认为，城邦的公共妓院是梭伦的创制。前文已经提到并指出梭伦设立属民的阿佛洛狄忒的牺祀（以及公共妓院）及其与雅典政治传统的关系，虽然这一切并非史实，但这一传说却被古典时期的雅典人普遍接受为既成事实，是他们不容置疑的祖先之制。这里又要提到喜剧诗人腓勒蒙和他的作品《兄弟们》。剧中的台词提到梭伦创制的公共妓院造福了雅典男人，称赞了梭伦创建的"屋子"（oikema）：

σὺ δ' εἰς ἅπαντας εὗρες ἀνθρώπους νομόν,
σὲ γὰρ λέγουσιν τοῦτ' ἰδεῖν πρῶτον, Σόλων,
δημοτικόν, ὦ Ζεῦ, πρᾶγμα καὶ σωτήριον,
'καί μοι λέγειν τοῦτ' ἐστὶν ἁρμοστόν, Σόλων'
μεστὴν ὁρῶντα τὴν πόλιν νεωτέρων　　　　5
τούτους τ' ἔχοντας τὴν ἀναγκαίαν φύσιν
ἁμαρτάνοντάς τ' εἰς ὃ μὴ προσῆκον ἦν,
στῆσαι πριάμενόν τοι γυναῖκας κατὰ τόπους
κοινὰς ἅπασι καὶ κατεσκευασμένας.
ἑστᾶσι γυμναί, μὴ ‹ξαπατηθῇς· πάνθ' ὅρα.　　　10
οὐκ εὖ σεαυτοῦ τυγχάνεις ἔχων ...
... ἔχεις πως· ἡ θύρα 'στ' ἀνεῳγμένη.
εἷς ὀβολός· εἰσπήδησον· οὐκ ἔστ' οὐδὲ εἷς
ἀκκισμὸς οὐδὲ λῆρος, οὐδ' ὑφήρπασεν·
ἀλλ' εὐθὺς ὡς βούλει σὺ χὢν βούλει τρόπον.　　15
ἐξῆλθες· οἰμώζειν λέγ', ἀλλοτρία ‹στί σοι.①

你找到了一个适合所有男人的模式，
他们都这么说，是你发明了这种做法，梭伦，
一个属于人民，凭着宙斯，并给他们带来了
拯救，"实际上，我就可以做证，梭伦！"
看见城里挤满了年轻人，　　　　5
他们在自然需求的压迫下，

---

① Ath., 13.569d–f.

迷途走入他们不该去的地方，
你买了些女人，把她们安置在不同的
地方，配备齐全，随时准备就绪。她们站在那里，
光着身子。没骗你们，真的一览无余！　　　　　　　　10
不完全是你自己和……
大门敞开着，蹦进去！
只要一枚银币。那里面没有假正经、
不唠叨、不回避，只有
开门见山，任你摆布。　　　　　　　　　　　　　　15
［然后］甩了她，让她哭个够，她对你来说啥都不是！

显而易见，充满诙谐和讽刺的台词说出了雅典男人的心声：梭伦的创制功在当代，利在千秋。这既解救了在自然的需求下偏离正轨的少年，也拯救了雅典人民。这些少年们不会再去那些公共场合——比如市集和浴场①——危害治安，扰乱城邦秩序。多亏这位伟大的立法者，让男人们只需要支付一小笔钱［一枚银币（obol），v. 13］，就可以去"屋子"里挑选自己的伴侣，让自己自然的欲望得到满足。然后，若他乐意，他可以立刻"甩了她"（v. 16），即使他只是个少年，因为只要他支付了报酬就拥有了暂时的财产控制权。

话说回来，身为一个雅典男孩，或称之为少年，第一次去"屋子"其实是一个重要的家庭事件。就社会层面而言，进入"屋子"就意味着一个少年进入了成年男性的团体，从此与其他成年男性一样，将经常光顾他的爷爷、父亲或哥哥们出入的地方——那间"屋子"。少年从中学会了如何看待成熟男性的性事，在与男性伙伴和长辈共餐或会饮时，将能够笑谈"淫秽"的趣事或讲述诸神的爱情故事。②这一资格，让这些少年——他们有些甚至还没有长出胡须——从此能与成熟的男人为伍。总之，这一事件给以男性为主导的雅典社会带来了一种强烈的群体意识，因为儿子、侄子或邻居的男孩在去过"屋子"后，便会以一种新的身份出现，他们已然加入城邦的、男人的、公共的活动。

---

① 比如 Ar., *Nub.* 991-997：年轻人要知廉耻，莫到市场和澡堂瞎逛。
② David M. Halperin, "Why is Diotima a Woman?" in David M. Halperin, John J. Winkler, & Froma I. Zeitlin (eds.), *Before Sexuality: The Construction of Erotic Experience in the Ancient Greek World*, Princeton: Princeton University Press, 1990, p. 266.

青春期的少年出入"屋子",还有另一个重要的意义,那就是他们在"屋子"里的行为,不会也不应该有生育的结果。繁衍家族的后代受到雅典公民的重视,私生子普遍受到歧视。①因此,与妓女在一起,就应该避免也能够避免这一现象,当然,知道如何避孕是妓女理所应当具备的知识。于是乎,进入"屋子"的少年"与他的非公民女伴在一起,把自己的种子洒在了那些无法培育出生命的地方"②。就这一点而言,很容易让人联想到"阿多尼斯的盆栽"——短暂而无果。

其中还有另一层关

图10 持镜的阿佛洛狄忒
(红影瓶绘,西西里,约公元前4世纪,意大利叙拉古艺术档案考古博物馆)

系,即"屋子"与阿佛洛狄忒之间的关系。无论雅典人属民的阿佛洛狄忒的牺祀是否与公共妓院有关,或"屋子"的收益是否真的有部分被捐赠给了属民的阿佛洛狄忒,这个问题在此并不重要。③事实上,在雅典人的心目当中已经根深蒂固地认可了"屋子"与阿佛洛狄忒之间的紧密联系。妓女们也有意无意地扮演着阿佛洛狄忒(图10,这种构图和姿势也被用于刻画妓女)。而且,作为

---

① Daniel Ogden, *Greek Bastardy in the Classical and Hellenistic Periods*, Oxford: Oxford University Press, 1996, p. 32.
② Burnett, *op. cit.*, p. 183.
③ 论阿佛洛狄忒的牺祀与雅典妓女的关系,参见 Rosenzweig, *op. cit.*, pp. 13–28; Emma Stafford, "Personification in Greek Religious Thought and Practice", *CGR*, p. 79。

少年步入成年男性的重要一环，在一种模仿女神与少年的关系中，妓女们实际上扮演了引纳者的角色。她们用另一种特殊的方式，指引少年——待纳者——步入成年人的社会。雅典人一定很熟悉阿佛洛狄忒作为年轻人的引纳者的身份，因为在阿提卡海岸边的拉穆诺斯堡垒（Rhamnous）有领袖阿佛洛狄忒（Aphrodite Hegemone）的牺祀，其与男性少年的参军入伍有关。[①] 而在"屋子"里进行的则是一种另类的引纳礼仪，初入"屋子"的未婚少年与其中成熟女性的关系，其实就是阿多尼斯和阿佛洛狄忒的组合。而且，这一组合的关系也是一种古希腊人熟悉的、不正常的、地位倒错的男女关系。

二、女神与少年

古希腊人很熟悉这样一类神话传说，女神与她的凡人伴侣的故事，其中包括强大的女性神明对通常在豆蔻年华就死去（或失去力量）的少年的哀悼。阿佛洛狄忒和她的年轻伴侣阿多尼斯之间的关系，以及其他女神，如黎明女神埃娥斯与特洛伊王子提托诺斯[②]，月神塞勒涅（Selene）与恩杜弥翁（Endymion）之间的关系[③]，都是这样一种故事模式。其中，女神因为爱慕一位年轻俊美的人类少年，把他从人类文明的社会中带走并私藏起来，但最终都会以少年死亡或丧失（性）能力而告终。

隐藏在这些故事背后的是女神与她所追求的凡人少年之间的那股张力。当一位不朽的女性与她所爱慕的一位凡人男性发生关系时，便产生了一个令人不安的等级冲突，女神与男人，以及男性与女性之间的矛盾，即一股交织着性别与不朽的张力。传统观点认为，在男女关系中，女性占据从属地位。但是在女神和男人的关系中，人类男性处于从属地位，这颠覆了传统的两性关系模式，但又属于合理的神人关系。因此，男人和女神之间的亲密关系就变得十分复杂，两者的相对地位始终处于一种矛盾的不稳定状态。在古希腊人的观念中，这种关系必须以某种方式进行调和，以便消除这股张力。

荷马在《奥德赛》中就向我们展示了古希腊人对这种关系的认知。这部作品既从凡人男性的角度——奥德修斯，也从女神的角度——卡吕普索和基尔

---

① 对雅典的领袖阿佛洛狄忒牺祀的讨论，参见 Vinciane Pirenne-Delforge, "Les Charites à Athènes et dans l'île de Cos", *Kernos* 9 (1996), pp. 195-214; Gabriella Pironti, *Entre Ciel et Guerre: Figures d'Aphrodite en Grèce ancienne*, (*Kernos Supplement* 18), Liège: Centre International d'Étude de la Religion Grecque Antique, 2007, pp. 201-205.

② HH5. 216-238, 相关讨论参见本书第二章第三节。

③ [Apollod.], *Bibl.* 1.56.

克——审视了这种关系。对凡人而言，奥德修斯担心自己若登上基尔克的床笫，便会"虚弱"（κακός）到失去自己的"男子气"（ἀνήνωρ）。① 基尔克此前刚把奥德修斯的同伴们变成了猪②，这表明她的能力和地位明显地凌驾于他。卡吕普索从另一个立场对这种关系做了评论。她向前来带走奥德修斯的赫尔墨斯抱怨说：男神们（θεοί）嫉妒（ζηλήμων）我们女神（θεαῖς）选择凡人男子做自己的夫君（ἀκοίτης）。③ 卡吕普索继而指责诸神的"种种罪行"：他们用箭射死了黎明女神埃娥斯爱上的奥里翁（Orion）④，用雷劈死了与谷物女神德米忒尔（Demeter）享受欢爱的伊阿西翁（Iasion）⑤，最终，卡吕普索只能让奥德修斯离开自己。⑥ 可以发现，女神们在这种关系模式中处于一种双重压力的境地，男神嫉妒这种关系，男人则惧怕这种关系。男神心生嫉妒的原因，卡吕普索在不经意间已经透露。史诗中她对奥德修斯一往情深，答应要给他不朽和让他永葆青春。这显然触及了以宙斯为首的男性神权统治阶层的利益，所以男神们必须也必定会加以干涉。男性诸神的这种态度，也导致男性凡人会惧怕这种关系，担心会遭到男神的报复。值得注意的是，卡吕普索还特意给离开她的奥德修斯忠告，让他能够不受伤害。⑦

如前文所述，阿佛洛狄忒与特洛伊王子安奇塞斯的故事中也有类似的情节。⑧ 在第一首《致阿佛洛狄忒的荷马颂诗》中，当安奇塞斯发现自己刚刚和一位女神——阿佛洛狄忒——同床后，变得惊恐万分、焦虑不安，甚至像女人一样哭泣。他与奥德修斯面对基尔克时一样，忧惧自己会丧失男子气："不再有气力"（οὐ βιοθάλμιος ἀνήρ）。⑨ 阿佛洛狄忒没有选择与安奇塞斯长相厮守，换言之，阿佛洛狄忒与卡吕普索一样，中断了这一关系的发展，而且也给予对方忠告。阿佛洛狄忒不仅向安奇塞斯讲述了他的王室祖先提托诺斯与女神埃娥斯的悲惨故事⑩，还让安奇塞斯谨记，万不可向他人透露两人的情事，这是为了他好，否

---

① Hom., *Od.* 10.340–341.
② Hom., *Od.* 10. 233ff.
③ Hom., *Od.* 5.119–120.
④ Hom., *Od.* 5.121–124.
⑤ Hom., *Od.* 5.125–128.
⑥ Hom., *Od.* 5.139.
⑦ Hom., *Od.* 5.143–144.
⑧ 参见本书第二章的相关讨论。
⑨ HH5. 190.
⑩ HH5. 218–238.

则宙斯会掷下霹雳。①

阿多尼斯显然也面临同样的困境,但与奥德修斯和安奇塞斯不同,他的故事以另一种古希腊人熟悉的方式解决了这一关系产生的冲突:阿多尼斯死了。可想而知,紧接着便是我们熟悉的哀悼:女神为男孩,也是为自己的遭遇哭泣。回到"屋子"中所联结的少年和那些成熟女性的关系上来,这种关系和女神与凡人的关系有几分类似,因为对"屋子"中的女性而言,那些少年很快就会离她们而去,并"让她哭个够"。她们为什么哭泣?是因为自己的不幸而哭泣?或是因为少年的离去而哭泣?可能两者都有。

可以肯定的是,女性的哭泣行为很容易让人与葬礼的哀悼联系起来。要理解参与雅典阿多尼斯节的另一半的女性(公民妇女)缘何会加入进来,有必要先从妇女与葬礼哀悼的关系入手进行考察。

第三节 哀悼的意义

以往不论是雅典还是泛希腊的阿多尼斯节的研究,通常会使用忒奥克里托斯(Theocritus)的第 15 首《田园诗》(*Idyll* 15)和卡利玛科斯(Callimachus)的几首颂诗(H. 2,5,6)。但这两位诗人所描写的阿多尼斯节,实际上是希腊化时期埃及的节日,更确切地说,是亚历山大港的希腊人举行的阿多尼斯节。这里的阿多尼斯节明显有别于古典时期雅典的阿多尼斯节,比如在节庆的时间上,亚历山大港的阿多尼斯节长达 8 天。托名卢西安(Lucian)的《叙利亚女神》(*De Dea Syria*),也是研究阿多尼斯节的材料之一。但他记述的是腓尼基城市比布罗斯(Byblos)的阿多尼斯节,并非希腊人更非雅典的节庆。虽然可以肯定,雅典的阿多尼斯节受到了腓尼基人的影响,但两者并不相同;而且,卢西安所处的年代已经是 2 世纪,相较古典时期而言时间有些久远。严格地说,《叙利亚女神》中描述的是罗马帝国时期腓尼基人的阿多尼斯节。在解释节庆起源的问题上,通常会用到托名阿波罗多洛斯(Apollodorus)记载的神话故事。② 他的记述,比起哈利卡纳索斯的潘亚西斯(Panyassis of Halicarnassus)仅存的残篇,要相对完整一些。但这也是一份 2 世纪的文本,而且,基本没有涉及阿多尼斯节的细节。当然,还要算上俄尔甫斯教(Orphism)的《致阿多尼斯的祷歌》(*Hymn*

---

① HH5. 281–288.

② [Apollod.], *Bibl.* 3.183.

to Adonis）[①]，严格地说这也是一份希腊化时期的作品。为什么在这里要甄别一下涉及阿多尼斯节研究的古代文献？原因很简单，这些材料缺乏对哀悼场景的细致描写。

在研究雅典阿多尼斯节的文本选择上，笔者倾向于参考弗罗萨的庇昂（Bion of Phlossa，c. 2nd BCE）[②]的《祭阿多尼斯文》（Adônidos Epitaphios）。这部作品，直到 16 世纪上半叶才被学者们确定是庇昂所作。[③]虽然祭文一开篇阿多尼斯就已经死了，但整个内容对于研究和理解雅典的阿多尼斯节很有帮助。《祭文》明确交代了阿多尼斯节中两个最主要的元素：（1）人物——少年阿多尼斯和女神阿佛洛狄忒的关系及阿多尼斯的死亡；（2）行为——哀悼（女神和其余角色都在哀悼死去的阿多尼斯）。诗歌的内容很自然地让人想到阿多尼斯节上仪式性的哀悼，尤其是该文的最后一部分（76 行以降），诗人十分生动地描写了哀悼阿多尼斯的场景。[④]简言之，这部作品直指阿多尼斯节的核心元素——哀悼。

一、葬礼哀悼与雅典妇女

哀悼，可以说是古希腊女性的一项专属活动，她们负责为已故亲属操办丧葬礼仪，如上文提到的对阿多尼斯节的女性中心视角解读，部分正是基于这一传统。研究者认识到妇女们在传统丧葬习俗中的哀悼与阿多尼斯节中妇女们模拟性的哀悼之间的这种相似性。所以，若能深入思考古希腊妇女哀悼行为的意义，或许对理解阿多尼斯节有所帮助。

在此先对古希腊传统的丧葬活动做一番简要回顾。在古希腊人的观念中，死者会产生不洁，因此在丧葬礼仪中，男性出于各种宗教层面因素的考虑（比如家火祭祀等）会有所回避，由女性主导和从事这项特殊的活动。这也是少有的男性被边缘化的活动（另一个自然就是生育）。妇女几乎要负责丧葬中的一切事务[⑤]，包括停灵（prothesis）的时候清洗遗体和装扮遗容。哀悼也发生在这一阶段。灵柩周围的妇女们，或高举双臂，或撕扯头发，或拍打胸脯，或触碰

[①] OH 56.

[②] 亦称士麦那的庇昂（Bion of Smyrna），弗罗萨近（属）士麦那。鉴于还有一名士麦那的庇昂，即公元前 182 年泛雅典娜节的冠军（IG II^2 2314 col.1.19 & 25）。故笔者依旧习称这位诗人庇昂为弗罗萨的庇昂。

[③] 实际上，该作品的归属问题依然有一些疑问，相关讨论参见 Joseph D. Reed, Bion of Smyrna: The Fragments and the Adonis, Cambridge: Cambridge University Press, 1997, p. 15。

[④] 详见附录四。

[⑤] Margaret Alexiou, The Ritual Lament in Greek Tradition, 2nd edn., Lanham: Rowman & Littlefield, 2002, pp. 4-6.

死者头部。哀号（thrênos）通常伴有庄严的奏乐，因此哭喊可能很有节奏感，而不是嘈杂无序的乱喊，这一点似乎容易被人忽视。随后是由妇女领队的出殡（ekphora）队伍。待到下葬时，可能还有更为隆重的哀悼仪式和挽歌。

至少在古典时期之前，葬礼几乎完全由女性掌控。[①]但从公元前6世纪起，在雅典等其他地方，陆续通过了对丧葬礼仪进行改制的立法。在多数情况下，妇女在丧葬中的行为得到了立法者们的特别关注。如传说中的"梭伦立法"。根据普鲁塔克的说法，梭伦的立法旨在消除妇女们粗鄙和原始的习俗[②]，即女性在葬礼上的哀悼行为被加以控制，哀悼者不得伤害自己，不得哀号或唱挽歌，等等，这些针对的都是女性。[③]彼时，妇女几乎能够全身心地沉溺于哀悼中，而如今她们的活动受到了极大的限制。哀悼的地点也转移到家中（室内或庭院），哀悼的时间缩短至一晚，出殡的时间被规定在清晨。演说家德谟斯忒涅的作品也提到了相关的限制措施，允许参加停灵和出殡的女性人数明显减少，仅限于堂表亲关系的女性或60岁以上的妇女，出殡队伍中的女性被排在男性后面。[④]位于阿提卡近海的基俄斯岛（Keos）上的伊奥利斯（Ioulis）还立法禁止在出殡过程中进行哀悼，要求抬着遗体的时候必须保持肃静。鉴于该岛与雅典的密切关系，可以推测，雅典的相关立法或许也有同样或类似的规定。

此外，雅典人传统中为家族成员哀悼的年度仪式，也在同一时期被一个政府法定的节日——苏生节（Genesia）替代。[⑤]鉴于公共葬礼的出现，到公元前5世纪，常规的葬礼哀悼形式（齐唱哀歌）逐渐衰落，使用墓志铭的悼念则越来越多见，还出现了赞美死者的葬礼演说——悼词或祭文（epitaphios logos）。隆重的哀歌逐渐被肃穆的默哀取代。[⑥]从这一时期起，女性主宰丧葬礼仪的传统被颠覆了，她们（所剩不多）的权利被剥夺了，曾经时不时响彻天际的哀悼声消失了。换言之，妇女们在葬礼上强烈的情感宣泄被无形地压抑了。

一个十分有趣的巧合是，就在伯罗奔尼撒战争的头一年（公元前430年），在伯里克勒斯发表了慷慨激昂的葬礼演说后不久，出现了关于雅典阿多尼斯节的第一个文本证据。可以说，阿多尼斯节似乎成了一种弥补措施，因此有学者

[①] Ibid., p. 212.

[②] Plut., *Sol.* 12.5.

[③] Plut., *Sol.* 21.4–5.

[④] Dem., 43.62.

[⑤] Felix Jacoby, "ΓΕΝΕΣΙΑ, A Forgotten Festival of the Dead", *CQ* 38 (1944), pp. 65–75.

[⑥] 对这一转变的分析，参见 Nicole Loraux, *The Invention of Athens: The Funeral Oration in the Classical City*, Alan Sheriden (tr.), Cambridge, MA: Harvard University Press, 1986, pp. 44–50。

认为"在阿多尼斯节上,妇女们有机会满足她们对于哀悼的需求。这正是其吸引力所在,也是阿多尼斯节受欢迎的原因"[1],此言不虚。

二、阿佛洛狄忒与哀悼中的女性

在丧葬礼仪变革的背景下来理解"补偿说"确实很有说服力,即将阿多尼斯节中的仪式性哀悼与妇女们曾在传统丧葬仪式中的哀悼联系起来。但还有一个容易被忽视的对应联系,即阿佛洛狄忒与哀悼的女性之间的联系。笔者以为,妇女们在阿多尼斯节中进行久违的模拟性质的哀悼时,无论各自的目的是什么,她们的脑海中一定会想到阿佛洛狄忒,不单单是因为阿多尼斯节本身的背景是阿佛洛狄忒哀悼她的伴侣。

在荷马史诗中,有一个现象值得注意。阿佛洛狄忒这个名称不止一次地在妇女们哀悼的场景中被提及。《伊利亚特》中有两位重要的英雄人物战死,分别是迈锡尼联军的帕特洛克罗斯(Patroclus)和特洛伊王子赫克托尔。在众人哀悼帕特洛克罗斯时,布里塞伊斯(Briseis,《伊利亚特》开篇引发将帅争吵的那位女奴)也在其中,她被形容为"如金色的阿佛洛狄忒般"(ἰκέλη χρυσέῃ Ἀφροδίτῃ)[2]。诗人描写她的哀悼行为——双手撕抓脸颊、拍打胸部,大段的哭诉(共14行)。[3] 这些描写意味深长,她的角色实际上是哀悼女性的代表,随后才是其他妇女们的齐声哭喊。[4]

再来看看特洛伊这边,史诗中最先负责看护赫克托尔遗体的就是阿佛洛狄忒。[5] 而当特洛伊公主卡珊德拉(Kassandra)看到赫克托尔的遗体被带回特洛伊城内时,诗人也称呼她为"如金色的阿佛洛狄忒般"[6]。她也是率先发声,尖叫呼喊(κωκύω)的人。[7] 在描写安德洛玛赫(Andromache)哀悼丈夫赫克托尔时,阿佛洛狄忒的名字再次出现,安德洛玛赫因为悲痛万分晕厥过去,在她应声倒地的瞬间,"金色的阿佛洛狄忒馈赠的"漂亮的头饰也被甩落。[8]

还有海伦,她是整部《伊利亚特》中最后一位——紧接着赫克托尔的妻子

---

[1] Simms, *op. cit.*, p. 136.
[2] Hom., *Il.* 19.282.
[3] Hom., *Il.* 19.287–300.
[4] Hom., *Il.* 19.301.
[5] Hom., *Il.* 23.184–187.
[6] Hom., *Il.* 24.699.
[7] Hom., *Il.* 24.703.
[8] Hom., *Il.* 22.466–470. 注意庇昂的《祭阿多尼斯文》中阿佛洛狄忒与安德洛玛赫在哀悼上的相似之处。

和母亲赫卡珀（Hecuba）——在葬礼上"发言"的女性，在特洛伊妇女中领唱挽歌，哀悼赫克托尔。①（如果说《伊利亚特》是以赫克托尔的葬礼而告终，那么也可以说是以海伦对他的哀悼而收尾。）海伦与阿佛洛狄忒关系极为密切，也是最容易让人想到阿佛洛狄忒的女性。所以说，海伦在葬礼上的"发言"又一次含蓄地将阿佛洛狄忒带进了哀悼的场景。

从以上《伊利亚特》中哀悼的例子来看②，哀悼实际上为女性在公开的场合发言提供了难得的机会。而且，通过布里塞伊斯在哀悼时候的"演说"，我们才看到帕特洛克罗斯更为丰满的人物形象（表明他不仅仅是一介武夫）。《伊利亚特》的终章，四位女性——卡珊德拉、安德洛玛赫、赫卡珀以及海伦——先后依次领唱挽歌，她们动情的诉说，才真正让赫克托尔成为一名有血有肉的英雄人物。③从这层意义上来看，在葬礼上哀悼的女性有着举足轻重的作用。

不过，话说回来，似乎很难理解女性在葬礼上的哀悼与阿佛洛狄忒形象之间的关系。因为，众所周知，阿佛洛狄忒是一位与"生"——繁衍或者性事（Aphrodisia）④——密切相关的女神。在葬礼上，一个涉及"死"的场景，似乎是她最不适合出现的场合。然而，生育与死亡看似矛盾，却有其内在的联系，在古希腊社会，妇女既负责生养又负责丧葬。因此，当妇女们在葬礼上进行哀悼时，人们一定会在脑海中激活荷马史诗中的这些哀悼场景：哀悼的妇女"如金色的阿佛洛狄忒般"。那么，在阿多尼斯节，一个本身就由阿佛洛狄忒本人领唱挽歌的葬礼上，哀悼的妇女们就更容易代入金色的阿佛洛狄忒这一角色。

第四节　阿多尼斯节的妇女

公元前6世纪，雅典城邦的立法改变了妇女在传统丧葬礼仪中的重要地位，使得雅典公民妇女的权利遭受了折损。事实不止于此，雅典的妇女们还有一个损失，一个一生中必然会发生的"不幸"的损失：与成年后的亲子永久"隔离"。

---

① Hom., *Il.* 24.762–775.

② 论荷马史诗中的哀悼，如 Sheila Murnaghan, "The Poetics of Loss in Greek Epic", in Margaret H. Beissinger, Susanne L. Wofford & Jane Tylus（eds.）, *Epic Traditions in the Contemporary World: The Poetics of Community*, Berkeley: University of California Press, 1999, pp. 203–221。

③ 论海伦此番哀悼的意义，参见 Maria C. Pantelia, "Helen and the Last Song for Hector", *TAPhA* 132（2002）, pp. 21–27。

④ Vinciane Pirenne-Delforge, "'Something to do with Aphrodite': *Ta Aphrodisia and the Sacred*", *CGR*, pp. 311–323.

本节将从这一角度来分析公民妇女为何会与妓女一起参加阿多尼斯节。

一、女神、娼妓、妻子与少年

儿童，通常由女性抚养。因此，毋庸置疑，在古希腊人的闺房或女性居所（gynaikeion）中肯定会有男性儿童。在这些男童成年之前，他们始终是诸如母亲、姐妹、姑婆等等这些女性公民的"伴侣"。他们一道起居、一同吃饭、一起生活。[①] 直到一个男孩进入青春期，他才不得不离开她们，加入男性公民的团体（父亲、兄弟、叔伯等等）。他们带着男女有别的观念，离开自己的母亲和女性亲属。不可否认，这对每个家庭的女性成员而言，是一种永久性的损失，即与自己曾经朝夕相处的孩子彻底分离。然而现实是，妻子作为每个家庭的管理者（nomophylax），必须履行这一职责[②]，即不得不送走自己成年的孩子，而这种矛盾必然会带来心理上的焦虑。[③]

面对由自己抚养长大、珍视，且朝夕相处的孩子逐渐长成，最后离开她们，遭受这一损失的公民女性群体必然会哀叹失去了曾经与自己关系如此亲密的男孩。她们也知道，如上文所述（本章第二节）这些刚步入青春期的少年，在离开她们后会去到由梭伦创制的"屋子"。她们也许会欣慰地发现，男孩与"屋子"中的女性的关系，是一种交易，而非情感。这就使得这些"失去"少年的公民妇女心中有了极为矛盾的混合情绪。这可以说是只有公民妇女才能体会到的情感。因此，当她们出现在阿多尼斯节，登上自家的屋顶进行仪式性的哀悼时，脑海中想到的，可能也是那些刚刚步入青春期的少年。这一点与妓女既相似又不同，相似的是同一群人，不同的是两者与少年的关系：一个是她们的孩子，另一个则是她们的情人。

上面所说的刚刚步入青春期的少年的情况与阿多尼斯的故事类似，都是少年与一位不是自己母亲的成熟女性的短暂结合。公民妇女们无法阻止这种关系，但应该会乐于看见她们孩子的这段关系短暂而无果。和阿多尼斯相似的还有一点，这些少年的童年将在一位具有阿佛洛狄忒特质的女性的怀抱里告终，也标志着少年的成长。因此，参加阿多尼斯节的公民妇女们，能够体会到只有这个节庆才能带给她们的情感体悟。一方面，因为自己的孩子"永远"地离开了自

[①] Mark Golden, *Children and Childhood in Classical Athens*, Baltimore: Johns Hopkins University Press, 1993, p. 38.

[②] Xen., *Oec.* 9.14–15.

[③] Burnett, *op. cit.*, p. 182.

己而感到失落，节日中的哀悼可以变相地宣泄这种情感，成为一种补救的途径；另一方面，她们也是借由节庆背景的对照，确保离开自己的孩子只是短暂地停留在一段"错误的"关系中，在那样一个地方（"屋子"），他们的"种子"不会开花结果。

公民妇女参加阿多尼斯节的心理动机大致如此。我们可以推测，最先接触和接受阿多尼斯节的雅典妓女（虽然我们还不知道这些妓女是如何）向雅典的公民妇女引介了阿多尼斯节。① 在一个纪念阿多尼斯——少年——的节日里，妓院里和家庭中的女性为了同一个少年共同来到一个既非屋内也非室外——屋顶——的地方，她们共同哀悼，宣泄各自之间相互冲突的情感和焦虑。在这层意义上，也许正是那些处于转型期的少年，把非公民的妓女和公民的妻子（少年们的母亲）奇怪地联系了起来。通过其中的层层关系，女神、娼妓、妻子与少年这些看似毫不相干的角色被串联在一起，成为阿多尼斯节中重要的组成部分。

一个哀悼女神与少年分离的节日让雅典的女性走到一起。这样一种组合——非公民的妓女与公民妇女，出于各自不同的目的走到一起的女性团体，如何能够长久地维持这一关系？要让这两类女性联结在一起，必定需要一个统一的诉求。

二、阿佛洛狄忒（哀悼的女性）与雅典娜（雅典城邦）

每一位女性，在一年一次的阿多尼斯节上，"在自己的家中，她可以成为阿佛洛狄忒"②。不过，这绝不是妇女们的自娱自乐。毋庸置疑，阿多尼斯节为雅典的女性提供了一种表达自我的方式。笔者以为，妇女们在阿多尼斯节上的行为是一种具有公共属性（甚至涉及对城邦政治）的集体发声。

由于雅典阿多尼斯节的特殊性质，即从未得到官方的认可，所以该节庆自然不会得到所谓的"民支款"（demotelês）。③ 也因此，在以往的学术研究中，阿多尼斯节一直被认为是一种私人性质的宗教活动。这种观点源于希腊宗教研

---

① 这两个群体最初如何会有接触，只有大致的推测，但是至少事实证明这两类女性存在联系。妓女们可能通过与她们相识的少年得知少年的家庭女性亲属。此外，妓女其实也参加普通的世俗生活和劳作，参见 Rosenzweig, *op. cit.*, pp. 68–71. 其中一些妓女甚至能为自己赎身，这方面的研究，散见 William T. Loomis, *Wages, Welfare Costs, and Inflation in Classical Athens*, Ann Arbor: The University of Michigan Press, 1998, pp. 166–185, 309–312, 334–335.

② Reed, "The Sexuality of Adonis", p. 346.

③ Robert Parker, *Athenian Religion: A History*, Oxford: Clarendon Press, 1996, p. 5.

究中长久以来的一个十分普遍的观点，即将古希腊宗教区分为城邦宗教与个人宗教。近些年，已有学者对这种二分法做了反思。① 确实，若严格地遵循这种二分法来看待雅典的阿多尼斯节，会发现这一节庆实际上尴尬地处在一个矛盾的分界线上。

有几个因素可能导致人们忽视了阿多尼斯节的公共属性。其一，古希腊妇女，尤其是古典时期雅典的普通公民妇女，要涉足或参与城邦的公共事务，可以毫不夸张地说，简直是天方夜谭。在古希腊，女性受到政治限制是一种常态。但阿多尼斯节变相地（比如在界线模糊的屋顶）给雅典的妇女们提供了一种涉足公共领域的机会。

其二，源于对该节庆主要角色之一的阿佛洛狄忒形象的认识。正如前文已经指出的那样，阿佛洛狄忒长期被简单地描述为爱与美的女神，一个完全与家庭或私人有关的女神，身上缺乏公共的属性。但近来的研究力图表明，在古希腊，阿佛洛狄忒的牺祀形象极为丰富，拥有极广的影响和职能，尤其是在公共领域。如第三章所分析的那样，女神在雅典的地位一直与政治等公共事务密切相关，在此不再展开。因此，若认识到阿佛洛狄忒广泛的公共属性，再结合阿多尼斯节中女神凌驾于有死男性的身份，其实更突出了女神在这一时刻的自我形象。

其三，阿多尼斯节上曾经由雅典妇女主导的哀悼行为，其表现形式从以往的公开和张扬转入各家的门户之内，这种限制造成了女性哀悼的公共属性被人们淡忘和忽视。哀悼的公共属性也就鲜被提及。实际上，葬礼仪式具有潜在的公共属性，这也是城邦会通过立法对丧葬礼仪进行控制的原因之一。柏拉图也试图在他的两部最具政治属性的对话录——《国家篇》和《律法篇》——中处理哀悼的问题。② 有学者指出，"葬礼，尤其是在社会动荡之际，很可能成为一桩让公共与私人领域之间充满张力的事件"③。若观察古希腊悲剧中对哀悼女性的描写，就会发现女性们在葬礼上的哀悼，多少都具有一种反抗精神，反对和控诉当权的统治者（男性）。比如，欧里庇德斯的《海伦》（*Helen*）中，女主人公掌控了葬礼仪式，她假装哀悼丈夫，并设法逃脱。索福克勒斯的《安提戈涅》（*Antigone*）和《埃勒克忒剌》（*Electra*）中也有女性在葬礼上发表反抗言论的

---

① Julia Kindt, "Polis Religion: A Critical Appreciation", *Kernos* 22 (2009), pp.9–34; ead., *Rethinking Greek Religion*, New York: Cambridge University Pres, 2012, ch.1.

② Pl., *Resp.* 3.395e：身为男人，不能模仿女人"面临种种不幸而痛苦哀悼"；*Resp.* 10.606a-b：我们的灵魂中有"掌管哀悼部分"，必须仔细看护；*Leg.* 12.959e-960a：雅典来的异乡人建议禁止在屋外或出殡时大声哀悼，葬礼仪式必须在城外日出前进行。

③ Helene P. Foley, *Female Acts in Greek Tragedy*, Princeton: Princeton University Press, 2001, p. 27.

表现。可以发现，阿提卡悲剧中经常出现哀悼的桥段，"就如妇女们在现实生活中那样，[借哀悼]对公共事务发表意见"①。换言之，哀悼赋予了妇女们针对公共事务的发言权。

雅典的妇女们曾经能够运用丧葬礼仪的机会发表自己对公共事务的看法、意见或不满，但随着丧葬的立法改制，这仅有的机会也被剥夺了。阿多尼斯节给她们提供了这一补偿的机会。节庆中哀悼的形式，对她们而言再熟悉不过。可以说，在阿多尼斯节上，阿多尼斯死了，妇女们却"活"了。她们俨然化身为阿佛洛狄忒，缓步登上梯子，似乎要通往苍穹；她们在一座座建筑的屋顶上集体哀悼，遍布城邦的各个角落，哀悼之声似乎要将一切公共空间吞噬；最后，只剩下雅典的卫城，这一刻，妇女们所在的屋顶皆成为她们各自的卫城，而卫城则成了最后的尚未被妇女们占领的屋顶。②这就好像阿佛洛狄忒在向雅典娜发起挑战。神话中，雅典娜为了维持以宙斯为代表的父权统治而放弃了生育，恰恰相反，雅典的妇女们为了以男性为主导的城邦的政治而被迫放弃得几乎只剩下生育权（生养后代的义务），两者何其相似。于是，在年复一年的阿多尼斯节中，哀悼的女性们实际上在向雅典城邦发起挑战。那些起彼伏的哀悼声，变成了节奏整齐的声音，形成了一股集体的力量。

三、集体之声，或女性歌队

不可否认，我们已经看到，阿多尼斯节的庆典中存在一个集体，一组女性的团体，一队哀悼的妇女。节庆期间，这群妇女齐声哀悼，唱着挽歌，这样的情节，细细想来，其中蕴含一种属于戏剧合唱队的元素。如在埃斯库罗斯的《奠酒人》（*Choephoroi*）中，参加哀悼的宫廷侍女歌队（女奴们），她们的哀悼是一股反抗的集体声音。在荷马史诗中也有十分经典的一幕描写，表现了女性哀悼群体就像歌队的合唱一样齐唱挽歌，即《奥德赛》终卷中两个鬼魂的对话：阿伽门农回忆并向阿喀琉斯讲述了阿喀琉斯葬礼上令人难忘的哀悼场景。

ἀμφὶ δέ σ' ἔστησαν κοῦραι ἁλίοιο γέροντος

---

① Andromache Karanika, "Greek Comedy's Parody of Lament", in Ann Suter (ed.), *Lament: Studies in the Ancient Mediterranean and Beyond*, New York: Oxford University Press, 2008, p. 181.

② 将雅典卫城比作屋顶，参见 Laurialan Reitzammer, "Aristophanes' *Adôniazousai*", *CA* 27（2008），pp. 300–304.

οἴκτρ᾽ ὀλοφυρόμεναι, περὶ δ᾽ ἄμβροτα εἵματα ἕσσαν.
Μοῦσαι δ᾽ ἐννέα πᾶσαι ἀμειβόμεναι ὀπὶ καλῇ   60
θρήνεον: ἔνθα κεν οὔ τιν᾽ ἀδάκρυτόν γ᾽ ἐνόησας
Ἀργείων: τοῖον γὰρ ὑπώορε Μοῦσα λίγεια.①

那时，海中老者的女儿们围着你 [的遗体]
令人同情地抚膺恸哭，给你穿上不朽的衣裳。
缪斯女神们，一共九位，用甜美的嗓音相互应和，领唱   60
挽歌，在场的阿尔戈斯人无不为之感涕，
那深邃透彻的歌声（Μοῦσα = 缪斯）撼动了他们的心灵。

　　这段诗文中提到的老海神涅柔斯的女儿们（Nereids），其中自然也有阿喀琉斯的母亲忒提斯，以及九位缪斯（Muses）女神②，一道为战死的阿喀琉斯哀悼。事实上，这一幕和参加雅典阿多尼斯节的妇女有相似之处：阿多尼斯节的女性有两类，即妓女和妻子；而涅柔斯的女儿们和缪斯也可以看作是两类不同的女神（不只是海与天的区分）。其中，涅柔斯的女儿们和被哀悼的死者是亲属关系，忒提斯的儿子阿喀琉斯是她们的侄甥；而缪斯与死者则完全不存在这层关系，她们与哀悼者仅存在政治上的关系，即受到同一个政权的统治（宙斯的奥林波斯神权体系）。这一差异，使得两类女神各自的哀悼变得有些不同，进而产生了不同的影响。这段诗文形容缪斯女神们用甜美的嗓音领唱挽歌（v. 60），在场的所有人都为之动容。其实，如果我们再往上回看几行，就在缪斯女神领唱挽歌之前，刚刚发生了十分戏剧性的一幕。阿伽门农这样告诉阿喀琉斯：涅柔斯的女儿们闻讯阿喀琉斯之死，一起从海中浮现，哭喊着前来奔丧，把正在举行葬礼仪式的希腊人吓得魂飞魄散，差一点就要中断葬礼，四散逃回船里。③ 这乍一看略显滑稽，细想之下却是十分惊悚的一幕——大海中突然涌出一群尖叫哀号的女性。这其实透露了一个讯息，即那些为亲属哀悼的妇女们的哭喊声中具有一种原始的、本能的，甚至是恐怖的骇人特征。这与缪斯女神们哀悼时候甜美的嗓音形成了鲜明的反差。

---

① Hom., *Od.* 24.58–62.
② 这是荷马史诗中缪斯们唯一一次以全体九个一队的形式出现，但也有学者主张自九位缪斯起的三行（Hom., *Od.* 24.60–62）是后人的增添，此观点参见 Martin L. West, *Hesiod Theogony*, Oxford: Oxford University Press, 1966, p. 176。
③ Hom., *Od.* 24.48–50.

为何涅柔斯的女儿们的哀悼让人感到可怕，或者说，会透出那种恐怖骇人的气息？很显然，这是因为与死者的关系，让哀悼者承受了莫大的痛苦，所以她们会"抲膺恸哭"（ὀλοφύρομαι）。① 与之相对的缪斯们的挽歌，即使是在哀悼哭泣，都始终保持着不可思议的美妙嗓音，这或许说明，在哀悼中，当哀悼者与哀悼对象之间摆脱了那种亲属或血缘上的原始关系后，哀悼就变得更有感染力。换言之，当哀悼是出于为了别人的利益而做时，哀悼的行为就得到了升华。这样的哀悼群体，和缪斯们一样，犹如一组诵唱美妙音符的歌队。

庞昂在《祭阿多尼斯文》中也描写了这样的哀悼场景，那是美惠女神们（Charites）和命运女神们（Moirai）领唱挽歌的歌队②，这个歌队中还包括其他为阿多尼斯剪去长发的女性哀悼者，③ 可以理解为诗意地反映了真实的节庆仪式性哀悼。说到歌队和阿多尼斯节的关系，我们可以来看一下克拉提诺斯那部名为《牧民们》（Boukoloi）的喜剧④，其中提到了阿多尼斯节与合唱歌队："索福克勒斯想要一支歌队时，那人没有答应，却给了克莱奥玛科斯（Cleomachos）的儿子，那家伙，我根本不屑为他写一部剧，他甚至连去参加阿多尼斯节都不够格。"⑤ 有的学者认为这里提到去阿多尼斯节演唱起到了一种诙谐的效果⑥，是将阿多尼斯节与公共节日中壮观的戏剧表演进行对比，但这可能忽视了其中所透露的信息，即非公共的阿多尼斯节中也有歌队，那应该就是妇女们哀悼时唱挽歌的情形。其实，对于雅典的妇女们，她们已经习惯于在公共节庆中以歌队的形式，或像歌队那样歌唱，比如春之庆节（Anthesteria）。⑦ 所以，我们可以认为妇女们是以准歌队的形式参与阿多尼斯节，这是她们参与节庆的一个重要特征。近来对古典时期雅典女性歌队的研究表明，在古典时期的雅典未发现有任何正式的女性歌队，但雅典女性有另类的歌队形式的表演。⑧ 因此，尽管阿多尼斯节中存在各种奇异的特征，节庆上的哀悼应该可以被视为是一种准歌队

---

① Hom., *Od.* 24.59.

② Bion, *Epitaph.* 91–94.

③ Bion, *Epitaph.* 81.

④ Cratinus, frr.17–22. 对这段残篇的研究，参见 Emmanuela Bakola, *Cratinus and the Art of Comedy*, New York: Oxford University Press, 2010, pp. 42–49。

⑤ Cratinus, fr.17.

⑥ Lucia Prauscello, "Looking for the 'Other' Gnesippus: Some Notes on Eupolis Fragment 148 K-A", *CP* 101 (2006), p. 61 n55.

⑦ Peter Wilson, *The Athenian Institution of the Khoregia: The Chorus, the City and the Stage*, Cambridge: Cambridge University Press, 2000, p. 32.

⑧ Felix Budelmann & Timothy Power, "Another Look at Female Choruses in Classical Athens", *CA* 34 (2015), pp. 252–295.

性质的表演。

组成歌队的阿多尼斯节妇女，等于形成了一个以节庆为基础的群体，进而这一群体可能成为一个完整的行动主体。值得注意的是，在古希腊社会的语境中，"歌队"还有一个深层的含义，常常作为公民之间团结或缺乏协作的隐喻，好的歌队是和谐齐声，而不好的则是杂乱无章。① 阿多尼斯节的妇女作为一个形式上统一的群体，正如上文所分析的那样，每一年都会宣布发起一场对雅典城邦主流话语的挑战，雅典的妇女们身处一个特殊的空间场合——屋顶——就像传统的阿提卡戏剧的开场一样②，那里既是一个不寻常的歌队的舞台，也是属于活着的女神的高地。因此，可以说，雅典阿多尼斯节中齐唱挽歌的妇女们就好比一个女性歌队。

小结：活着的女神

从传统的哀悼行为来认识雅典的阿多尼斯节，可以发现该节庆实际上弥补了一项雅典妇女被剥夺的权利，提供了一种变相的补偿。本章研究认为，节庆其实提供了一种她们在公众场合表达情感和发声的途径。雅典妇女接受阿多尼斯节的时间，恰在公元前4世纪雅典城邦出现危机的时刻。当城邦危机过去，阿多尼斯节依然存续并发展，成为一种被妇女掌握的异见媒介，为雅典妇女提供了一个可以变相地公开讲话的机会。雅典妇女们巧妙地运用这一节庆，将一个曾经可能只是针对一时之变的控诉，变成对古典时期的雅典城邦提出批评的修辞武器。很显然，这种批评是一种与慷慨激昂的葬礼演说所传达的意识形态相对抗的意见。丧葬演说与其说是赞美为国捐躯者，不如说是在为持续的战争辩护，甚至颂扬和美化战事。妇女们在阿多尼斯节上的哀悼，是在有意识地强调个人的损失和战争的代价。

在为妇女发声的各种方式的尝试中，走在前面的，是雅典的非公民女性群

---

① 如希罗多德在讲述波斯政治制度辩论时用了与歌队相关的比喻：在寡头政治中，每个人都希望自己成为"领唱者"（κορυφαῖος），这便在他们中间产生了仇恨（Hdt., 3.82.3）。这段话中的歌队比喻，参见 Leslie Kurke, "Visualizing the Choral: Epichoric Poetry, Ritual, and Elite Negotiation in Fifth-Century Thebes", in Chris Kraus, et al. (eds.), *Visualizing the Tragic: Drama, Myth, and Ritual in Greek Art and Literature*, New York: Oxford University Press, 2007, p. 78. 柏拉图《律法篇》里雅典异乡人说：若神明能赐予我们音乐般的和谐就好了，因为我们眼下在彼此唱反调（Pl., *Leg.* 2.662b）。

② 悲剧，如埃斯库罗斯《阿伽门农》（*Agamemnon*）的开场：暗夜，守望人出现在宫殿的屋顶上，极目远望；喜剧，如阿里斯托芬《马蜂》（*Wasps*）的开场：雅典街巷，斐洛克里昂家的屋顶上罩着一张网。

体（妓女）。她们虽然处于边缘化的地位，但也因此实际上比公民妇女有更多的机会接触男性公民，便于和精英阶层往来，也就易于接受不同的思想。由于其特殊的身份地位，她们也可能更敢于反传统。

从阿佛洛狄忒本身的形象看，在雅典的阿多尼斯节中也能看到前文已分析过的女神的引导与联结之力。①首先，作为少年步入成年男性的重要一环，在一种模仿女神与少年的关系中，妓女实际上扮演了少年成长引纳者的角色；其次，在阿多尼斯节上扮演阿佛洛狄忒，又使得雅典妇女团结起来，或者说融合到了一起，形成了一种团体，就像阿提卡戏剧中的歌队一样，逐渐统一成了一个共同的声音。她们从效颦阿佛洛狄忒，到演绎阿佛洛狄忒，再到运用阿佛洛狄忒，最终，她们自己俨然成了女神——活着的阿佛洛狄忒。

一个有趣的现象是，阿多尼斯节从东方传入雅典后，随着雅典社会文化的发展，又从雅典反哺式地传向希腊化的东方地区。至希腊化时期，阿多尼斯节及其相关牺祀越来越受到欢迎，其中有托勒密王朝政策的原因，包括对君主（王后）的神化，以及对希腊裔和异族牺祀的同化；也有古典时期雅典阿多尼斯节的影响和基础；更离不开雅典女性以其独特的方式举行、改造和活用这一节庆。

---

① 详见第三章小结。

中编合论：女神侧身像

阿佛洛狄忒在古希腊的城邦牺祀传统中有着丰富多样的形象。比如雅典人在港口凸显的是阿佛洛狄忒的海洋属性，斯巴达人在卫城则强调女神的战争属性。这两个形象看似风马牛不相及，其实有其内在的联系。

在雅典的历史上，从古老的忒修斯的家族故事起，经梭伦的传说再到民主时期，阿佛洛狄忒的牺祀传统一直都发挥着重要的作用。阿佛洛狄忒素有保障海域的职能，雅典人会在港口建立她的神庙，这源于雅典人对海洋霸业的追求。比雷埃夫斯港最初的阿佛洛狄忒神庙是忒弥斯托克勒斯所建，后科农在此又造了一处海神阿佛洛狄忒圣所。

斯巴达人总是成对地给阿佛洛狄忒立像。他们有两尊独特的戎装阿佛洛狄忒神像，分别立于卫城和一座双层神庙的底层。战神阿佛洛狄忒的形象以及成对的形式，可能源于他们的尚武精神以及二王制。在双层神庙的上层有一尊坐着的被捆绑的阿佛洛狄忒神像，这种处理方式源于古希腊人的一种巫术思维。卫城上的战神阿佛洛狄忒神像旁曾有一尊女王阿佛洛狄忒神像，在第一次美塞尼亚战争后被殖民者带至意大利的塔拉斯。

有别于以往对阿多尼斯节的理解。古典时期雅典妇女们举行的阿多尼斯节十分独特，该节庆其实是雅典妇女参与城邦牺祀活动的一个重要的形式。节庆中的仪式性哀悼实际上补偿了雅典妇女丧失的传统丧葬主导权，阿多尼斯则象征了真实的刚刚步入青春期的雅典少年们。神话中女神与阿多尼斯的关系，以及文学中哀悼女性被比喻为阿佛洛狄忒的情况，都是妇女们能够将自己的情感代入该节庆的基础。事实上，雅典妇女不仅仅是在节庆中扮演阿佛洛狄忒的角色，而且阿多尼斯节上唱挽歌的妇女可以被看成一种准歌队形式的组织。雅典的妇女们是在通过节庆对城邦发声。

本编主要研究和分析了阿佛洛狄忒的牺祀。可以发现，女神在宗教层面上有别于诗歌作品中的形象。通过观察古希腊人对女神的牺祀活动，我们可以更直观地看清阿佛洛狄忒的真实面貌。古希腊人在实际的宗教活动中能够十分灵活地运用女神的形象职能，这些实践的过程同时塑造了多样化的女神侧身像。

斯巴达和雅典人基于各自独特的文化倾向，分别犒祀战神阿佛洛狄忒与海神阿佛洛狄忒，雅典的妇女们利用了阿多尼斯节中的阿佛洛狄忒形象。可见，古希腊人的城邦活动，出于各自的目的使得阿佛洛狄忒的形象发生了不同的变化。在了解了阿佛洛狄忒在古希腊城邦犒祀中的多重形象后，可以试着去理解本书"引论"中提到的那副黑影瓶绘中的女神异像。那位与波塞冬在一起的阿佛洛狄忒，应该也是阿佛洛狄忒形象变化中的一种。若考虑到波塞冬作为科林斯地峡之神与阿佛洛狄忒在科林斯的特殊地位，这位与波塞冬在一起的女神很可能是科林斯人的阿佛洛狄忒。或者，这幅图反映的是波塞冬与雅典娜在争夺雅典统治权神话中的一个插曲，可能波塞冬曾经有过同盟者。鉴于忒修斯家族与特洛岑的波塞冬的关系，以及阿佛洛狄忒在特洛岑的犒祀，包括阿佛洛狄忒的犒祀被忒修斯家族从特洛岑引入雅典的传说，这一推测可能不是空穴来风。只不过，这两个推测，可能是历史上阿佛洛狄忒形象的几个没有完成的变化方向，否则，我们也许能看到新的神话故事。阿佛洛狄忒在城邦犒祀中的多重形象也从侧面反映了古希腊城邦之间的内在差异性。正是这种文化统一之下的区域多样性给古希腊人文化注入了持续发展的活力，也给包括阿佛洛狄忒在内的古希腊诸神带去了持续的生命力。

下编

器物

第五章　阿佛洛狄忒与古希腊的勾引术

> 我会先使用它，把你吸引过来。
> ——色诺芬[1]

引言：爱神与巫技

"巫术"[2]一词，在现代人眼里，不仅充满了神秘，可能还带有一丝恐惧，甚至是排斥。正因为这种种芥蒂，使得巫术研究在很长一段时间里都没有获得学术界的认可。巫术与宗教之间的区别，也是一个不容忽视的问题。[3]正如《伊利亚特》开篇出现的那位呼唤阿波罗的老者——克律塞斯（Chryses），[4]他在史诗中被称作 areter，通常被泛泛地译作"祭司"（priest），而"ara"这个词本身有诅咒和祈祷两个意思，即直指老人的行为——一位"诅咒/祈祷者"。这或许可以表明，至少在古希腊人那里，巫术与宗教之间并不存在明显的泾渭之分。

如今，关于巫术的问题已经有了广泛深入的研究，主要针对原始部族、各国乡村，以及一些现行宗教中的巫术行为，西方学者在这方面提出了各种有关

---

[1] Xen., *Mem.* 3.11.18.

[2] 源自波斯宗教的祭司——玛葛（Magus）。据希罗多德记载，早在米底帝国，玛葛即是其六大部落之一（Hdt., 1.101），专司神事，类似希伯来的利未人（Lewi），色诺芬称玛葛是"一切神圣事务的专家"（Xen., *Cyr.* 8.3.11）。希腊语境中，统称掌握 magiea（巫术）的人为 magos（术士），但也有其他词汇，如：kathartai（净化师，如净化雅典的克里特人埃庇墨尼德斯。早期的医师也属于此类，如西西里的恩培多克勒）、agurtes（巡乞僧，如俄尔甫斯教术士、玛葛）、mantis（占卜者，专指个人，有别于神庙等官方的神谕发布者），还有贬义的 alazones［江湖骗子，柏拉图提到他们挨家挨户找富人兜售各种灵药和咒符（Pl., *Resp.* 364b-c）］，专于诱骗生者和操弄亡魂的勾当］。汉字"巫"，据美国东方学家梅维恒（Victor H. Mair）的分析，亦源自波斯的"玛葛"，参见 Victor H. Mair, "Old Sinitic *Myag, Old Persain Magus, and English 'Magician'", *Early China* 15（1990）, pp. 27-48。如此看来，在欧亚大陆上巫术似乎有着共同的起源或内在的关联。

[3] 这一长期的争论，同时反映了巫术与宗教两者概念或边界的不确定性。然而这一争论不应该成为研究的阻碍，也并不影响对巫术和宗教开展广泛的研究。

[4] Hom., *Il.* 1.35-42.

巫术的理论。① 有别于这些"活着的巫术",随着古希腊、拉丁、科普特等文字的巫术文献(泥板、纸草、金属片上的文字)被陆续整编发表②,古代地中海文明的巫术也得到了古典学界的重视,尤其是对古代宗教(古希腊、罗马、埃及

---

① 对巫术的研究,最初是作为西方殖民统治的一项理论依据。随着对各地原始文明研究的不断深入,当地的各种巫术现象引起了人们的关注。因此,巫术最初是人类学、社会学、民俗学等领域内讨论和研究的话题。巫术的学术理论发展进程大致可以几位代表人物作为坐标,最先以学术研究的态度认真对待巫术现象的可能是英国人泰勒(Edward B. Tylor),他的"万物有灵"直接影响了书斋式学者弗雷泽,从他经典的"三段论"(巫术→宗教→科学)到波兰裔英籍人类学家马林诺夫斯基(Bronislaw K. Malinowski),他提出的"巫术功能"(感性现象与理性科学的对立),源自他扎根于土著社会的研究;再从法国学者涂尔干(Émile Durkheim)的"社会心智"(集体的圣俗两分观念)到遵循拉德克里夫-布朗(Alfred Radcliffe-Brown)"结构功能论"的英国社会学家埃文斯-普里查德(Edward E. Evans-Pritchard)的"巫术意识"(消极反应与群体谴责),以及涂尔干的外甥马塞尔·莫斯(Marcel Mauss)进一步推进和总结了有关巫术的普遍理论(巫术的个体行为及其社会属性),后来的多数学者都承认他的《巫术的一般理论》对巫术研究做出了决定性的贡献。当然,还有其他的研究路径,如以南亚裔社会人类学家坦比娅(Stanley J. Tambiah,1929—2014)为代表的另一种巫术解释模式——表演,这又导向了人类学对仪式的研究。各个学派的巫术研究,似乎都是以现存的原始社会群体为基础的研究。研究古代宗教的学者们认为,上述领域内研究巫术的理论可以有选择地运用到对"过去的"古代世界巫术的研究中去。当然,也包括在这个现代的社会群体和过去的古代世界之间的那个庞大的中世纪巫术研究领域。

② 主要的文献汇编,如《纸草所记希腊语巫术》第二版,PGM^2 = K. Preisendanz and A. Henrichs, *Papyri Graecae Magicae: Die griechisch Zauberpapyri*^{2} (Stuttgart 1973–1974);《纸草所记希腊语巫术英译》,GMPT = H. D. Betz (ed.), *The Greek Magical Papyri in Translation* (Chicago 1986);《咒板集成》,DT = A. Audollent, *Defixionum Tabellae* (Paris 1904);《巫术文献补编》,Suppl. Mag. = R. W. Daniel & F. Maltomini, *Supplementum Magicum*, Vol. 1 Papyrologica Coloniensia 16.1 (Cologne 1990);等等。奥格登(Daniel Ogden)的《希腊罗马世界的巫、技与亡灵》(MWG = Daniel Ogden, *Magic, Witchcraft, and Ghosts in the Greek and Roman Worlds*, Oxford: Oxford University Press, 2002),不仅提供了希腊文、拉丁文巫术文献的英译,还根据巫术的不同种类(目的)进行了分门别类。本章所使用的巫术材料文本主要参考或译自 GMPT 和 MWG 的英译。

和近东两河宗教）研究领域的关注，出现了不少研究成果。①

古希腊人对巫术当然不会陌生。但古希腊的文人与知识精英，似乎对巫术持一种批评的态度。如：索福克勒斯在《俄狄浦斯王》(*Oedipus Tyrannus*)中对术士职业的（群体性）辱骂②，欧里庇德斯在《伊菲革涅娅在陶洛斯》(*Iphigenia Taurica*)对巫术行为的（地域性）歧视③，甚至《奥德赛》中那位义正词严怒斥求婚人的占卜师也成了三位乞援人中唯一一位在奥德修斯剑下人头落地之人④。当然，更不用说柏拉图作品中对巫术的各种批判了。然而，这也从侧面反映了古希腊社会存在广泛的巫术现象。单以文学作品为例，如：《奥德赛》卷十一被称作"招魂之卷"(Nekyia)，与之类似的有埃斯库罗斯在《波斯人》(*Persae*)中描写的"招魂术"⑤，欧里庇德斯在《奥瑞斯特斯》(*Orestes*)中描写了海伦

---

① 正如上文所言，巫术与宗教之间存在难以划分的问题，古希腊巫术方面的研究与古希腊宗教的研究联系十分紧密，Brill 出版社的"希腊－罗马诸宗教系列丛书"(Religions in the Graeco-Roman World) 中有一部古代巫术研究文集 [Paul Mirecki & Marvin Meyer (eds.), *Magic and Ritual in the Ancient World*, Leiden: Brill Academic Publishers, 2001]，收入 24 篇不同主题的研究论文，分 6 部分，涵盖地中海周边文明的巫术仪式，包括早期基督教和伊斯兰教中的巫术元素。其他主要关注古希腊方面的研究文集，如 Christopher A. Faraone & Dirk Obbink (eds.), *Magika Hiera*: *Ancient Greek Magic & Religion*, New York: Oxford University Press, 1991。为文集撰文的 10 位学者所关注的问题基本涵盖了学界巫术研究的主要方向。对俄尔甫斯教（该教具有明显的巫术特征）的研究也是这些学者的兴趣所在，成果有 Fritz Graf & Sarah I. Johnston, *Ritual Texts for the Afterlife*: *Orpheus and the Bacchic Gold Tablets*, New York: Routledge, 2007; Radcliffe G. Edmonds III (ed.), *The"Orphic"Gold Tablets and Greek Religion*: *Further Along the Path*, New York: Cambridge University Press, 2011。专门研究巫术技艺使用者的著作，如 Matthew W. Dickie, *Magic and Magicians in the Greco-Roman World*, New York: Routledge, 2003。研究古希腊占卜和预言师，如 Sarah I. Johnston & Peter T. Struck, *Mantikê*: *Studies in Ancient Divination*, Leiden: Brill Academic Publishers, 2005; Michael A. Flower, *The Seer in Ancient Greece*, Berkeley: University of California Press, 2008; Sarah I. Johnston, *Ancient Greek Divination*, Chichester: Blackwell Publishing, 2008。此外，对特定巫术专题的研究，如 Daniel Ogden, *Greek and Roman Necromancy*, Princeton: Princeton University Press, 2004。作者在这本书中分析了使用招魂术的主要场合与人群，并对这一巫术的技术和理论进行了讨论。Christopher A. Faraone, *Ancient Greek Love Magic*, Cambridge, MA: Harvard University Press, 2001，这里讨论了与爱欲有关的巫术，作者区分了阿佛洛狄忒（诱惑）与厄洛斯（激情）所代表的不同巫术，提出了不少有趣的论点，如激情是病，巫术是药，等等。

② Soph., *OT*. 387–388："……这诡诈的术士，狡猾的巡乞僧，一心只想捞好处……"。

③ Eur., *IT*. 1337–1338："……在做什么古怪之事，拔高了嗓门，念着听不懂的野蛮咒语……"。

④ Hom., *Od*. 22.310–329。三位在奥德修斯面前（抱住他的膝盖求饶）的乞援人分别是占卜师勒奥德斯、歌人费弥俄斯和传令官墨冬，显然都是他宫中的仆役。有趣的是，荷马史诗中所有的占卜师，几乎清一色地都遭人唾骂，无论是迈锡尼联军还是特洛伊人都无一例外。比如阿伽门农抱怨军中的占卜师卡尔卡斯(Kalchas)，咒骂到翻旧账的地步(Hom., *Il*. 1.105–120)；赫克托尔痛斥与他一起率军出战的占卜师波吕达玛斯(Poulydamas)，直接在战场上劈头盖脸一顿臭骂(Hom., *Il*. 12.231–250)。到了《奥德赛》中，奥德修斯更是在不分青红皂白的一通辱骂后，不由分说地手起刀落让无辜的占卜师人头滚落。此外，值得注意的是，这些占卜师在史诗中都是一些言行审慎、常以好言劝谏他人之人，而且他们的占卜始终灵验。

⑤ Aesch., *Pers*. 687ff.

如何用"妖术"躲过了杀戮①，以及在《奥德赛》卷四中她使用的忘忧酒②，著名的女巫基尔克有类似的魔药，当然也有与之对应的赫尔墨斯的解药③，包括《伊利亚特》战场上提及的各种神奇医术④，等等。

在这些五花八门的巫术当中，有一类巫术被古希腊人认为与阿佛洛狄忒的关系十分密切，即被古希腊人称为aphrodisiacs的东西，能产生诱惑效果，比如她借给赫拉的腰带和诱惑阿塔兰忒（Atalante）的苹果。⑤ 还有一种叫作Iygx的器物，是一种能够产生类似aphrodisiacs效果的巫术道具，这类巫术有一个专业术语或名称：agōgē。鉴于这个单词源自动词agein（引导，驱使），以及这个巫术旨在吸引巫术对象，可以给这类巫术起一个贴切的名称——勾引术。

苏格拉底就曾在别人面前自诩，他身边能有如此之多的英俊少年如影相随，全仰赖自己的"魅术、咒符和Iygx"⑥。相传，伊阿宋（Iason）正是靠着女神的这件法宝引诱了美狄娅（Medea），盗取了金羊毛。本章便以这段故事为线索进入正题。

第一节　小鸟与轮子：一架激发情欲的装置

关于这件用于行使勾引巫术的道具Iygx，已知最早见于文本的描写来自品达的诗歌。公元前462年，当时的居兰尼国王阿尔克西拉奥斯四世（Arcesilaus Ⅳ of Kyrene）用他的利比亚（Libya）骏马在德尔斐一举摘得皮托赛会战车赛的桂冠，品达因此为他写了两首诗歌，其中篇幅较长的一首即第四首《皮托之歌》（*Pythian Ode* 4）。这里提到了这件巫术道具的由来：

πότνια δ᾽ ὀξυτάτων βελέων
ποικίλαν ἴυγγα τετράκναμον Οὐλυμπόθεν

---

① Eur., *Or.* 1490ff.
② Hom., *Od.* 4.221.
③ Hom., *Od.* 10.290, *Od.* 10.317, *Od.* 10.287, *Od.* 10.302.
④ Hom., *Il.* 11.846. etc.
⑤ 让赫拉成功诱惑宙斯的腰带，参见 Hom., *Il.* 14.214–215："蕴藏着她的巫术，有爱情、欢欲，还有甜言蜜语"。助墨拉尼翁（Melanion）赢娶阿塔兰忒的苹果，参见［Apollod.］, *Bibl.* 3.9.2.
⑥ Xen., *Mem.* 3.11.17. 众所周知，苏格拉底被控的罪名之一，就是蛊惑青年。在柏拉图的《美诺》（*Meno*）中，高尔吉亚的学生美诺指责苏格拉底"蛊惑他，给他施了咒"，他还补充道，"苏格拉底若是住在其他城邦，早就被人当作巫师起诉了"（Pl., *Meno* 80b）。有趣的是，美诺本人就来自巫术极为盛行地区——忒萨利（Thessalia）。

ἐν ἀλύτῳ ζεύξαισα κύκλῳ   215
μαινάδ' ὄρνιν Κυπρογένεια φέρεν
πρῶτον ἀνθρώποισι, λιτάς τ' ἐπαοιδὰς ἐκδιδάσκησεν σοφὸν Αἰσονίδαν·
ὄφρα Μηδείας τοκέων ἀφέλοιτ' αἰδῶ, ποθεινὰ δ' Ἑλλὰς αὐτὰν
ἐν φρασὶ καιομέναν δονέοι μάστιγι Πειθοῦς.   219

而那位持锋利箭镞的女王，
从奥林波斯带来一只斑驳的蚁䴕（iygga），
诞生于塞浦路斯的女神（Kyprogeneia）
将其牢牢地钉在一架四辐（tetraknamon）轮上，
这只疯（mainas）鸟，乃是首次赐予凡人，
然后她教会埃宋（Aeson）之子如何熟练地乞灵和诵咒，
为了使他能够夺走美狄娅对双亲的敬爱——
转而被向往希腊的热望搅得（doneoi）心绪不宁
同时由劝诱女神（Peitho）执鞭，在她心中撩拨起炽盛的欲火。①

这段简洁的诗句向我们透露了丰富的信息，也有不少疑惑，下文将逐一分析。

一、神

诗人品达没有直呼神的名讳，但此处的女神分明就是阿佛洛狄忒，因为那个带有敬意的称谓——Kyprogeneia(v. 216)，塞浦路斯(Kypro) 出生的(geneia)，即希腊传统观念中阿佛洛狄忒的诞生地。女神在这里还被称作"持锋利箭镞的"(v. 213)，这似乎不是阿佛洛狄忒常见的一个称号。这个称号更多的应该是与阿波罗联系在一起的，比如他在《伊利亚特》中的著名形象。② 箭镞，也很容易想到

---

① Pind., *Pyth.* 4.213-219. 中译未严格遵循原诗词行段的排列，故在下文首次提及和分析诗中关键词时会在括号中给出其在原诗中的位置。就笔者所知，有两位学者专门撰文（那些只是用作脚注或略带提及这段诗句的论著不算）分析了这段诗句，分别是 Christopher A. Faraone, "The Wheel, the Whip and Other Implements of Torture: Erotic Magic in Pindar Pythian 4.213-19", *CJ* 89 (1993), pp. 1-19; Sarah I. Johnston, "The Song of the Iynx: Magic and Rhetoric in *Pythian 4*", *TAPhA* 125 (1995), pp. 177-206。前者（Faraone）通过分析、比较认为，这则巫术的内容反映的是希腊某些地区古老婚俗的情况，可以说是一种人类学的解读；后者（Johnston）的主张是，品达用一段描写勾引巫术的诗句旨在证明诗人（诗歌）具有如神明般（或神赐）的劝导（诱惑）之力（修辞之术/缪斯之艺），这可理解为是一种古典语文学式的解读。笔者在此将只关注巫术本身。

② 史诗中他是一位地道的近东武神——鼠神阿波罗（Apollo Sminthios），形象类似两河流域与赫梯的瘟神（Erra/Irra），迦南和埃及等地区崇拜的弓神（Rassap）。

厄洛斯（Eros）的形象。值得注意的是另一个晚近也是现存最完整的伊阿宋与美狄娅的故事版本，即罗德岛的阿波罗尼俄斯（Apollonios of Rhodes）所作的《阿尔戈英雄纪》（Argonautica），这部史诗中的厄洛斯以阿佛洛狄忒之子的身份出现。在该版本故事中，眷顾阿尔戈斯人的女神赫拉亲自出面要求阿佛洛狄忒帮助伊阿宋去俘获美狄娅的芳心[①]，阿佛洛狄忒便用宙斯最漂亮的玩具逗弄厄洛斯，使其用箭矢射中埃俄特斯之女美狄亚，让她对伊阿宋一见痴情。[②] 故可推测，阿佛洛狄忒应当还具有后来厄洛斯的职能，因为此处厄洛斯的"箭簇"尚在她的掌握之中。"首次赐予凡人"（v. 217）反映了古希腊人的传统观念，他们认为某种人类掌握的知识或技艺是源自诸神，这里的巫术也不例外。因此，阿佛洛狄忒在这里还扮演了某种文化神的角色，类似狄奥尼索斯之于果酒、德米忒尔之于谷物、波塞冬之于马匹、雅典娜之于缰绳，就像埃斯库罗斯剧中智慧的普罗米修斯所言，人类的各种知识和技术，如天文、数学、字符、畜牧、建筑、船帆等等，均源自他的教导。[③]

二、道具

阿佛洛狄忒授予埃宋之子伊阿宋一件巫术道具——一架轮子与一只小鸟的组合。此处提到了道具及其组合方式：将"斑驳的蚁鴷"（v. 215）钉在"一架四辐轮"（v. 216）上。可以看出，小鸟和轮子的选择都有特殊的规定。诗歌中的这只小鸟，其希腊语为 iygga（阴性单数宾格，主格为 iygx），学名为 Jynx torquilla[④]（歪脖子之意，故英语名为 wryneck），汉语通常译作"蚁鴷"。亚里士多德在《动物志》（Historia Animalium）中对蚁鴷有过一番介绍：

> ……有鸟生四趾，两前两后，人称蚁鴷。比茶头燕雀身形略大，外显斑驳杂色，脚趾排列奇特。舌如蛇舌，长约四指，伸缩自如。扭头如狼顾，身定不动，如蛇曲。足生巨爪，似啄木鸟，啼声尖厉。[⑤]

[①] Ap. Rhod., *Argon*. 3.85–86.

[②] Ap. Rhod., *Argon*. 3.131–143.

[③] Aesch., *PV*. 457–469. 阿佛洛狄忒也的确与普罗米修斯有相似之处，两者都是提坦，代表了一种原始的基础性的技艺/知识（techne/metis）。

[④] 瑞典博物学家林奈(Carl Linnaeus)的命名，鴷形目(Piciformes)，啄木鸟科(Picidae)，蚁鴷属(Jynx)。

[⑤] Arist., *Hist. an*. 504a, 11–19. 此段为笔者意译。有些版本的译文疑似将此处的"蚁鴷"译作"鹩鹩"，似不妥。鹩鹩属雀形目，鹩科，与蚁鴷的族属区别较大。

图 11　蚁䴕受到惊吓时的反应

　　该鸟的奇特之处在于其脖子能够向各处扭转，在受到惊吓或刺激的时候会拼命地晃动脑袋（图 11）。可以想象一下，古希腊人听到这种鸟发出短促尖锐的啼鸣，很可能认为这是一只与众不同的疯鸟。笔者尝试译作"痴鸟"（v. 216），主要考虑到这个单词不仅有"癫狂"之意，还有"着迷"的含义，似乎符合发生在巫术对象身上的情况。对于这只鸟的来历，即她的神话谱系，古代注家们给出了几种不同的解释[①]，但都是在希腊神话体系内的附会创作。不过有一点可以肯定，阿佛洛狄忒确实与各种鸟类之间有着密切的关系，如麻雀、鸽子、天鹅、燕子等等，这在视觉艺术和文字描述中皆有不少例子，故萨福会在诗中称"群鸟引着她［阿佛洛狄忒］的金色座驾"[②]。

　　品达提到道具的一个细节，有四个辐条的轮子（τετράκναμον... κύκλῳ）。古希腊人确实会使用四个辐条的轮子，而且可能属于早期现象，比如几何陶时期（Geometric Period, C.1000–700BCE）的瓶绘上就出现了四根辐条的木轮战车。但此处出于巫术目的出现的轮子，并不是用来行驶的车轮，更像是一架刑具，而且古希腊确实有类似的刑具，但这并不意味着这项巫术借用了刑具。[③] 就诗中的这件道具而言，倒是可以换一个角度来分析，就是将这两个单词分开解释。先来观察四个辐条，去掉一个轮子周围的辋，单看四根辐条岂不正是一枚十字

[①] 比如说她是劝诱女神与潘神的女儿，或潘与水泽女仙回声（Echo）之女，因"助"宙斯诱得伊娥（Io，一位希腊始祖性质的女性），被愤怒的赫拉变成了蚁䴕，参见 Pind., *Pyth.* 4.380, *Nem.* 4.56.

[②] Sappho, *fr.* 1.10.

[③] 据笔者的推测，可能正好相反，这一点将在本章后文展开讨论。

架？对于这一结构，无论是"X"式还是"+"形，可以给出很多解释。就用途而言可简单地分为两种：仪式的道具或惩戒的工具。[①]但在这里，此二者已然重叠在一起，既是一件仪式用品，也是刑具。确定四根辐条的这层含义后，再来观察形成轮子的辋，诗句中的单词 kyklooi（v. 215），即 kyklos，其本意为环形、圈子，或可理解为一个范围。那么，这个环其实就是一个用来划定界限的道具，一个用来囚禁圈内之物的结界。在此基础上，再重新审视蚁䴕、十字架和圈的组合，这套巫术道具的意义就得以清晰的显现，即小鸟被钉在一个环形封闭的十字架上。换言之，这个四辐轮就是一个巫术仪式布的阵，蚁䴕就是仪式中的祭品。

仪式的祭品和阵密不可分，其中每一个都无法单独代表这件巫术道具，这里涉及这件巫术道具的确切名称。到目前为止，笔者尚未给出这件巫术道具的名称（其实品达也没有交代）。英文文献通常的处理是保留使用 Iygx 原文（多为拉丁文转写），或称 wryneck（歪脖鸟），或曰 magic wheel（巫术轮），无论哪个名称，都只表达了组成这件道具的两个要素中的一个，即使后者保留 magic，也没有表现出小鸟的存在。鉴于汉语中尚无对应俗译[②]，笔者尝试将这件道具译作"囮"或"囮媒"。用以诱捕同类鸟的鸟为"囮"，谋和异者则为"媒"。[③]这两个汉字应当能表现这件巫术道具的形与意：以鸟设阵诱合他者。

伊阿宋从阿佛洛狄忒那里获得这件巫术道具——囮媒。不仅如此，女神还

[①] 古希腊（包括周边的异族）早期的宗教仪式中，多以简易的木架代表神像。比如在《奥德赛》中，盲先知特瑞西阿斯预言了奥德修斯的再次远行，他说：当时机带来之时，奥德修斯要"将造型美观的船桨插入地里，给王者波塞冬准备美好的祭品"（Hom., Od. 11.129-130）。希罗多德对希腊周边的异族仪式也多有描写。关于十字架作为惩戒工具，希腊人似乎不太使用。不过希罗多德对此有过描写，在他著作的结尾处提到了波斯将军阿尔塔乌克铁斯（Artayctes）如何被雅典人处死："他被钉在板子上，高高吊起"，"阿尔塔乌克铁斯被钉挂在架子上（ἀνακρεμασθέντος）"。（Hdt., 9.120.4, 122.1）又如斯特拉博（Strabo）在他的《地理志》中提到一位希腊化时期的语法学家达斐塔斯（Daphitas），因为写诗侮辱国王而被钉死在十字架上（Strab. 14.1.39）。这一行为同时具有刑罚与宗教仪式的意义。希腊人对色雷斯黑海等地流行的人祭有类似的描写，如食人生番的狄奥尼索斯的仪式，先将作为牺牲的活人绑在十字架上，勒晕后宰杀（分尸）献祭。汉语中的"磔"这个词似乎可以与之对译，既有仪式上的"磔禳"——分裂祭祀牺牲以除不祥，也有惩戒的"磔刑"。

[②] 笔者所掌握的汉语出版物中对这件道具的译法有三种：1.魔轮（[古希腊]色诺芬：《回忆苏格拉底》，吴永泉译，商务印书馆，1984，第130页）；2.蚁䴕（[德]克劳迪亚·米勒-埃贝林、[德]克里斯蒂安·拉奇：《伊索尔德的魔汤——春药的文化史》，王泰智、沈惠珠译，生活·读书·新知三联书店，2013年，第42页）；3.歪脖鸟（汉斯·利希特：《古希腊人的性与情》，刘岩、王琼、许勉君等译，广西师范大学出版社，2008年，第176页）。此外，亦有保留不译（[瑞士]弗里茨·格拉夫：《古代世界的巫术》，王伟译，华东师范大学出版社，2013年，第203页）。

[③] 许慎《说文解字》对这两个字的解释："率鸟者系生鸟以来之，名曰囮；囮，译（诱）也。""媒，谋也，谋合二姓。"

教会他使用咒语。品达提到阿佛洛狄忒教伊阿宋如何祈祷和诵咒（v. 217），这说明道具需配合咒语一起使用。然而遗憾的是，诗人省略了咒语的内容，原因不得而知：可能品达只闻其事而不知内容，因为咒语属于秘传性质的知识；也可能诗人知晓咒语内容，但不宜表现在诗句中。除此之外，品达还省略了一点，就是道具的具体使用方式。试想一下，伊阿宋在念咒语的时候，这件巫术道具会是何种状态：是放置在某处，还是拿在手里；或是先拿在手里，伴随着咒语和祈祷，然后再放置在某处；甚至，可能有一套更为复杂的操作。因为执行一个巫术就是进行一套仪式，仪式的程序是一系列表演行为的过程。这里涉及巫术两个十分重要的层面：一个是行为，包括对巫术道具的使用；另一个则属于言辞，念诵巫术的咒语。两者通常同时进行。对于诗人的这两处省略，笔者将在本章第二节展开讨论。

三、人

最后，要关注的是巫术对象的状况。诗人在此实际描写了美狄娅的感情转变：从对"双亲的敬爱"转到对"希腊的热望"（v. 218）。这是一段感情的两步曲，美狄娅对家人的感情被剥夺，然后才是对希腊的爱慕。对希腊的强烈情感让她心绪不宁，诗人在这里用了一个动词 doneoi（v. 219），通常被解释为摇动（shake）、打搅（disturb）、激发（excite）等几种意思。① 此处译作"搅动"以表明美狄娅受到巫术的影响变得神魂颠倒，翻转了原来的爱和情感。但是不可忽视的是，这个词还有激发的意思，参考阿里斯托芬在《公民大会妇女》（*Ecclesiazusae*）中的用法："你灿如阳光的鬈发燃起了（donei）我内心难熬的火焰"②，紧接着是赞美厄洛斯的台词。与阿里斯托芬的喜剧不同，在这首诗歌中，点燃美狄娅欲火的角色是另一位神——劝诱女神（v. 219）或称佩托（Peitho）。③ 这位女神的名字通常被译作英语中的"劝说"（persuasion），一个温和甚至略显积极意义的词汇，与品达在这首诗中描写的执鞭者（v. 219）的形象形成了鲜明的反差。埃斯库罗斯亦描写了劝诱女神颇具贬义的传统形象，一处是在《阿伽门农》里，歌队的合唱："那邪恶的劝诱之神，好预谋的迷惑之神生育的难以抵御的女儿"；另一处出现在《奠酒人》中，也是歌队的唱词："现在该是劝诱之神一起编织

---

① L. S. J. s.v. "δονέοι" 给出的解释有摇动树叶、打搅某人、激发情感等。
② Ar., *Eccl*. 954.
③ 在赫西俄德的《神谱》里，劝诱女神是大洋俄刻阿诺斯的女儿之一（Hes. *Theog*. 349）。

欺骗之网的时候了"。① 品达的这段诗句可以说始于阿佛洛狄忒，止于劝诱女神。两者不仅前后呼应，且职能相近。这里可能会有疑问，为何不是阿佛洛狄忒亲自出马？无独有偶，赫西俄德在《工作与时日》中讲述诸神制造潘多拉的诗文也有类似之处：宙斯起先"命金色的阿佛洛狄忒往她头上……"，但是之后阿佛洛狄忒实际并没有出现，反而是"威严的劝诱女神在她颈上戴金链子"。② 古代文本与文物的迹象都表明，劝诱女神与阿佛洛狄忒如影随形，保萨尼阿斯在他的《希腊寰域志》里提到，在雅典和麦加拉的阿佛洛狄忒神庙里，女神的神像边上都立有劝诱女神像。③ 也许，劝诱女神的温柔转型是后来的希腊化-罗马帝国时期哲人与诗人的"杰作"。④ 品达的诗可能表现的是劝诱女神原始的一面。在古希腊人的古老记忆中，她是一位具有欺骗性质的神，甚至可能还与暴力行为有关——因为那根鞭子。但诗人并未使用表示用鞭子抽打的动词，即使是搅动这个动作，也似乎与鞭子无关，反而用了表示"点燃"（v. 219）的动词，即 καιομέναν = καίω（烧）。难道劝诱女神用鞭子是为了点燃美狄娅？

若从美狄娅的状况反推或许能找到鞭子的实际用途。美狄娅受到阿佛洛狄忒巫术的影响，义无反顾地抛弃了家人，热切地向往希腊。她颠倒了感情，"心绪不宁"，"欲火中烧"。简言之，美狄娅受到了巫术的折磨，但并非遭受了鞭子的酷刑，而是内心的煎熬。她无比痛苦和难受，最终导致她冲出家人的怀抱，背井离乡。请注意前面形容那只鸟的单词 mainas，这个单词有一个更有名的同源词 Maenads，一群受到狄奥尼索斯密仪的影响纷纷夺门而出的"疯女"。诗中的美狄娅几乎与这些酒神狂女的行为如出一辙，她们都是受到神力的影响，被迫如此。因此，我们也可以将她们的行为理解成是受到某种神力的驱使。于是，鞭子的形象便呼之欲出，正如人类挥鞭驱赶动物一样，诸神也能高举手中的鞭子肆意驱赶凡人。如此看来，劝诱女神不仅点燃了美狄娅心中的欲火，而且还用鞭子驱赶她朝着希腊的方向奔去。

品达在这段诗句中所讲述的巫术以及金羊毛的故事，应当属于一个早期或

---

① Aesch., *Ag.* 385–386 & Aesch., *Ch.* 726–727.
② Hes., *Op.* 65, 73–74.
③ 雅典：Paus., 1.22.3，麦加拉：Paus., 1.43.6。在西居昂（Sicyon），这位女神甚至在广场上拥有自己单独的神庙：Paus., 2.7.7。
④ 活跃于罗马帝国时期的潘奥波利斯的依诺斯（Nonnus of Panopolis），他在自己的神话史诗《狄奥尼索斯纪》（*Dionysiaca*，凡 48 卷）中将劝诱女神描写成了赫尔墨斯的伴侣，同为诸神的信使（Nonnus., *Dion.* 48. 230）。可见，劝诱女神曾在某个时期发生转变，并与阿佛洛狄忒分离。此后，她的职位可能就被厄洛斯顶替。晚期的神话文学作品中厄洛斯与阿佛洛狄忒关系变得更为紧密。

者古老传统的版本，因为诗中所描写的阿佛洛狄忒和劝诱女神均呈现出各自原始的一面，前者持箭，后者执鞭；最重要的是阿佛洛狄忒被认为是囧媒以及勾引巫术的创始神。她作为"文化始祖"（神），教会了伊阿宋（凡人）如何运用这种勾引人心的巫术，包括巫术的器物和咒语。通过使用一只被钉在四辐轮上的蚁䴕，配以一系列操作和咒语，伊阿宋成功地吸引了美狄娅，而在此巫术仪式过程中还召唤出劝诱女神，用她的佩托之鞭驱赶着受巫术影响的美狄娅。

由于诗人没有讲述这一巫术的言和行，即这件道具的实际操作与祈祷咒语的内容，因此笔者将在下一节尝试借助相关的材料，通过比对其他与之类似的古代巫术文献，来复原、分析和讨论这一巫术使用过程中的言和行，以及其他可能的影响。

第二节　欲火与折磨：勾引巫术的仪式和咒语

表面上看，品达的这段诗文解释了美狄娅为何会对伊阿宋一见钟情——阿佛洛狄忒巫术的襄助。但若细究该巫术的操作的话，就会发现美狄娅对伊阿宋迸发激情的过程要复杂得多。具有冲击性的是，在这几行短短的诗文中，密集地出现了诸如疯痴、钉牢、夺走、鞭子、搅动、点燃等词。这些可以说是十分恐怖的词汇已经清楚地反映了这项巫术对美狄娅造成的折磨，其目的就是让巫术的对象来到巫术实施者的身边。

一、与相似咒语的比较

先将那件巫术道具置于一边，来审视一下这一类巫术咒语的内容。根据 *PGM* 等所编入的巫术文献来看，可以发现在希腊及其周边地区，直到古代晚期都流行着这类勾引巫术。有些巫术信息是文人笔下的写作素材，有些咒语的内容则被记录在纸草或刻在铅板上。在这些巫术咒语中有大量直白露骨的描述，如这些巫术如何折磨巫术的对象，直到其投入巫术实施者的怀抱。

一份在马其顿阿坎托斯（Acanthos）地区发现的公元前 3 世纪的咒语板［希腊语的咒语被刻在两面（下记 A/B）］[①]这样记录：

A：保塞尼阿斯（Pausanias）镇住（*katadei*）了西梅（Sime），安

---

① *MWG*. 205, P. 231.

菲特里托斯（Amphitritos）之女（无人能够解开这个咒语，唯有保塞尼阿斯）直到她任凭保塞尼阿斯的摆布［做任何保塞尼阿斯想让她做的事情］。让她无法再向雅典娜献祭，也得不到阿佛洛狄忒的眷顾，直到她热烈地拥抱保塞尼阿斯。

B：……阿波罗尼亚的梅莉萨（Melissa of Apollonia）。① 保塞尼阿斯镇住埃涅斯（Aenis）。让她无法再向任何神明献祭，也得不到任何东西。直到埃涅斯温柔地对待保塞尼阿斯。无人能够解开这个咒语，唯有保塞尼阿斯。

这块两面刻有咒语的铅板，其内容显然都是一位叫保塞尼阿斯的男性，企图用咒语吸引两名女性——西梅与埃涅斯。"无法再"和"得不到"这两个词表现出巫术对其对象的限制和折磨。注意咒语的措辞："让某某无法再如何，得不到什么，直到某某怎样"，这似乎是一套术语公式，因为在其他类似的巫术中也有这样的语言表述。

又如一份公元2世纪的希腊语咒板②，言语极其露骨，对性行为的表达和渴求明确且直接，并绘有图像符号：

> 我镇住（katadesmeuo）你，忒奥朵缇斯（Theodotis），尤斯（Eus）之女，用爬蛇之尾、鳄鱼之嘴、公羊之角、角蜂之毒、野猫之须、神灵之物，这样你将无法同其他男性上床，无论是性交、肛交还是口交，你无法同其他任何男性寻欢作乐，除了我，阿蒙尼翁（Ammonion），赫尔米塔利斯（Hermitaris）之子，只有这个男人。只有我一个人［……］。③ 我完成了这道魅惑的定咒（philtro-katadesmos）……因此尤斯之女忒奥朵缇斯，将不再屈从于任何男性的阳具，除了我，阿蒙尼翁，赫尔米塔利斯之子，被他奴役、为他疯狂、踏破铁鞋四处寻觅，只为赫尔米塔利斯之子阿蒙尼翁，让她的大腿与我的紧贴，让她的私处与我的结合，让她的一生都与我做爱。［各种图像］④

---

① 这句话不完整。因为A面出现了女性的家长名，所以阿波罗尼亚的梅莉萨可能是B面受巫术影响的女性埃涅斯的女性家长名，但也可能是制作这块咒语板的女巫。

② MWG. 206, p. 231 = Suppl. Mag. 38.

③ 一串无法识别的文字，似乎是呼喊。

④ 咒语后附有一系列图像和符号。尚能识别的图像是一位握着权杖的神、一条蛇、一条鳄鱼、一对接吻的异性，以及象征男性生殖器进入女性生殖器的图画。

与上一份咒语板的表述方式极为类似，阿蒙尼翁企图限制忒奥朵缇斯的一切性行为，不厌其烦地使用了穷举法，把所有可能的性行为都列出来加以限制，唯独只能和自己如何如何，并且让那位女性受到一系列折磨——奴役、发疯、踏破铁鞋四处寻觅。咒语的最后，还绘有一系列图案，似乎就是这份诅咒板开头所提到的很多奇怪但也符合人们想象的巫术素材。

还有一份保存在纸草上的勾引巫术①，篇幅较长（54行）且十分别致，其中1到49行是用字母精心编排绘制的咒语几何图（图12），可以看出其中不断夹杂着重复的词汇，最后5行是有意义的文字：

> 噢，神灵（daimon）啊，吸引吧、煽动吧、摧毁吧、焚烧吧，让她在火焰中晕头转向吧。让忒罗（Thelo）所生的卡洛萨（Karosa），那受折磨的灵魂和内心痛苦不堪，直到她飞奔到忒奥尼拉（Theonilla）所生的阿帕罗斯（Apalos）面前，出于激情和爱欲，此时此刻，急急如律令。② 只要神圣的奥秘依然存在于你的体内，就不要让忒罗所生的卡洛萨去思念她的丈夫，操心她的孩子，让她寝食难安，让她被激情

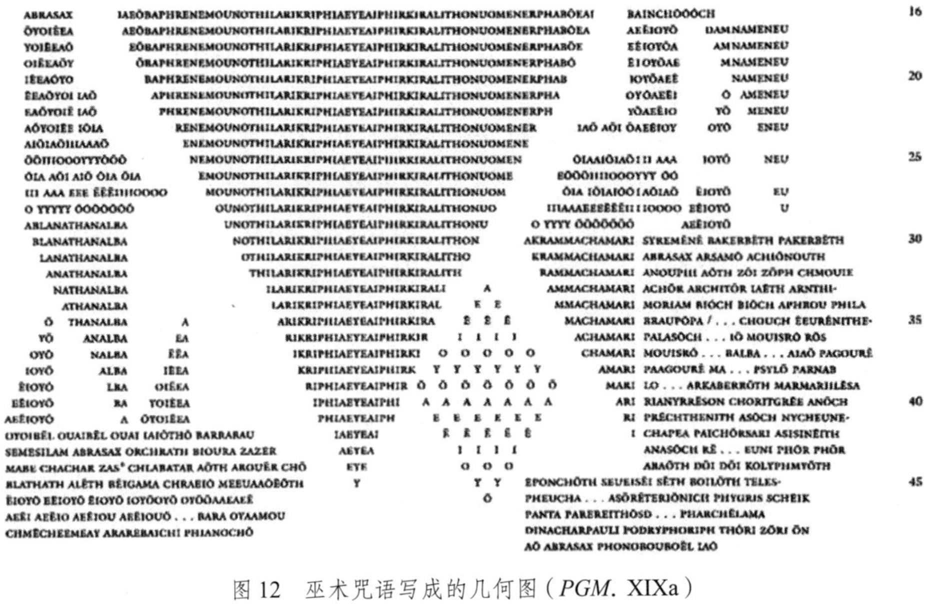

```
ABRASAX       IAĒŌBAPHRENEMOUNOTHILARIKRIPHIAEYEAIPHIRKIRALITHONUOMENERPHABŌEAI    BAINCHŌŌŌCH
ŌYOIĒEA       AEŌBAPHRENEMOUNOTHILARIKRIPHIAEYEAIPHIRKIRALITHONUOMENERPHABŌEA     AEĒIOYŌ       DAM NAMENEU
YOIĒEAŌY      ŌBAPHRENEMOUNOTHILARIKRIPHIAEYEAIPHIRKIRALITHONUOMENERPHABŌ         EĒIOYŌA       AM NAMENEU
OIĒEAŌY       BAPHRENEMOUNOTHILARIKRIPHIAEYEAIPHIRKIRALITHONUOMENERPHABŌ          ŌI OYŌAE      M NAMENEU
IĒEAŌYO       BAPHRENEMOUNOTHILARIKRIPHIAEYEAIPHIRKIRALITHONUOMENERPHAB           IOYŌAEĒ         NAMENEU      20
ĒEAŌYOI IAŌ   APHRENEMOUNOTHILARIKRIPHIAEYEAIPHIRKIRALITHONUOMENERPHA             OYŌAEĒIŌ      Ō AMENEU
EAŌYOIĒ IAŌ   PHRENEMOUNOTHILARIKRIPHIAEYEAIPHIRKIRALITHONUOMENERPH               YŌAEĒIO       YŌ MENEU
AŌYOIĒE IŌIA  RENEMOUNOTHILARIKRIPHIAEYEAIPHIRKIRALITHONUOMENER          IAŌ AŌI ŌAEĒIOY       OYŌ ENEU
AIŌIAŌIIAAŌŌ  ENEMOUNOTHILARIKRIPHIAEYEAIPHIRKIRALITHONUOMEN
ŌŌIIIOOOYYŌŌŌ NEMOUNOTHILARIKRIPHIAEYEAIPHIRKIRALITHONUOME                        ŌIAAŌIAŌII AAA  IOYŌ     NEU     25
ŌIA AŌI AIŌ ŌIA ŌIA EMOUNOTHILARIKRIPHIAEYEAIPHIRKIRALITHONUOM                    ŌIA IŌIAŌŌI AŌIAŌ  ĒIOYŌ   EU
III AAA EEE ĒĒĒIIIHOOOO MOUNOTHILARIKRIPHIAEYEAIPHIRKIRALITHONUO                   ŌIA ŌIAŌ        ĒIOYŌ
Ō YYYYY ŌŌŌŌŌŌŌ   OUNOTHILARIKRIPHIAEYEAIPHIRKIRALITHONU                          Ō YYYY ŌŌŌŌŌŌ    AEĒIOYŌ
ABLANATHANALBA    UNOTHILARIKRIPHIAEYEAIPHIRKIRALITHONU
BLANATHANALBA     NOTHILARIKRIPHIAEYEAIPHIRKIRALITHON                 AKRAMMACHAMARI SYREMÉNÉ BAKERBĒTH PAKERBĒTH  30
LANATHANALBA      OTHILARIKRIPHIAEYEAIPHIRKIRALITHO                   KRAMMACHAMARI  ABRASAX ARSAMŌ ACHIŌNOUTH
ANATHANALBA       THILARIKRIPHIAEYEAIPHIRKIRALITH           A         RAMMACHAMARI   ANOUPHI AŌTH ZŌI ZŌPH CHMOUIE
NATHANALBA        ILARIKRIPHIAEYEAIPHIRKIRAL                EE        AMMACHAMARI    ACHŌR ARCHITOR LAĒTH ARNTHI-
ATHANALBA         LARIKRIPHIAEYEAIPHIRKIRAL                EE         MMACHAMARI     MORIAM BIOCH BIOCH APHROU PHILA
Ō  THANALBA   A   ARIKRIPHIAEYEAIPHIRKIRA       ĒĒĒ                   MACHAMARI      BRAUPŌPA / ... CHOUGH ĒEURÉNITHE-  35
YŌ  ANALBA    EA  RIKRIPHIAEYEAIPHIRKIR        I I I I                ACHAMARI       PALASŌCH ... IŌ MOUISRŌ RŌS
OYŌ  NALBA    ĒEA IKRIPHIAEYEAIPHIRKI                                 CHAMARI        MOUISŌ ... BALBA ... AIAŌ PAGOURĒ
IOYŌ  ALBA    IĒEA KRIPHIAEYEAIPHIRK          Y Y Y Y Y               AMARI          PAAGOURĒ MA ... PSYLŌ PARNAB
ĒIOYŌ  LBA    OIĒEA RIPHIAEYEAIPHIR           Ō Ō Ō Ō Ō Ō             MARI           LO ... ARKABERRŌTH MARMARIĒLĒSA    40
EĒIOYŌ  BA    YOIĒEA IPHIAEYEAIPH             A A A A A A A           ARI            RIANYRRĒSON CHORITGRĒE ANŌCHAMARI
AEĒIOYŌ  A    ŌYOIĒEA PHIAEYEAIP              EE  EE  EE              RI             PRĒCHTHENITH ASŌCH NYCHEUNE-
ŌYOIHĒL OUAIBĒL OUAI IAIŌTHŌ BARRARAU           IAEYEAI               ĒĒEĒĒĒĒ          I  CHAPEA PAICHŌRSARI ASISINĒITH
SEMESILAM ABRASAX ORCHRATH BIOURA ZAZER         AEYEA    I I I I                       ANASŌCH RĒ ... EUNI PHŌR PHŌR
MARE CHACHAR ZAS CHLABATAR AŌTH AROUĒR CHŌ      EYE      O O O O                       ARAŌTH DŌI DŌI KOLYPHMYŌTH
BLATHATH ALĒTH BĒIGAMA CHRAEIŌ MEEUAAŌEŌTH      YE       Y Y Y Y                                                        45
                                                O        Ō              EPONCHŌTH SEUEISĒI SĒTH BOILŌTH TELES-
ĒIOYŌ ĒEIOYŌ ĒIOYŌ IOYOYŌ OYŌAAEAEĒ                                    PHEUCHA ... ASŌRETĒRIŌNICH PHYGIS SCHEIK
AEEI AEĒIO AEĒIOY AEĒIOUŌ ... BARA OYAAMOU                             PANTA PAREREITHŌSD ... PHARCHELAMA
CHMĒCHEEMEAY ARAREBAICHI PHIANOCHŌ                                     DINACHARPAULI PODRYPHORIPH THŌRI ZŌRI ŌN
                                                                      AŌ ABRASAX PHONOBOUBOĒL IAŌ
```

图12　巫术咒语写成的几何图（*PGM*. XIXa）

---

① *PGM*. XIXa.50–54.
② 原文为重复的"立刻立刻马上马上"，笔者将这一急促且带有命令形式的巫术辞令译作汉语中常见的"急急如律令"。

和爱欲融化，让她只想着性交，想着与忒奥尼拉所生的阿帕罗斯性交，此时此刻，急急如律令。

这份咒语没有直接呼喊神的名字，用的是 daimon，其在希腊语境中即神、神样、神力。可能前面绘制的几何图就是这份咒语所呼唤的神。这份咒语用大量的词汇描写了如何折磨巫术的对象，而且与品达诗歌中美狄娅的遭遇十分相似：美狄娅心绪不宁，欲火中烧；此处的女性卡洛萨则"在火焰中晕头转向"，"寝食难安"，"被激情和爱欲融化"。

通过对三份相对晚出的巫术咒语内容的观察，以及更多类似的巫术文献①的查阅，我们可以发现，勾引巫术在咒语上存在共同的特点：男性为诱惑和得到某个女性，会用巫术对女性进行折磨，直到那个女性屈服于那个男性，来到他面前。这或可得出一套此类巫术的语言公式：X 祈求神明去折磨 Y，让 Y 痛苦难耐，直到 Y 来到 X 这里。其核心似乎就是折磨，或者说被爱欲折磨。这种被爱欲折磨并征服的思想不仅仅出现在文学作品中，如上文提及的品达的诗歌和阿里斯托芬的喜剧在视觉艺术上也得到了表现。②

到目前为止，可以大致推测出伊阿宋在勾引美狄娅时所念的咒语。这一咒语最简单的句式可能是："女神，我，伊阿宋镇住了美狄娅，请［用各种方式去］折磨美狄娅，埃厄忒斯之女，让她不再敬爱自己的家人，让她欲火中烧，只想着我，伊阿宋，埃宋之子，直到她来到我的身边。"

二、与同类法器的对比

接下来的问题将聚焦那件奇特的巫术道具的使用方式。很遗憾，目前还没有任何直接描写该道具使用方式的文献材料，可能是这种巫术本身就难登大雅之堂，抑或相关文献原本极为丰富，但是经历了某些清洗，几近荡然无存。不过，一位罗马帝国时期的古代注家为贺拉斯（Horace）的《长短句集》（*Epodon Liber*）做注时提到了 Iygx 以及另一件类似的道具：

---

① 如 *PGM*. Ⅶ.467–477 和上述 *PGM*. XIXa.50–54 的用词如出一辙："那受折磨的灵魂和内心痛苦不堪。"

② 比如一件描绘了宙斯诱拐特洛伊少年迦倪墨德斯（Ganymedes）的器皿（c. 490 BCE），边上有一位厄洛斯正手持一柄尖头棒（牧人驱赶牲畜的道具，此处让人想到的是劝诱女神的鞭子）似在刺激宙斯；再如一口古罗马（晚期）的石棺上雕刻了一群厄洛斯正手持鞭子抽着潘神，这是一个十分明显的比喻，即爱欲（Eros）征服了一切（Pan）。

> 此"轮"乃行邪术（maleficium）之器物，转而旋之，便能使人陷入爱欲之中。运用这种伎俩，希腊人称之为 Iygx。他[贺拉斯]所谓的"旋转装置"，就是指去使用那个"轮"，希腊人称之为 rhombos。①

这位古代注家提到一种希腊人称之为 Iygx 的巫术伎俩，并解释这个轮子的使用方式——转动，这样"便能使人陷入爱欲之中"。他还用到另一个词汇，"希腊人称之为 rhombos"。关于这个词，我们不能按照其现在的意思来理解，即不能将其译作菱形。这个希腊单词 rhombos 源自动词 rhembo，意为转来转去。联系这件巫术道具轮子的使用方式，笔者以为应该译作"旋转装置"较为稳妥。这段注释解释得也比较清楚："'旋转装置'，就是去使用那个'轮'。"但这里没有提到那只被钉在轮子上的蚁䴕，一种可能的情况是，那只被钉在架子上的小鸟本来就属于旋转装置的一部分，随着一起转动。诗人贺拉斯没有提到轮子上是否有那只小鸟，稍晚的注家也没有做出解释。对于这一现象，传统观点几乎一致认为仪式中蚁䴕确实存在，或是用类似的小鸟替代了蚁䴕。②但法劳内（Faraone）认为，仪式经历了希腊化时期的发展，到罗马帝国时期的这件巫术道具已经完全不同于品达所描述的那件最初的道具。③先不论双方观点和结论的对错，至少法劳内对这一传统观点的质疑，从侧面反映了一个问题，即当初品达所提到的这件巫术道具，在漫长而广泛的使用过程中很可能发生变化或改进。这也是为什么后来其他与之类似的巫术，或多或少会与这件囮媒不尽相同。

从笔者所掌握的为数不多的材料来看，后期的这架巫术轮子上确实已经不再用到（真）鸟。如波士顿美术博物馆馆藏的一件陶制仪式轮，上面有规则的凸起部位似乎是鸟首，整个花纹似乎也是在模仿蚁䴕斑驳的羽毛（图 13）。④此外，对出土的罗马时期旋转装置（Rhombu）的研究，也表明此时的旋转装置上已经看不见鸟的踪迹，如庞贝古城的壁画上描绘了一位手持旋转装置的厄洛斯（图 14）。这件装置与一件被归为公元前 5 世纪梅迪亚斯陶器画匠（Meidias

---

① Psendo-Acro on Horace *Epodes* 17.7 = *MWG.* 227, p. 241.
② 比如，古代注家和现代学者都注意到了阿里斯托芬的一部佚失的喜剧《安菲阿拉俄斯》[（*Amphiaraus*），*Fr.* 29 K-A]说道："那老头儿使劲摇摆腚锤子，活脱脱一头摆尾鸟，[你]的咒语太完美了。"这里提到了一只与蚁䴕非常类似的鸟 kigklos [鹡鸰？]。对比"晃动脑袋"和"摆动尾羽"，对这只鸟（淫荡）习性的详细讨论参见 Eugene Tavenner, "Iynx and Rhombus", *TAPhA* 64 (1933), pp. 110–111.
③ Faraone, "The Wheel, the Whip and Other Implements of Torture", pp. 11–13.
④ 发现于阿提卡的法勒隆港。有学者认为这件器物可能属于公元前 8 世纪的几何陶时期，见 Grace W. Nelson, "A Greek Votive Iynx-Wheel in Boston", *AJA* 44（1940）, pp. 443–456.

Painter）的作品中所描绘的道具极为类似（图15），但瓶绘上还是出现了一只小鸟，这一点与庞贝城的壁画不同。① 而关于这件道具如何旋转的问题，这些视觉艺术显然已经给出了答案，有一根绳子穿过道具，然后让仪式道具在绳子上旋转。

通过继续比对这一类巫术道具，我们可以发现，许多类似的仪式中使用了鸟类以外的其他动物。例如（a）：一项简单的巫术，使用到一只活的蝙蝠，并在蝙蝠的两只翅膀上画符写咒，同样是折磨巫术对象使其无法入眠，直到她屈服。② （b）：一则巫术使用了活蝙蝠的眼珠，放走被摘除眼珠的蝙蝠后，将蝙蝠的眼珠嵌入一只泥狗的眼窝中，然后置于一只新制的酒杯内，念诵咒语，为了让巫术对象永远无法入睡，并永远爱着施巫者。③ （c）：与刻在蝙蝠翅膀上的咒语类似，也有刻在贝壳上的咒语，并且要在巫术对象的名字上画圈，目的也是使其不得安宁，直到她来到施巫者的面前。④

这些巫术中所用到的动物应当不是随意选择的。这里有必要略提一下在巫术研究中一个得到普遍认可的原理，即类比原理。比如蝙蝠，希腊人认为蝙蝠是夜行动物，在其飞快拍打扇动的翅膀上写上咒语，也许能使巫术被害者在夜间四肢不得安定，无法入睡。而嵌入泥狗的那双蝙蝠眼珠，可以理解成是让巫术对象在夜里都瞪着一双眼睛，彻夜难眠。至于贝壳，只要想象一下波涛汹涌的大海，很可能是使巫术对象如同在海浪中翻滚般不得安宁。此处b巫术中将泥狗置于酒杯中，这个酒杯当与囧媒中的轮之辋一样，属于一种结界或阵。对小动物-巫术对象的模拟或类比处置等其他目的的交感巫术，也可进一步佐证这种推测。比如，为了诅咒仇敌而肢解一条变色龙、为了阻止某人的演说而缝上鱼的嘴巴，为了防止证人出庭而将一只小狗残忍地钉在地上，为了让对方保持沉默而割掉一只公鸡的舌头。⑤ 在另一则勾引巫术中，一个男人为了诱惑一名女性，将一条蜥蜴放在火上灼烤。⑥ 甚至还有针扎的陶俑或蜡制的人偶。⑦ 凡此种种不胜枚举。

---

① 更详细的信息，参见 Andrew S. F. Gow, "ΙΥΓΞ, ΡΟΜΒΟΣ, Rhombus, Turbo", *JHS* 54 (1934), pp. 1–13.
② *PGM.* XI.376–396.
③ *PGM.* IV.2943–2966.
④ *PGM.* VII.467–477.
⑤ Faraone, "The Wheel, the Whip and Other Implements of Torture", pp. 15–16.
⑥ *PGM.* LXI.39–44.
⑦ 被针扎的陶俑，如 *PGM.* IV.296-469。双手反绑、双脚被捆住的女性陶俑，浑身被十分惊人地扎了13根铁针，1根在头顶、1根在嘴巴、2根在双眼、2根在双耳、2根在太阳穴、1根在阴道、1根在肛门、1根在穿掌心、2根在脚背。蜡制人偶，如 *SM.* 45。咒语板和一件呈拥抱亲吻状的两个人偶一起被密封在一个陶罐里。

图 13 囮媒仪式轮

[阿提卡，公元前 8 世纪（几何陶晚期），波士顿美术馆（Museum of Fine Arts, Boston），藏品编号为 28.49。凸起的一圈为鸟形，共 11 只。这个数字很奇怪，为何不是 10 或 12（偶数）？注意这件道具的饰纹（鸟羽）]

图 14 手持巫术道具的厄洛斯

[庞贝古城壁画（局部）。注意厄洛斯双手所持的道具，他正在转动道具影响边上的人物]

图 15　阿佛洛狄忒、阿多尼斯、（分持仪式道具的）厄洛斯和佩托

［红影瓶绘（素描复原图）。中间有翼人为 ΙΜΕΡΟΣ ＝ 无法控制的欲望，即厄洛斯。右侧俯额女性为 ΑΦΡΟΔΙΤΗ ＝ 阿佛洛狄忒。下方仰首者为 ΑΔΩΝΙΟΣ ＝ 阿多尼斯。注意厄洛斯手里的道具，以及左侧（暂无法识别，可能是佩托）人物手中的鸟。原图为阿提卡陶器画，有破损］

三、施咒：言与行

依据巫术的这一交感理论，可推知这些巫术中对动物的处置其实都是在模拟或类比对巫术对象的折磨，若果真如此，那么我们就能够对那只用来诱惑美狄娅的蚁䳛，在巫术仪式中会被如何处置做一番推测。伊阿宋可能不只是简单地以旋转轮子的方式来折磨这只蚁䳛，还有可能会十分形象地用某种道具模仿劝诱女神执鞭驱赶美狄娅的样子，比如用赶牲口的尖头棒来刺激小鸟，或者出于对欲火焚身的模拟类比，有可能会在火上灼烧小鸟。

这一巫术行为中的交感有三个部分：通过旋转来使美狄娅晕头转向；以灼烧来点燃美狄娅对伊阿宋的欲火；用尖头棒来刺激和驱赶美狄娅来到伊阿宋身边。结合上文已经推测出来的咒语，我们可以列出这一巫术的简化仪式步骤（执行 A–E 的同时念诵 a–e）：

表5 巫术的咒语和过程还原

行为／动作	祈祷／咒语
A 拿起道具	a 持锋利箭镞的阿佛洛狄忒（呼唤女神）
B 把蚁䴕的四肢撑开，钉牢在四辐轮上	b 我，埃宋之子伊阿宋，镇住了埃厄忒斯之女美狄娅。没人能够解开此咒，除了我
C 旋转道具	c 请剥夺美狄娅对双亲的爱，让她心绪不宁
D 移到火烧灼烧，并保持旋转	d 快激起美狄娅对我，伊阿宋的强烈欲火
E 用尖头棒刺激蚁䴕（小鸟使劲晃动脑袋，厉声尖叫）	e 直到美狄娅来到我，伊阿宋的面前急急如律令！

至此，笔者已经尝试复原了阿佛洛狄忒给伊阿宋的那件巫术道具的具体使用方式，包括行为和同步的"言语"。

本节通过分析与伊阿宋的巫术类似的巫术仪式中所使用的咒语，大致理清了这类巫术的咒语公式："X祈求神明去折磨Y，让Y痛苦难耐，直到Y来到X这里。"对于巫术道具实际的使用方式，则借助交感巫术的思路，对比古代巫术所用道具的特征，基本摸清了巫术道具在选用上的类比策略，即对巫术道具的处置是模拟欲施加于巫术对象的境况。依此思路分析，笔者尝试复原品达所省略的内容：阿佛洛狄忒勾引巫术仪式（施法）的行为动作和祈祷咒语，在做出一个行为动作的同时，念诵对应的咒语。

第三节　勾引巫术的倒转使用与阿佛洛狄忒形象的淡出

在上文对类似巫术进行对比分析的过程中，我们可以很明显地察觉出此类勾引术几乎清一色都是男性对女性使用，且这些巫术似乎都具有一个残酷的特征。这反映出古希腊男性对女性身体的占有似乎是建立在对女性惩罚的基础上的。其代表或象征就是用阿佛洛狄忒所掌管的欲火来折磨女性。这也许就能理解，为何在神话故事中阿佛洛狄忒的两位最常见的神性配偶同样具有火的属性，代表匠人之火的赫菲斯托斯和代表战争之火的阿瑞斯。在人类企图对性爱之火的把握上，即对这一巫术的使用，反映了一种男性的性权力，而这一权力却源自一位女神。这是否意味着男人（或神）对女人性权力的掌控或剥夺？

然而，这一情况并非一成不变，从古代文献和巫术材料的情况来看，尤其是古典时期以降，实际也存在大量女性使用勾引巫术的情况。不难发现这些使用勾引巫术的女性多为妓女，或者被认为是不守规矩的女人。这些女性与古希腊人传统观念中的闺秀形象格格不入。那么，使用勾引巫术是否需要性别上的权力？勾引巫术的使用反映出多少古希腊社会中的性别观念？此外，巫术的使用是否有某种规矩或限制？这种限制，是否会产生一种有别于正常人的另类性别和特殊职业，或者说性别职业？

一、以彼之道：伊克西翁的受罚与勾引巫术道具运用的反转思维

鉴于这件巫术道具的模样及其使用过程中具有折磨巫术对象的特征，笔者联想到巫术道具与古希腊轮刑之间可能存在着某种关系。笔者据一则古老的神话，猜测了一下古希腊轮刑的由来。若刑具与巫术道具实为一物，这或可解释为何品达没有在诗歌中描写这件道具的使用情况，因为在诗人看来，他的古希腊听众只要一听到"被钉在一架四辐轮上"，脑海中就能浮现出一架他们再熟悉不过的刑具，进而能想象出伊阿宋如何转动轮子上的痴鸟蚁鸢。

从该巫术想开，反而能够看出，古希腊人如何创造性地发展了一门古老的技艺，即便这技艺有些灰暗。最重要的是，我们可以发现古希腊人在有关勾引巫术使用时表现出的反转思维。

出于诱惑女性的目的而对轮子上的小鸟进行折磨——惩罚，正如本章第一节已经提到的，这很容易让人想到古希腊的轮刑。这一刑罚常在市场上公开执行，如阿里斯托芬的《财神》（*Plutus*）中的台词："……快去市场，因为你理应在那里被绑在轮子上，招供出你所做的坏事。"① 笔者认为古希腊的轮刑有可能源自阿佛洛狄忒的这件巫术道具，而这中间发生的转变，则可通过一则古老的希腊神话——伊克西翁（Ixion）受罚的故事——来解释。在这则故事中，正是伊克西翁的行为和他所受到的惩罚倒转了这件巫术装置的使用目的。有趣的是，要谈及这位忒萨利地区拉皮泰（Lapithai）部落的首领伊克西翁的"劣迹"，现存最早的古希腊文本依然来自品达，他在第二首《皮托之歌》②（*Pythian Ode* 2）中讲述了伊克西翁罪有应得的下场：

---

① Ar., *Plut.* 874—876. 阿里斯托芬的《蛙》（*Ranae*）中也提道："绑（吊）起来，用尖头棒惩罚（Ar., *Ran.* 620）。"

② 这是品达为庆祝叙拉古的希耶荣一世（Hieron I of Syracuse）的胜利而创作的诗歌。这位西西里僭主摘得公元前 470 年战车赛的桂冠。

据说诸神令伊克西翁	21
在他带羽毛的轮子上转个不停……	
……	
他虽曾获尊容,与克洛诺斯的后代生活在一起	25
……	
但他却对赫拉动了情欲,企图引诱她,	27
……	
宙斯亲手为他设下陷阱,	39
伊克西翁被束缚在那四辐轮上,	
他咎由自取,陷入了永无宁日的禁锢。①	

  品达在诗歌中提到这位凡人企图诱惑赫拉,但没有得逞,反而被绑在了自己"带羽毛的轮子上"。诗人清楚地提到了"四辐轮",这一描述与伊阿宋的巫术道具惊人的一致。而且,"带羽毛"可能就是对钉在轮子上的小鸟的另一种表述。因此,可以推测,伊克西翁试图勾引赫拉的方式就是使用这架带羽毛的四辐轮,而这个轮子其实就是阿佛洛狄忒交给伊阿宋(注意,伊阿宋也是忒萨利人)的囮媒。最后,宙斯亲自惩罚了伊克西翁,他将伊克西翁永远禁锢在轮子上,不停旋转,就像对待巫术中的那只小鸟一样,折磨和惩罚这位胆大妄为的凡人。作为古希腊人心目中律法的神圣代表——宙斯,他的惩戒可以被理解为一种规矩或立法的行为。而且,我们又一次看到宙斯反转了阿佛洛狄忒的力量②,这里,宙斯反转使用了阿佛洛狄忒的巫术道具,将之变为了刑具。

  品达在这首诗歌中还提到,伊克西翁是希腊首位弑亲者③,因为他害死了自己的岳父戴翁纽斯(Deioneus)。可见伊克西翁的那些事迹都十分远古,甚至是一种原初事件,因此他被禁锢在巫术轮子上受罚的故事也可以被视作是一桩最初的历史事件,用神话学的术语讲就是他受罚的故事属于轮刑的起源神话。此后,伊克西翁的受罚成了流传世间的典故,"犹如伊克西翁在轮子上"也成了一句谚语,如欧里庇德斯在悲剧《腓尼基妇女》(*Phoenissae*)中的台词:"手脚在空中打转,犹如伊克西翁在轮子上"④,以及他在《疯狂的赫拉克勒斯》(*Hercules*

---

① Pind., *Pyth*. 2.21–41. 译文做了省略和精简。
② 关于前一次,参见本书第二章论 HH5。
③ Pind., *Pyth*. 2.30. 类似该隐弑弟(《创》4),他成了希伯来人的第一位弑亲者。
④ Eur., *Phoen*. 1185.

Furens)中写道:"不许接触地面……犹如伊克西翁在轮子上,转个不停"①,等等。后来的神话编纂者们添油加醋地把伊克西翁的这架带羽毛的四辐轮,改装成了带羽毛的火轮。若联系这件巫术道具在使用过程中可能会被放在火上灼烧,这样的神话故事的创新似乎也就能够理解了。这也从一个侧面证实了这架用作刑具的轮子可能源自阿佛洛狄忒的这件巫术道具,或也可反证这件巫术道具在时间上的原初性。此外,若反向思考,一件能够折磨人的巫术道具被用来惩罚罪犯,这在法律并不完备或法律无法触及的情况下似乎是一种理所当然的手段。就这一点而言,阿佛洛狄忒的这一最初针对女性的勾引术,也似乎从一开始就包含了对女性的惩罚。这则伊克西翁受罚的神话故事,事实上是一则与囮媒有关的神话故事,其中展现出了古希腊人的一种反转思维——至少是在对其使用上。

二、生存之技:古希腊妓女对勾引术的反转使用

在 *PGM* 中有 5 个咒语是女性运用囮媒来吸引男性的例子。② 晚期此类咒语的套话模板中会有允许插入男性目标的括号等变化内容,这表明这一类型的咒语可以被用于针对男性。③ 当然,这一情况可能是希腊社会文化发展的结果。④ 但古希腊的文本证据表明,在古典时期,就有一个特殊的女性群体——娼妓——经常选择这些传统上是男性行使的巫术。就像色诺芬记录的苏格拉底与泰奥朵忒(Theodote)的对话,色诺芬讲述的这则逸闻很明显地暗示了妓女们会在他们的男性主顾身上学习和使用这种巫术。⑤

作为一名妓女,泰奥朵忒所面临的切实问题就是如何获取男性的欢心,而且有必要采取主动的措施。正如忒奥克里托斯(Theocritus)第二首《田园诗》(*Idyll* 2)中,茜麦萨(Simaetha)想要解决问题,举行了一套精心设计的勾引巫术,让她的旧情人慕恩多斯的德尔斐斯(Delphis of Myndus)远离他的新欢。

---

① Eur., *HF*. 1295-1298.
② 1. *PGM*. XV, 2. *PGM*. XXXIX, 3. *PGM*. LXVIII, 4. *PGM*. XVI, 5. *PGM*. XIXb.
③ *PGM*. Ⅳ. 2087-2095, *PGM*. Ⅻ. 24, *PGM*. XIII. 238-239, *PGM*. XXXVI. 69-70.
④ 有学者认为这是希腊、埃及和罗马妇女地位提高的表现。日益解放的思想鼓励她们根据自己的愿望采取行动,并使用传统上属于男性的诱惑术,如 Fritz Graf, "How to Cope with a Difficult Life: A View of Ancient Magic", in Peter Schäfer & Hans G. Kippenberg(eds.), *Envisioning Magic: A Princeton Seminar and Symposium*, Leiden: Brill Academic Publishers, 1997, p. 93。
⑤ 参见本章开篇的题词。

从其名字和诗歌中讲述的她的生活来看，茜麦萨很可能就是一位名妓。① 在这里，仪式也具有本章所分析的勾引巫术中咒语的所有特征。茜麦萨使用了一种黄铜制的旋转装置（ῥόμβος），也提到了囮媒（ἴυγξ），这也是该巫术中必然会使用的道具。然后她还焚烧了各种物品，如月桂叶和蜡，希望能灼烧对方直到他回来。以下几行说明了这种技术：

> Δέλφις ἔμ᾽ ἀνίασεν: ἐγὼ δ᾽ ἐπὶ Δέλφιδι δάφναν
> αἴθω: χὡς αὕτα λακεῖ μέγα καππυρίσασα
> 25κἠξαπίνας φθη, κοὐδὲ σποδὸν εἴδομες αὐτᾶς,　　　25
> οὕτω τοι καὶ Δέλφις ἐνὶ φλογὶ σάρκ᾽ ἀμαθύνοι.
> ἴυγξ, ἕλκε τὺ τῆνον ἐμὸν ποτὶ δῶμα τὸν ἄνδρα.
> ὡς τοῦτον τὸν κηρὸν ἐγὼ σὺν δαίμονι τάκω,
> ὣς τάκοιθ᾽ ὑπ᾽ ἔρωτος ὁ Μύνδιος αὐτίκα Δέλφις.
> 30χὡς δινεῖθ᾽ ὅδε ῥόμβος ὁ χάλκεος ἐξ Ἀφροδίτας,　　　30
> ὣς τῆνος δινοῖτο ποθ᾽ ἀμετέραισι θύραισιν.
> ἴυγξ, ἕλκε τὺ τῆνον ἐμὸν ποτὶ δῶμα τὸν ἄνδρα.
> 德尔斐斯惹恼了我，我对他焚烧这个月桂叶。
> 就像这些月桂叶突然着火发出剧烈的声响，
> 烧得灰烬全无，　　　25
> 德尔斐斯也将被火焰吞噬。
> 囮媒，把我的男人带到我的屋子里来。
> 就像我在女神的帮助下融化这些蜡一样，
> 我要慕恩多斯的德尔斐斯也立刻被激情融化。
> 就像这黄铜制的装置在阿佛洛狄忒的帮助下旋转一样，　　　30
> 我要他也在我的门前转个不停。
> 囮媒，把我的男人带到我的屋子里来。②

---

① 她的名字是希腊语中的猴子和山羊的组合，这是典型的妓女所使用的带有人格侮辱的动物绰号，而且在阿里斯托芬的《阿卡奈人》（*Acharnians*）中也提到了一个妓女名叫 Simaetha（Ar., *Ach*. 525）。此外，整部诗歌中丝毫没有提及她的大家庭中的男性亲属。这种只有女眷的"家庭"也符合妓院的情况。如果明确了茜麦萨的妓女身份，也就不会把她的那种独特的独立性解释为亚历山大港等希腊城邦中妇女权力得到增强的一个标志。

② Theoc. *Id*. 2.23–32.

有学者已经注意到，这首诗中茜麦萨的行为与希腊巫术纸草中记载的巫术行为极为相似。① 实际上，茜麦萨所使用的巫术是传统上男性勾引女性的勾引术，装置就是囮媒。② 茜麦萨在这首诗歌中表现出明显的传统男性在两性关系中的主动姿态③，而非希腊人对传统女性在两性关系中所期望的那种被动的角色。这与她使用这种巫术的行为十分吻合。忒奥克里托斯在诗中所描写的茜麦萨的行为，定能在他的古代听众脑海中立刻呈现出一个典型的场景：一位妓女正试图用巫术让她的前主顾回到她的身边。

在一首希腊化时期的短诗中，我们也能发现这件巫术道具囮媒，以及传统性别角色的倒转。其形式是一段向神奉献礼品的题词：

ἴυγξ ἡ Νικοῦς, ἡ καὶ διαπόντιον ἕλκειν
ἄνδρα καὶ ἐκ θαλάμων παῖδας ἐπισταμένη,
χρυσῷ ποικιλθεῖσα, διαυγέος ἐξ ἀμεθύστου
γλυπτή, σοὶ κεῖται, Κύπρι, φίλον κτέανον,
πορφυρέης ἀμνοῦ μαλακῇ τριχὶ μέσσα δεθεῖσα,
τῆς Λαρισσαίης ξείνια φαρμακίδος.
尼蔻的囮媒，能强迫一个男人，
不远千里地过来，也能迫使一个少年离开他的家。
用透明的水晶雕刻，镶金，由紫色的羊毛细线串起。
现在献给您塞浦路斯女神，
这是一位拉里萨女巫的客礼。④

粗看这段文字可能会产生一个误会，认为尼蔻（Niko，胜利之意）是一位拉里萨（Larissa）女巫，会觉得尼蔻和那些把自己珍视的器物献给诸神的古希腊人一样。她在此将巫术道具囮媒献给阿佛洛狄忒，是因为她即将从自己成功的女巫生涯中隐退。但那些专业女巫似乎不太可能供奉阿佛洛狄忒，或将自己

---

① Fritz Graf, *Magic in the Ancient World*, Franklin Philip (tr.), Cambridge, MA: Harvard University Press, 1997, pp. 176–184.

② Faraone, *Ancient Greek Love Magic*, p. 153.

③ 诗歌详细描述了她与德尔斐斯第一次相遇时的情景。她明显将自己置于传统男性的地位。对茜麦萨行为的分析，参见 Joan B. Burton, *Theocritus' Urban Mimes: Mobility, Gender, and Patronage*, Berkeley: University of California Press, 1995, pp. 43–44。

④ *Anth. Gr.* 5.205.

的巫术道具献给阿佛洛狄忒。而且,她声称自己熟练掌握情爱巫术的知识,而不是那些巫师通常所从事的占卜、净化或诅咒。尼蔻是一个十分常见的妓女名字,就如泰奥朵忒(献给诸神之意)这样的叫法。注意最后一句话中的单词"客礼"(ξείνια),我们并不能把这个词理解为尼蔻把道具献给女神的行为,很有可能是尼蔻从一位拉里萨的女巫那里得到了这件道具。尼蔻应该是一位事业成功的妓女,她经常(也有理由)使用勾引术,并且可能在职业生涯结束后,将这一自己使用过的道具奉献给她的职业守护神——阿佛洛狄忒。我们可以结合前文想象一下,尼蔻用巫术吸引某个刚刚步入青春期的"少年"(παῖδας)时的情形。①

虽然时间上有些晚,但路吉阿诺斯(Lucianus)的第四篇《妓女对话》(*Courtesans* 4)也描写了两位雅典的角妓(hetairai)——美莉塔(Melitta)和芭琦斯(Bacchis)——在分享各自的经历和秘密时谈论了罔媒和勾引术的使用情况。美莉塔恳求芭琦斯给她寻找一些能帮她找回弃她而去的男友的人:

> 你知道那些人称忒萨利人的老女人吗?……她们念诵咒语,即使是那些先前完全被人鄙视的女人,她们也能让这些女人变得让人向往。②

芭琦斯表示自己并不认识忒萨利人,但她知道有一位住在陶匠区附近的叙利亚女术士,曾经如何成功地帮芭琦斯从另一个女人那里挽回了一个叫法尼阿斯(Phanias)的男人,以及她所使用的法术:

> 她把这些东西③挂在一枚钉子上,用硫黄将之熏蒸加热,再把盐洒在火上,并且还说出了两人的名字,他的和你的。然后,她从怀里拿出一个旋转装置,并用舌头快速地念出了带有一堆野蛮和可怕名字的咒语。不久之后,他就被咒语带到了我身边,尽管事实上他的哥们都告诉他是怎么回事了,与他姘居的女孩芙伊碧斯(Phoebis)也一直不停地央求他[不要离开她]。④

注意这段话中称法尼阿斯"被咒语带到了(agomenos)我身边"。路吉阿

---

① 参见本书第四章第二节。
② Lucian, *Dail. meret.* 4.1.
③ 即芭琦斯之前提到的"男人的饰物或头发"(Lucian, *Dail. meret.* 4.4)
④ Lucian, *Dail. meret.* 4.5.

诺斯显然知道这种勾引巫术。这段话很容易让人想到这个用到火和旋转道具的勾引巫术，在这里，该装置被称为旋转装置。我们已经知道，这类勾引巫术从前多是男人用来折磨女人并迫使她们来到身边的。

诚然，茜麦萨、尼蔻、芭琦斯和美莉塔的人物形象可能是这些男性作家从对传统的古希腊妓女的刻板印象中创作出来的典型，但对她们的描写都反映了一个趋势，即自古典时期已降，古希腊的妓女们掌握或懂得运用曾经是男性"专利"的勾引术来获取男性的关注。甚至，这样一种通过巫术勾引男人的行为成为妓女的一种典型形象，因为妓女们作为此类巫术的使用者经常出现在后世的历史和文本中。[①]

三、阿佛洛狄忒"消失"

在路吉阿诺斯的故事中，芭琦斯和美莉塔或多或少地对这类勾引巫术有所了解。美莉塔知道忒萨利的女巫擅长这一巫术，所以她想找她们帮忙挽回男人，而芭琦斯则实际得到过类似的帮助，虽然是一位叙利亚的女术士。这也反映了该巫术使用的一个现象，即能够掌握或使用这类巫术的人可能始终是少数，巫师有一定程度的职业化倾向。

在不同时期，这一类型巫术咒语的表达形式虽没有明显变化，但可以发现一个显著的特征，即依据时间顺序来看阿佛洛狄忒逐渐变得不再是这些咒语所呼唤的女神，不再是此类巫术的祈祷对象。阿佛洛狄忒的名字在咒语中逐渐被代表月亮的塞勒涅、象征暗夜的赫卡特（Hecate），或其他异族神灵，甚至死灵取代。[②] 这里无意去梳理勾引术从向阿佛洛狄忒祈祷到诉诸死灵力量的发展脉络[③]，但有一点十分明显，即这一古希腊巫术传统的历史轮廓大约在公元前1世纪出现了一个分水岭。[④] 学者们认为，原因之一是当时希腊文化出现了一种国际化的趋势，许多巫术知识也从地区化的口头传播进入一种通过文字记载、汇编

[①] 这些指责毫无疑问来自刻板的印象和歪曲的夸大，多是一种碍于面子的托词，相关的研究参见 Alexander Kazhdam, "Holy and Unholy Miracle Workers", in Henry Maguire （ed.）, *Byzantine Magic*, Washington DC: Dumbarton Oaks Research Library and Collection, 2009, pp. 73–82; Richard Kieckhefer, "Erotic Magic in Medieval Europe", in Joyce E. Salisbury（ed.）, *Sex in Middle Age*, New York: Routledge, 2019, pp. 30–55。

[②] Sarah I. Johnston, *Restless Dead: Encounters Between the Living and the Dead in Ancient Greece*, Berkeley: University of California Press, 1999, pp. 203–249.

[③] 相关的梳理，参见 John C. B. Petropoulos（ed.）, *Greek Magic: Ancient, Medieval and Modern*, London: Routledge, 2008, 尤其是彼得洛普斯（Petropoulos）本人为该书每一部分写的导论（pp. 1ff., 8ff., 14ff.）。

[④] Faraone, *Ancient Greek Love Magic*, p. 141. 该巫术后来与阿佛洛狄忒失去紧密联系的现象相当惊人。

成册、由专人从事的状况。^① 在希腊化时期，各文明的诸神开始被同化，这也体现在巫术的咒语中^②，传统的巫术形式也发生了融合。

根据这一趋势，我们可以察觉到早前古希腊勾引巫术中这样一种单独属于阿佛洛狄忒的传统在希腊化至罗马时期被另一种巫术传统取代，即通过向冥府神灵（如地祇赫尔墨斯和佩尔塞芙涅）祈祷或诉诸死灵的力量来束缚（katadesmoi）敌人的巫术。^③ 不少后来被刻在铅板上的勾引巫术的咒语大都发现于墓地，当是有意为之，这一现象表明当时的人们明显将该巫术与冥府地祇或死灵联系在一起。尽管有学者指出，在戒指或护身符上出现了阿佛洛狄忒的秘称或巫术名字——ΑΡΩΡΙΦΡΑΣΙΣ^④，但她的名字再没有出现在后来的勾引巫术咒语中。

也许，勾引术会逐渐与夜间或冥府有关，是因为这类巫术逐渐沦为了一种见不得人的勾当，其使用者多为凶邪之人。还有一种可能，我们只需想一想阿佛洛狄忒后来所代表的天体——金星，也就是通常所说的晨星启明。我们还可以想象一个属于女神的夜间仪式，因为我们知道金星同时是夜晚亮度仅次于月亮的长庚星。

小结：性爱女神

本章讨论和分析了一种源自阿佛洛狄忒的巫术，即勾引术。该巫术在执行时通常会用到一件专门的道具——一个穿线的四幅轮。施巫时，通常会在轮子上绑一只小鸟（蚁䴕），然后在火上灼烤，刺激蚁䴕尖叫，同时施巫者念诵咒语，呼唤阿佛洛狄忒将巫术对象引到施巫者身边。据品达的诗文说，这本是阿佛洛狄忒授予伊阿宋的技术，伊阿宋用此术成功引诱了美狄娅，但伊阿宋的同乡人伊克西翁试图用此技术勾引赫拉不成，后被宙斯绑在这架轮子上受罚。这种类似的反转使用轮刑，在古希腊历史时期时有发生（阿提卡戏剧中有提及）。这本是一项具有男性特权的技术（苏格拉底也通晓此术），但反转使用再次发生。古典时期已降，勾引术成了妓女和女巫们的营生手段。在这一发展的过程中，

---

① 这方面的讨论，参见 Roy Kotansky, "Incantations and Prayers for Salvation on Inscribed Greek Amulets", *GM&R*, pp. 107–137; Christopher A. Faraone, "Taking the Nestor's Cup Inscription Seriously: Conditional Curses and Erotic Magic in the Earliest Greek Hexameters", *CA* 15 (1996), pp. 77–112, esp. 80–97。

② Fritz Graf, "Prayer in Magical and Religious Ritual", *GM&R*, pp. 188–213. 这里讨论了 *PMG* 中几则传统希腊咒语中诉诸异族神灵的例子。

③ Christopher A. Faraone, "The Agonistic Context of Early Greek Binding Spells", *GM&R*, pp. 14–15; Johnston, *Restless Dead*, pp. 127–160.

④ Maryse Waegeman, "ΑΡΩΡΙΦΡΑΣΙΣ: Aphrodite's Magical Name", *AC* 61 (1992), pp. 237–242.

阿佛洛狄忒的形象也逐渐淡化甚至消失。

有必要一提的是，虽然勾引术所体现的是阿佛洛狄忒作为性爱女神的最直接的一面，但其中所反映的阿佛洛狄忒的力量，则是她的引导之力，与海神阿佛洛狄忒所体现的引航之力，以及战神阿佛洛狄忒所表现的媾兵之力相同。我们在本章看到的，是她所代表的这股力量在两性结合上的表现。

恰恰是古希腊人的勾引术，最能体现阿佛洛狄忒作为性爱女神的一面，因为这门技术或巫术的使用，总体上是出于性的目的。略显讽刺的是，谈到阿佛洛狄忒，世人几乎会众口一词地说她是爱神，但鲜为人知的是，这一源自阿佛洛狄忒的巫术几乎被世人遗忘。这种遗忘，并未发生在那些号称是古希腊文明的继承者那里，而是在古希腊社会，希腊化时期尤甚。我们可以发现，在被遗忘的同时，女神的形象发生了升华，走向了另一个顶峰，脱离了这种暧昧的巫术。

第六章 阿佛洛狄忒与希腊化时期的理想城邦实践

> 一幅不包括乌托邦的世界地图根本不值一瞥。
>
> ——王尔德①

引言：乌托邦的守护神

亚历克萨尔科斯（Alexarchos）是希腊化时期的一位马其顿王子，他的生平鲜为人知，仅有少数几位古代作家提到过他曾建立了一座名为天空城（Uranopolis）的希腊城市。而且在这些古代作家的笔下，他是一位十足的怪人，不仅自称太阳，还运用了一套奇怪的形式来规划自己的理想城。与那些著书立说大谈理想城邦的思想家相比，他的事迹乏人问津，就笔者所知，至今没有谈论他的专题研究，仅有极少的几份论著中简略提过他。在一部迄今全面梳理古今西方乌托邦思想的著作中，对他仅是一笔带过，说他是一位乌托邦的实践者。②那些少数提到他的学者们的说辞几乎也都如出一辙："一个疯子和一座乌托邦式的城市。"③学者所冠之以"疯子"与"乌托邦"的组合也意在凸显亚历克萨尔科斯行为的不切实际。

众所周知，"乌托邦"一词常被人们用来形容歌人传唱的奇幻仙境、智者构想的理想王国或是宗教神话中的神圣福地，是一些令人向往的地方。但人类

---

① 奥斯卡·王尔德《社会主义制度下人的灵魂》。

② 仅一句话，且是援引，参见 Frank E. Manuel & Fritzie P. Manuel, *Utopian Thought in the Western World*, Cambridge, MA: The Belknap Press of Harvard University Press, 1979, p. 65, n.1（p. 819）。另一篇提及他的论文，Page Dubois, "The History of the Impossible: Ancient Utopia", *CP* 101（2006）, pp. 1–14。

③ 菲什说他是"疯子"且"滑稽"（lunatic, comic, p. 78），参见 Max H. Fisch, "Alexander and the Stoics: Part I", *AJP* 58 (1937), pp. 59–82; 塔恩也承认此人不太正常（not quite normal, p. 59），参见 William W. Tarn, "Alexander, Cynics and Stoics", *AJPh* 60 (1939), pp. 41–70。因此，这两位学者之间的一场"亚历山大与哲学家"的争论就这样打发走了亚历克萨尔科斯。芬利也称他"精神错乱和沉浸在自我的幻想中"（lunacy and … personal fantasies, p. 4），见 Moses I. Finley, *The Use and Abuse of History: From the Myths of the Greeks to Levi-Strauss, the Past Alive and the Present Illumined*, London: Chatto and Windus, 1975, p. 188。这些"病理"的分析可能并非无关紧要，但从另一个角度来看，说明他的所作所为可能在某种意义上是一项壮举。

的理性思维和历史经验警告我们，乌托邦是世界上绝无可能存在之地，只是一种美好的愿景，因为这个词自被创造以来便拥有一颗不变的核心：子虚乌有之地。但古希腊人也许并不这么认为，那时的人们曾相信理想国度确实存在——至少曾存在于一个远古的黄金年代——且可以去实现。亚历克萨尔科斯也许就是怀着这样的想法去建设了自己的理想城邦。更让人觉得有意思的是，他为这座理想城邦挑选的守护神，正是阿佛洛狄忒，属天的阿佛洛狄忒。女神在这座理想城中扮演的是一位象征团结、博爱与和睦的女神。阿佛洛狄忒为何会展现出这种形象？想要回答这一问题，就不得不从这座有着童话般名字的城市入手，重新认识这位王子的奇思妙想，寻找他建城的思想来源及其影响。

可惜的是，据今日希腊官方信息的记载，天空城遗址的具体位置尚未确证，卫城部分的残垣断壁可能沉睡于密绿的深山里，港口部分或已沉入了蔚蓝的大海。① 因此，笔者将依据所能掌握的文献中的蛛丝马迹先来了解这座好像隐藏在月球另一面的城市。

第一节　月之背面：端坐的阿佛洛狄忒与一座理想城

在现代希腊共和国的哈尔基季基州（Halkidiki），有一座名为乌拉诺波利（Ouranopoli）的小镇，坐落在连接着"爪"形半岛最东边的圣山半岛狭窄的地峡附近，此地素有圣山大门之称，南临圣山湾，东近著名的圣山。不过，镇上除了那栋矗立在海边的拜占庭地标式建筑以外②，几乎没有任何引人注目之处。若要说还有什么值得留意的地方，那就是小镇的名字——天空城（Ourano-poli）。而这一名不副实的名称，很可能就是源自公元前4世纪亚历克萨尔科斯在这附近兴建的那座独特的希腊城市。

如今，人们可以通过这座城市曾经发行的货币来获知这座希腊化城市的些许信息。与这座独特的城邦一样，这套货币也有别于当时的希腊化钱币（既有铜币也有银币）。③ 亚历克萨尔科斯并没有像当时的统治者那样将自己的肖像制作在钱币上。钱币的一面是乌拉诺斯的女儿，属天的阿佛洛狄忒，以及城邦的

---

① 据小镇的官网（https://ouranoupoli.com/history/）介绍：1954年秋，有一支瑞典水下作业队，在附近的海底发现了古代希腊的城市遗址，有道路和桥梁。

② 这是一座弗斯富丽塔（Prosforeiou），此乃当时的地名。1018年，它由圣山上的修道院所建，是一栋兼具居住、防御和港口功能的建筑。

③ Lewis R. Farnell, *Cults of the Greek States*, Vol. 2, London: Clarendon Press, 1896, p. 678; Barclay V. Head, *Historia Nummorum, A Manual of Greek Numismatics*, London: Clarendon Press, 1911, p. 206.

名称 OYPANOΠOΛITΩN。从出土的几枚硬币来看（图16、图17），女神身着传统的长款基筒（chiton）与佩婆洛斯披肩（peplos）的组合服饰，戴冠，头顶上绘有星辰，面朝右侧端坐在一个球体上；右手持一柄权杖，上面系有两条飘带；左手自然弯曲，放在腿上；空白处有一金字塔形图案，上有星辰。货币的另一面现已发现三种图案：常见的是中间一个小圆，四周呈8个香瓜子形状的辐射条，显然这代表了太阳；另一种图案则是在此基础上，在下方置入一弯新月，日月同辉；最后一种图案则是中间一个大圆，四周呈密集而细小的针形（25枚）辐射，这个毫无疑问也是太阳的形象。①

图16　天空城的银币（太阳/女神）
（https://ouranoupoli.com/wp-content/uploads/2022/11/coin_b.jpg）

图17　天空城的铜币（日月/女神）
（https://www.cngcoins.com/Coin.aspx?CoinID=96124）

---

① 大部分情况下，希腊钱币的肖像面或刻有人名的一面是正面，即头面，但这套钱币有些特殊。

一、失落的天空城

这座如今早已失落的天空城在老普林尼的时代似乎依然健在，他那部清单式的作品《自然志》中罗列了众多马其顿的地名，其中就提到了这座城市："这里，如今有以下几座城市，天空城……。"[①] 斯特拉博在自己的《地理志》中引用了斯克斐斯的德米特里俄斯（Demetrios of Skepsis）对该城的描写，不仅给出了建城者的名字，还说明了这座城市的规模："是安提帕特（Antipater）之子亚历克萨尔科斯创建了这座天空城，这座城的周长大约有30圈赛跑场（stadia）。"[②] 斯特拉博提到的这位安提帕特之子，同时是马其顿国王卡山德洛斯（Kassandros）的弟弟。卡山德洛斯在亚历山大驾崩后的继业者中脱颖而出，于公元前316至前298年统治马其顿。而他的弟弟似乎是一位十分单纯的人，对政治权力毫无兴趣。卡山德洛斯在半岛上给了亚历克萨尔科斯一份领土[③]，在那里他可以做自己感兴趣的事。但是，亚历克萨尔科斯也是一位很有想法的人，他在哥哥大兴土木之际，也着手建立了自己的城市，并取名为天空城。亚历克萨尔科斯和他哥哥的城市，在选址上有一个共同点，都将自己的城市建在"爪"形半岛的地峡上。卡山德洛斯建造的卡山德里亚（Kassandreia）位于"爪"形半岛最西边的帕勒涅半岛（Pallene）的地峡上[④]，而天空城则在最东边的阿科特半岛的地峡上。天空城的遗址没有确证，其中一个原因可能是今人对古希腊文明的考古发掘存在选择性盲区，再有就是古代对这座城市的史料记载确实不多。

不过，笔者幸运地找到了一份今人对该地区的地理勘探报告。根据这份19世纪的科学报告中的描述，可以基本推测出天空城的大致位置。

> 我在无意间发现了一座古城的废墟，似乎躲过了所有之前途经此地的旅人的双眼，位于［薛西斯］运河的西边，这里极有可能是天空城的遗址。这些遗址的废墟位于距离运河西岸一英里的山丘上，并有一处希腊式军事堡垒的墙体，整个环绕的地基都露在地表上清晰可辨，并且，在北面，靠近一座圆形塔基的地方，在地上有两到三道平滑的

---

① Plin., *HN*. 4.17.
② Strab., 7,*fr*.35. 一圈赛跑场约为192.7米。
③ 今圣山半岛。岛上的阿托斯山（Athos）源自神话中的巨人名字。至于"爪"形半岛另外两个半岛，中间的锡索妮娅（Sithonia）和西侧的帕勒涅（Pallene）源自曾经的色雷斯国王与他女儿的名字。
④ 今卡山德拉半岛。位于该半岛中心地带的一座名为卡山德里亚的城市，于1955年命名，原名瓦尔塔（Valta）。

石灰岩，很明显是人为的建筑。在有界限封闭的区域内布满了残垣断壁，但已经看不见任何建筑物。穿过地势较矮的小山丘来到堡垒的南面，是一条蜿蜒漫长的矮墙，可以看见城墙上隔一段距离就有一座塔楼；这很明显是一种古老的建筑，由粗糙的小碎石筑成，似乎是一条分界线，用来防御城区与海岬之间的区域，包括那些外面的地区，其中距离最近的就是阿坎托斯（Acanthos）。从要塞到海岸之间，我还没有发现其他任何类似的城墙遗址……。

城市的区域必定延伸到了地势更低的运河地带，因为如果城市向西延伸的话会过于靠近阿坎托斯的城墙范围；此外，在天空城与阿坎托斯之间的山脉呈现出了一条天然的边界，正好划分了大陆与半岛的区域。①

从报告的描述来看，这位水文地理学家应该掌握了不少当地的史料，他显然认定这处古城废墟就是天空城，其中还提到了薛西斯运河。希罗多德曾说波斯人在此挖掘了运河："地峡宽约 12 圈赛跑场……在这个地峡上面，有一座名为萨涅（Sane）的希腊城邦……［波斯人］在萨涅城的附近划了一条直线。"②修昔底德也提到过这座城市和运河："这里有一座安德洛斯人（Andrians）的殖民城邦，名叫萨涅，就在运河附近，面朝大海，对着尤卑亚岛的方向。"③在老普林尼和斯特拉博的著作中已不见萨涅城之名，很可能当时已经并入临近新建的天空城。

可以想见，天空城选址地峡，奠基于薛西斯运河西岸的山丘上，在发展中逐渐向下延伸至运河附近，将萨涅城并入后，掌控了联通两个海湾的运河，真正成为扼守地峡的要冲。④在这一点上，亚历克萨尔科斯的天空城也与卡山德里亚十分相似，后者选址的地峡附近其实也存在一座古城，科林斯人的殖民城邦——波提戴亚（Potidaea）。卡山德洛斯也在此开凿了一条运河，将之打造为

---

① Thomas A. B. Spratt, "Remarks on the Isthmus of Mount Athos", *JRGSL* 17 (1847), pp. 148-150。英国海军中将斯普拉特（1811—1888）是一位水文地理学家。他绘制的地图还曾助施里曼发现了特洛伊。现代有三位学者勘探了薛西斯运河，分别来自三个国家，先是 18 世纪著名的法国贵族舒瓦瑟尔－古费耶（Choiseul-Gouffier），还有这位 19 世纪的英国海军中将斯普拉特，最后是德国工程师斯特鲁克（Struck）于 20 世纪初的调查。对运河调查的总结，以及对这三位学者调查情况的介绍，参见 Benedikt S. J. Isserlin, et al., "The Canal of Xerxes: Summary of Investigations 1991-2001", *ABSA* 98 (2003), p. 369, n.2。

② Hdt., 7.22.

③ Thuc., 4.109.3.

④ 运河另一头（东北方）的今新罗扎（Nea Roda）的古迹表明，该地区应该也被纳入天空城的范围。

一处重要的海军基地，还曾计划定都于此。

二、真实的理想城

对于这座城市的缔造者——亚历克萨尔科斯，除了他的家系外，我们知之甚少。他似乎是一位异想天开的人，阿忒奈俄斯在他的《席间群贤》中提到亚历克萨尔科斯给自己的城邦发明了一套奇怪的语言。

> "孤舫"赫拉克勒伊德斯（Heracleides Lembos）[①]在他的《历史》（Histories）卷七中谈到过他："亚历克萨尔科斯，此人建了一座叫天空城的城市，并引入了许多独特的词汇和语言形式。比如称鸡为清晨啼鸣者（ὀρθοβόας），称理发师为切人者（βροτοκέρτης），他管一德拉克马（drachma）[②]为一片银子（ἀργυρὶς），一科尼克斯（choenix）[③]为一人一天的口粮（ἡμεροτροφὶς），称呼传令官为大嗓门（ἀπύτης）。亚历克萨尔科斯还曾写信给卡山德里亚的治安官，以这种形式：'亚历克萨尔科斯致血亲（Ὁμαιμέων）城市的带头人，喜悦：我们的太阳-鲜肉产出了，我知晓，并且，大坝守卫着它们出生的山坡，被身处威力之中的诸神的命中注定的苍穹所造访，因而从被遗忘的领域内，洪水猛涨地冲刷着它们'"。至于那封信的内容到底是什么意思，我敢说，即使是皮托的阿波罗（Apollo Pythian）[④]都无法理解。[⑤]

这套奇怪的语言，是用一个词组来指称另一个词，很像孩子们玩耍时候的暗号，但从信件的用语来看又类似一种谍报活动中使用的密语。虽然我们尚不知道他的天空城行使的是何种政治制度，但很明显，亚历克萨尔科斯别出心裁地认为一个理想的国度理应拥有一套属于自己的语言。

不仅如此，亚历克萨尔科斯还很不寻常地为自己的城市发行了一套独特的

[①] "孤舫"赫拉克勒伊德斯（2nd BCE），是"妈宝"托勒密六世（Ptolemaios VI Philometor）的官员。他的绰号 Lembos 是一种小型单桨低舷舰，可能源自他曾以一叶小舟单刀赴会。
[②] 重量单位和银币单位，1 德拉克马 ≈4.4 克。
[③] 容量单位，1 科尼克斯 ≈1 升。
[④] 德尔斐发布神谕（说话模棱两可）的阿波罗。
[⑤] Ath., 3.98d–f. 从表面上看，这封信可能是在讲农作物的丰收，但也许包含了更深层隐晦的信息。

货币①，即本节开篇提到的那套钱币。钱币的一面是属天的阿佛洛狄忒、球体和星辰。星辰可能象征了城邦的公民，因为星辰也是广天（Uranos）的孩子。亚历克萨尔科斯并没有称呼自己的城民为"天空城的公民"（Uranopolitai），而是称定居在城里的所有人为"广天的孩子"（Uranidai）。从这一点来看，他似乎在自己的城市里实行一种众人平等的政策，即所有人都是神的孩子。钱币另一面的太阳图案无疑就是他自己。为此，他遭到了基督教徒亚历山大城的克莱芒（Clemens of Alexandria）的批判，其在《劝勉希腊人》（Protrepticus）中说：此人身为一位语法学家、学识渊博的人（γραμματικὸς），却把自己称作太阳（Ἥλιον）。②如此看来，若太阳的图案是亚历克萨尔科斯自己，那么月亮可能就代表他的妻子。他可能是在一种天体意义上使用太阳的符号，即日月星辰都是广天的孩子，这也符合他人人平等的思想。而属天的阿佛洛狄忒作为天空城的守护神，在城内最高处的卫城山上一定会拥有一座神庙，她在那里庇佑着天空城的人民——广天的孩子们。

现在，我们已经知道，约公元前316后，马其顿国王卡山德洛斯的弟弟亚历克萨尔科斯曾在阿科特半岛地峡的薛西斯运河附近建立了一处政治共同体（Politeia），名为天空城。他不仅为自己的城市制定了一种奇怪的语言，还发行了一套奇特的货币。从中我们也许可以窥探到关于亚历克萨尔科斯的思想和建城的理念的蛛丝马迹。比如所有人都是广天的孩子，表现出一种人人平等的思想。他实际上实践了一座理想城邦。

通过对与亚历克萨尔科斯有关史料的进一步研究，笔者认为他似乎不太可能是独自萌发了这些奇思妙想，而是有一群与他关系较为密切的人影响了他。但难能可贵的是，他能从这些人身上博采众取，融合并且最终提炼出自己独到的思想，以至于他会前无古人地自称太阳。

第二节　太阳王：创建天空城的动因

在古希腊神话中，那些妄称自己是神明的人，无一例外地都遭到了神明的

---

① 这套货币的图案及其布局可谓前无古人后无来者，在当时也是一枝独秀，这种设计或可被戏称为异端。

② Clement., *Protr.* 4.54.3–4.

惩罚。①古希腊人通过这些故事应该是想告诫世人认清自己的处境，切莫行僭越之事。但是，我们的这位亚历克萨尔科斯，似乎并不以为然。他公开称自己为太阳，而且声称他和他城邦的公民都是神的孩子。至于他从何处获得了这些灵感，单就称神和建城这两件事来看，可能分别有两个人的言行影响了亚历克萨尔科所。

一、自诩为神

第一位是叙拉古的墨涅克拉底（Menekrates of Syrakousai），他曾在马其顿国王腓力二世的宫廷里行医。此人同样遭到了克莱芒的批判，就在他点名亚历克萨尔科斯之前，他说："墨涅克拉底，这位医生，他模仿宙斯的行为。"②同样，阿忒奈俄斯也谈到过墨涅克拉底，说他因高超的医术而获得"宙斯"的绰号③，还模仿宙斯的行为："墨涅克拉底，身披紫袍，头戴金冠，手握权杖，脚踏凉鞋，被他的诸神歌队簇拥。"④阿忒奈俄斯还提到墨涅克拉底曾致信腓力二世说：

> 宙斯墨涅克拉底问候腓力：
> 你，没错，是马其顿的王，而我，则是医术之王。你可以，在你乐意的时候，把健康的人弄死；但是我，我有能力拯救那些得病的人，并且能让那些健康的人活得更久，如果他们听从我的建议，就能够免于疾病的侵扰。因此，虽然马其顿人守卫着你，但他们都期望追随我，伴我左右；因为我，宙斯，赐予了他们生命。⑤

腓力后来给他回信并设法当众嘲讽了他一番。⑥可以想见，无论褒贬，坊间多少会有这位宫廷医师墨涅克拉底言行的传闻，在马其顿的宫廷内肯定也流

---

① 例如：西绪弗斯的弟弟，厄利斯（Elis）国王萨耳墨涅俄斯（Salmoneos）效仿宙斯，命令人们崇拜自己（［Apollod.］, *Bibl.* 1.9.7）；特拉齐斯（Trachis）国王刻宇克斯（Keyx）与妻子阿耳库俄涅（Alcyone）自称宙斯与赫拉（［Apollod.］, *Bibl.* 1.7.4），他们的结局都是自取灭亡。
② Clement., *Protr.* 4.54.3: ὡς Μενεκράτης ὁ ἰατρός, Ζεὺς οὗτος ἐπικεκλημένος.
③ Ath., 7.289a.
④ Ath., 7.289c. 墨涅克拉底为那些被他医治好并追随他的病人取了诸神的名字，这些人如信徒般陪伴在他左右。
⑤ Ath., 7.289d.
⑥ Ath., 7.289e–f.

传着不少关于他的事迹。这么一位自称是神的怪人①，亚历克萨尔科斯必定有所耳闻。

现代人似乎已经把太阳与君主之间的联系看作一件很自然的事情，但亚历克萨尔科斯可能是有史料记载的第一位这么做的希腊人，虽然他并不是一位君王。他以太阳自居，可能还受到了其他文化的影响，这里只能猜测他可能接触了色雷斯地区或东方民族有关太阳的象征。他是否认同一种类似"太阳乃此世之王"的观念？如柏拉图在《国家篇》中所言："太阳不仅将可见的能力赐予了一切可见之物，还给了它们出生、成长、获取养料的机会和能力。而自己却不属于出生之物。"②但亚历克萨尔科斯显然比这些影响他的人走得更远。

二、狂心之城

多数人一定会认为那位医术高超的墨涅克拉底有些不正常，他"疯"了。那么，另一位可能影响亚历克萨尔科斯的人，同属于这种疯狂的天才，他就是埃及亚历山大城的缔造者，罗德岛的迪诺克拉底（Dinocrates of Rhodes）。③在他为亚历山大大帝设计埃及的亚历山大城之前，曾有一个更惊世骇俗的计划，但亚历山大没采纳。他设想在阿托斯山（Mount Athos）——天空城所处半岛的那座圣山——上建造一座规模超大的城市，还计划将整座圣山雕凿成亚历山大的形象。古罗马建筑师维特鲁维（Marcus Vitruvius Pollio）在他的《建筑论》（*De Architectura*）中谈及了此事：

> 他［迪诺克拉底］长相奇特，所以人们都不愿理睬他，但亚历山大对他另眼相看。他令人吃惊地走近迪诺克拉底，询问他是谁。"迪诺克拉底，"他回道，"马其顿的建筑师。怀揣配得上您伟大名声的理想与计划。我设计了一个方案，将阿托斯山塑造成一个人的巨像，在他的左手建造一处坚固而宽敞的城池，他的右手持一尊碗，接蓄山

---

① 在墨涅克拉底之前，似乎还有恩培多克勒（Empedocles, 484–424 BCE）也曾自称神。据拉尔修在《名哲言行录》中说，他曾写了一首诗给沉迷于奢侈生活的阿克拉伽斯（Akragas，一座位于西西里岛南滨的希腊城邦）人，其中有一句是："欢呼吧！对你们而言，我是一位不朽的神（θεός）"（Diog. Laert. 8.2.62）。有趣的是，恩培多克勒也是一名医生。而且他们两个人都是西西里的希腊人。

② Pl., *Resp.* 509b.

③ 迪诺克拉底其实是地道的马其顿人，但世人称他为罗德岛的迪诺克拉底。这一情况在希腊化时期十分普遍。比如，亚历山大的行军工程师兼印度向导卡山德里亚的阿里斯托布洛斯（Aristobulos of Kassandreia），是科ял人（Kos）；诗人罗德岛的阿波罗尼俄斯，是埃及亚历山大城人士。

中的泉水，并引导这水，最终流入大海。"

亚历山大听闻他的计划后眼前一亮，立即询问……他说："……我认为你的设计值得称赞，但选址有待商榷，我希望你能跟随我，为我服务。"①

这看上去是一则类似亚历山大与犬儒派的狄奥戈涅（Diogenes the Cynic）之间的逸闻故事，但内容有些夸张：将海拔超过2000米，山顶终年积雪的阿托斯山，凿成一尊亚历山大的巨像，面朝爱琴海，左手环拥着一座大城（肯定命名为亚历山大城），右手持器皿，做出奠酒的姿势，储蓄山上的雪水并引入城市。如果这个计划成功了，其时间之早、规模之大远超古代甚至现代的任何工程，那尊凿山巨像还兼具城市用水和灌溉系统，无疑将成为古代世界奇迹之一。

与同在马其顿宫廷的御医墨涅克拉底一样，亚历克萨尔科斯可能认识迪诺克拉底，甚至有可能知道和认同他的计划。天空城也选址在阿托斯山的半岛似乎不是偶然，很有可能是受这位建筑师的影响。

这样看来，亚历克萨尔科斯着手建城与自我称神，至少在表面上与这两位的事迹有关联。但是，他更进一步的思想，比如他的城邦守护神、城邦通行语，以及他关于理想城邦的理念又源自何处？

三、语言大同

上文提到亚历克萨尔科斯发明了一套语言，这显然不是独创，在他之前以及当时就有不少像他这样喜欢把玩人类语言的好事者。阿忒奈俄斯曾谈到好几位这样的人物，并且认为亚历克萨尔科斯亦属于此类人物。② 但亚历克萨尔科斯应该是第一个为一座城市创制统一语言的人，他这样做，除了出于奇怪的个人癖好外，似乎还有更重要的原因。

首先，这很容易让人想到巴别塔之前的世界："当时全世界只有一种语言和一样的话。"③ 亚历克萨尔科斯可能也认为，一个理想的城邦、一个世界性的邦国、一个幸福的国度，应该有一套自己的通行语言。而他会产生这种想法，很有可能受到了古老的琐罗亚斯德教的影响，这并非不可能。亚历克萨尔科斯很可能是通过忒奥彭波斯（Theopompos，380-315 BCE）了解到这一宗教及其

---

① Vitr., 2. preface. 2–3.
② Ath., 3.98d.
③《创》11：1，据思高本译文。

相关的概念。① 忒奥彭波斯不仅熟悉这一源自波斯的思想，而且这位伊索克拉底的高足也活跃于马其顿的宫廷。②

普鲁塔克在《伊西斯与奥西里斯》（*De Iside et Osiride*）中谈论琐罗亚斯德教有关光战胜暗的最终时刻时就曾引用忒奥彭波斯的著作：

> 当那一刻来临之际，大地将变得平坦而宁静，所有的人类将过上同一种生活，在同一个社会里，一同分享幸福，并且讲同一种语言，忒奥彭波斯说，根据玛葛们的说法……最终，冥王也将轰然倒下，人间将充满快乐。③

任何人面对这样的景象——一个人类大同的世界——可能多少都会有所向往，更何况是身处乱世中的人。可能正是由于来自这方面的影响，让亚历克萨尔科斯敢于为他的理想城邦创制一套统一的语言。

四、效法君王

我们已经找到三位很可能影响了亚历克萨尔科斯的人物，他们共同的焦点就是那一时期的马其顿宫廷。当然，还有一位出生马其顿宫廷的人无法回避，他就是亚历山大大帝（356-323 BCE）。可以说，他的事迹对当时甚至现在的人都产生了不同程度的影响。在此，不得不提及著名的希腊化史学家塔恩（William W. Tarn），法学出身的他为亚历山大大帝做了一场颇具争议的辩护，他把亚历山大描绘成一个以实现"全人类大一统"（the unity of mankind）为己任的"世界调律师"（Reconciler）。④ 塔恩还认为亚历山大的行为影响了后来的腓尼基人芝诺（Zeno of Kition, 334-262 BCE），促成了廊下派（Stoia）的博爱观念与

---

① 据说忒奥彭波斯对琐罗亚斯德教的经书《阿维斯陀》（*Avesta*）的内容十分熟悉，参见 William W. Tarn, *Hellenistic Civilization*, London: Edward Arnold Publishers Ltd., 1952, pp. 287-288。

② 忒奥彭波斯作为伊索克拉底的学生，曾续写了修昔底德的史书。据说他写《希腊志》欲与色诺芬一较高下。他似乎正是凭借这部著作成功地进入马其顿宫廷。之后他为腓力二世写了一部野心勃勃的《腓力史》（*Philippica*）。他效法希罗多德，从希腊周边的民族、宗教和习俗写起，一直写到腓力遇刺。虽然他与亚里士多德竞争亚历山大的太傅失败，但他在马其顿宫廷的活动和影响不容忽视。

③ Plut., *De Iside*. 47.

④ William W. Tarn, *Alexander the Great and the Unity of Mankind*, London: Proceedings of the British Academy, XIX, 1933, p. 7.

普世主义。①

与亚历山大的言辞有些类似,亚历克萨尔科斯曾写信给卡山德里亚的官员,称该城的居民为"血亲"(Ὁμαιμέων)②,塔恩认为这一不寻常的称谓应当来自亚历山大"四海之内皆兄弟"(brotherhood of all)的思想③,并认为这很可能是他天空城的灵感来源。伟大统治者的事迹肯定多少会对亚历克萨尔科斯产生影响。若如此,那也要算上卡山德洛斯,他不仅大兴土木(注意他的卡山德里亚也在同一地区的另一处地峡上),还给了弟弟很大的自由,实际上为他弟弟的理想国提供了庇荫,任由其发展出扮演太阳王的僭越行为。

五、爱神治世

亚历克萨尔科斯为了建城,自然会选择一位保护神。乍一看,他似乎选择了乌拉诺斯,因为这是他的这座城市的名字。用这样的名称来命名城市确实十分独特。在古代,尤其是希腊人,用诸神、英雄或个人的名字来命名城市是再普通不过的事。乌拉诺斯也是一位神,但他与被遗忘的提坦神一样,是一位无任何崇拜牺祀仪式的老神。这也让亚历克萨尔科斯可以随意拿他来做文章。若再联系到当时活跃的俄尔甫斯教的思想,那么乌拉诺斯作为他的理想城邦的名字就再合适不过了。因为俄尔甫斯教认为"乌拉诺斯是最老的神,是一切的始末、宇宙的父、极乐的住所,守护着天地万物"④。还有一点,亚历克萨尔科斯用来称呼天空城公民的词组——广天的孩子,在俄尔甫斯教中似乎也是一句口头禅。

---

① Ibid. pp. 25—26. 塔恩认为亚历山大大帝的大一统思想甚至影响了罗马帝国和基督教,这自然引发了一场争论。

② 关于这封信的内容,见第205页。塔恩在他的文章里用了英语里的brethren(同胞)来对应Ὁμαιμέων(血亲)这个词(Ibid., p. 22),但同胞似乎比血亲一词所表示的关系紧密度要低一些,而范围则更广。此外,阿里安在《亚历山大远征记》(Anabasis)中提到,马其顿老兵们抱怨亚历山大称波斯人(廷臣)为"亚历山大的 συγγενεῖς[亲族]"(Arr., An. 7.11.6),亚历山大随即说他也视大家为"ἐμαυτοῦ ... συγγενεῖς[自己的亲族]"(Arr., An. 7.11.7)。塔恩可能认为,亚历山大是出于自己"人类大一统的理想,四海之内皆兄弟的理念"而称呼波斯人(非希腊的异族)为自己的亲人。笔者以为,亚历山大使用这个词,可能是效法波斯君主的习俗(事实上,亚历山大在很多方面确实如此)。波斯大王有一群被称作"亲人"的"共餐者"(如见色诺芬对小居鲁士的描写,Xen., Anab. 1.8.25),这些"亲人"会与波斯大王并肩作战(参见阿里安对大流士三世军队的描写,Arr., An. 3.11.4)。而且,亚历山大确实与这些波斯"亲人"们坐在一起共餐(Arr., An. 7.11.8)。当然,在座的也包括他的马其顿老军们。

③ 亚历山大实际上可能并没有说过"四海之内皆兄弟"诸如此类的话。而是塔恩对普鲁塔克《亚历山大传》中亚历山大说的一句话的核心内容的提炼。普鲁塔克提到亚历山大在聆听了埃及哲人的教诲(诸神统治着众人)后,立即提出了自己更富哲理(μᾶλλον φιλοσοφώτερον)的见解,他说:"神乃众生之父(πάντων μὲν ὄντα κοινὸν ἀνθρώπων πατέρα τόν θεόν)"(Plut., Alex. 27.6)。塔恩据此认为:亚历山大所说的"'神乃众生之父',换言之,所有的人彼此都是亲属,即四海之内皆兄弟"(Tarn, op. cit., p. 21, 25)。

④ OH 4.1–5.

该教的金箔铭文上几乎都会有这样一句话:"我是大地与布满星辰的广天的孩子。"① 这些只言片语中的信息似乎都指向了俄尔甫斯教传统。我们从中可以发现这一宗教思想对亚历克萨尔科斯的影响。②

结合俄尔甫斯教的观念,以及阿佛洛狄忒的形象和乌拉诺斯的无相来看,以乌拉诺斯的名字为这座城市冠名,并由阿佛洛狄忒担任城市的守护神,似乎就说得通了。我们已经知道,属天的阿佛洛狄忒牺祀不仅具有泛希腊的特征,而且俄尔甫斯教的阿佛洛狄忒有别于她在荷马与赫西俄德所代表的奥林波斯诸神体系中的形象。在俄尔甫斯教独特的神谱传统中③,阿佛洛狄忒具有十分重要的地位。一首流传下来的俄尔甫斯教祷歌(Orphic Hymns)反映了属天的阿佛洛狄忒在该教中的形象,

> 属天的阿佛洛狄忒……
> ……繁衍之神……
> ……命运之母!
> 因为万物都从你而来,你把宇宙掌于轭下。
> 号令三界,赋予万物生机,
> 无论是广天、丰饶的大地,
> 还是深沉的大洋……④

---

① OF 474 (5th BCE.) = L 1, 10, & OF 476 (4th BCE.) =L 3, 6。对金箔铭文详细的校勘参见 Radcliffe G. Edmonds III, "The 'Orphic' Gold Tablets Texts and Translations, with Critical Apparatus and Tables, " in Radcliffe G. Edmonds III, (ed.), *The "Orphic" Gold Tablets and Greek Religion*, Cambridge: Cambridge University Press, 2011, pp. 30–31 & pp. 22–23; 对铭文内容的相关注解参见 Fritz Graf & Sarah I. Johnston, *Ritual texts for the Afterlife: Orpheus and the Bacchic Gold Tablets*, New York: Routledge, 2007, pp.4–7。这些出土于古墓的金箔,跨度从公元前5世纪至公元3世纪,主要在环地中海地区,其中马其顿地区尤为密集。从金箔铭文的内容来看,主要是作为引导亡灵寻找记忆之泉等冥府活动的指南。这句口头禅似乎就属于常用的密语暗号。

② 比如俄尔甫斯教中称太阳是"永恒之眼、善行之主、带来宇宙的和谐",俨然一位天上君主的形象。该教也崇拜星辰和月亮,这与荷马及赫西俄德的传统不同。俄尔甫斯与密仪关系密切,甚至有可能与巫术有某种关联,参见 Arthur D. Nock, "Magical Notes", *JEA* 11 (1925), p. 154, n. 4。这里提到有关阿佛洛狄忒、厄洛斯、灵魂和球体的巫术咒语。

③ 俄尔甫斯被认为是比荷马和赫西俄德还要古老的诗人,近乎传说中的人物。他参加了伊阿宋发起的阿尔戈号英雄冒险,并且他的座次位列赫拉克勒斯之前,在同行中排在首位。罗德岛的阿波罗尼俄斯在他的《阿尔戈英雄纪》中如此交代:"让我们先记住俄尔甫斯的名字吧(πρῶτά νυν Ὀρφῆος μνησώμεθα)"(Ap. Rhod., *Argon.* 1.23);诗人品达则称俄尔甫斯为"琴艺大师、诸歌之父、盛名的俄尔甫斯(φορμικτὰς ἀοιδᾶν πατὴρ ... εὐαίνητος, Ὀρφεύς)"(Pind., *Pyth.* 4.176–177)。

④ OH 55.1–7。

这可能就是亚历克萨尔科斯的那位阿佛洛狄忒。而俄尔甫斯通常被认为是色雷斯人，邻近的马其顿地区似乎也深受这一宗教思想的影响。①

此外，塞浦路斯发现的一幅古风时期的图像描绘了女神手捧里拉，骑着山羊，身穿一件绘有星辰的披风的形象②，这可能暗示了她与星体的关系。法内尔（Farnell）这样分析天空城的阿佛洛狄忒：

> 以那个时代该城邦的情况来看——肯定与柏拉图精神意义上的概念无关——应该理解为是一种神秘的术语，表示一种宇宙的力量（Cosmic Power），支配着太阳、繁星与大地。但这些文物［钱币］几乎无法说明任何实际的早期希腊宗教思想，这一志趣反而表现在亚历山大时代的主流习俗中，即在与东方文明的接触中，将太阳和星体的特征赋予本土和外来神灵。③

法内尔认为，属天的阿佛洛狄忒具有统治一切的宇宙力量。此外，钱币上金字塔形符号的含义尚不清楚，但这一图案其实在希腊地区十分普遍④，可能代表了神灵的居所或神山之类具有宗教意义的标记。除此之外，坐在球体上的诸神形象，似乎是亚历克萨尔科斯的独创。⑤阿佛洛狄忒、球体以及星辰，这些图像的组合可能象征了一种弥漫于宇宙的爱。在这样的背景下，天空城——乌拉诺斯之城，就有了另一层意思，这座城并非简单的天空之城，而是属天的阿佛洛狄忒之城。我们在这里似乎又看到了阿佛洛狄忒的联结之力，即女神用自己的力量将所有人平等地联合在一起。女神的这股力量有一个高尚的名称，就是博爱。关于阿佛洛狄忒在天空城的统治，不免让人想到恩培多克勒有关阿佛洛狄忒的言论。比如他认为：往昔，在所有强力的神出现之前，人们处在塞浦路

---

① "爪"形半岛的名称就已经反映了马其顿与色雷斯之间的密切关系（见上文相关注释）。巧的是，斯特拉博在谈到天空城的那一段中竟然也提到了俄尔甫斯，见 Strab., 7.*fr*.35。这可能也从侧面反映了俄尔甫斯在该地区的影响。

② Farnell, *op. cit.*, p. 685, & Pl. XLIII b.

③ Ibid. p. 678.

④ 关于带有金字塔形标记的诸神形象，详细的罗列参见 Louis E. Lord, "Watchtowers and Fortresses in Argolis", *AJA* 43（1939），p. 79, n. 6。以往提到金字塔似乎都倾向于埃及的影响，正如作者劳德（Lord）所言，这是一个"迷惑人的假说"（Ibid. p. 78）。

⑤ 至少笔者尚未发现任何先例，以及其他同时代的这一形象。可能有一个类似的情况，就是波斯的佐尔文（Zurvan），琐罗亚斯德教里的时间神，他的形象是站在一个球体上。这是琐罗亚斯德教中佐尔文派的主神，也是摩尼教中的至高神察宛。可以肯定的是，这位神的形象直接影响了后来罗马人的密特拉教。

斯女神的统治下①；阿佛洛狄忒在宇宙论层面上，具有融合或者联结万物之力。②

通过分析有关天空城的蛛丝马迹，我们找到了可能影响亚历克萨尔科斯的原因。这些影响来自两位奇人：一名医生和一位建筑师；两种宗教：琐罗亚斯德教和俄尔甫斯教；两位统治者：他的哥哥卡山德洛斯及亚历山大大帝。所有这些都与亚历克萨尔科斯存在交点，即马其顿。当然，还有阿佛洛狄忒所代表的博爱、和睦与团结的精神。这些因素共同促成了亚历克萨尔科斯将自己的理想付诸行动。那么，亚历克萨尔科斯的实践是否影响了其他人？他的思想是否有后继者？还是说，他创建的理想城邦只是一颗划过天际稍纵即逝的流星？

第三节　星星之火：亚历克萨尔科斯可能的继业者

未来之人，若有朝一日真正实现了某种理想，一定会纪念他们的先驱，比如那些思辨的哲学家、威严的立法者、实干的科学家，甚至还有神秘的宗教人士，因为他们的思想、精神或者成果凭借文字得以传世，并可能持续影响着世人。但后世之人极可能不会提起某位理想的实践者，那是因为他的实践产物没能保留下来，他更没有任何立说与著作。而亚历克萨尔科斯就是这样一位实践者。这位着手创建自己理想国的人，甚至被未来之人（现代学者）笑为"疯子""滑稽""不正常"，无视他身上难能可贵的坚持。关于这一点，只需提两件事：亚历克萨尔科斯的天空城，是亚历山大死后，希腊大陆上唯一一座向亚洲进行殖民的城邦；③ 他发行的货币，是后亚历山大时期马其顿地区唯一一套坚持使用腓尼基货币标准的银币。④

话说回来，我们已经发现亚历克萨尔科斯曾受到一部分人的影响，那么他的这些"反常"的作为，是否也会影响其他人？这一点，只需观察一下亚历克

---

① Empedocles, 31B 128 D–K.

② Empedocles, 31B 73; 31B 21.7–8; 31B17.23–24; 31B 22.5–9 D–K.

③ 托勒密（90-168 CE）在《地理学》中提到小亚的潘菲利亚（Pamphylia）地区有一座天空城（Ptol., 5.5.6），似乎就是马其顿天空城的殖民城邦（William W. Tarn, *The Greeks in Bactria and India*, London: Cambridge University Press, 1938, p. 412）。不过，这座城市的命运似乎与其母邦类似，其遗址尚未找到（或被确认）。根据两份现代文献的内容，笔者推测，有可能小亚的天空城并不在潘菲利亚，而是在潘菲利亚稍北的皮西底亚（Pisidia）地区，或者很有可能坐落在这两地交接的山脉上，参见 George E. Bean, "Notes and Inscriptions from Pisidia, Part II", *AS* 10 (1960), pp. 53–54; William M. Ramsay, "Antiquities of Southern Phrygia and the Border Lands (II)", *AJA* 4 (1888), table & map (pp. 6–21).

④ Head, *op. cit.*, p. 206. 腓尼基标准银币（银标币）=2 德拉克马（Didrachm）=7 克银。在希腊化时期，希腊各地区的银币标准都曾大幅缩水。

萨尔科斯周围的人，以及那个时代所发生的事，就会发现他的这些行为似乎影响过一些人。亚历克萨尔科斯很可能影响了他的兄弟卡山德洛斯的交际圈。其中就有著名的忒奥弗拉斯托斯（371-287 BCE）和欧赫墨洛斯（Euhemeros of Messene，4ᵗʰ-3ʳᵈ BCE）。①

一、哲学思想

逍遥学派的忒奥弗拉斯托斯的某些思想明显有别于他老师亚里士多德的观点，这说明他的思想曾经发生转变。而这一转变很有可能与亚历克萨尔科斯有关。

众所周知，亚里士多德有不少关于希腊人与异族（Barbarian）的言论，比如"异族天生就是奴隶"。②但这位大哲人的继任者忒奥弗拉斯托斯③，却持与他老师完全相反的观点。他认为希腊人和异族，所有的人类都是一家人。波菲利（Porphyry of Tyre）在他的《论戒除荤食》（*De abstinentia ab esu animalium*）中曾引用了他的观点：

> 忒奥弗拉斯托斯曾有如下推论："那些有着共同起源——同一个父母——的人，被认为具有天然的亲缘关系……我们生活在同一片土地上……因为这一纽带而联系在一起……希腊人与希腊人、异族与异族、全人类与每一个人……有着共同的祖先，他们的先祖有共同的起源……他们都是广天与大地的孩子。"④

忒奥弗拉斯托斯展现出一种与亚里士多德完全相悖的思想。众所周知，某人曾劝诫亚历山大："待希腊如友，视异族为敌"⑤；"关心希腊人，像对待朋友和亲人一样，视异族则如动物和植物"⑥。说出这番话的人就是亚里士多德。忒奥弗拉斯托斯一定也接受过老师的观点。他们两位既然是逍遥学派前后相继

---

① 塔恩对欧赫墨洛斯所处年代的时间进行了考证，他指出传统上将此人的年代推定得过于晚近。关于这一问题，参见 William W. Tarn, *Alexander the Great and the Unity of Mankind*, pp. 43–46 (Appendix: The Date of Euhemerus) & pp. 40–41 n.135。

② Arist., *Pol.* 1. 1252b.

③ 亚里士多德在亚历山大驾崩后的一年（321 BCE）去世，是年忒奥弗拉斯托斯继承该学派成为掌门。

④ Porphyry, *De abstinentia*, 3.25.

⑤ Strab., 1.4.9.

⑥ Plut., *De Alex.* 1.6.

的掌门,应该属于彼此志趣相投的博学之士,为何后继者与前任之间存在如此重大的差异?也许其中就有亚历克萨尔科斯的影响,他的理想城邦实践促使忒奥弗拉斯托斯萌生并提出一种众生平等的观念,即普天之下的人都是广天与大地的孩子。①

二、神话思维

另一位重要的人物欧赫墨洛斯,世人都熟知他将诸神还原为真实历史人物的言论,因此他被誉为神话历史论的先驱,是一位颇具理性思维的学者。然而事实上,他并非一位无神论者,而是有一套独特的诸神观。西西里的狄奥多洛斯(Diodoros Siculus)在自己的《史集》(*Bibliotheca Historica*)中引用了他佚失的著作《圣铭》(*Hiera Anagraphe*):

> 关于诸神,欧赫墨洛斯写道:"那么,至于那些诸神,古人流传下来两个不同的概念:一些是永恒不朽的诸神,他们说,比如太阳、月亮和天上的繁星,还有风以及其他具有类似性质的;因为,所有这些的产生及持续,亘古不变。但是别的神,有人告诉我们,曾是生活在大地上的人,是那些为人类的福祉做出贡献的人,为了纪念他们而赋予其不朽的名声……"②

欧赫墨洛斯其实区分了两种神灵。在他的精神世界中也存在不朽的诸神,这些诸神并非他所说的历史人物,而是自然神灵。他的这些自然的天体神灵与亚历克萨尔科斯的天空城不无关系。欧赫墨洛斯描写过一个乌托邦式的王国,一座位于海(波斯湾)中的小岛:

> 有一座名为潘凯亚(Panchaea)的岛屿,潘凯亚人居住在上面……这是一座诸神的神圣岛屿,岛上的建筑古老而精湛……欧赫墨洛斯继续说,乌拉诺斯是第一位国王,他可敬、仁慈,精通天上星辰的运转,

---

① 有趣的是忒奥弗拉斯托斯与俄尔甫斯教的关系,他在做雅典政府智囊的 10 年期间曾被人称为"迷信之人",源于他与俄尔甫斯教祭司之间的密切关系(Simon Hornblower, *The Greek World 479–323 BC*, 4th. edn., New York: Routledge, 2011, p. 100)。而我们已经察觉到了亚历科萨尔科斯与俄尔甫斯教之间的联系。

② Diod., 6.1.1–2.

他首先设立了针对天空神的祭祀，所以他被称作广天（乌拉诺斯）。①

欧赫墨洛斯曾作为卡山德洛斯的代表出使塞琉古，时间应该是公元前303年之后。②他有关潘凯亚岛的地理信息来源当是沿途的见闻，而他关于乌托邦的某些思想则很可能源自亚历克萨尔科斯和天空城。一个很有意思的现象是，在卡山德洛斯的"朋友圈"里，似乎都存在一套与广天（乌拉诺斯）有关的思想，而不见于别处。

三、君王观念

亚历克萨尔科斯是目前所知第一个以太阳自居的希腊人。稍晚（同时代）的另一位马其顿君主——"攻城王"德米忒里俄斯（Demetrios Poliorcetes，337-283 BCE）同样以太阳自居。他后来夺取了安提帕特家族（卡山德洛斯）治下的马其顿。德米忒里俄斯于公元前307年解放雅典，赶走了法勒隆的德米忒里俄斯（Demetrios of Phaleron）③。雅典人因此称他为"救星"（Soter），还创作了一首赞美他的诗：

> 看呀！一位最伟大的神和一位最亲爱的人，
> 驾临了这座城市，
> 德米忒尔与德米忒里俄斯，
> 于此季节出现了。
> ……
> 他看上去多么高贵！他的朋友簇拥着他，
> 他位于正中，
> 他的朋友就像闪亮的群星，
> 他就是太阳。
> 致敬！强大的波塞冬的虎子，

---

① Diod., 6.1.4–5, 8.
② 公元前303年，卡山德洛斯和托勒密还有吕西玛科斯与塞琉古结成同盟，因为当时安提戈诺斯控制着叙利亚，所以作为使者的欧赫墨洛斯绕道阿拉伯出使塞琉古。他关于阿拉伯地区周边的地理知识应该是在这次旅程中获得的。
③ 此人也是卡山德洛斯的友人，亦属逍遥学派，奉命治理雅典，而他背后的智囊就是逍遥学派的掌门——忒奥弗拉斯托斯。

致敬！阿佛洛狄忒之子。①

雅典人形容德米忒里俄斯如众星环绕的太阳，称他是波塞冬与阿佛洛狄忒之子。波塞冬呼应了他率舰从海上解放雅典的行为，阿佛洛狄忒也许暗示了他初期的希腊政策，而太阳和众星在这里似乎与君主有了更为紧密的联系。阿忒奈俄斯在谈论奇装异服的时候还提到了一处有趣的现象：

> 还有亚历山大，他成为亚洲的主人后，穿上了波斯人的服饰。但德米忒里俄斯有过之而无不及，……他的斗篷上是黄金的刺绣，表现了天、繁星和黄道十二宫……。在他的节庆（Demetrian）期间，雅典的剧场上挂有他的画像，他被描绘为端坐在象征世界的球体上。②

继太阳与君主的联系之后，坐在球体上的形象也在德米忒里俄斯这里再次出现。而这些元素在德米忒里俄斯之前，似乎只在亚历克萨尔科斯那里出现过。可见德米忒里俄斯身边的某些人似乎很了解亚历克萨尔科斯。

四、小亚余晖

还有一桩历史事件，值得一提，发生在与天空城隔海相望的帕加马王国（Pergamon）。③ 时值公元前 133 年，本草迷阿塔洛斯三世（Attalos III，170-133 BCE）驾崩，膝下无子，遂将王国赠予罗马。但有一个叫阿里斯托尼克斯（Aristonikos）的人揭竿而起，宣称拥有王位继承权，称欧墨涅斯三世（Eumenes III），反抗罗马的统治。他释放奴隶，团结穷人，许诺给他们自由，称所有的人为太阳城的公民（Heliopolitai），人人平等。④ 他的运动最终于公元前 129 年被罗马人镇压。但他实际上实践了一个"太阳王国"，他的思想可能源自杨布罗斯（Iambulos，2nd BCE）⑤的乌托邦——位于大洋（阿拉伯海）中的太阳群岛，

---

① Ath., 6.253d. 阿忒奈俄斯称这是一首恶心的颂歌。颂歌的作者可能是库兹考斯的赫尔墨克勒斯（Hermocles of Kyzikos）。
② Ath., 12.535f–536a.
③ 上文已经提到，王国境内有一座天空城的殖民地。
④ Strab., 14.1.38.
⑤ 洛斯主张杨布罗斯生活在公元前 1 世纪，参见 Herbert J. Rose, "The Date of Iambulos", *CQ* 33.1（1939），pp. 9–10. 塔恩对洛斯的论据提出了异议，并主张"杨布罗斯生活在公元前 2 世纪的可能性较大，但绝不会在公元前 1 世纪"，参见 William W. Tarn, "The Date of Iambulus: A Note", *CQ* 33（1939），p. 193.

岛上的人们"崇拜太阳以及所有天体［月亮和星辰］"。[①] 而杨布罗斯的灵感，似乎只可能来自比他早的亚历克萨尔科斯的天空城。可见，天空城不仅影响了小亚地区，还可能辐射到了亚洲。

亚历克萨尔科斯的思想对亚洲可能存在的影响，在叙利亚地区也有所体现。由亚历山大的继业者之一"征服者"塞琉古一世（Seleukos I Nicator）所创建的叙利亚四镇（Syrian Tetrapolis）[②]，到公元前149年起用了一套统一的铜币，上面印有铭文 ΑΔΕΛΦΩΝ ΔΗΜΩΝ（兄弟人民）。[③] 斯特拉博曾这样评价这四座城市："她们被称作姐妹城市，源自彼此之间的和谐统一。"[④] 这让人想到了亚历克萨尔科斯的那封信，他代表自己的城市称另一座他哥哥的城市的人民为血亲。这种城与城之间的类似称呼，似乎也肇始于亚历克萨尔科斯。可以说这四座城市实际上是在实践亚历克萨尔科斯所提倡的众人平等的思想。

五、东方回响？

最后，让我们沿着亚历山大的足迹，进入希腊化世界的最东部，看一看希腊-巴克特里亚王国的情况。这里出现过一位拥有哲学家名字的希腊国王，这位谜一般的人物身上很可能有亚历克萨尔科斯的影子。现代学者得知当年有一位名叫柏拉图（Plato of Bactria，2nd BCE）的国王，是通过他发行的独特的银币（图18）发现的。银币一面是自己的侧身像，另一面是驷马战车上的赫利奥斯（太阳神）正面像，环印着铭文 ΒΑΣΙΛΕΩΣ ΕΠΙΦΑΝΟΥΣ ΠΛΑΤΩΝΟΣ（君王，神的显现，柏拉图的）。值得注意的是，在他之前，表现太阳神的这一主题尚未见于图像。[⑤] 由于钱币上刻有表示纪年的符号，根据不同的解读，将呈现出完全不同的历史故事。

若使用的货币纪年法是塞琉古纪元（Seleucid era）[⑥]，故可推断柏拉图的

[①] Diod., 2.59.2.
[②] 安提俄克、拉塔基亚、阿帕米亚和塞琉西亚。前三座分别是塞琉古父母和妻子的名字。
[③] Head, *op. cit.*, p. 778.
[④] Strab., 16.2.4.
[⑤] 波斯传统没有这样的图像，希腊化时期多为持弓或有头光的太阳神，只有侧身战车像。印度几乎同一时期出现了正面的苏利耶战车像。最经典的正面驷马战车图像当属巴米扬东大佛佛龛穹顶上的壁画：太阳神立于车上，穿披风，左手扶剑，右手执枪，身后巨型背光，下方白色有翼驷马。其余人物的形象堪称"混编旅"，左右上方是飞翔的风神伐由（印度），战车两侧的护卫分别是提盾女神雅典娜和持弓女神阿耳忒弥斯（希腊），两位女神的上方是半鸟人身的琐罗亚斯德教祭司（波斯）。而这些，都属于一尊佛像的装饰，好一派和谐的宗教氛围。
[⑥] 或称希腊纪年（Anno Graecorum），以公元前312年塞琉古返回巴比伦为元年。

图 18　巴克特里亚国王柏拉图的银币
（http://coinindia.com/MIG198a.1A-CNG-XV.1348.jpg）

货币发行于公元前 165 年及之后的几年，这一时间与国王欧克拉提德斯一世（Eucratides the Great, 191①–145 BCE）的统治时期有所重叠。于是塔恩描绘了一幅和谐的图景：

> 柏拉图可能是欧克拉提德斯的亲属，他的弟弟［……］。很难说柏拉图不是一位国王的真实姓名，但确实十分罕见，尤其是在马其顿的塞琉古后裔当中［……］。一位有着哲学家名字的男人以及他的太阳战车，这让人情不自禁地想起另一个男人，他自称太阳，做着自己充满哲学般的梦，他就是卡山德洛斯的弟弟亚历克萨尔科斯。他在哥哥的保护下实现自己的梦想，欧克拉提德斯可能同样给了柏拉图一片小王国，而这硬币就反映了他的事迹。②

这段充满浪漫色彩的推测，犹如一则美丽的童话。而对柏拉图货币的另一

---

① 一般认为，欧克拉提德斯的统治时间为公元前 170 年至前 145 年，出生年代不详。霍利斯推测他出生于公元前 191 年，或稍早一些，于公元前 165 年登基（注意，这与柏拉图发行银币的时间一致），与当年年轻有为的亚历山大三世一样，因此亦被称作大帝。相关研究参见 Adrian S. Hollis, "Laodice Mother of Eucratides of Bactria", *ZPE* 110（1996），p. 163。但如果他的登基年往后推的话，那么阿伊·哈努姆毁灭的时间（基于他的登基年代和废墟文物上的纪年数字推算，该希腊城邦毁于约公元前 145 年）也要往后，一连串的编年将不得不重新编订，不过倒也符合现在学者普遍认同的吐火罗军入侵巴克特里亚的时间（约公元前 141 年）。这一地区这段时期的历史还有待完善。

② Tarn, *The Greeks in Bactria and India*, p. 210.

种解读则向我们展现了另一种历史可能。若按现在学者普遍接受的耶婆那纪元（Yavana era）①，那么这位柏拉图的统治时间就被推定在公元前145至前140年，正好接续欧克拉提德斯一世。因此，柏拉图被还原成一位弑父者：

> 当他[欧克拉提德斯]从印度撤军返回，在行军途中为他的儿子所杀，他们曾共享王权，他的儿子隐瞒了罪行。就好像杀死敌人一样，而不是自己的父亲，他驾着自己的战车踏过父亲的血泊，并下令弃尸荒野。②

根据罗马史家尤斯提努斯（Marcus Junianus Justinus Frontinus）在《腓力家族史辑要》（*Epitoma Historiarum Philippicarum*）③中的简短描述，学者们推测，这位未被提及姓名的儿子可能就是柏拉图。④如此一来，一位建设乌托邦的贤王变成了弑父篡位的暴君，而他货币上的驷马战车就是在炫耀自己如何夺得了王位。根据这一编年法，他与另两位希腊-巴克特里亚国王欧克拉提德斯二世（Eucratides II, r.145–140 BCE）和赫利奥克勒斯一世（Heliocles I, r.145–130 BCE）的统治时间几乎完全重叠，这说明王国已经分裂，且他们各自的统治范围都不大。这位柏拉图可能真的只握有一片小王国，偏安一隅。或许，柏拉图确实是一位有理想的青年⑤，急切地想要匡时济世，实现自己的抱负。

但无论这位柏拉图是在兄弟的庇护下，无忧无虑地做着自己的哲人梦，还是弑父夺权，急功近利地成为握有实权的哲人王，这两种情况的"好景"都不长。当时整个希腊化世界，东西两头均处于内忧外患的动荡时局。西方，罗马开始军事介入；在另一端，吐火罗人（Tokharoi）向巴克特里亚境内的迁徙日趋紧密；

---

① 以德米忒里俄斯一世（Demetrius I of Bactria，200–180 BCE）于公元前186年征服印度河流域为元年。

② Justin., 41.6.

③ 尤斯提努斯的《腓力家族史辑要》节选了特洛古斯（Gnaeus Pompeius Trogus）的《腓力家族史以及寰宇的起源及其地理状况》（*Historia Philippicae et Totius Mundi Origines et Terrae Situs*），后者的著作则受到了忒奥彭波斯《腓力史》影响（参见第209—210页相关内容）。

④ Frank L. Holt, *Into the Land of Bones: Alexander the Great in Afghanistan*, Berkeley: The University of California Press, 2005, p. 154.

⑤ 他有着奇特的名字，发行了特立独行的钱币，具有开创性的太阳神形象（见上文）。而且，这一地区统治者的货币通常不印有表示纪年的数字符号，只有这位柏拉图（还有末代君主赫利奥克勒斯一世）一反常态地标上了纪年的符号。当然，几枚银币说明不了什么。关于这位柏拉图国王的事迹，随着材料的发掘，完全有可能还原出其他的历史解释。甚至他的弑父（若真如此）弃尸都能有一套符合某种传统的合理解释（比如粟特人的宗教习俗）。

最后，来自东方的族群压境，"千城之国"再度易主。①

在这片希腊化的亚洲土地上，帕加马的阿里斯托尼克斯的太阳王国也好，巴克特里亚的柏拉图的太阳战车也罢，两位身处乱世中的理想主义者的实践注定是一场短暂的梦，也许是一场延续亚历克萨尔科斯理想实践的梦。亚历克萨尔科斯的后继者（Diadochoi），就这样随着亚历山大的继业者的相继倒台，一起退出了历史舞台。如果说，亚历克萨尔科斯的影响还有一息尚存的话，可能除了哲学（忒奥弗拉斯托斯）和神学（欧赫墨洛斯）外，就只剩下几枚精致而冰冷的硬币了。而在这些后继者那里，那位象征亚历克萨尔科斯思想核心的博爱之神阿佛洛狄忒的形象，却都无一例外地隐遁了。

小结：博爱女神

约公元前316年亚历克萨尔科斯建设了他的天空城，公元前298年卡山德洛斯去世，公元前294年"攻城王"终结了安提帕特家族短暂的统治。亚历克萨尔科斯和他的天空城后来的命运如何，我们不得而知。从该地区的历史和周边的考古遗迹来看，这座城市可能存续到了拜占庭帝国早期。但可以明确的是，他史无前例地运用了阿佛洛狄忒的形象，并将阿佛洛狄忒铸在自己城市的货币上。这位阿佛洛狄忒象征的是弥散在宇宙中的爱，一种博爱、和睦与联结之力。他对阿佛洛狄忒形象的这番阐释，让人想到了恩培多克勒有关塞浦路斯女神的言论，虽然没有证据表明他受到恩培多克勒有关阿佛洛狄忒思想的影响，但恩培多克勒讨论了阿佛洛狄忒的联结之力以及女神的统治，亚历克萨尔科斯显然也倡导女神的统治及其联结之力。尽管两者的阿佛洛狄忒思想可能并不在一个层面上（一个是自然哲学，另一个是政治思想），但两者之间确实在某种程度上的相似性。有趣的是，我们在亚历克萨尔科斯这里，又看到了阿佛洛狄忒的结合之力以另一种形式被表现出来。

由于相关史料的匮乏，本章只是对亚历科萨尔科斯与他的天空城进行了介绍性的论述，第二和第三部分的内容更多是一种基于材料的联想，这些推测也牵涉出了各种不同的问题。亚历山大推行希腊文化和价值观的主要手段之一就是建城，或言，希腊化乃是一场以希腊式城市为载体的文化融合运动。同为马

---

① 先有吐火罗四部取巴克特里亚，建大夏；后有大月氏西迁，统大夏、合五翕、建贵霜。

其顿人的亚历科萨尔科斯，也通过建城来实践自己的理想。他用建城的实践来提倡人人平等的思想，称呼众人都是神的孩子，为此他还发明了一套统一的语言。在最初的 20 年左右的时间里，他扩建了城市，合并了周围的小城，并且向亚洲进行了殖民。就这一点而言，他成功了。因此，或可套用一句普鲁塔克赞颂亚历山大的话来评价亚历科萨尔科斯——这位有些异想天开的马其顿王子：在思想家们所描写的完美政体的背后，是亚历克萨尔科斯曾经着手实践的理想城邦。① 尽管，没有多少后人记得他，也鲜有人知道他的阿佛洛狄忒，但他的事迹可能在无形中影响了世人，因为他的实践在大地上留下了印记，一座名叫天空城的希腊城市，学者们称之为乌托邦。或许，那曾是一处名副其实的"优托邦"（Eutopia）。因为，在某些方面，他的建城实践比前人走得更远，甚至可以说超过了赫赫有名的亚历山大。

---

① 普鲁塔克所写的演说（辩护）辞《亚历山大大帝的机运或德性》（*De Alexandri magni fortuna aut virtute*），对比的是"芝诺的理想与亚历山大的事业"（Plut., *De Alex.* 1.6）。

下编合论：私情与博爱

最能体现阿佛洛狄忒作为爱神的是源自她的勾引巫术及其道具。这种巫术是古典时期已降古希腊妓女惯于使用的职业技能。古希腊妓女对此巫术的反转使用，在某种意义上与伊克西翁的受罚类似。事实上，这最初是一种男性用以勾引女性的巫术，相关的道具则有几种变体。品达在第四首《皮托之歌》中讲述了这件道具的由来和效用。进入希腊化时期后，这一巫术逐渐失去了与阿佛洛狄忒的紧密联系。

与阿佛洛狄忒在巫术中的形象截然相反，希腊化时期她一度成了代表博爱的女神。马其顿王子亚历克萨尔科斯在自己的城中发行的货币上出现了阿佛洛狄忒驭宇（爱统治世界）的形象。亚历克萨尔科斯会形成基于阿佛洛狄忒的博爱思想，可能受到了宫廷御医墨涅克拉底、亚历山大港的设计者迪诺克拉底、宫廷史家忒奥彭波斯和亚历山大大帝的影响，但最重要的是受到了当地流行的俄尔甫斯教阿佛洛狄忒形象的影响。虽然他的那座名为天空城的城市在历史上并未留下什么影响，但是他的实践和思想确实影响了当时和后来的一些人，他们都倡导一种博爱的思想。比如亚里士多德的弟子忒奥弗拉斯托斯用理性解读神话的欧赫墨洛斯，"攻城王"德米忒里俄斯的统治观念，"征服者"塞琉古一世所建的叙利亚四镇之间的兄弟城市思想，以及帕加马王国反抗罗马统治的起义纲领。最后，巴克特里亚的一位名为柏拉图的希腊国王失败地践行了这一思想。但是，亚历克萨尔科斯的这些后继者都没有再发扬阿佛洛狄忒的博爱形象，而取代希腊化王国成为地中海霸主的罗马人显然无意继承阿佛洛狄忒博爱的形象，因为维纳斯和阿佛洛狄忒最初是两个截然不同的女神。

本编的研究表明，到了希腊化时期，阿佛洛狄忒的形象产生了分化。阿佛洛狄忒的形象也逐渐消失在这同一条变化路径上的两个极端——私情与博爱——上。这也印证了赫拉克利特的那句话：上升与下降的路是同一条路，对阿佛洛狄忒而言，此即消失之路。

在知道了阿佛洛狄忒的形象最终在希腊化时期逐渐消失的结局后，可以试着去理解本书"引论"中提到的希罗多德列举的三个与阿佛洛狄忒等同的东方女神的名字。事实上，希腊化时期与古风时期之前的东方化时期一样，都是一个诸神同化的时期，只是在方向上相反。穆丽萨女神确实与性有关，可以与阿佛洛狄忒等而视之。阿莉剌忒（Alilat），更准确的拼写是 al-Lat（意即伟大的女神），则是前伊斯兰时期闪族人的重要女神，她被等视为晨星，这一点与阿佛洛狄忒一样；此外，与阿佛洛狄忒在帕福斯没有人形的神像一样，闪族人的这位伟大的女神的形象也是一块石头。值得注意的是希罗多德提到了波斯人的密忒拉（Μίτρα），显然是混淆了那位重要的印欧男神密斯拉（Μίθρα）。为何会有这一讹误，尚需仔细辨析。但这里可以做简单的联想，密斯拉作为印欧的契约神，亦具友之意，如锡克教的教友军团，以及古印度黄道十二宫的双子宫都以此命名，即密多罗。有趣的是，汉地初传的黄道十二宫中的双子则被称作阴阳宫（形象为一对男女），似又与性爱有关。而希罗多德将之与阿佛洛狄忒联系在一起，可能就是因其所代表的友爱，或者说是"四海之内皆兄弟"。我们在亚历克萨尔科斯的博爱女神阿佛洛狄忒那里也看到了这层含义。不知是否巧合，希罗多德提到的异族神名，恰巧预示了阿佛洛狄忒形象的发展走向，或者，这并非希罗多德的先见，而是阿佛洛狄忒这样一位古老的女神命定的造化。

总结：古希腊人的阿佛洛狄忒

> 何为名目？玫瑰易名，芬芳如故。
> ——莎士比亚[①]

阿佛洛狄忒，这位古希腊人的女神，与古希腊人一起经历了古风、古典、希腊化800多年的历史。作为一位外来神，她很快融入泛希腊文化的诸神体系。可能正是因为女神身上原有的异族特征，阿佛洛狄忒在被古希腊人接受之后，在实际的城邦活动中，她的形象逐渐演变，在希腊世界的各个地区表现出各有特色和略有差异的形象，并且最终发生蜕化。总的来看，阿佛洛狄忒在古希腊的社会文化中呈现出丰富多彩的形象。

古希腊人的后人，对古希腊人自身文化的理解，不可避免地存在误解或误读。对古希腊人的阿佛洛狄忒形象的理解是这一误读模式的典型。本书旨在重新认识这位古希腊人的女神，通过三编共六章的论述，阐释了有关阿佛洛狄忒的几个具有代表性的方面，不仅还原了阿佛洛狄忒在历史上的多重形象，也间接勾勒出这位女神形象演变的总体历程。本书的上、中、下三编，时间上大致对应古风、古典和希腊化时期。我们可以将这三个阶段的历程总结为对女神的驯化、变化和分化。古风时期的诗人们在创造性地赋予阿佛洛狄忒一个清晰的泛希腊女神形象时，似乎也是在改造她原始野蛮的一面。古风诗人们对阿佛洛狄忒形象的贬低，是一种化用而非全盘否定，因此不可忽视这位女神在古希腊社会中的实际作用。古希腊城邦社会的发展需要，或者说，古希腊人在社会功能领域对阿佛洛狄忒的运用，造就了女神更丰满多样的牺祀形象。总体上看，上编的"诗歌"与中编的"牺祀"分别在思想和实践的层面上构建了阿佛洛狄忒的不同形象，而这一趋势又分别反映在形而上的精神和形而下的技艺这两个不同的领域中，即本书下编谈到的博爱思想和勾引巫术。正如笔者所证明的那样，阿佛洛狄忒形象的多样化及其复杂性，足以使我们对古希腊人的阿佛洛狄忒以及其他古希

[①] 莎士比亚：《罗密欧与朱丽叶》，第二幕第二场，第43—45行。

腊人的诸神形象的僵化教条的后入之见产生怀疑。

在研究路径上，鉴于阿佛洛狄忒形象的多样性，笔者综合运用了各种不同的研究方法。上编的研究是基于具有泛希腊代表性的古希腊经典文本：对长篇史诗文本中关键段落进行新的解读；借助文本分析的工具方法对特定的颂诗进行分析；以整体的视角观察这些古风诗歌。古希腊人的神话文本自然是构成阿佛洛狄忒形象的重要素材，但与叙事神话不同，古希腊人的宗教讲求对社会或个人的功效。因此，中编综合使用古代史料，结合已有的考古材料，对阿佛洛狄忒在古希腊具有代表性的地区的牺祀形象进行一番探索；在具有代表性的节庆案例中，总结和反思前辈学者的相关研究，尝试给出另一种解读。下编则对与阿佛洛狄忒有关的器物，采用类似博物学的研究方法，并以小见大，管窥阿佛洛狄忒的不同形象。笔者没有采用比较热门的图像学的方法，主要是考虑到在研究材料方面，图像样本在收集、归类和遴选上还无法做到像文本材料那样详尽，缺乏代表性。虽然如此，在图像学意义上，如笔者在引论第一节开篇发问的几则图像案例，阿佛洛狄忒的形象也不是一个静止或固化的符号系统，而是一种发展中的图像语言，始终能反映出阿佛洛狄忒在古希腊社会的多重形象。

就本书的研究体量而言，只是对古希腊人的阿佛洛狄忒有一个大致轮廓的勾勒和具体亮点的解明。就研究的方法而言，本书采用了一种文本、仪式和具体物品的研究策略，这种方法可以继续扩充至多点、多线、多面的立体研究结构。完善这一结构体系，应该能对某个具体的神的研究有更精确和整全的把握。但无论如何，应该明白，研究神离不开了解人的历史，诸神的形象始终都要通过人类的活动来呈现，在这层意义上，神甚是无能，神的存在离不开人，人是神的变化之途。

通过研究古希腊人的阿佛洛狄忒，笔者挑战了某些旧说宿见，澄清了一些长期混淆或未得到重视的问题。不仅如此，在此过程中还就个别的问题提出一些看法，概括起来有以下五个发现：第一，有关古风诗人之间的联系。在研究古希腊经典的时候适时地寻找各文本间的关联，可以发现诗人作为一个群体，是如何看待某些问题的。第二，有关古希腊诸神职能。一个神的众多形象和职能之间必定存在内在的联系，是一种衍生的而非孤立甚至割裂的关系。第三，有关古希腊宗教的研究。很多时候在方法论上用习以为常的二分法容易忽视研究对象的某些细节，需要适当灵活地变通。第四，阐明了伊克西翁受罚故事的巫术背景。第五，梳理亚历克萨尔科斯建城思想的源流。

最后，我们如何评价阿佛洛狄忒，这位古希腊人女神的历史？也许，苏格拉底在柏拉图的《会饮》（虽然后人对其中有关的阿佛洛狄忒的见解存在教条式的误读）中转述的有关"爱的阶梯"的言论，不失为阿佛洛狄忒形象变化的一个写照，即从云梯最底层的"美貌的阿佛洛狄忒"（Ἀφροδίτης καλῆς）①，到"美丽女神"（ἡ Καλλονή）②，再到"美"（κάλλος）本身。其中，阿佛洛狄忒呈现出一种逐渐消失的态势，就像本书所呈现的整体脉络，从诗人赋予她具体的容貌，到其消失在她代表的一种精神之中。然而，消失的只是一个具体的名字，因为"美"弥散贯通于世间③。"美"的形体会消亡，但"美"本身始终存在。④

阿佛洛狄忒的这种消失是一种升华，虽然笔者认为这种升华并未彻底完成，因为作为阿佛洛狄忒升华之途的古希腊文明衰亡了，只有他们的经典存活了下来。也许正是因为在这些经典的神话故事中阿佛洛狄忒所扮演的角色，所以才给后人留下了一个固化的爱与美的女神形象。如若古希腊人的宗教习俗依旧传习于世，人们也许还能目睹阿佛洛狄忒更丰富多样的面貌。甚至，假如古希腊人能延续至今，他们定会称欧仁·德拉克罗瓦（Eugène Delacroix）的名画《自由引导人民》（*La Liberté guidant le peuple*）中那位女性为他们的女神：她俊美的容貌，她袒露的胸部，她手握着武器，她团结了民众，她指引着方向，她象征了博爱。这些元素合在一起还能是谁？就是古希腊人的阿佛洛狄忒。

---

① Pl., *Symp.* 203c.
② Pl., *Symp.* 206d.
③ Pl., *Symp.* 210c.
④ Pl., *Symp.* 211b.

缩　略　语

文集缩写

BCA	Amy C. Smith & Sadie Pickup (eds.), *Brill's Companion to Aphrodite*, Leiden: Brill Academic Publishers, 2010.
CGR	Daniel Ogden, (ed.), *A Companion to Greek Religion*, Chichester: Blackwell Publishing Ltd., 2007.
D-K	Hermann Diels & Walther Kranz (eds.), *Die Fragmente der Vorsokratiker*, 6th edn. 3 vols., Berlin: Weidmann, 1959–1960.
EnA	Diane Bolger & Nancy Serwint (eds.), *Engendering Aphrodite: Women and Society in Ancient Cyprus*, (*CAARI* Monographs 3), Boston: American Schools of Oriental Research, 2002.
FGrH	Felix Jacoby, *Fragmente der Griechischen Historiker*, (Brill-Jacoby Online).
GM&R	Christopher A. Faraone, & Dirk Obbink (eds.), *Magika Hiera: Ancient Greek Magic & Religion*, New York: Oxford University Press, 1991.
GMPT	Hans D. Betz (ed.), *The Greek Magical Papyri in Translation: Including the Demotic Spells*, Chicago: University of Chicago Press, 1986.
MWG	Daniel Ogden (ed.), *Magic, Witchcraft, and Ghosts in the Greek and Roman Worlds: A Source Book*, New York: Oxford University Press, 2002.
*PGM*²	Karl Preisendanz, Ernst Heitsch, & Albert Henrichs, *Papyri Graecae Magicae: Die griechisch Zauberpapyri*, 2nd edn. 2 vols., Stuttgart: Teubner B. G. GmbH, 1973–1974.

期刊缩写

ABSA	*Annual of the British School at Athens*
AC	*L'Antiquité Classique*

AJA	*American Journal of Archaeology (& of the History of the Fine Arts)*
AJPh	*American Journal of Philology*
AS	*Anatolian Studies: Journal of the British Inst. of Archaeology at Ankara*
AncSoc	*Ancient Society*
AR	*Archaeological Reports*
AW	*Antike Welt*
BMGS	*Byzantine and Modern Greek Studies*
ClAnt	*Classical Antiquity*
CJ	*Classical Journal*
CPh	*Classical Philology*
CQ	*Classical Quarterly*
CW	*Classical World*
EA	*Electronic Antiquity*
G&R	*Greece & Rome*
GRBS	*Greek, Roman and Byzantine Studies*
Hesperia	*Hesperia: Journal of the American School of Classical Studies at Athens*
Historia	*Historia: Zeitschrift für Alte Geschichte*
HSPh	*Harvard Studies in Classical Philology*
HThR	*Harvard Theological Review*
ICS	*Illinois Classical Studies*
JAE	*Journal of Aesthetic Education*
JARCE	*Journal of the American Research Center in Egypt*
JEA	*Journal of Egyptian Archaeology*
JHS	*Journal of Hellenic Studies*
JNES	*Journal of Near Eastern Studies*
JPR	*Journal of Prehistoric Religion*
JRASC	*Journal of the Royal Astronomical Society of Canada*
JRGSL	*Journal of the Royal Geographical Society of London*

MH	*Museum Helveticum: revue suisse pour l'étude de l'Antiquité classique*
Mouseion	*Mouseion: Journal of the Classical Association of Canada*
OAth	*Opuscula Atheniensia*
PP	*La Parola del Passato: rivista di studi antichi*
RMRLL	*Rocky Mountain Review of Language and Literature*
SyllClass	*Syllecta Classica*
TAPhA	*Transactions and Proceedings of the American Philological Association*
ZPE	*Zeitschrift für Papyrologie und Epigraphik*

参 考 文 献

Alexiou, Margaret, (2002), *The Ritual Lament in Greek Tradition*, 2nd edn., Lanham: Rowman & Littlefield.

Anastasia, Roussou, (2013), *Aphrodite and Her Cult in Black Sea Colonies*, M. A. diss., Aristotle University of Thessaloniki.

Antonaccio, Carla M., (1994), "Contesting the Past: Hero Cult, Tomb Cult, and Epic in Early Greece", *AJA* 98, pp. 389–410.

Bakola, Emmanuela, (2010), *Cratinus and the Art of Comedy*, New York: Oxford University Press.

Barbantani, Silvia, (2005), "Goddess of Love and Mistress of the Sea: Notes on a Hellenistic Hymn to Arsinoe-Aphrodite (*P. Lit. Goodsp.* 2, Ⅰ - Ⅳ)", *ASo* 35, pp. 135–165.

Bassino, Paola, (2013), *Certamen Homeri et Hesiodi: Introduction, Critical Edition and Commentary*, Ph.D diss., University of Durham.

Bean, George E., (1960), "Notes and Inscriptions from Pisidia, Part Ⅱ", *AS* 10, pp. 43–82.

Beazley, John D., (1956), *Attic Black-Figure Vase-Painters*, Oxford: Clarendon Press.

Bentman, Raymon, (1955), 'The *Homeric Hymn to Aphrodite*', *CJ* 50, pp. 53–159.

Berggreen, Brit & Marinatos, Nanno, eds., (1995), *Greece and Gender*, Bergen: The Norwegian Institute at Athens.

Bergren, Ann L. T., (1989), "The *Homeric Hymn to Aphrodite*: Tradition, Rhetoric and Blame", *CA* 8, pp. 1–41.

Bittrich, Ursula, (2005), *Aphrodite und Eros in der antiken Tragödie: Mit Ausblicken auf motivgeschichtlich verwandte Dichtungen*, Berlin: Walter de Gruyter.

Boedeker, Deborah D., (1974), *Aphrodite's Entry into Greek Epic*, (*Mnemosyne* Supplement 32), Leiden: Brill Academic Publishers.

Bouchard, Elsa, (2015), "Aphrodite *Philommêdês* in the *Theogony*", *JHS* 135, pp. 8–18.

Breitenberger, Barbara M., (2007), *Aphrodite and Eros: The Development of Erotic Mythology in Early Greek Poetry and Cult*, London: Routledge.

Brillet-Dubois, Pascale, (2011), "An Erotic Aristeia: *The Homeric Hymn to Aphrodite* and Its Relation to the Iliadic Tradition", in Andrew Faulkner (ed.), *The Homeric Hymns: Interpretative Essays*, New York: Oxford University Press, pp. 105–132.

Brixhe, Claude, (2002), "Interactions Between Greek and Phrygian Under the Roman Empire", in James N. Adams, Mark Janse & Simon Swain (eds.), *Bilingualism in Ancient Society: Language Contact and the Written Word*, Oxford: Oxford University Press, pp. 246–266.

Brody, Lisa R., (2001), "The Cult of Aphrodite at Aphrodisias in Caria", *Kernos* 14, pp. 93–109.

Broekema, Henriette, (2014), *Inanna, Lady of Heaven and Earth: History of a Sumerian Goddess*, Leeuwarden: Elikser B.V. Uitgeverij.

Bromley, David G., (2002), "Dramatic Denouements", in David G. Bromley & John G. Melton (eds.), *Cults, Religion, and Violence*, New York: Cambridge University Press, pp. 11–41.

Budelmann, Felix & Power, Timothy, (2015), "Another Look at Female Choruses in Classical Athens", *CA* 34, pp. 252–295.

Budin, Stephanie L., (2000), *The Origins of Aphrodite*, Ph.D. diss., University of Pennsylvania in Partial.

Ead., (2002), "Creating a Goddess of Sex", *EnA*, pp. 315–324.

Ead., (2004), "A Reconsideration of the Aphrodite-Ashtart Syncretism", *Numen* 51, pp. 95–145.

Ead., (2010), "Aphrodite Enoplion", *BCA*, pp. 79–112.

Burkert, Walter, (1979), *Structure and History in Greek Mythology and Ritual*, Berkeley: University of California Press.

Burnett, Anne, (2012), "Brothels, Boys, and the Athenian Adonia", *Arethusa* 45, pp. 177–194.

Burton, Joan B., (1995), *Theocritus' Urban Mimes: Mobility, Gender, and Patronage*, Berkeley: University of California Press.

Calame, Claude, (1997), *Choruses of Young Women in Ancient Greece: Their Morphology, Religious Role, and Social Function*, Derek Collins & Janice Orion (trs.), Lanham: Rowman & Littlefield.

Id., (1999), *The Poetics of Eros in Ancient Greece*, Janet Lloyd (tr.), Princeton: Princeton University Press.

Carson, Anne, (1986), *Eros the Bittersweet: An Essay*, Princeton: Princeton University Press.

Cartledge, Paul, (2002), *Sparta and Lakonia: A Regional History 1300–362 BC*, 2nd edn., London: Routledge.

Id., (2003), *The Spartans: An Epic History*, London: Pan Books.

Cheshire, Wendy A., (2007), "Aphrodite Cleopatra", *JARCE* 43, pp. 151–191.

Clay, Jenny S., (1989), *The Politics of Olympus, Form and Meaning in the Major Homeric Hymns*, Princeton: Princeton University Press.

Corso, Antonio, (2007), "The Cult and Political Background of the Knidian Aphrodite", in Erik Halhger & Jesper T. Jensen (eds.), *Proceedings of the Danish Institute at Athens V*, Copenhagen: The Danish Institute at Athens, pp. 173–197.

Crooks, Sam, (2012), "Cult Stones of Ancient Cyprus", *JPR* 23, pp. 25–44.

Culley, Gerald R., (1975), "The Restoration of Sanctuaries in Attica: *IG* II ^{2}, 1035", *Hesperia* 44, pp. 207–233.

Cyrino, Monica S., (1993), "Shame, Danger and Desire: Aphrodite's Power in the Fifth Homeric Hymn", *RMRLL* 47, pp. 219–230.

Ead., (1995), *In Pandora's Jar: Lovesickness in Early Greek Poetry*, Lanham: University Press of America.

Ead., (2010), *Aphrodite*, London: Routledge.

Ead., (2013), "Bows and Eros: Hunt as Seduction in the *Homeric Hymn to Aphrodite*", *Arethusa* 46, pp. 375–393.

Davies, Malcolm, (2019), *The Cypria*, Washington DC: Center for Hellenic Studies.

Dawkins, Richard M., ed., (1929), *The Sanctuary of Artemis Orthia at Sparta*, (*JHS* Supplement 5), London: MacMillan Publishers Ltd..

Demetriou, Denise, (2010), "Τῆς πάσης ναυτιλίης φύλαξ: Aphrodite and the Sea", *Kernos* 23, pp. 67–89.

Detienne, Marcel, (1994), *The Gardens of Adonis: Spices in Greek Mythology*, 2nd edn., Janet Lloyd (tr.), Princeton: Princeton University Press.

Dickie, Matthew W., (2003), *Magic and Magicians in the Greco-Roman World*, New

York: Routledge.

Dillon, Matthew, (2002), *Girls and Women in Classical Greek Religion*, London: Routledge.

Id., (2003), "'Woe for Adonis'—But in Spring, not Summer", *Hermes* 131, pp. 1–16.

Dimitriou, Tzoulia, (2012), *Funny Love: Images of Aphrodite in Old Comedy*, Ph.D. diss., Boston University.

Dubois, Page, (2006), "The History of the Impossible: Ancient Utopia", *CP* 101, pp.1–14.

Eckert, Martin, (2007), *Piräus: Der Hafen als Wirtschafts-, Kontakt- und Problemzone der Klassischen Polis*, M.A. diss. Universität Hamburg.

Id., (2011), "Die Aphrodite der Seefahrer", *Hephaistos* 28, pp. 99–124.

Id., (2016), *Die Aphrodite der Seefahrer und ihre Heiligtümer am Mittelmeer: Archäologische Unter-suchungen zu interkulturellen Kontaktzonen am Mittelmeer in der späten Bronzezeit und frühen Eisenzeit*, Berlin: Lit Verlag.

Edmonds Ⅲ, Radcliffe G., (2011b), "The 'Orphic' Gold Tablets Texts and Translations, with Critical Apparatus and Tables", in Radcliffe G. Edmonds III, (ed.), *The "Orphic" Gold Tablets and Greek Religion: Further Along the Path*, Cambridge: Cambridge University Press, pp. 15–50.

Faraone, Christopher A., (1991), "The Agonistic Context of Early Greek Binding Spells", *GM&R*, pp. 3–32.

Id., (1993), "The Wheel, the Whip and Other Implements of Torture: Erotic Magic in Pindar *Pythian* 4.213–19", *CJ* 89, pp. 1–19.

Id., (1996), "Taking the Nestor's Cup Inscription Seriously: Conditional Curses and Erotic Magic in the Earliest Greek Hexameters", *CA* 15, pp. 77–112.

Id., (2001), *Ancient Greek Love Magic*, Cambridge, MA: Harvard University Press.

Farnell, Lewis R., (1896), *Cults of the Greek States*, Vol.2, Oxford: Clarendon Press.

id., (1921), *Greek Hero Cults and Ideas of Immortality*, Oxford: Clarendon Press.

Faulkner, Andrew, (2008a), "The Legacy of Aphrodite: Anchises' Offspring in the Homeric Hymn to Aphrodite", *AJP* 129, pp. 1–18.

Id., (2008b), *The Homeric Hymn to Aphrodite: Introduction, Text, and Commentary*, New York: Oxford University Press.

Figueira, Thomas J. & Nagy, Gregory, eds., (1985), *Theognis of Megara: Poetry and the Polis*, Baltimore: The Johns Hopkins University Press.

Fisch, Max H., (1937), "Alexander and the Stoics: Part I", *AJP* 58, pp. 59–82.

Flemberg, Johann, (1991), *Venus Armata: Studien zur bewaffneten Aphrodite in der griechisch-römischen Kunst*, Göteborg: Paul Aströms Förlag.

Id., (1995), "The Transformations of the Armed Aphrodite", in Brit Berggreen & Nanno Marinatos (eds.), *Greece and Gender*, Bergen: The Norwegian Institute at Athens, pp. 109–122.

Flower, Michael A., (2008), *The Seer in Ancient Greece*, Berkeley: University of California Press.

Foley, Helene P., (2001), *Female Acts in Greek Tragedy*, Princeton: Princeton University Press.

Frederiksen, Martin W., (1976/77), "Archaeology in South Italy and Sicily, 1973–76", *AR* 23, pp. 43–76.

Friedrich, Paul W., (1978), *The Meaning of Aphrodite*, Chicago: University of Chicago Press.

Frost, Frank, (2002), "Solon *Pornoboskos* and Aphrodite *Pandemos*", *SyllClass* 13, pp. 34–46.

Fulińska, Agnieszka, (2012), "*Divae Potentes Cypri*? Remarks on the Cult of the Ptolemaic Queens as Aphrodite", *Eos* 99, pp. 47–73.

Giacomelli, Anne, (1980), "Aphrodite and After", *Phoenix* 34, pp. 1–19.

Gill, David W. J., (2006), "Hippodamus and the Piraeus", *Historia* 55, pp. 1–15.

Gimbutas, Marija, (2001), *The Living Goddesses*, Miriam R. Dexter (ed.), Berkeley: University of California.

Given, Michael, (2002), "Corrupting Aphrodite: Colonialist Interpretations of the Cyprian Goddess", *EnA*, pp. 418–428.

Goff, Barbara, (2004), *Citizen Bacchae: Women's Ritual Practice in Ancient Greece*, Berkeley: University of California Press.

Golden, Mark, (1993), *Children and Childhood in Classical Athens*, Baltimore: Johns Hopkins University Press.

González, José M., (2010), "The Catalogue of Women and the End of the Heroic Age (Hesiod fr. 204.94–103 M–W)", *TAPhA* 140, pp. 375–422.

Gordon, Cyrus H., (1966), *Ugarit and Minoan Crete: The Bearing of Their Texts on the Origins of Western Culture*, London: W. W. Norton & Company.

Gow, Andrew S. F., (1934), "ΙΥΓΞ, ΡΟΜΒΟΣ, Rhombus, Turbo", *JHS* 54, pp. 1–13.

Graf, Fritz & Johnston, Sarah I., (2007), *Ritual Texts for the Afterlife: Orpheus and the Bacchic Gold Tablets*, New York: Routledge.

Graf, Fritz, (1984), "Women, War, and Warlike Divinities", *ZPE* 55, pp. 245–254.

Id., (1991), "Prayer in Magical and Religious Ritual", *GM&R*, pp. 188–213.

Id., (1997a), "How to Cope with a Difficult Life: A View of Ancient Magic", in Peter Schäfer & Hans G. Kippenberg (eds.), *Envisioning Magic: A Princeton Seminar and Symposium*, Leiden: Brill Academic Publishers, pp. 93–114.

Id., (1997b), *Magic in the Ancient World*, Franklin Philip (tr.), Cambridge, MA: Harvard University Press.

Greaves, Alan M., (2004), "The Cult of Aphrodite in Miletos and Its Colonies", *AS* 54, pp. 27–33.

Gutzwiller, Kathryn, (1992), "The Nautilus, the Halycon, and Selenaia: Callimachus's '*Epigram*' 5 Pf. = 14 G.–P.", *CA* 11, pp. 194–209.

Hadot, Pierre, (2006), *The Veil of Isis: An Essay on the History of the Idea of Nature*, Michael Chase (tr.), Cambridge, MA: Belknap Press of Harvard University Press.

Hall, John R., (2002), "Mass Suicide and the Branch Davidians", in David G. Bromley & John G. Melton (eds.), *Cults, Religion, and Violence*, New York: Cambridge University Press, pp. 149–169.

Halperin, David M., (1990), "Why is Diotima a Woman?" in David M. Halperin, John J. Winkler, & Froma I. Zeitlin (eds.), *Before Sexuality: The Construction of Erotic Experience in the Ancient Greek World*, Princeton: Princeton University Press, pp. 257–308.

Harris, Jonathan, (2003), "Laonikos Chalkokondyles and the Rise of the Ottoman Empire", *BMGS* 27, pp. 153–170.

Harrison, Jane E., (1908), *Prolegomena to the Study of Greek Religion*, 2nd edn., Cambridge: Cambridge University Press.

Havelock, Christine M., (1995), *The Aphrodite of Knidos and Her Successors: A Historical Review of the Female Nude in Greek Art*, Ann Arbor: The University of Michigan Press.

Head, Barclay V., (1911), *Historia Nummorum, A Manual of Greek Numismatics*,

London: Clarendon Press.

Henderson, Jeffrey(ed)., (1987), *Aristophanes: Lysistrata*, Oxford: Harvard University Press.

Henry, Madeleine (2000), "Athenaeus the Ur-Pornographer", in David Braund, John Wilkins & Glen W. Bowersock (eds.), *Athenaeus and His World: Reading Greek Culture in the Roman Empire*, Exeter: Liverpool University Press, pp. 503–510.

Hollis, Adrian S., (1996), "Laodice Mother of Eucratides of Bactria", *ZPE* 110, pp. 161–164.

Holt, Frank L., (2005), *Into the Land of Bones: Alexander the Great in Afghanistan*, Berkeley: The University of California Press.

Hornblower, Simon, (2011), *The Greek World 479–323 BC*, 4th edn., New York: Routledge.

Hutchison, Laura, (2010), *Multivalence in Cults and Images of Aphrodite from Five Selected Greek City-States*, M.A. diss., University of California, Davis.

Isserlin, Benedikt S. J., et al., (2003), "The Canal of Xerxes: Summary of Investigations 1991–2001", *ABSA* 98, pp. 369–385.

Jackson, Kassandra, (2010), "Father-Daughter Dynamics in the Iliad: The Role of Aphrodite in Defining Zeus' Regime", *BCA*, pp. 151–163.

Jacoby, Felix, (1944), "ΓΕΝΕΣΙΑ, A Forgotten Festival of the Dead", *CQ* 38, pp. 65–75.

Janko, Richard C. M., (1982), *Homer, Hesiod and the Hymns: Diachronic Development in Epic Diction*, Cambridge: Cambridge University Press.

Johnston, Sarah I., (1996), "The Song of the Iynx: Magic and Rhetoric in Pythian 4", *TAPhA* 125, pp. 177–206.

Ead., (1999), *Restless Dead: Encounters Between the Living and the Dead in Ancient Greece*, Berkeley: University of California Press.

Ead., (2008), *Ancient Greek Divination*, Chichester: Blackwell Publishing Ltd..

Johnston, Sarah I. & Struck, Peter T., (2005), *Mantikê: Studies in Ancient Divination*, Leiden: Brill Academic Publishers.

Jones, Brandtly, (2010), "Relative Chronology Within (an) Oral Tradition", *CJ* 105, pp. 289–319.

Karageorghis, Jacqueline, (2005), *Kypris: The Aphrodite of Cyprus: Ancient Sources and Archaeological Evidence*, Nicosia: A. G. Leventis Foundation.

Karanika, Andromache, (2008), "Greek Comedy's Parody of Lament", in Ann Suter (ed.), *Lament: Studies in the Ancient Mediterranean and Beyond*, New York: Oxford University Press, pp. 181–199.

Kazhdam, Alexander, (2009), "Holy and Unholy Miracle Workers", in Henry Maguire (ed.), *Byzantine Magic*, Washington DC: Dumbarton Oaks Research Library and Collection, pp. 73–82.

Kearns, Catherine, (2018), "Cyprus in the Surging Sea: Spatial Imaginations of the Eastern Mediterranean", *TAPhA* 148, pp. 45–74.

Keuls, Eva C., (1993), *The Reign of the Phallus: Sexual Politics in Ancient Athens*, 2nd edn., Berkeley: University of California Press.

Kieburg, Anne, (2008), "Aphrodite, Hephaistos and Ares: Some Thoughts on the Origins of the Mythical Connection of the Three Gods in the Metallurgy of Late Bronze Age Cyprus", in Andrew P. McCarthy (ed.), *Island Dialogues: Cyprus in the Mediterranean Network*, Edinburgh: University of Edinburgh, pp. 210–231.

Kieckhefer, Richard, (2019), "Erotic Magic in Medieval Europe", in Joyce E. Salisbury (ed.), *Sex in Middle Age*, New York: Routledge, pp. 30–55.

Kindt, Julia, (2009), "Polis Religion: A Critical Appreciation", *Kernos* 22, pp. 9–34.

Ead., (2012), *Rethinking Greek Religion*, New York: Cambridge University Pres.

Kotansky, Roy, (1991), "Incantations and Prayers for Salvation on Inscribed Greek Amulets", *GM&R*, pp. 107–137.

Kryzhitskii, Sergei D., Howorth, David, (2005), "The Temple of Aphrodite on the Island of Berezan", *Mouseion* 5, pp. 261–285.

Kurke, Leslie, (2007), "Visualizing the Choral: Epichoric Poetry, Ritual, and Elite Negotiation in Fifth-Century Thebes", in Chris Kraus, et al. (eds.), *Visualizing the Tragic: Drama, Myth, and Ritual in Greek Art and Literature*, New York: Oxford University Press, pp. 63–101

Larson, Jennifer, (1995), *Greek Heroine Cults*, Madison: University of Wisconsin Press.

Eda., (2001), *Greek Nymphs: Myth, Cult, Lore*, New York: Oxford University Press.

Ead., (2007), *Ancient Greek Cults: A Guide*, New York: Routledge.

Loomis, William T., (1998), *Wages, Welfare Costs, and Inflation in Classical Athens*,

Ann Arbor: The University of Michigan Press.

Loraux, Nicole, (1986), *The Invention of Athens: The Funeral Oration in the Classical City*, Alan Sheriden (tr.), Cambridge, MA: Harvard University Press.

Lord, Louis E., (1939), "Watchtowers and Fortresses in Argolis", *AJA* 43, pp. 78–84.

Luck, Georg, (2006), *Arcana Mundi: Magic and the Occult in the Greek and Roman Worlds*, 2nd edn., Baltimore: Johns Hopkins University Press.

MacLachlan, Bonnie, (1993), *The Age of Grace: Charis in Early Greek Poetry*, Princeton: Princeton University Press.

Ead., "The Ungendering of Aphrodite", *EnA*, pp. 365–378.

Manuel, Frank E. & Manuel, Fritzie P., (1979), *Utopian Thought in the Western World*, Cambridge, MA: The Belknap Press of Harvard University Press.

Marcovich, Miroslav, (1996), "From Ishtar to Aphrodite", *JAE* 30, pp. 43–59.

Marinatos, Nanno, (2003), "Striding Across Boundaries: Hermes and Aphrodite as Gods of Initiation", in David B. Dodd & Christopher A. Faraone (eds.), *Initiation in Ancient Greek Rituals and Narratives: New Critical Perspectives*, London: Routledge, pp. 130–151.

Mark, Ira S., (1993), *The Sanctuary of Athena Nike in Athens: Architectural Stages and Chronology*, (*Hesperia* Supplement 26), Princeton: American School of Classical Studies at Athens.

Miller, William, (1922), "The Last Athenian Historian: Laonikos Chalkokondyles", *JHS* 42, pp. 36–49.

Morgan, Gareth, (1978), "Aphrodite Cytherea", *TAPhA* 108, pp. 115–120.

Morgan, Janett, (2010), *The Classical Greek House*, Exeter: Bristol Phoenix Press.

Mozel, Philip & Morden, Meg, (2006), "The Cult Statue of Aphrodite at Palaepaphos: A Meteorite?", *JRASC* 8, pp. 149–155.

Murnaghan, Sheila, (1999), "The Poetics of Loss in Greek Epic", in Margaret H. Beissinger, Susanne L. Wofford & Jane Tylus (eds.), *Epic Traditions in the Contemporary World: The Poetics of Community*, Berkeley: University of California Press, pp. 203–221.

Nagel, Alexander, (2010), "Encountering the World of Aphrodite on the Western Greek Mainland", *BCA*, pp. 235–250.

Nagy, Gregory, (1985), "Theognis and Megara: A Poet's Vision of His City", in

Thomas J. Figueira & Gregory Nagy (eds.), *Theognis of Megara: Poetry and the Polis*, Baltimore: The Johns Hopkins University Press, pp. 22–81.

Nelson, Grace W., (1940), "A Greek Votive Iynx-Wheel in Boston", *AJA* 44, pp. 443–456.

Nevett, Lisa C., (1999), *House and Society in the Ancient Greek World*, Cambridge: Cambridge University Press.

Ead., (2010), *Domestic Space in Classical Antiquity*, Cambridge: Cambridge University Press.

Nock, Arthur D., (1925), "Magical Notes", *JEA* 11, pp. 154–158.

Ogden, Daniel, (1996), *Greek Bastardy in the Classical and Hellenistic Periods*, Oxford: Oxford University Press.

Id., (2004), *Greek and Roman Necromancy*, Princeton: Princeton University Press.

Olson, Stuart D., (2012), *The Homeric Hymn to Aphrodite and Related Texts: Text, Translation and Commentary*, Berlin: Walter de Gruyter.

Osanna, Massimo, (1990), "Sui culti arcaici di Sparta e Taranto: Afrodite Basilis", *PP* 45, pp. 81–94.

Otto, Walter F., (1965), *Dionysus: Myth and Cult*, Bloomington: Indiana University Press.

Pantelia, Maria C., (2002), "Helen and the Last Song for Hector", *TAPhA* 132, pp. 21–27.

Papadopoulou, Chryssanthi, (2010), "Aphrodite and the Fleet in Classical Athens", *BCA*, pp. 217–234.

Parker, Robert, (1996), *Athenian Religion: A History*, Oxford: Clarendon Press.

Id., (2002), "The Cult of Aphrodite Pandamos and Pontia at Cos", in Herman F. J. Horstmanshoff, et al. (eds.), *Kykeon: Studies in Honour of H. S. Versnel*, Leiden: Brill Academic Publishers, pp. 143–160.

Id., (2003), "The Problem of the Greek Cult Epithet", *OA* 28, pp. 173–183.

Id., (2005), *Polytheism and Society at Athens*, New York: Oxford University Press.

Id., (2011), *On Greek Religion*, Ithaca, NY: Cornell University Press, pp. 65–73.

Parry, Adam, ed., (1971), *The Making of Homeric Verse: The Collected Papers of Milman Parry*, New York: Oxford University Press.

Parry, Hugh, (1986), "The *Homeric Hymn to Aphrodite* Erotic *Ananke*", *Phoenix* 40, pp. 253–264.

Penglase, Charle, (1994), *Greek Myths and Mesopotamia: Parallels and Influence in the Homeric Hymns and Hesiod*, London: Routledge.

Pirenne-Delforge, Vinciane, (1988), "Épithètes cultuelles et interprétation philosophique: À propos d' Aphrodite Ourania et Pandemos à Athènes", *AC* 57, pp. 142–157.

Ead., (1994), *L'Aphrodite grecque: contribution à l'étude de ses cultes et de sa personnalité dans le panthéon archaïque et classique*, (*Kernos* Supplement 4), Liège: Centre International d'Étude de la Religion Grecque Antique.

Ead., (1996), "Les Charites à Athènes et dans l'île de Cos", *Kernos* 9, pp. 195–214.

Ead., (2007), " 'Something to do with Aphrodite': *Ta Aphrodisia* and the Sacred", in *CGR*, pp. 311–323.

Ead., (2010), "Flourishing Aphrodite: An Overview", *BCA*, pp. 3–16.

Pironti, Gabriella, (2007), *Entre Ciel et Guerre: Figures d'Aphrodite en Grèce ancienne*, (*Kernos* Supplément 18), Liège: Centre International d' Étude de la Religion Grecque Antique.

Ead., (2010), "Rethinking Aphrodite as a Goddess at Work", *BCA*, pp. 113–130.

Prauscello, Lucia, (2006), "Looking for the 'Other' Gnesippus: Some Notes on Eupolis Fragment 148 K-A", *CP* 101, pp. 52–66.

Ramsay, William M., (1888), "Antiquities of Southern Phrygia and the Border Lands (II)", *AJA* 4, pp. 6–21.

Reed, Joseph D., (1995), "The Sexuality of Adonis", *CA* 14, pp. 317–347.

Id., (1997), *Bion of Smyrna: The Fragments and the Adonis*, Cambridge: Cambridge University Press.

Reitzammer, Laurialan, (2008), "Aristophanes'*Adôniazousai*", *CA* 27, pp. 282–333.

Ead., (2016), *The Athenian Adonia in Context: The Adonis Festival as Cultural Practice*, Madison: The University of Wisconsin Press.

Richer, Nicolas, (2007), "The Religious System at Sparta", *CGR*, pp. 236–252.

Rose, Herbert J., (1924), "Anchises and Aphrodite", *CQ* 18, pp. 11–16.

Id., (1929), "The Cult of Orthia", in Richard M. Dawkins (ed.), *The Sanctuary of Artemis Orthia at Sparta*, (*JHS* Supplement 5), London: MacMillan Publishers Ltd., pp. 399–408.

Id., (1939), "The Date of Iambulos", *CQ* 33, pp. 9–10.

Rosenzweig, Rachel, (2004), *Worshipping Aphrodite: Art and Cult in Classical Athens*, Ann Arbor: The University of Michigan Press.

Schindler, Rebecca K., (1998), *The Archaeology of Aphrodite in the Greek West: ca. 650–480 BC*, Ph.D. diss., University of Michigan.

Ead., (2007), "Aphrodite and the Colonization of Locri Epizephyrii", *EA* 11, pp. 98–124.

Scholtz, Andrew, (2002/03), "Aphrodite Pandemos at Naukratis", *GRBS* 43, pp. 231–242.

Segal, Charles, (1974), "The *Homeric Hymn to Aphrodite*: A Structuralist Approach", *CW* 67, pp. 205–212.

Id, (1986), "Tithonus and the *Homeric Hymn to Aphrodite*: A Comment", *Arethusa*, 19, pp. 37–47.

Segal, Rober A., (1991), "Adonis: A Greek Eternal Child", in Dora C. Pozzi & John M. Wickersham (eds.), *Myth and the Polis*, Ithaca, NY: Cornell University Press, pp. 64–85.

Serwint, Nancy, (2002), "Aphrodite and Her Near Eastern Sisters: Spheres of Influence", *EnA*, pp. 325–350.

Siewert, Peter, (1979), "Poseidon Hippios am Kolonos und die Athenischen Hippeis", in Glen W. Bowersock, Michael C. J. Putnam & Walter Burkert (eds.), *Arktouros: Hellenic Studies Presented to B. M. W. Knox on the Occasion of His Sixty-fifth Birthday*, Berlin: W. de Gruyter, pp. 280–289.

Simms, Ronda R., (1988), "The Cult of the Thracian Goddess Bendis in Athens and Attica", *AW* 18, pp. 59–76.

Ead., (1997-98), "Mourning and Community at the Athenian Adonia", *CJ* 93, pp. 121–141.

Simon, Erika, (2006), "Gods in Harmony: The Etruscan Pantheon", in Nancy T. de Grummond & Erika Simon (eds.), *The Religion of the Etruscan*, Austin: University of Texas Press, pp. 45–65.

Smith, Peter M., (1981a), "Aineiadai as Patrons of *Iliad* XX and the *Homeric Hymn to Aphrodite*", *HSPh* 85, pp. 17–58.

Id., (1981b), *Nursling of Mortality: A Study of the Homeric Hymn to Aphrodite*,

Frankfurt: Verlag Peter D. Lang.

Sokolowski, Franciszek, (1964), "Aphrodite as Guardian of Greek Magistrates", *HThR* 57, pp. 1–8.

Sourvinou-Inwood, Christiane, (1978), "Persephone and Aphrodite at Locri: A Model for Personality Definitions in Greek Religion", *JHS* 98, pp. 101–121.

Spencer, Nigel, (1995), "Early Lesbos Between East and West: A 'Grey Area' of Aegean Archaeology", *ABSA* 90, pp. 269–306.

Spratt, Thomas, (1847), "Remarks on the Isthmus of Mount Athos", *JRGSL* 17, pp. 148–150.

Staal, Frits, (1979), "The Meaninglessness of Ritual", *Numen* 26, pp. 2–22.

Stafford, Emma, (2007), "Personification in Greek Religious Thought and Practice", in *CGR*, pp. 71–85.

Stehle, Eva, (1996), "Sappho's Gaze: Fantasies of a Goddess and a Young Man", in Ellen Greene (ed.), *Reading Sappho: Contemporary Approaches*, Berkeley: University of California Press.

Steiner, Deborah T., (2001), *Images in Mind: Statues in Archaic and Classical Greek Literature and Thought*, Princeton: Princeton University Press.

Strolonga, Polyxeni, (2012), "Aphrodite Against Athena, Artemis, and Hestia: A Contest of *erga*", *ICS* 37, pp. 1–20.

Suter, Ann, (1987), "Aphrodite/Paris/Helen: A Vedic Myth in the *Iliad*", *TAPhA* 117, pp. 51–58.

Tarn, William W., (1933), *Alexander the Great and the Unity of Mankind*, London: Proceedings of the British Academy, XIX.

Id., (1938), *The Greeks in Bactria and India*, London: Cambridge University Press.

Id., (1939a), "Alexander, Cynics and Stoics", *AJPh* 60, pp. 41–70.

Id., (1939b), "The Date of Iambulus: A Note", *CQ* 33, p. 193.

Id., (1952), *Hellenistic Civilization*, London: Edward Arnold Publishers Ltd.

Tavenner, Eugene, (1933), "Iynx and Rhombus", *TAPhA* 64, pp. 109–127.

Thornton, Bruce S., (1997), *Eros: The Myth of Ancient Greek Sexuality*, Boulder: Westview Press.

Ustinova, Yulia, (1998), "Aphrodite Ourania of the Bosporus: The Great Goddess of a Frontier Pantheon", *Kernos* 11, pp. 209–226.

Ead., (1999), *The Supreme Gods of the Bosporan Kingdom: Celestial Aphrodite and the Most High God*, Leiden: Brill Academic Publishers.

Valdés, Miriam, (2005), *El papel de Afrodita en el alto arcaísmo griego: Política, guerra, matrimonio e iniciación*, (*Polifemo* supplemento 2), Rome: Aracne Editrice.

Van Eck, Johannes, (1978), *The Homeric Hymn to Aphrodite: Introduction, Commentary and Appendices*, Ph.D. diss., Utrecht University.

Vangeli, Christina, (2018), *The Cult of Aphrodite in Macedonia*, M.A. diss., Aristotle University of Thessaloniki.

Versnel, Hendrik S., (1990), "What's Sauce for the Goose is Sauce for the Gander: Myth and Ritual, Old and New", in Lowell Edmunds (ed.), *Approaches to Greek Myth*, Baltimore: The Johns Hopkins University Press, pp. 23–90.

Id., (2011), *Coping with the Gods: Wayward Readings in Greek Theology*, Leiden: Brill Academic Publishers, pp. 40–87.

Waegeman, Maryse, (1992), "ΑΡΩΡΙΦΡΑΣΙΣ: Aphrodite's Magical Name", *AC* 61, pp. 237–242.

Walcot, Peter, (1991), "The *Homeric Hymn to Aphrodite*: A Literary Appraisal", *G&R* 38, pp. 137–155.

Wallensten, Jenny, (2003), *A Study of Dedications to Aphrodite from Greek Magistrates*, Ph.D. diss., Lund University.

West, Martin L. ed., (1966), *Hesiod: Theogony*, Oxford: Clarendon Press.

Id. (1995), "The Date of the *Iliad*", *MH* 52, pp. 203–219.

Id. (1997), *The East Face of Helicon*, New York: Oxford University Press.

Id. (2000), "The Name of Aphrodite", *Glotta* 76, pp. 134–138.

Id. (2003), *Homeric Hymns, Homeric Apocrypha, Lives of Homer*, Cambridge, MA: Harvard University Press

Wilson, Peter, (2000), *The Athenian Institution of the Khoregia: The Chorus, the City and the Stage*, Cambridge: Cambridge University Press.

Winkler, John J., (1990), *The Constraints of Desire: The Anthropology of Sex and Gender in Ancient Greece*, New York: Routledge.

Yasumura, Noriko, (2013), *Challenges to the Power of Zeus in Early Greek Poetry*, New York: Bloomsbury Academic.

Young, Philip H., (2005), "The Cypriot Aphrodite Cult: Paphos, Rantidi, and Saint Barnabas", *JNES* 64, pp. 23–44.

附录一

澄清柏拉图《会饮》中的两位阿佛洛狄忒之说

柏拉图的《会饮》（也可算上色诺芬《会饮》）中有关于两个阿佛洛狄忒的言论，即属天的和属民的①，她们分别是两位父亲（乌拉诺斯和宙斯）所生。这一说法十分普遍，甚至有成为阿佛洛狄忒权威论调的迹象。运用女神的不同称号，或者想象的形象，去对应哲学思辨中形而上学的问题，这种处理方式并无不妥。②然而，不能将其视为古希腊社会实际的习俗。③其实，《会饮》的误导之嫌，法内尔已有察觉："柏拉图在《会饮》中，误会或者故意误用了这个称号"④。皮雷娜-德芙热也委婉地指出，这是对"牺祀称号的一种哲学解释"⑤。所以，至少应该意识到，阿佛洛狄忒女神在哲学、神话以及牺祀层面上有所不同。⑥

事实上，在古希腊人的宗教中，或者说，在他们社会习俗的层面，阿佛洛狄忒从来不存在两个或更多。一个神的职称或名号不会分裂成这个神的个数。⑦不然的话，古希腊人的宙斯们（Zeuses），起码有70个都不止。而且，这一点，另一篇与柏拉图竞争的色诺芬的《会饮》已经借苏格拉底之口对其有所更正，他说：其实只有一个阿佛洛狄忒和多个称号⑧，并且谈到两者不同的仪式（θυσίαι τῇ μὲν Πανδήμῳ ῥᾳδιουργότεραι, τῇ δὲ Οὐρανίᾳ ἁγνότεραι），即属民的是 ῥᾳδιουργότεραι，而属天的是 ἁγνότεραι。关于这两个仪式术语的具体意思，

---

① 亦有不知所谓的"属地的"一说。在古希腊人的宗教习俗中，属地的当为Cthonia（地祇）。阿佛洛狄忒从未有过这一属性。

② 该观点可谓贯穿整个欧洲，从古罗马，如普罗提诺（Plotinus），至文艺复兴，如费齐诺（Ficino）等思想家，直至近现代。

③ 类似的如尼采构建的希腊精神模型：阿波罗信仰对狄奥尼索斯崇拜的对应关系，不能将之等同于希腊宗教习俗。

④ Lewis R. Farnell, *Cults of the Greek States*, Vol. 2, Oxford: Clarendon Press, 1896, p. 660.

⑤ Vinciane Pirenne-Delforge, "Épithètes cultuelles et interprétation philosophique: À propos d'Aphrodite Ourania et Pandemos à Athènes", *AC* 57 (1988), pp. 142–157.

⑥ 就这一点而言，日本的西洋古典学者已经有正确的认识，参见浜下昌宏：《二体のアフロディテ(1)》，*Women's Studies Forum* 8，1994，pp.107-120；《二体のアフロディテ(2)》，*Women's Studies Forum* 9，1995，pp.31-42。文章对这一观念在西方古代的发展和接受史做了十分清楚的介绍。

⑦ Robert Parker, "The Problem of the Greek Cult Epithet", *OA* 28 (2003), p. 183.

⑧ Xen., *Sym.* 8.9.

在此语境中的解释尚无确切定论，ῥᾳδιουργότεραι 有易行、鲁莽、不神圣之意，ἁγνότεραι 则有纯正、无瑕、神圣之意。皮雷娜－德芙热推测 ἁγνότεραι 可能指无血的献祭和无酒的醑奠①，而 ῥᾳδιουργότεραι 则是有血有酒的献祭仪式②。事实上，阿佛洛狄忒在雅典的这两处牺祀，并无一种祭品上的严格区分，考古发掘所见有多种牺牲的遗骸，甚至有禽类，且都会用酒。③笔者以为，或可做此理解：ῥᾳδιουργότεραι 是一种简单的随时可以举行的仪式，在形式上无严格规定；而 ἁγνότεραι 则是一种复杂的需要筹备祭品的仪式，在形式上需遵循一定的礼法。因此，这句话可以理解为："在仪式方面，属民的即兴，而属天的庄重。"

此外，《会饮》中属天和属民二分的误会完美地化解了阿佛洛狄忒诞生神话的矛盾（两位史诗诗人有关阿佛洛狄忒身世的不同版本），殊不知此大谬不然。首先，《会饮》中众人重点谈论的是另一个不存在牺祀的神——厄洛斯；其次，柏拉图在写作这篇对话录时，脑海中所想的与其说是赫西俄德与荷马，更可能是俄尔甫斯——柏拉图倾心的毕达哥拉斯的思想与之一脉相通——的第三个神谱（乃至神学体系）。不要忘了，厄洛斯不仅在俄尔甫斯教的教义中地位更为显赫，而且厄洛斯在两位史诗诗人那里从来不是阿佛洛狄忒的儿子，而在俄尔甫斯那里，阿佛洛狄忒是厄洛斯之母。④

---

① 关于醑奠，参见附录三。

② Pirenne-Delforge, *op. cit.*, p. 154–156.

③ 对雅典城内阿佛洛狄忒的这两处牺祀仪式情况的介绍，参见 Rachel Rosenzweig, *Worshipping Aphrodite: Art and Cult in Classical Athens,* Ann Arbor: The University of Michigan Press, 2004, pp. 60–63.

④ OH 55.8.

附录二

希腊人的阿佛洛狄忒非罗马人的维纳斯

众所周知,公元前1世纪的罗马人维吉尔"续写"了特洛伊诗系。他在《埃涅阿斯纪》中,沿用埃涅阿斯之名,而其母之名却从阿佛洛狄忒成了维纳斯。维纳斯和阿佛洛狄忒两者等同,只是一个女神的拉丁名称与希腊名称。据此说法甚至认为所有的希腊神都是如此,其实不然。

维纳斯与阿佛洛狄忒之间起初并没有关联,更不是一个神的两个名字。罗马人的维纳斯倒是与他们的邻居埃特鲁斯坎人(Etruscan)的图然(Turan)女神有着千丝万缕的联系。① 随着罗马人的扩张和与外界的接触,不可避免地吸纳了比之更为先进的古希腊文化,包括希腊诸神。这种文化的影响,有很大一部分就体现在改编和创造所谓希腊-罗马神话之中。如果托勒密王朝能够继续长期统治埃及,那么我们现在完全有可能听到埃及神与希腊神等同——只是名字不同——的普遍学说。

关于罗马人接受阿佛洛狄忒的大致经过,可以从罗马史学家李维乌斯(Titus Livius Patavinus)的记录中窥见。② 罗马人于布匿战争期间在卡皮托山建立神殿供奉厄律克斯的维纳斯(Venus Erycina),此即西西里希腊城邦厄律克斯(Eryx)的阿佛洛狄忒。据传,该城获名于同名英雄厄律克斯,厄律克斯为阿尔戈号英雄(Argonautai)之一布忒斯(Boutes)之子,布忒斯因塞壬之惑而坠海,后被阿佛洛狄忒拯救,并带至西西里(注意此处阿佛洛狄忒表现出海神的一面)。③ 该城曾被迦太基人占领,并将卫城神庙内的阿佛洛狄忒视为本族的阿施塔尔忒供奉。罗马夺下此城后,以"传统"的方式将其视作迦太基女神"请"回罗马,后以厄律克斯的希腊仪式供奉之。起初,女神的祭祀得以在公元前295年设立,似乎是饕餮的法比乌斯(Quintus Fabius Maximus Gurges,此人即乡巴佬法比乌

---

① 对埃特鲁斯坎人诸神的简明梳理及其与罗马诸神之间的关系,参见 Erika Simon, "Gods in Harmony: The Etruscan Pantheon", in Nancy T. de Grummond & Erika Simon (eds.), *The Religion of the Etruscans*, Austin: University of Texas Press, 2006, pp. 45–65。

② Liv., 22.10; Liv., 23.30.

③ [Apollod.], *Bibl.* 1.9.25.

斯之子，拖延者法比乌斯之父）力排众议的结果。待到罗马官方完成宗教同化，可能已是公元前 3 世纪末，这比女神神殿的设立晚了近百年。

附录三

"犒祀"中译小议并略说"引纳"与"酹奠"

犒祀(cult)

这里有必要说明一下笔者采用的"犒祀"一词。汉语中"犒"为犒劳,以酒食财物慰劳之意;"祀"为祭祀,供奉神祇之意。本书所用"犒祀"指的是英语中的术语cult。不过,对于cult也需先定其范畴、明其概念、探其本意,再解释笔者用此中译——犒祀——对译的缘由。

首先,本书(或者说,所有针对"古代宗教"的学术研究当中)使用的"cult"一词,有其严格的界定,不包括以下四种情况:(1)宗教社会学中对划分的宗教团体的称呼(宗派或支派);(2)新兴宗教运动中的膜拜群体的概念(其中包括因其性质而被称为邪教的组织);(3)各种以人(偶像)或事(行为)为对象的狂热追捧和纪念歌颂;(4)早期基督教中的用语,奥古斯丁(Augustine)使用这个词的"味道"已经变了。[①]可以说,在(2)和(3)这两类情况中,多少包含一种贬义的色彩,比如将cult与religious repression(宗教压迫)等而视之[②],或与动词"洗脑""操纵""利用"以及形容词"怪异""狂热""暴力"等联系在一起。[③]

其次,学界使用cult一词,是古代宗教中一个十分普遍的概念。其表现形式可以是广泛意义上的仪式行为,但cult绝不等同于仪式行为。cult可以进一步被理解为一种现象:仪式的行为体现和包含cult的现象。不仅如此,其他事物,如文学诗歌包含cult的现象,艺术图像也包含cult的现象,甚至可以说一个古人的一举一动都能够包含一种cult的现象,等等。一位美国考古学家在定义cult一词时,从人的行为上进行总结:

"cult"一词在时间和空间的坐标框架内,确定了一种与特定对象

[①] August., *De Civ. D.* 10.1.
[②] David G. Bromley, "Dramatic Denouements", in David G. Bromley & John G. Melton (eds.), *Cults, Religion, and Violecne*, New York: Cambridge University Press, 2002, p. 23.
[③] John R. Hall, "Mass Suicide and the Branch Davidians", in Bromley & Melton (eds.), *op. cit.*, p. 143.

有关的仪式行为模式。仪式包括（但不必然地限于）祈祷、献祭、还愿、赛会、游行以及建造纪念性的东西。在某种程度上，随着时间的推移，在正确的处境中重复仪式的动作，对于实行和实践一种 cult 而言，必不可少。[1]

因此，可以理解为 cult 包含于诸事之中，其概念更为抽象。

再次，英语 cult、法语 culte、德语 kult、意大利语 culto 皆源自拉丁语的 cultu。该词是动词 colo 的动名词，colo 的本意为耕种、照料、栽培，引申意为结交。正如西塞罗（Marcus Tullius Cicero）于《论诸神本性》（*De Natura Deorum*）中所言："宗教乃结交（牺祀）诸神（*religione id est cultu deorum*）。"[2] 需要指出的是，在西塞罗的语境中，cultu 似乎并没有后来衍生出的崇拜的含义，凡人与诸神打交道的 cultu，不是谦卑匍匐的敬仰（但存在尊重或尊敬），而是更为平等（但不是一种能力上的平等）的行为，即俗称的 do ut des（我给并给我，即交换）原则。就古代宗教而言，该原则在某些场合（如巫术和秘仪）甚至到了极端的程度。[3]

人有求于神，而神赠于人，彼此是一种利益关系，在这层意义上，就像是人在种地（cult-ivation），辛勤耕种是为了获得果实、谷物的产出，换言之，就是其中没有后来绝对一神教中的神主与人仆的味道。一位英国学者对 cult 一词的理解，应该可以代表学界的普遍观点：

> "cult"与"cultivate"（耕作、培育、结交）源自同一个拉丁语词根，可谓十分贴切，因为古代的各种崇拜（worship）与其说是建立在信仰或信念上（通常被认为是理所当然的），不如说是建立在具体的行动上，如献祭、还愿和节庆，这些行为的重复，就像人们反复为花园浇水一样，是为了促其生长。[4]

因此，cult 可以理解为人对诸神的耕种（cultus），目的是获得某种回报。

---

[1] Carla M. Antonaccio, "Contesting the Past: Hero Cult, Tomb Cult, and Epic in Early Greece", *AJA* 98 (1994), p. 398.

[2] Cic., *N.D.* 2.8.

[3] Georg Luck, *Arcana Mundi: Magic and the Occult in the Greek and Roman Worlds*, 2nd edn., Baltimore: Johns Hopkins University Press, 2006, p. 479.

[4] Jennifer Larson, *Ancient Greek Cults: A Guide*, New York: Routledge, 2007, p. 1.

这种现象，就是"犒祀"（cultu）。

最后，谈一下该术语的中译。cult 作为一种古代社会的文化现象，在这一层面上有多种译法，如祭祀、祭仪、祭礼、仪式、崇祀、崇拜、崇奉等等。笔者觉得，在古代文化的特定语境里去理解，这些译法都无太大的问题，但却无法统一。这些译法容易让人误会原文是其他西文词汇，而且似乎都少了一层人与神祇之间那种相对平等。可以礼尚往来的"交际"味。因此，笔者尝试用"犒祀"来对译 cult（cultu）一词，"犒"有从上（人）对下（神）的感谢，而"祀"又有从下（人）对上（神）的遵奉，两者合而用之体现了人与神之间的这种平等和循环。另外，汉语"犒祀"与 cult 读音相近。

引纳仪式（initiation）

关于"initiation"一词的翻译，国内存在各种不同的译法，如初入礼、入会礼、过度礼仪、成丁礼、及笄礼、启蒙仪式等。此类译法皆视语境而定。笔者尝试将该词统一译作"引纳仪式"或"引纳"。简言之，原因有四：（1）initiation 是一个复杂的仪式；（2）该仪式过程中有专人（仪式的指引者）引导新人（仪式的待纳者）一步步完成；（3）通过仪式，新人最终被接纳为某种身份的成员，故"引"与"纳"突出了仪式的行为和过程，又能统摄所有此类仪式；（4）汉语"引纳仪式"与 initiation 读音相近。

酹奠（libation）

关于"libation"一词的翻译，学界通常使用"奠酒"一词，但也有译作祭奠、祭酒。需注意的是，古希腊人的 libation 所使用的液体不仅有酒，还会用到其他液体，有时甚至根本不用酒。因此笔者以为，或可用汉语中的"酹奠"来翻译英语中的 libation。原因有三：（1）"酹"有倾倒灌洒之意，能反映出原文中动词的意思；（2）"酹"避免了"酒"字的以偏概全，"奠"即置祭；（3）"酹"与 libation 读音相近。

退一步讲，即便上述三个新的译名无法完全意译出其对应的西语所包含的全部内涵，但如若能统一将这些词对应起来，而不是没有规则地使用其他驳杂的译名，这对在相关语境中正确把握这些词，对使用这些词的相关学术领域的研究都将有一定的益处。

附录四

庇昂的《祭阿多尼斯文》中译[①]

我，为失去阿多尼斯而哀叹："俊美的阿多尼斯没了！"
"俊美的阿多尼斯没了！"小爱神们[②]，以哀悼回应。
塞浦路斯女神，别再躺卧在那被染得猩红的被单里；
醒来吧，不幸的人，裹上黑袍狠命捶打
你的胸脯，告诉所有人，"俊美的阿多尼斯没了！"   5

我，为失去阿多尼斯而哀叹；小爱神们，以哀悼回应。
俊美的阿多尼斯躺在山上，他的大腿，
白皙的大腿，被白色的獠牙刺中，他让塞浦路斯女神悲痛不已，
当他微弱地吐出最后一口气息之时，他的黑血喷涌
到了他雪白的肉体上，他眉下的双眼失去了知觉。   10
玫瑰从他的唇上滑落，在那上面
凋谢的，是塞浦路斯女神永远无法再带走的吻。
对塞浦路斯女神而言，那一吻是如此愉悦，即使他已丧失了性命；
但是，阿多尼斯再也无法得知，在自己死后，她亲吻了他。

我，为失去阿多尼斯而哀叹；小爱神们，以哀悼回应。   15
阿多尼斯的腿上有一处凶残的伤口，
而在库忒瑞娅的心中，则有一个更严重的伤口。
少年身旁的，是他的爱犬在低吠，
山泽仙子们在哭泣。但是阿佛洛狄忒，
她披头散发，冲进树林   20

[①] 据里德校勘的文本，参见 Joseph D. Reed, *Bion of Smyrna: The Fragments and the Adonis*, Cambridge: Cambridge University Press, 1997, pp. 122–131.

[②] 原文为 Erôtes，多泛指一群有翼的爱神精灵，包括 Eros、Anteros、Himeros、Pothos 等。此处译为小爱神们。

哀叹，衣着凌乱，赤裸双脚；荆棘
在她经过的时候割伤了她，刺出了神圣的血液①。
她尖叫着穿过蜿蜒的山谷，徘徊恍惚，
哭喊着亚述人的尖叫，呼唤着她的伴侣和少年。
黑色的袍子荡在她肚脐的周围； 25
她的胸口被她的双手染得鲜红；在胸脯的下面，
是曾经雪白的阿多尼斯的脸，如今变得猩红。

"哀哉，库忒瑞娅！"小爱神们，以哀悼回应。
她失去了自己俊美的伴侣；她为他失去了神圣的容貌。
塞浦路斯女神，在阿多尼斯健在的时候，是如此貌美， 30
但她的美貌却随着阿多尼斯一起消逝。"哀哉，塞浦路斯女神！"
群山众树一齐哀叹："哀哉，阿多尼斯啊！"
江河为阿佛洛狄忒的不幸哭泣，
山泉为阿多尼斯流眼。
落花被悲伤染红。库忒瑞娅 35
在一座座丘顶上，在一条条山谷中，哀伤地唱着。

"哀哉，库忒瑞娅！俊美的阿多尼斯没了！"
回音女仙②与之共鸣："俊美的阿多尼斯没了！"
试问有谁不会回以"哀哉！"为那塞浦路斯女神的悲惨的爱情？
当她目睹，当她突然发现阿多尼斯血流不止的伤口时， 40
当她看着他衰弱的大腿上沾满血迹时，
她张开双臂，喊道："等等，阿多尼斯，
命运多舛的阿多尼斯，等等，让我最后一次与你结合，
我要拥抱你，唇对唇，嘴对嘴；
请再醒一醒，阿多尼斯，请再吻我最后一次， 45
吻我，因为只要这一吻还在，
直到你最后一丝气息进入我的口中，抵达我心肝的
你的气息在流动，我要吸透你甜蜜的爱

---

① 参见《伊利亚特》中阿佛洛狄忒被刺伤流出神圣的液体（Hom., *Il.* 5.335–340）。
② 原文为 Ekhô，即回声。

还要将那欲望一饮而尽；我会铭记那一吻，
就好像那是阿多尼斯本人，自从这个不幸的人儿离我而去。　50
你走得如此遥远，阿多尼斯，赴黄泉①
去见一位可恨的蛮荒之王。我多么不幸，
依然活着，作为女神，我不能随你而去。
带走我的伴侣吧，佩尔塞芙涅；因为你
比我强大得多，世间美好的一切，都会落到你那里。　55
我的命运如此不幸，获得了无尽的悲伤，
我为阿多尼斯哭泣，他已逝去，我向你屈服。
你已死，啊，再三渴望，而渴望如梦般飞离我。
库忒瑞娅成了寡妇，整座宫殿里的小爱神们都如失去了至亲，
我的衬带②随你而去。莽率的人啊，你为何要去狩猎？　60
虽然你是那般俊美，但你是否疯了，竟要与野兽角力？"

塞浦路斯女神，就这样哀叹着；小爱神们，以哀悼回应：
"哀哉，库忒瑞娅！俊美的阿多尼斯没了。"
帕福斯女神③流的泪和阿多尼斯
流的血一样多；落在地上，都开了花：　65
他的血催生了玫瑰，她的泪孕育了银莲。

我，为失去阿多尼斯而哀叹："俊美的阿多尼斯没了！"
塞浦路斯女神，别再于林中哀悼你的伴侣了。
堆砌的落叶对阿多尼斯来说不是一张合适的床铺。
让阿多尼斯躺在你的床上，库忒瑞娅，现在他已然僵硬。　70
纵使他已僵硬，但他依旧俊美，一具漂亮的躯体，就如沉睡了一般。
把他放在柔软的被单里，他曾于此过夜，
曾经他反反复复，于神圣的睡眠中伴你左右。
阿多尼斯躺在纯金的床榻上，尽管与他现在格格不入，
在他身上撒上花环和花朵：随他而去的是　75

---

① 原文为 Akheron，即冥河。
② 女性腰带，这里特指作为女神宝物的衬带。参见《伊利亚特》中阿佛洛狄忒迷人的衬带（Hom., *Il.* 14.214–217）。
③ 塞浦路斯的帕福斯，女神的称号和领地之一（Hom., *Od.* 8.362–363）。

所有的花，都枯萎了，自从他死去的那一刻。

在他身上抹上叙利亚的香膏，在他身上喷上香料。
让所有的芬芳都消亡吧。阿多尼斯，你的芬芳，已经消逝。
灿烂的阿多尼斯躺在猩红的床单上，
围在他边上的，是哭泣的爱在呻吟， 80
她们为阿多尼斯剪去了自己的长发。一位将之扔到箭上，
一位将之绑在弓上，另一位拿着带羽饰的箭袋。
这一位脱下了阿多尼斯的靴子，其他人则往
一个金碗中舀水，有一位正在擦拭他的大腿，
还有另一位从后面用阿多尼斯的翅膀为他扇风。 85

"哀哉，可怜的库忒瑞娅！"小爱神们，以哀悼回应。
海盟奈俄斯①把门柱头上的火炬统统熄灭，
把婚礼的花冠撕成了碎片。他不再唱"海盟，
海盟！"不再唱他自己的歌，而是叹息"哀哉，
哀哉！"还有"阿多尼斯！"远超那婚礼的颂歌。 90
美惠女神们为基努剌斯②的儿子哭泣，
她们叹息的"俊美的阿多尼斯没了！"
她们叫喊的"哀哉！"比你还多，女神③。
命运女神们在召唤"阿多尼斯，阿多尼斯，"
为他诵咒，但他没有听从， 95
不是他不愿意，而是少女神④不让他走。

今日，暂且收起您的哀号，库忒瑞娅，别再捶膺痛哭。
你，要再次哭泣，再度流泪，年复一年。

---

① 婚神，也是一位与阿佛洛狄忒有关的少年（神）。
② 阿多尼斯之父。
③ 男神宙斯（Dios）的阴性形式。在此语境中没有译作狄娥涅，而是译为女神。
④ 少女。但从上下文来看，这里指的是冥后佩尔塞芙涅。此外，为避讳冥后的名讳，Kore 也常作为她的代称，这里试译作少女神。

文 献 索 引

A

Aesch., 埃斯库罗斯
《阿伽门农》
Ag. 385–386   181
《奠酒人》
Ch. 726–727   181
《报仇神》
Eum. 254–275   039
《波斯人》
Pers. 687ff.   174
《被缚的普罗米修斯》
PV. 457–469   177

Alcidamas, 阿珂基达玛斯
《缪斯宫》
Mouseion   030

Anacreon, 阿纳刻瑞昂
fr. 388.10   061

Ap. Rhod., 阿波罗多尼俄斯
《阿尔戈英雄纪》
Argon. 1.23   212
Argon. 3.85–86,   177
Argon. 131–143   177

［Apollod.］托名阿波罗多洛斯
《文库》
Bibl. 1.56   153
Bibl. 1.9.25   249
Bibl. 2.4ff.   040, 071
Bibl. 3.183   155
Bibl. 3.9.2   175
Bibl. 1.7.4   207
Bibl. 1.9.7   207

Ar., 阿里斯托芬
《阿卡奈人》
Ach. 525   194
《公民大会妇女》
Eccl. 954   180
《吕茜斯特拉塔》
Lys. 387–398   144
《云》
Nub. 991–997   151
《和平》
Pax 420   142
《财神》
Plut. 874–876   191
《蛙》

Ran. 620	191	**B**	
		Bion, 庇昂	
Arist., 亚里士多德		《祭阿多尼斯文》	
《动物志》		*Epitaph.* 81	165
Hist. an. 504a, 11–19	177	*Epitaph.* 91–94	165
《政治学》			
Pol. 1. 1252b	215	**C**	
Pol. 7.1335a29	149	Callim., 卡利马科斯	
		《隽语》	
Arr., 阿里安		*Epigr.* 5	138
《亚历山大战记》			
An. 3.11.4	211	Cic., 西塞罗	
An. 7.11.6	211	《论诸神本质》	
An. 7.11.7	211	*N.D.* 2.8	252
An. 7.11.8	211		
		Clement., 亚历山大的克莱芒	
Ath., 阿忒奈俄斯		《劝勉希腊人》	
《席间群贤》		*Protr.* 4.54.3–4	206
3.98d–f	205	*Protr.* 4.54.3	207
3.98d	209		
6.253d	218	Cratinus, 克拉提诺斯	
7.289a	207	*fr.*17	142, 165
7.289c	207	**D**	
7.289d	207		
7.289e–f	207	Dem., 德谟斯忒涅	
11.25	126	《诉马卡尔塔特》	
12.535f–536a	218	43.62	157
13.569d	182		
13.569d–f	150	Democr., 德谟克里特	
15.18	129	B 230 D–K	140
		Diod., 西西里的狄奥多洛斯	

《史籍》
2.59.2 219
6.1.1–2 216
6.1.4–5, 8 217

Diog. Laert., 拉尔修
《名哲言行录》
《梭伦》
1.2.50–52 133
《恩培多克勒》
8.2.62 208

E

Empedocles, 恩培多克勒
31B, 128 D–K 214

Eur., 欧里庇德斯
《酒神的伴侣》
Ba. 64 011
Ba. 85–86 011
Ba. 234 011
《疯狂的赫拉克勒斯》
HF. 1295–1298 193
《希波吕托斯》
Hipp. 314, 469–470 138
Hipp. 1420ff. 147
《伊翁》
Ion 1529 110
《伊菲革涅娅在陶洛斯》
IT. 1337–1338 174
《奥瑞斯特斯》
Or. 1490ff 175

《腓尼基妇女》
Phoen. 1185 192

H

Hdt., 希罗多德
《历史》
1.105 010, 103
1.131 007, 010
2.53 030
2.135 130
3.82.3 167
7.22 205
8.96.2 132
9.120.4, 122.1 179

Hermogenes, 赫尔墨戈涅斯
FGrH 361 F 126

Hes., 赫西俄德
《工作与时日》
Op. 22–23 127
Op. 42–105 031
Op. 48 067
Op. 60–68 032
Op. 63, 71 037
Op. 63–64 066
Op. 65, 521 043
Op. 65, 73–74 181
Op. 69–82 034
Op. 81–82 035
Op. 105 033
Op. 519–521 032, 066

Op. 696–698	149	*Theog.* 617–719	040
		Theog. 735	040
《神谱》		*Theog.* 821	043
Theog. 18	067	*Theog.* 822	041
Theog. 75	042	*Theog.* 837	043
Theog. 134–137	038	*Theog.* 922	043
Theog. 139–140, 149	038	*Theog.* 933–937	041
Theog. 140–141	040	*Theog.* 945–946	045
Theog. 149	038	*Theog.* 958–962	041
Theog. 160	096	*Theog.* 980	041
Theog. 165	096	*Theog.* 986–991	042
Theog. 183–185	052	*Theog.* 1005	041
Theog. 183–187	038	*Theog.* 1008–1009	042, 137
Theog. 188–202	037	*Theog.* 1008–1010	097
Theog. 188–206	121	*Theog.* 1014	041, 097
Theog. 190	049	《名媛录》	
Theog. 190–191	128	*fr.* 204.96–100	096
Theog. 190–192	052		
Theog. 191–206	103	《致德米特尔的荷马颂诗》	
Theog. 200	067	HH2. 94–95	091
Theog. 207	038	HH2. 188–189	073
Theog. 210	038		
Theog. 286–305	041	第一首《致阿佛洛狄忒的荷马颂诗》	
Theog. 295–300	043	HH5. 2	061, 068
Theog. 306–325	043	HH5. 7	081
Theog. 349	180	HH5. 8	084
Theog. 504	040	HH5. 8–32	085
Theog. 515–516	041	HH5. 13	061
Theog. 517–518	041	HH5. 16	094
Theog. 521–522	041	HH5. 23	084
Theog. 546	067	HH5. 27	084
Theog. 570–616	033	HH5. 29	084

HH5. 33	081	HH5. 162–164	091
HH5. 36	084	HH5. 174–175	073
HH5. 43	084	HH5. 175	091
HH5. 45	084	HH5. 181–190	093
HH5. 49	094	HH5. 181	091
HH5. 51	094	HH5. 183	083
HH5. 53	084	HH5. 188–190	083
HH5. 55	083, 091	HH5. 190	154
HH5. 57	070	HH5. 191	070, 082
HH5. 61–65	091	HH5. 192	091
HH5. 65	094	HH5. 196	083
HH5. 66	094	HH5. 197	083
HH5. 68–74	084	HH5. 197–198	054
HH5. 70	084	HH5. 198	084
HH5. 72	084, 094	HH5. 199	094
HH5. 73	068	HH5. 200–201	091
HH5. 77	091	HH5. 202	083
HH5. 81	070	HH5. 203	083
HH5. 86–89	091	HH5. 205	082
HH5. 90	091	HH5. 206	069
HH5. 91	068	HH5. 207	082
HH5. 107	070	HH5. 216	082
HH5. 108	091	HH5. 216–238	153
HH5. 110	081	HH5. 218–238	154
HH5. 113–116	061	HH5. 219	083
HH5. 114–115	081	HH5. 226	082
HH5. 143	068	HH5. 232	069
HH5. 149–154	093	HH5. 233	082
HH5. 153–154	091	HH5. 241	083
HH5. 158–159	085	HH5. 249–254	096
HH5. 155	094	HH5. 252	096
HH5. 160	085	HH5. 252–254	084, 092

HH5. 254	094	*Il.* 5.341–346	046
HH5. 255	082	*Il.* 5.370–371	044, 121
HH5. 259	082	*Il.* 5.375	046
HH5. 260	082	*Il.* 5.421	046
HH5. 272	082	*Il.* 5.428–429	136
HH5. 273	081	*Il.* 5.738 ff.	045
HH5. 281–288	155	*Il.* 5.846–864	045
HH5. 284	082	*Il.* 5.890	045
HH5. 288	092	*Il.* 6.146	146
HH5. 292	061	*Il.* 9.275–276	137
		Il. 11.36 ff.	045
第二首《致阿佛洛狄忒的荷马颂诗》		*Il.* 11.846	175
HH6. 4–5	049	*Il.* 12.231–250	174
		Il. 13.286	137
Hom., 荷马		*Il.* 13.298 ff.	045
《伊利亚特》		*Il.* 14.201	044
Il. 1.35–42	172	*Il.* 14.211	046
Il. 1.105–120	174	*Il.* 14.214–215	175
Il. 2.205	067	*Il.* 14.214–217	256
Il. 2.803–804	062	*Il.* 15.119 ff.	045
Il. 2.867	062	*Il.* 15.509–510	137
Il. 3.374–389	046	*Il.* 16.433, 462–503	083
Il. 3.424	046	*Il.* 18.56	146
Il. 3.445	114	*Il.* 19.282	158
Il. 4.6	046	*Il.* 19.287–300	158
Il. 4.7–19	047	*Il.* 19.301	158
Il. 4.10	046	*Il.* 20.306–308	062
Il. 4.436 ff.	045	*Il.* 20.307	083
Il. 4.437–438	062	*Il.* 20.307–308	054
Il. 4.456	137	*Il.* 20.40	046
Il. 5.131–132	046	*Il.* 21.394	048
Il. 5.335–340	255	*Il.* 21.403–408	045

Il. 21.421	048	Od. 22.310–329	174
Il. 21.423–433	046	Od. 24.48–50	164
Il. 21.434	046	Od. 24.58–62	164
Il. 21.470	116	Od. 24.59	165
Il. 22. 466–470	158	Od. 24.60–62	164
Il. 23.184–187	158		
Il. 23.184–191	046	**J**	
Il. 24.699	158	Justin., 尤斯提努斯	
Il. 24.703	158	《腓力家族史辑要》	
Il. 24.762–775	159	41.6	221
《奥德赛》			
Od. 4.221	175	**K**	
Od. 5.119–120	154	Kypria,《库普丽斯之歌》	
Od. 5.121–124	154	fr. 1	096
Od. 5.125–128	154		
Od. 5.139	154	**L**	
Od. 5.143–144	154	Liv., 利维乌斯	
Od. 5.215–220	082	《建城以来史》	
Od. 6.149–152	091	22.10	249
Od. 8.266–366	050	23.30	249
Od. 8.362–363	005, 069, 129, 256		
Od. 10.287	175	Lucian, 路吉阿诺斯	
Od. 10.290	175	《妓女对话》	
Od. 10.302	175	Dail. meret. 4.1	196
Od. 10.233ff	154	Dail. meret. 4.4	196
Od. 10.317	175	Dail. meret. 4.5	196
Od. 10.340–341	154		
Od. 11.129–130	179	**N**	
Od. 16.162–163	084	Nonnus., 侬诺斯	
Od. 19.175	062	《狄奥尼索斯纪》	
Od. 21.415	067	Dion. 48.230	181
Od. 21.66–78	051		

O

OH, 俄尔甫斯祷歌

《乌拉诺斯》

4.1–5	211

《阿佛洛狄忒》

55.1–7	212
55.8	248

《阿多尼斯》

56	156

P

Paus., 保萨尼阿斯

《希腊寰域志》

1.1.2	131
1.1.3	122
1.1.4	131
1.14.7	010, 103, 132
1.22.1	132
1.22.3	132, 181
1.22.4	110
1.42.4	110
1.43.6	181
2.34.11	130
2.5.1	107
2.7.7	181
2.20.6	148
3.12.11	114
3.13.8–9	114
3.15.7	109
3.15.9	119
3.15.10	119
3.15.10–11	108
3.16.7, 11	111
3.17.5	107
3.18.1	114
3.19.2	119
3.22.1–2	115
3.23.1	104
9.38.5	113

Pind., 品达

《涅枚凯歌》

Nem. 4.56	178

《奥林匹亚凯歌》

Ol. 7.13–14	129

《皮托凯歌》

Pyth. 2.21–41	192
Pyth. 2.30	192
Pyth. 4.176–177	212
Pyth. 4.213–219	176
Pyth. 4.380	178

残篇

fr. 30.1	145

Pl., 柏拉图

《律法篇》

Leg. 2.662b	166
Leg. 12.959e–960a	163

《美诺》

Meno 80b	175

《斐德若》

Phdr. 276b	144

《国家篇》

Resp. 364b–c	172

Resp. 3.395e	162	*Sol.* 25–26	133
Resp. 5.460e	149	《忒弥斯托克勒斯传》	
Resp. 509b	209	*Them.* 12.1	126
Resp. 10.606a–b	163	*Them.* 32.4	134
《会饮》		*Them.* 32.5	126, 135
Symp. 203c	228	《忒修斯传》	
Symp. 206d	228	*Thes.* 18.2	131
Symp. 210c	228	*Thes.* 20.4	131
Symp. 211b	228	*Thes.* 21.1	131

Plin., 老普林尼
《自然志》
HN. 34.4.20–21	005
HN. 4.17	203

Plut., 普鲁塔克
《阿尔喀比亚德斯传》
Alc. 18.3	144

《亚历山大传》
Alex. 1.2	001
Alex. 27.6	211

《论亚历山大的德性或机运》
De Alex. 1.6	215, 223

《伊西斯与奥西里斯》
De Iside. 47	210

《尼基阿斯传》
Nic. 13.7	144

《罗马问题答疑》
Quaes. Rom. 61	110

《梭伦传》
Sol. 12.5	157
Sol. 21.4–5	157

Porphyry, 波菲利
《论戒除荤食》
De abstinentia, 3.25	215

Ptol., 托勒密
《地理学》
5.5.6	214

S

Sappho, 萨福
fr. 1.10	178
fr. 16.2–3	102
fr. 44.13	061

Sol., 梭伦
fr. 19	133

Soph., 索福克勒斯
《俄狄浦斯王》
OT. 387–388	174

Strab., 斯特拉博

《地理志》
1.1.16	136
1.4.9	215
7.*fr.*35	203, 213
7.*frg.*35	214
9.21	131
14.1.38	218
14.1.39	179
16.2.4	219

T

Tacitus, 塔西佗
《历史》
Hist. 2.3	006

Theoc., 忒奥克里托斯
《田园诗集》
Id. 2.23–32	194

Theophr., 忒奥弗拉斯托斯
《植物志》
Hist. pl. 6.7.3	144

Thgn., 忒奥戈尼斯
457–460	138

Thuc., 修昔底德
《伯罗奔尼撒战争》
2.38.1	140
4.109.3	204
6.30.1	144
8.67.2	130

V

Vitr., 维特鲁威
《建筑论》
2. preface. 2–3	209

X

Xen., 色诺芬
《居鲁士的教育》
Cry. 8.3.11	172

《上行记》
Anab. 1.8.25	211

《希腊志》
Hella. 4.8.7–10	123

《拉刻戴蒙人的政制》
Lac. 1.2	106
Lac. 1.4	106
Lac. 2.9	113
Lac. 5.2	106
Lac. 13.2–5	106
Lac. 15.2	106

《师门回忆录》
Mem. 3.11.17	175
Mem. 3.11.18	172

《齐家》
Oec. 9.14–15	160

《会饮》
Sym. 8.9	247

Others

《纸草所记希腊语巫术》
PGM. LXI.39–44	187

PGM. Ⅶ.467–477	185	*PGM.* ⅩⅩⅩⅥ.69–70	193
PGM. Ⅳ.2087–2095	193		
PGM. Ⅳ.2943–2966	187	《希腊诗选》	
PGM. Ⅳ.296–469	187	*Anth. Gr.* 5.205	195
PGM. LⅪ.39–44	187	*Anth. Gr.* 6.160	005
PGM. L ⅩⅧ	193	*Anth. Gr.* 9.320	120
PGM. Ⅶ.467–477	185, 187		
PGM. Ⅺ.376–396	187	《希腊铭文集成·卷二》第二版	
PGM. Ⅻ.24	193	*IG* Ⅱ², 337	123
PGM. ⅩⅢ.238–239	193	*IG* Ⅱ², 1035	124
PGM. ⅩⅨ a.50–54	184	*IG* Ⅱ², 1261	141
PGM. ⅩⅨ b	193	*IG* Ⅱ², 1290	141
PGM. ⅩⅤ	193	*IG* Ⅱ², 1657	122
PGM. ⅩⅥ	193	*IG* Ⅱ², 2134	156
PGM. ⅩⅩⅪⅩ	193		

专 名 索 引

A

阿波罗（Apollo），041, 046, 056, 067, 072, 079, 083, 119, 172, 176, 247
    阿慕柯莱的阿波罗（Apollo Amyclae），119
    皮托的阿波罗（Apollo Pythian），205
    鼠神阿波罗（Apollo Sminthios），176
阿波罗多洛斯（Apollodorus），155
阿波罗尼俄斯（Apollonios of Rhodes），177, 208, 212
阿多尼斯（Adonis），140—149, 153, 155—169, 189, 254, 257
    阿多尼斯节（Adonia），025, 140—149, 156—169
    阿多尼斯节盆栽/园圃（Adonis Garbage），141, 142, 145, 146, 152
阿尔戈号英雄（Argonautai），212, 249
阿尔戈斯（Argos），045—047, 130
    城邦，045, 047, 130, 164, 177
    百眼怪阿尔戈斯（Argus Panoptes），040, 071，另见"赫尔墨斯"
    提坦，009, 040
阿珥库俄涅（Alcyone），207
阿莉剌忒（Alilat），006, 225
    "伟大的女神"（al-Lat），225
阿尔齐罗科斯（Archilochus），060
阿耳忒弥斯（Artemis），041, 051, 054, 057, 067, 070, 071, 078, 079, 081, 085, 093, 096, 106, 111—113, 116—119, 219
    挺拔女神阿耳忒弥斯（Artemis Orthia），111, 112，另见"奥尔西娅"
    沼泽地的阿耳忒弥斯（Artemis Limnaia），111, 113, 114
阿珥凯俄斯（Alcaeus），060
阿佛洛狄忒（Aphrodite），001—026, 030—059, 061, 066—074, 078—082, 084—086, 088—097, 112—119, 121—141, 147—150, 152—154, 156, 158—163,

专名索引 | 269

167—169, 174—183, 189—199, 201, 206, 212—214, 218, 222—228, 247—249, 254—257

"阿佛洛狄忒的秘称"（ΑΡΩΡΙΦΡΑΣΙΣ），198

奥林匹亚的阿佛洛狄忒（Aphrodite Olympia），114, 115, 129

斐罗姆美得娅（Philommedea），037, 042

风平浪静的阿佛洛狄忒（Aphrodite Galenaie），127

海港女神阿佛洛狄忒（Aphrodite Limenia），129

婚神阿佛洛狄忒（Aphrodite Hera），114, 115, 119

结合女神阿佛洛狄忒（Aphrodite Migonitis），114, 115, 119

近海女神阿佛洛狄忒（Aphrodite Pelagia），129

科利亚斯的阿佛洛狄忒（Aphrodite Koliad），131

库忒瑞娅（Kythereia），015, 036, 042, 066, 073, 077, 102, 103, 254

领袖阿佛洛狄忒（Aphrodite Hegemone），104, 153

曼妙女神阿佛洛狄忒（Aphrodite Morpho），107—109, 113—115, 119, 120

米洛斯的阿佛洛狄忒［雕塑］（Aphrodite of Melos），005

女王阿佛洛狄忒（Aphrodite Basilis），116—120, 168

帕福斯的女神（Paphia），010, 256

戎装的阿佛洛狄忒（Aphrodite Hoplismenes），104, 106—108, 115, 119, 120, 136, 168

塞浦路戈尼娅（Kyprogeneia），036, 042

塞浦路斯女神（Kypris），010, 066, 078, 128, 133, 195, 222, 254—256

善渡女神阿佛洛狄忒（Aphrodite Euploia），010, 122, 124, 125, 128—130, 134, 136

深海的阿佛洛狄忒（Aphrodite Pontia），016, 129

深海与港湾女神阿佛洛狄忒（Aphrodite Pontia kai Limenia），130

属民的阿佛洛狄忒（Aphrodite Pandemos），018, 023, 132, 133, 150, 152, 247

属天的阿佛洛狄忒（Aphrodite Ourania），023, 048, 123, 132, 201, 266, 212, 213, 247

益寿女神阿佛洛狄忒（Aphrodite Ambologera），114, 115, 119

瀛海女神阿佛洛狄忒（Aphrodite Thalassaie），129

战神阿佛洛狄忒（Aphrodite Areias），115—120, 168, 169

掌舵女神阿佛洛狄忒（Aphrodite Nauarchis），129

　　镇港女神阿佛洛狄忒（Aphrodite Epilimenia），129

阿佛洛狄辖（Aphrodisias），017

阿伽门农（Agamemnon），163, 164, 166, 174

阿格莱亚（Aglaea），045

阿喀琉斯（Achilleus），045, 115, 119, 163, 164

阿克拉伽斯（Akragas），208

阿克泰翁（Aktaeon），113

阿拉伯（Arabia），006, 217

　　阿拉伯海，218

阿拉洛斯（Araros），142

阿里阿德涅（Ariadne），131

阿里斯托布洛斯（Aristobulos of Kassandreia），208

阿里斯托芬（Aristophanes），026, 142, 144, 166, 180, 185, 186, 191, 194

阿里斯托尼克斯（Aristonikos），218, 222

阿摩尼俄斯（Ammonios Lamptreus），125, 126

阿瑞斯（Ares），005, 009, 019, 041—043, 045, 048, 050, 066, 104, 190

阿施塔尔忒（Astarte），006, 048, 249

阿塔兰忒（Atalante），175

阿塔洛斯三世（Attalos Ⅲ），218

阿特拉斯（Atlas），041

阿提卡（Attica），004, 025, 026, 105, 120, 124, 126, 131, 132, 135, 153, 157, 163, 166, 167, 189, 199

阿托斯山（Athos），203, 208, 209

埃阿克斯（Aiakos），041

埃奥里斯（Aeolis），061

埃娥斯（Eos），058, 075, 079, 080, 082, 154

埃厄特斯（Aietes），041

埃勾斯（Aigeus），132, 135

埃及（Egypt），003, 009, 020, 103, 129, 155, 173, 176, 193, 208, 211, 213, 249

埃吉那（Aigina），130

埃涅阿斯（Aineias），026, 044, 046, 054, 055, 058, 062, 074, 076, 079—084,

086, 092—094, 097, 249
 埃庇墨尼德斯（Epimonedes），172
 埃斯库罗斯（Aeschylus），039, 163, 166, 174, 177, 180
 埃特鲁斯坎（Etruscan），249
 埃提奥涅亚（Eetioneia），122, 128, 134
 安德洛斯（Andros），204
 安德洛玛赫（Andromache），158, 159
 安菲特丽忒（Amphitrite），007
 安奇塞斯（Anchises），009, 041, 054, 055, 057, 058, 061, 068—074, 079—094, 096, 097, 100, 137, 154, 155
 安提法涅斯（Antiphanes），142
 安提戈诺斯（Antigonos），217
 奥德修斯（Odysseus），004, 041, 050, 082, 091, 097, 110, 153—155, 174, 179
 奥尔科墨诺（Orchomenos），113
 奥尔西娅（Orthia），112
 奥勒比亚（Olbia），129
 奥里翁（Orion），154
 奥林波斯（Olympos），011, 033—035, 038, 040, 041, 044, 045, 047—053, 086, 093, 095—099, 109, 110, 112, 113, 116, 135, 145, 176, 212
 奥普斯（Opus），015
 奥提瑞俄斯（Otireus），071, 072, 079

B

 巴克特里亚（Bacteria），219—222, 224
 巴米扬（Bamyan），219
 芭琦斯（Bacchis），196, 197
 百臂神［三兄弟］（Hekatoncheires），038, 040
 柏拉图（Plato），006, 030, 144, 149, 162, 166, 172, 174, 175, 208, 213, 228
  喜剧诗人柏拉图（Plato Comicos），135, 142
  巴克特里亚的国王柏拉图（Plato of Bactria），224, 219—222
 苯蒂斯（Bendis），147
 比奥提亚（Boeotia），015, 113, 122, 123

比布罗斯（Byblos），155

比雷埃夫斯（Piraeus），105, 121—129, 131, 134—136, 141, 168

别列赞岛（Berezan），017

波吕达玛斯（Poulydamas），174

波吕喀尔墨斯（Polycharmos of Naucratis），129

波塞冬（Poseidon），007, 046, 067, 083, 119, 121—130, 169, 177, 179, 217, 218

 马神波塞冬（Poseidon Hippios），130

 血亲神波塞冬（Poseidon Genethlios），119

波提戴亚（Potidaea），205

伯罗奔尼撒（Peloponnese），004, 102, 123, 149, 157

博斯普鲁斯（Bosporus），017

布忒斯（Boutes），249

布里塞伊斯（Briseis），158

布戎提斯（Brontes），040

C

春之庆节（Anthesteria），165

D

达尔达诺斯（Dardanos），055, 073, 079

达斐塔斯（Daphitas），179

达斯瞿利昂（Daskyleion），061

达斯瞿罗斯（Daskylos），061

大夏（Tokhgra），222

戴翁纽斯（Deioneus），192

德尔斐（Delphi），004, 015, 059, 113, 117, 126, 131, 175, 193, 205

德罗普特（Deloptes），147

德米忒尔（Demeter），056, 059, 060, 073, 091, 154, 217

德米忒里俄斯（Demetrios）

 "攻城王"德米忒里俄斯（Demetrios Poliorcetes），217, 218, 224

 巴克特里亚国王德米忒里俄斯一世（Demetrius I of Bactria），221

法勒隆的德米忒里俄斯（Demetrios of Phaleron），217

德摩多克斯（Demodocus），050

狄奥戈涅［犬儒派］（Diogenes the Cynic），207

狄奥墨德斯（Diomedes），046

狄奥尼索斯（Dionysus），011, 059, 177, 181, 247

 食人生番的狄奥尼索斯，179

狄娥涅（Dione），044—046, 049

第聂伯河（Dnieper），017

多利斯（Doris），108, 109, 117

多瑙河（Danube），010

E

俄尔甫斯［信仰］（Orpheus），009, 062, 155, 172, 174, 211—214, 216, 224, 248

俄刻阿诺斯（Okeanos），037, 039, 041, 044, 046, 049, 075, 180

厄庇米修斯（Epimetheus），041

厄喀德娜（Echidna），043

厄里倪娥斯（Erinues），038, 039, 051, 052

厄利斯（Elis），207

厄倪阿利俄斯（Enyalios），109, 112, 113

厄律克斯（Eryx），249

厄律瑟莱（Erythrai），130

厄瑞克透斯（Erechtheus），110

厄洛斯（Eros），174, 177, 180, 181, 185—188, 189, 212, 248

恩杜弥翁（Endymion），153

恩培多克勒（Empedocles），172, 208, 213, 222

F

法比乌斯（Fabius）家族

 饕餮的法比乌斯［子］，249

 拖延者法比乌斯［孙］，250

 乡巴佬法比乌斯［父］，249

法俄通（Phaethon），042

法勒隆（Phaleron），127, 131, 135, 186, 217

腓力二世（Philip Ⅱ），207, 210

腓利庇德斯（Philippides），142

腓利斯科斯（Philiscus），142

腓尼基（Phoenicia），003, 048, 103, 123, 124, 129, 210, 214, 147, 155

腓勒蒙（Philemon），132, 133, 150

费埃克斯（Phaeacian），091, 050

费齐诺（Ficino），247

佛伊蓓（Phoibe），041

弗律吉亚（Phrygian），011, 057, 061, 071, 072, 079, 081, 091, 093

伽倪墨德斯（Ganymedes），054, 058, 074, 075, 079—083, 086

盖伽斯（Gigas），038, 039

费弥俄斯（Phemios），174

G

谷忒昂（Gytheion），114

H

哈波克拉图（Harpokrationos），110

哈索尔（Hathor），003

海伦（Helen），009, 046, 108, 114, 115, 118, 158, 159, 162, 174

荷马（Homer），004, 009, 012, 014, 025, 026, 030, 031, 035, 044—056, 058—060, 062, 065, 066, 082, 083, 095—099, 114, 130, 136, 137, 153, 158, 159, 163, 164, 174, 212, 248

赫尔弥俄涅（Hermione），130

赫尔墨戈涅斯（Hermogenes of Tarsus），125, 126

赫尔墨克勒斯（Hermocles of Kyzikos），218

赫尔墨斯（Hermes），032—034, 046, 051, 056, 057, 059, 071, 072, 079, 154, 175, 181, 198

  弑百眼怪之神（Argeiphontes），032, 034, 040, 071, 075, 076，另见："百眼怪阿尔戈斯"

专名索引 | 275

赫淮斯托斯（Hephaestos），009, 019, 032—035, 045, 050, 051, 103, 104

赫卡珀（Hecuba），159

赫卡特（Hecate），197

赫克托尔（Hector），009, 046, 062, 158, 159, 174

赫拉（Hera），045—047, 051, 052, 068, 095, 096, 114, 118, 119, 177, 178, 192, 198, 207

    阿尔戈斯的赫拉（Hera Argeia），047

    高抬贵手的赫拉（Hera Hyperchemia），114, 115

    吞羊的赫拉（Hera Aigophagos），119

赫拉克勒伊德斯（Heracleides Lembos），205

赫勒斯滂（Hellespont），061

赫利奥多洛斯（Heliodoros of Athens），110, 111

赫利奥克勒斯一世（Heliocles I），221

赫利奥斯（Helios），041, 129, 219

赫斯提娅（Hestia），054, 057, 067, 078, 079, 081, 085, 086, 093, 096

赫梯（Hittite），061, 176

赫西俄德（Hesiod），004, 009, 025, 026, 030—032, 034, 035, 037—045, 047, 049—056, 058—060, 095—100, 103, 127, 128, 137, 149, 180, 181, 212, 248

    黑海（Black Sea），010, 016—018, 112, 130, 179

    淮德拉（Phaedra），138

J

基俄斯（Keos），157

基尔克（Kirke），041, 153, 154, 175

基利齐亚（Kilikia），129

基蒙（Kimen），134, 135

基提昂（Kition），123, 124

迦南（Canaan），048, 103, 176

巨吉斯（Gyges），061

K

卡德摩斯（Kadmos），042

卡尔卡斯（Kalchas），174

卡里亚（Karia），017, 121

卡利玛科斯（Kallimachus），062, 138, 155

卡莉若娥（Kallirhoe），041, 043

卡吕普索（Kalypso），082, 153, 154

卡山德里亚（Kassandreia），203—205, 208, 211

卡山德洛斯（Kassandros），203, 205, 206, 211, 214, 215, 217, 220, 222

卡珊德拉（Kassandra），158, 159

卡斯翠（Kastri），103

科林斯（Korinth），106, 108, 123, 130, 169, 204

科涅米斯（Knemis），015

科利亚斯（Kolias），131

科尼多斯（Knidos），005, 017, 121, 122, 129, 135

科农（Konon），121—128, 131, 134, 135, 168

科斯（Kos），017, 130

克拉奈（Kranai），114

克拉提诺斯（Cratinus），142, 165

克莱奥玛科斯（Cleomachos），165

克莱芒（Clemens of Alexandria），027, 206, 207

克里特（Crete），068, 103, 131, 135, 172

克罗诺斯（Kolonos），130

克洛诺斯（Kronus），009, 033, 034, 040, 067, 068, 075, 128, 192

克律萨俄尔（Chrysaor），041, 043

克律塞斯（Chryses），172

克瑞伊俄斯（Kreios），041

克瑞乌萨（Kreousa），110

刻拓烙特（Kotharot），103

刻宇科斯（Keyx），207

库忒拉岛（Kythera），015, 036, 103, 104, 123

库兹考斯（Kyzikos），130, 218

L

拉科尼亚（Laconia），025, 106, 119

拉里萨（Larissa），195, 196

拉皮泰（Lapithai），191

劳里昂（Laurion），127

勒奥德斯（Leiodes），174

勒斯博斯（Lesbos），060—062

勒托（Leto），041, 070, 079

利比亚（Libya），175

两河流域（Mesopotamia），003, 009, 011, 073, 174

列奥尼达斯（Leonidas of Taras），120

罗克里斯（Locris）

 东罗克里斯（Opuntian Locris），015

 山区罗克里斯（Epicnemidian Locris），015

 西海罗克里斯（Epizephyrian Locris），015, 116, 117

 西罗克里斯（Ozolian Locris），015

吕底亚（Lydia），011

吕西玛科斯（Lysimachus），217

M

马其顿（Macedonia），018, 182, 200, 203, 206—217, 220, 223, 224

美杜萨（Medusa），041, 113

美狄娅（Medea），175—185, 189, 190, 198

美莉塔（Melitta），196, 197

美利娅（Melia），038, 039

美媞斯（Metis），041

美惠女神们（Charites），021, 034, 035, 041, 045, 069, 070, 079, 080, 165, 257

美诺（Meno），175

美塞尼亚（Messenia），117, 123, 168

米洛斯（Melos），005

密忒拉（Mitra），007, 225

 密多罗（Midra），225

密斯拉（Mithra），225

密特拉教（Mithric），213

明断女神们（Praxidikai），115

命运女神们（Moirai），041, 165, 257

缪斯（Muses），041, 066, 78—80, 164, 165

墨冬（Medon），174

墨拉尼翁（Melanion），175

墨涅克拉底（Menekrates of Syrakousai），207—209, 224

墨涅拉奥斯（Menelaus），115

墨涅莫绪涅（Mnemosyne），041

墨涅斯透斯（Menestheus），131

墨诺提俄斯（Menoetius），041

穆拉萨（Mylasa），129

穆丽萨（Mulitta），006, 007, 225

N

纳乌克拉提（Naukratis），017, 018, 129

尼坎德（Nicanderos of Colophon），132

尼刻（Nike），109—111

尼刻芬（Nicophon），142

尼蔻（Niko），195—197

尼罗河，003, 010, 017, 129

尼绪洛斯（Nisyros），130

涅柔斯（Nereus），039, 041

    涅柔斯的女儿们（Nereids），164, 165

女仙（Nymph），038, 039, 058, 068, 070, 077, 079—083, 086, 088, 089, 129, 178, 254, 255

O

欧克拉提德斯（Eucratides）

    一世（Eucratides the Great），220, 221

    二世（Eucratides Ⅱ），221

欧里庇德斯（Euripides），011, 110, 132, 138, 147, 162, 174, 192

欧墨涅斯三世（Eumenes Ⅲ），218

欧赫墨洛斯（Euhemeros of Messene），215—217, 222, 224

P

帕福斯（Paphos），005, 007, 010, 057, 069, 129, 225, 256

帕加马（Pergamon），218, 222, 224

帕里斯（Paris），009, 046, 047, 114, 115

帕特洛克罗斯（Patroclus），158, 159

潘达瑞俄斯（Pandareus），052

 潘达瑞俄斯的女儿们，050, 051, 099

潘多拉（Pandora），031—035, 037, 050—052, 099, 100

潘菲利亚（Pamphylia），214

潘凯亚（Panchaea），216, 217

潘亚西斯（Panyassis of Halicarnassus），155

滂沱斯（Pontos），040

佩尔塞芙涅（Persephone），015, 198, 256, 257

佩涅萝佩（Penelop），050, 051, 082

佩托/劝诱女神（Peitho），034, 035, 178, 180—182, 185, 189

皮西底亚（Pisidia），214

普拉西忒勒斯（Praxiteles），005

普罗米修斯（Prometheus），032, 033, 039, 041, 065, 067, 177

普罗提诺（Plotinus），247

普洛克罗斯（Proclus），062

普萨玛忒（Psamathe），041

S

萨珥墨涅俄斯（Salmoneos），207

萨尔佩冬（Sarpedon），083

萨福（Sappho），060, 061, 102, 178

萨拉米斯（Salamis），110, 124—127, 131, 134, 135

 塞浦路斯的萨拉米斯，134, 137

萨涅（Sane），204

塞勒涅（Selene），153, 197

塞琉古（Seleukos），220

    "征服者"塞琉古一世（Seleukos I Nicator），217, 219, 224

    塞琉古纪元（Seleucid era），219

塞浦路斯（Cyprus），003—007, 010, 012, 018, 036, 042, 061, 066, 069, 077, 078, 104, 120, 123, 124, 128, 129, 133, 134, 137, 147, 176, 195, 213, 222, 254—256,

色雷斯（Thrace），061, 147, 203, 208, 213

时序女神们（Horai），035, 041

睡神和死神，114, 115

斯巴达（Spartan），025, 027, 104—115, 117—121, 136, 138, 168, 169

斯库洛斯（Skyros），134

斯特洛佩斯（Steropes），040

吕库尔戈斯［讼师］（Lykourgos），110

苏格拉底（Socrates），175, 193, 198, 228, 247

苏生节（Genesia），157

梭伦（Solon），110, 132, 133, 135, 149—151, 157, 160, 168

    梭伦城（Soloi），006, 133

索福克勒斯（Sophocles），162, 165, 174

琐罗亚斯德教（Zoroastrianism），213, 219

T

塔尔塔罗斯（Tartarus），041, 043

塔拉斯（Taras），116, 117, 120, 168

太阳城公民（Heliopolitai），218

太阳群岛，218

泰奥朵忒（Theodote），193, 196

忒奥克里托斯（Theooritus），155, 193, 195

忒奥弗拉斯托斯（Theophrastos），144, 215—217, 222, 224

忒奥彭波斯（Theopompos），209, 210, 221, 224

忒拜（Thebes），011, 042, 113

忒弥斯（Themis），041, 051, 070, 079, 145

专名索引 | 281

忒弥斯托克勒斯（Themistokles），124—128, 131, 133—135, 168

忒萨利（Thessalia），175, 191, 196, 197

忒提斯（Thetis），115, 119, 164

忒修斯（Theseus），131—135, 139, 168, 169

忒娅（Theia），041

特拉齐斯（Trachis），207

特洛伊（Troy），009, 026, 041, 045—047, 054, 057, 058, 061, 069—071, 077, 079, 081, 083, 096, 097, 131, 153, 154, 158, 159, 174, 185, 204, 249

    特洛伊领（Troad），061, 062

特绪斯（Tethys），041, 044, 046, 049

特伊里斯塔西斯（Teiristasis），130

提丰（Typhoon），043

提洛（Delos），127, 130

提坦（Titan），038—041, 043, 053, 095, 097, 177, 211

提托诺斯（Tithonus），058, 075, 079—083, 153, 154

天空城（Uranopolis），200—206, 208, 209, 211, 213, 214, 216—219, 222, 224

廷达瑞俄斯（Tyndareus），107, 108

铜指套家族（Chalkokondyles）

    迪米德戎（Demetrios Chalkokondyles），065

    拉奥尼柯（Laonikos Chalkokondyles），065

图然（Turan），249

吐火罗（Tokharoi），220—222

    托勒密（Ptolemy）

    托勒密一世，217

    埃及王朝，003, 020, 167, 249

    学者，214

    "妈宝"托勒密六世（Ptolemaios VI Philometor），205

W

维纳斯（Venus），003—005, 019, 104, 107, 224, 249

    征服者维纳斯（Venus Victrix），107

乌拉诺波利［今小镇］（Ouranopoli），201，另见"天空城"

乌拉诺斯（Uranus），009, 030, 036—041, 044, 048, 052, 053, 099, 128, 201, 211—213, 216, 217, 247

X

西西里（Sicily），004, 010, 016, 144, 149, 172, 191, 208, 249

茜麦萨（Simaetha），193—195, 197

希波达墨斯（Hippodamos of Miletos），121

希波吕托斯（Hippolytos），132, 135, 138, 147

希斯特里亚（Histria），128

许佩里翁（Hyperion），041

叙利亚（Syria），197, 217, 219, 257

叙利亚四镇（Syrian Tetrapolis），219, 224

薛西斯运河（Canal of Xerxes），203, 204, 206

Y

雅典（Athens），017, 018, 020, 022, 023, 025, 065, 104, 105, 109—111, 120—128, 130—136, 139—145, 147—153, 155—157, 159, 161—169, 172, 179, 181, 196, 216—218, 248

雅典娜（Athena），007, 032—035, 041, 045—048, 051, 052, 054, 057, 066, 070, 071, 078, 079, 081, 084—096, 093, 096, 107, 110—116, 118, 119, 121, 125, 163, 169, 177, 183, 219

 护城女神雅典娜（Athena Poliouchos），107, 113, 115, 119

 救主雅典娜（Athena Soteira），121, 125, 128

 胜利女神雅典娜（Athena Nike），110—112

 铜殿女神雅典娜（Athena Chalkioios），107, 114, 115

亚德里亚海（Adriatic sea），004, 010

亚里士多德（Aristotle），144, 149, 210, 215, 224

亚历克萨尔科斯（Alexarchos），200, 201, 203—220, 222—225, 227

亚历山大（Alexander the Greater），203, 208—211, 214, 215, 218—220, 222—224

 亚历山大城［埃及］（Alexandria），110, 155, 194, 206, 208, 224

杨布罗斯（Iambulos），218, 219

耶婆那纪元（Yavana era），221

伊阿佩托斯（Iapetus），033, 041

伊阿宋（Iason），175, 177, 179, 180, 182, 185, 189—192, 198, 212

伊阿西翁（Iasion），154

伊奥利斯（Ioulis），157

伊奥尼亚（Ionia），061

伊达山［亚洲］（Ida），057, 068, 069, 079

伊杜娅（Idyia），041

伊娥（Io），178

伊克西翁（Ixion），191—193, 198, 224, 227

伊南娜（Inanna），006, 048

伊什塔尔（Ishtar），006, 048, 073

伊西斯（Isis），003

尤卑亚（Euboea），115, 204

尤律诺枚（Eurynome），041

圆眼神［三兄弟］（Kuklopes），039, 040

Z

芝诺［廊下派］（Zeno of Kition），124, 210, 223

宙斯（Zues），009, 030, 032—035, 038—041, 043—049, 051—053, 055—058, 066—068, 070—072, 074, 075, 077—086, 088—090, 092—097, 099, 114, 115, 119, 121, 125, 128, 130, 136, 145, 150, 154, 155, 163, 164, 175, 177, 178, 181, 185, 192, 198, 207, 247

奥林匹亚的宙斯（Zeus Olympia），114, 115, 119

救主宙斯（Zeus Soter），121, 125, 128

佐尔文（Zurvan），213